JN411756

노동변호사에서 대법관까지

글 김선수 전 대법관

노동변호사에서 대법관까지

초판인쇄 2026년 1월 2일
초판발행 2026년 1월 13일
지 은 이 김선수
발 행 인 이수형
발 행 처 (주)법률신문사
출판등록 1980.4.22 제6-46호
주 소 서울특별시 서초구 서초대로 396, 1402호
대표전화 02-3472-0602~5
팩 스 02-3472-0606
홈페이지 www.lawtimes.co.kr

ISBN 979-11-5919-058-2(03810)
정 가 28,000원

노동변호사에서
대법관까지

책머리에

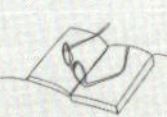

나는 대법관 후보자로 여섯 번 추천되고(맨 처음은 서울지방변호사회가, 이후 다섯 번은 대한변호사협회가 추천했다), 대법관후보추천위원회에서 3배수 이상으로 세 번 추천된 끝에 대법관에 임명되었다. 법원행정처는 모든 피추천인에게 동의 여부를 묻는다. 피추천인이 부동의하면 이후의 절차 진행에서 그 피추천인은 제외된다. 정치적·사회적 상황에 비추어 내가 대법관에 임명될 가능성이 전혀 없을 때에도 나는 부동의하지 않고 동의 의견을 밝혔다. 변호사로 활동해도 우리 사회의 진보를 위해 일정한 기여를 하는 삶을 살 수 있는데, 나는 왜 굳이 대법관이 되고자 했는가?

우리 사회에서 대법관은 법관들의 최고위 승진 자리로 인식되어 왔다. 검사 출신이 어느 시기까지 한두 명씩 있었고, 판사에서 퇴직하고 교수나 변호사 활동을 한 사람이 한둘 임명되기도 했다. 그러나 1980년대 이후 법관이나 검사 등 재조(在朝) 경력이 전혀 없는 순수재야 변호사 출신 대법관은 나오지 않았다. '한 번 판사는 영원한 판사다', '한 번 검사는 영원한 검사다'라는 말이 있다. 사회생활을 판사나 검사로 시작한 사람과 변호사로 시작한 사람 사이에는 건너기 힘든 장벽이 있다. 세상과 사람을 보는 세계관과 가치관에 일정한 간극이 있다.

법관 수의 10배가 넘는 변호사들이 전국 각지 다양한 분야에서 사회적 약자와 소수자 그리고 국민의 기본적 인권 보장을 위해 열심히 활동하고 있다. 변호사로서의 위와 같은 활동을 인정받아 대법관이 되어 좋은 재판을 함으로써 우리 사회의 발전에 기여하는 사람도 나와야 하지 않겠는가. 나와 정치적 성향이 다른 대한변호사협회장들(제48대 하창우, 제49대 김현)이 나를 번번이 대법관 후보자 중 한 사람으로 추천해 주었던 것은 바로 위와 같은 문제의식에 공감했기 때문이다. 내가 롤 모델을 제시해야겠다는 사명감으로 계속 동의했던 것이다.

내가 대법관에 임명되었을 때 언론도 순수 재야 출신 대법관의 탄생이라는 측면에 주목했다. 나는 대법관의 직무를 수행하면서 항상 '우리 사회가 나에게 요구하는 역할은 무엇인가'라는 관점에서 스스로를 점검했다. 언론은 내가 공개변론에서 질문한 횟수까지 세어 보도했고, 내가 회장으로 있는 연구회가 주최하는 정기세미나에서 가볍게 말한 마무리발언을 꼬투리 잡아 보도하기도 했다. 나는 나의 일거수일투족을 지켜보는 눈이 많다는 사실을 항상 자각하면서 삼가고 또 삼가는 자세로 근무했다.

동료 대법관이나 재판연구관들과 구체적인 사건에 관하여 토론할 때에는 나는 사회생활을 법관으로 시작한 사람들이 간과하기 쉬운 점들을 지적해서 사건을 종합적으로 이해할 수 있도록 노력했다. 최종 판단을 하기에 앞서 동료 대법관들에게 법리적 측면뿐만이 아니라 그 판결이 갖는 사회적·역사적 의의를 같이 고민하고, 사회적 약자와 소수자 보호라는 대법원의 핵심적인 역할을 올바르게 수행하는지에 대해서도 함께 숙고해보자고 제안했다.

대법관으로 재직하는 동안 제2의 김선수, 제3의 김선수가 나와서 4명으로 구성된 소부에 한 명씩 배치되어 각 소부에서 나와 같은 역할을 해주기를 기대했다. 그러나 그런 기대는 물거품이 되었다. 퇴임을 앞두고 언론에서는 '제2의 김선수'가 나올 수 있을까 희망 섞인 보도를 하기도 했다. 내가 대법관직을 퇴임할 때 3명의 대법관이 교체되었음에도 '제2의 김선수'는 나오지 않았다. 모두 법관 출신으로 채워짐으로써 어렵게 첫발을 내디딘 순혈주의 타파가 6년 만에 원점으로 돌아갔다. 또한 서울대학교 출신이 압도적인 비중을 차지함으로써 획일성이 강화되었다. 획일성이 강화된 대법원은 5·1 전원합의체 판결(대법원 2025. 5. 1. 선고 2025도4697 전원합의체 판결)이라는 대참사를 저질러 국민들의 사법개혁 요구의 쓰나미에 법원 조직 전체를 내던져 버렸다. 내란 세력에 대한 재판에서 보여주는 법원의 모습은 백척간두의 위기에 선 민주주의를 수호하고자 하는 법관의 소명의식과 책임감을 털 오라기 하나도 찾아볼 수 없다. 사법권의 존립 근거인 국민의 신뢰를 철저하게 배반하고 있다. 주권자인 국민과 전쟁을 치르겠다는 것인가?

민주주의 사회에서 국가권력의 삼권 분립 중 한 축인 사법부(법원)는 정치권력으로부터 독립하여 사법권을 행사해야 한다. 그러나 사법권의 독립은 국민의 기본권과 민주주의를 수호하기 위하여 인정되는 것이지, 법관 카르텔의 기득권을 지키기 위한 도구가 아니다. 대법원이 다시 고위 법관들의 승진 자리로 되돌아간다면 법원의 미래는 암담할 뿐이다. 국민에게 신뢰받고 존중받는 대법원으로 거듭나기 위해서는 다양한 가치와 성향을 가진 대법관들이 국민의 삶을 결정하는 쟁점들에 대하여 심층적으로 연구하고 치열하게 토론하여 국민이 납득할 수 있는 재판을 해야 한다. 그러기 위해서는 적어도 4명으로 구성된 소부에 사회적 약자와 소수자의 인권을 보장하기 위해 현장에서 열심히 활동한 순수 재야 변호사 출신 대법관이 1명씩은 있어야 한다.

제2의 김선수, 제3의 김선수가 나오기를 바라면서 일선 현장에서 열심히 활동하고 있는 변호사들, 그러한 변호사를 지망하는 학생들을 비롯한 같은 뜻을 가진 모든 사람들을 응원한다. 구성원 모두가 존엄과 가치를 존중받고 행복하게 살아갈 수 있는 사회를 향하여 함께 가는 길에 이 책이 조그만 힘이 되기를 바란다.

김선수

목 차

제1부 노동변호사에서 대법관까지

제2부 자료들

제3부 인터뷰 등

법률가 내지 변호사의 역할에는 일정한 한계가 있을 수밖에 없다. 실제로 그러한 한계를 절감하고 시민운동가의 길을 개척하거나 정치가의 길을 선택하는 사람들도 있다. 사회의 발전을 위해 활동하는 길은 다양하게 열려 있으므로 본인의 적성과 능력에 맞는 길을 선택하는 것은 바람직한 일이다. 다만 나는 시민운동가나 정치가는 적성에 맞지도 않고 능력도 없어서 숙명적으로 변호사의 길을 계속 걸었다.

제
1
부

노동변호사에서
대법관까지

제1부

노동변호사에서 대법관까지

제 1.

변호사가 되기까지

Ⅰ. 어린 시절 시골 생활

나는 5·16 군사쿠데타가 발발하기 23일 전에 전라북도 진안군 동향면 능금리 능길(能吉, 능히 길한)마을에서 3남1녀 중 장남으로 태어났다. 같은 동네 출신으로 정세균 전 국회의장이 있고, 인근 추동마을 출신으로 안호영 국회의원이 있으며, 옆 동네 안천면 출신으로 고 한승헌 변호사가 있다.

초등학교(당시는 국민학교)에 입학하기 전에 마을에서 5리 정도 산속으로 들어가 '부땅골'이라 불리는 곳에서 화전(火田)을 일구었다. 그곳에는 우리 집 포함하여 3가구가 터를 잡고 살았다. 5살 때쯤인가 집에 혼자 있을 때 멧돼지가 어슬렁거리며 다니는 것을 발견하고 두려움에 떨었던 기억이 있다. 집 옆으로 조그만 개울이 흘렀는데, 비가 많이 올 때는 물길이 꽤 셌다. 초등학교에 입학하기 직전에 마을로 다시 이사왔고, 6학년 1학기까지 그곳에서 살았다. 초등학교 입학하기 직전까지 한글을 떼지 못한 상태였다. 모친에게 한글을 배우다가 틀리면 스스로 문제를 파악하고 해결할 때까지 다음 단계로 나아가지 못하고 가만히 있었던 것도 기억난다. 집 뒤에는 감나무가 있어 가을에는 홍시를 따먹을 수 있었다. 집에서 학교까지는 걸어서 20~30분 정도 걸렸는데, 학생들이 모여서 등교와 하교를 같이 했다.

나는 대법관 후보로 제청되어 국회에서 인사청문회(2018. 7. 23.) 할 때 인사말을 하면서 시골생활과 관련하여 다음과 같이 말했다.

> "저를 이 영광스러운 자리에 설 수 있게 해주신 분들이 떠오릅니다. 먼저, 저의 부모님입니다. 전기조차 들어오지 않던 산간 마을에서 농사를 짓던 부모님께서는 자식 교육을 위해 낯선 도시로 삶의 터전을 옮기셨습니다. 부친은 하역노동자로, 모친은 영세공장의 노동자로 생계를 꾸리시면서 제게 학업에 정진할 기회를 주셨습니다. 38년간의 타향살이를 마치고 몇 년 전 낙향하신 부모님의 얼굴에서, 저는 우리 사회의 작지만 위대한 발전을 일구어낸 노동자의 삶을 읽습니다."[1]

---

1 사법발전재단, 김선수 대법관 재임기념 인간의 존엄과 행복을 향한 재판(2024), 7.

당시 능길마을에는 전기가 들어오지 않아 호롱불 밑에서 공부했다. 당연히 전자제품도 없었다. 불을 밝히기 위해서 호롱불의 심지를 올리면 그을음으로 콧물이 시커멓게 되었다. 30리 떨어진 외갓집(무주군 안성면 공정리)에는 전기가 들어왔기 때문에 방학 때 외갓집에 가곤 했다. 능길마을에는 신작로도 건설되지 않아 차가 들어오지 않았고 마을에 차량이 한 대도 없었다. 주변의 자연은 계절별로 다양한 간식거리를 제공해주었다. 찔레 순, 꿀풀 뒷부분에서 쪽 빨아먹는 꿀, 진달래 꽃, 아카시 꽃, 깨금(개암), 으름, 다래, 머루, 개구리 뒷다리, 메뚜기 등등. 병원이 없으니 각 진료과목을 제대로 이해하지도 못했다. 초등학교 4, 5학년 때는 보통 지게를 지는데, 나는 멜빵으로 때우면서 지게를 지지 않고 버텼다. 땔감으로 쓸 나무를 해서 집으로 날라야 했는데, 멜빵으로 감당했다. 담배 농사를 지었는데, 한여름에 담뱃잎을 따서 엮어 창고에 널고 불을 때서 말린다. 담뱃잎에서 진이 많이 나와 손이 끈적끈적 해진다. 담뱃잎 작업을 하고 깡보리밥을 먹는데, 목에 걸려서 넘어가지 않아 밥을 찬물에 말아서 먹었다. 그 추억 때문에 깡보리밥을 엄청 싫어했다. 깡보리밥이 건강에 좋다고 건강식으로 소개된 후에도 쉽게 친해지지 않았다.

그럼에도 시골생활은 만족스러운 편이었다. 다만 아쉬웠던 점 한 가지는 학교에도 도서관이 없어서 교과서 이외에는 읽을 책이 없었다는 것이다. 읽을 책이 없으니 주말에는 할 일이 없어서 심심했던 기억이 있다. 중국 작가 위화(1960년생)가 쓴 에세이집 『사람의 목소리는 빛보다 멀리 간다』에도 어린 시절에 읽을 책이 없었다는 내용이 있다. 위화가 초·중학생일 때는 문화혁명기였는데, 당시 읽을 책이 교과서와 대자보밖에 없었다고 한다. 교과서에는 마오쩌뚱 선집과 주해가 주로 실렸다고 한다. 위화는 당시 마오쩌뚱의 주해와 대자보에 실린 일부 스토리 있는 부분만이 읽는 재미가 있었다고 했다. 중학교 때는 서양 소설책을 돌려 읽었는데, 결말 부분이 낡아 떨어져 나가서 그 부분을 상상력으로 채워 넣는 훈련을 했다고 한다.[2] 나는 초등학교 때 읽고 싶은 책들을 읽었더라면 지금 보다 여유 있고 풍부한 삶을 살 수 있었지 않았을까 생각해본다. 서울로 올라온 후에는 마음만 먹으면 책을 읽을 수 있었겠지만, 하루하루 살기에 급급해서 제대로 독서를 하지 못했다. 대학에 진학한 후 2년 정도, 그리고 2007년 변호사로 복귀한 후 10여 년 정도 타이트한 커리큘럼을 짜고 계획적으로 책을 읽었다.

---

2 위화, 김태성 옮김, 위와, 열 개의 단어로 중국을 말하다-사람의 목소리는 빛보다 멀리 간다, 문학동네(2012), 73~97.

Ⅱ. 교육을 위한 상경

초등학교 6학년(1972년) 여름방학 때 교육을 위해 시골을 떠났다. 5학년 때 진안군 전체 초등학교에서 같은 문제로 모의고사를 보았다. 그 때 군 전체에서 한 자릿수의 등수에 들었던 모양이다. 담임 선생님이 모친을 불러서 서울로 올라가서 나를 가르쳐보라고 조언해주었다. 모친은 평소 자식들에 대해서만큼은 교육을 받게 해서 업신여김을 당하지 않고 살아가도록 하겠다고 다짐하고 있었는데, 담임 선생님으로부터 조언을 듣자 바로 마음을 굳혔다. 부친은 가족을 가장 중요하게 여겼기 때문에 모친의 결단과 뜻을 따랐다.

당시 숙부가 의정부에서 살고 있었는데, 나만 먼저 의정부 숙부 집으로 올라왔다. 집을 떠나던 날 1시간 이상 20리를 걸어서 안성으로 가서 버스를 타고 4시간 걸려 대전에 도착했다. 대전에서 고속버스로 갈아타고 서울로 올라와서 다시 버스를 타고 의정부로 갔다. 새벽에 집을 나와서 어두운 저녁에 의정부 숙부 집에 도착했다. 의정부로 가는 내내 비가 많이 왔던 것으로 기억한다. 생전 처음으로 집을 떠나서 생활했다. 의정부에서 한 학기를 다니고 초등학교를 졸업했다. 의정부에 올라와서 처음으로 만화방이라는 데를 가봤다. 학교 운동장에 펌프가 있었는데, 내가 물을 푸려고 하니까 물이 쑥 빠지더니 더 이상 올라오지 않았다. 내가 고장을 낸 것인가 밤새 조마조마했다. 다음 날 가보니 펌프에서 물이 잘 나오고 있어서 가슴을 쓸어내렸던 기억이 새롭다.

중학교 1학년(1973년) 6월경 부모님이 시골생활을 정리하고 서울 만리동 단칸방으로 올라왔다. 부친은 서울역에서 하역노동에 종사했고, 모친은 집 인근의 영세공장에서 근무했다. 다음 해에 시골에 남았던 할머니와 세 동생이 함께 올라와 일곱 식구가 단칸방에서 같이 생활했다. 충정로에 있는 새로 지은 집으로 전세방을 옮겨서 이사했는데, 이 집에서 연탄가스에 중독되어 죽을 고비를 넘겼다. 최근에 폭발적인 인기를 누렸던 넷플릭스 드라마 <폭삭 속았수다>에도 대학생 '금명'이 자취방에서 연탄가스에 중독되어 병원에 입원하는 장면이 나온다. 연탄가스에 중독되어 죽는 사람이 많았던 시절이다. 1975년 초 추운 겨울날이었는데, 부모님은 야간근무여서 집에 아이들만 있었다. 동생들이 먼저 잠들고, 나도 책을 보다가 잠들었는데 너무 괴로웠다. 정신을 잃었다가 누군가 뺨을 세게 때리는 것 같아 정신을 차려보니 복도 바닥에 눕혀 있었다. 많은 사람들이 나를 둘러싸고 나에게 김칫국을 마시게 하고 있었다. 다행히 동생들도 모두 깨어나 고비를 넘겼다.

이 집에서는 전세보증금도 모두 떼이고 쫓겨나는 경험을 했다. 당시는 주택임대차보호법이 제정되기 전이어서 보증금반환채권은 저당권 등의 물권에 우선하지 못했다. 집주인이 집을 지으면서 공사업자에게 저당권을 설정해주었던 모양인데, 저당권이 실행되어 경락되었으나 담보채권도 충당하지 못해 보증금을 한 푼도 받을 수 없게 되었다. 부근에 이모가 살고 있어서 이모 집에서 한 달 정도 생활했다. 그 때 누군가가 대통령에게 탄원서를 제출해 보라고 조언해주었다. 대통령 앞으로 내가 처한 딱한 사정을 설명하고 도와달라는 취지로 탄원서를 써서 보냈다. 그랬더니 서소문의 어느 부서에서 보자는 연락이 왔다. 가보았더니 담당자가 법률상 방법이 없다고 설명해 주었다. 아무리 잘못이 없더라도 법을 제대로 확인하지 않고 방을 얻으면 보증금을 떼일 수 있다는 가르침을 비싸게 배웠다. 그 후 좀 더 변두리인 신월동으로 이사했다. 시내버스 타러 걸어 나오는 길옆으로 논이 있었다. 당시 촌놈이 서울생활에 적응하는데 어려움이 많았다. 살아남기 힘들다고 느낄 때는 출가(出家)를 해야 하는 것 아닌가 하는 생각을 하곤 했다.

고등학교에 진학할 때 많은 학생에게 장학금을 준다고 밝힌 우신(宇信)고등학교를 선택했다. 당시 서울 대부분의 고등학교가 평준화되어 추첨제가 시행되었다. 우신고등학교는 서울 변두리에 있어서 평준화가 되지 않은 상태였다. 지원자 중에서 연합고사 성적순으로 합격자를 결정했다. 다행히 장학금을 받을 수 있는 성적으로 입학했다. 그런데 학년이 올라갈수록 장학생의 수가 감소했다. 입학할 때 60여 명에게 장학금을 주었는데, 시간이 갈수록 그 수가 줄어들어 3학년이 되었을 때는 문과와 이과에서 몇 명씩만 주었다. 다행히 졸업할 때까지 일부 장학금을 받을 수 있었다.

고등학교 1학년(1976년) 때 평생의 은사님을 만났다. 국회 인사 청문회 인사말에서 다음과 같이 언급했다.

「다음으로 고등학교 시절 담임 선생님이셨던 후백(後柏) 김창규 선생님이십니다. 저는 선생님께서 윤리 수업 시간에 가르쳐주신 『중용(中庸)』의 한 구절(제20장)을 좌우명으로 삼고 있습니다. "성자 천지도 성지자 인지도(誠者 天之道 誠之者 人之道)", 즉 "말이 이루어지는 성, 그 자체는 하늘의 도이고, 성실하고자 노력하는 것은 사람의 도이다."[3]라는 가르침대로 모든 일에 정성을 다하려고 노력했습니다. 선생님께서는 저에게 삶의 기본자세를 가르쳐 주셨습니다.」[4]

이후 나는 선생님의 가르침대로 살고자 했다. 내가 성실하게 노력하면 소기의 성과를 얻을 수 있으며, 만약 마음먹은 성과를 얻지 못했다면 그것은 나의 노력과 성실이 부족했기 때문이지 다른 데 원인이 있는 것이 아니라는 자세로 살았다. 맹자(孟子) 공손추상(公孫丑上)에서 말한 "반구저기(反求諸己)"[5], 즉 '나에게

---

3 김영훈 역해, 중용을 읽고 길을 찾자(중용 완해), 한비CO(2022), 391~398.

4 사법발전재단(주 1), 7.

5 '반구저기'는 다음과 같은 맥락에서 나온 말이다. 어떤 사람이 활을 쏘았는데 과녁에 적중하지 못했다. 그 사람은 원인을 활이나 화살에서 찾거나 바람이 분다는 등 자기의 외부에서 찾았다. 그러나 다른 사람이 쏜 화살은 모두 과녁에 적중했다. 결국 화살이 과녁에 적중하지 못한 원인은 외부에 있는 것이 아니라 활을 쏜 사람 자신에게 있었다는 것이다. 맹자, 박경환 옮김, 맹자, 홍익출판사(2018), 112~113.

서 문제의 원인을 찾는다'와도 같은 의미이고, 천주교에서 말하는 '내 탓이오'와도 일맥상통한다.

선생님은 1971. 3. 15.부터 1975. 2. 27.까지 오산고등학교 선생님으로, 1975. 4.부터 1년간 우신중학교 선생님으로, 1976. 3.부터 1986. 9. 21.까지 우신고등학교 선생님으로, 1986. 9. 22.부터 1991. 2. 28.까지 선린상업고등학교 선생님으로, 1991. 3. 1.부터 1996. 2. 28.까지 고척고등학교 선생님으로 근무했다. 선생님은 내가 고등학교 1학년 때 우신고등학교로 왔고, 우리 반의 담임을 맡았던 것이다. 선생님은 도서관과 상담실도 책임졌고 윤리과목을 담당했다.

수업 첫 시간에 "Boys, Be Ambitious!"를 칠판에 크게 써놓고 강의했다. 매우 엄격해서 모든 학생들이 대하기를 어려워했다. 중간고사 끝나고 반 전체 학생들이 상담실로 불려가 일 대 일 상담을 했다. 나는 입학 때의 성적보다 많이 떨어져서 지적을 받았다. 선생님은 공부 방법에 관하여 첫째, 학교도서관에서 공부할 것과 둘째, 큰 도시락을 준비해서 점심과 저녁을 먹을 것 두 가지를 권유했다. 나는 이를 그대로 실천했다. 집(신월동)에서 학교(궁동)까지 가려면 버스를 타고 영등포로 나와서 다시 버스를 갈아타야 한다. 새벽 5시 정도에 일어나 6시쯤 집을 나와서 7시쯤 학교에 도착했다. 모친이 새벽에 깨우고 밥을 먹어서 학교에 보내주었는데, 너무 곤하게 자고 있는 모습을 보고 마음이 약해져서 깨우지 못할 때도 있었다. 그럴 때는 내가 깬 후 난리를 한바탕 쳤기 했기 때문에, 모친은 깨지 못하는 나의 발을 잡고 방문 밖으로 끌어내기도 했다. 모친은 그 때 너무 마음이 아팠다고 했다. 첫 수업 시작할 때까지 도서관에서 공부하는데 보통 졸기 십상이었다. 조는 것은 조는 것이고, 그래도 도서관에 있다가 교실에 들어가야만 마음이 놓였다. 수업이 끝난 후에는 저녁 10시 정도까지 도서관에 있다가 집에 도착하면 11시쯤 된다. 평일과 토요일을 구분하지 않았고, 일요일에도 별 일 없으면 학교에 갔다. 생활의 중심을 도서관에 두었다. 큰 양은도시락에 밥을 싸가서 점심 때 절반 먹고, 나머지 절반은 저녁때 먹었다. 동기 중에도 몇 명이 선생님의 조언대로 나와 같은 방법으로 공부했다.

고등학교에 입학하고 초반에는 우수한 학생들과의 경쟁(내가 속한 3회 입학생의 커트라인이 연합고사 200점 만점에 160점이었고, 1년 후배인 4회는 200점 만점에 180점이었다)에 적응하지 못해 애를 먹었다. 선생님의 가르침을 따른 생활을 계속하니 그 효과가 여름방학 끝나고 2학기 중간고사 때부터 나타났다. 성적이 어느 정도 나와 불안감을 극복하고 자신감을 가질 수 있었다. 나는 겨울에도 마찬가지 생활패턴을 유지했다. 도서관이 워낙 크고 난방이 제대로 되지 않아 도서관 안이 꽤 추웠다. 그해 겨울에는 추운 날이 많아서 영하 15도 밑으로 내려갔던 날 저녁에도 평상시와 똑같이 도서관에서 공부했다. 선생님은 추운 겨울날 도서관을 둘러보게 되었는데 방석을 뒤집어쓰고 공부하고 있는 학생이 한 명 있었는데, 그것이 나였다고 가끔 말했다. 그런 것이 계기가 되었는지 나는 선생님의 특별한 사랑을 받는 제자 중의 한 명이 되었다.

선생님은 제자들에게 워낙 엄격했으나 항상 지극한 관심을 가지고 옳은 길로 인도하고자 했다. 학생들의 이름을 직접 불러주고, 가정환경에 대해서도 깊은 내용까지 이해했다. 나중에 안 사실이지만 선생님은 제자들의 이름을 기억하기 위해 많은 노력을 했다. 고등학교에 다닐 때 선생님은 방학 때 등에 제자들을 직접 부평에 있는 집으로 불러 하룻밤 재우기도 했다. 선생님은 우신고등학교에 오기 전에 오산고등학교에 근무했다. 오산고등학교에서는 도서반을 지도했는데, 도서반원들이 졸업 후에도 계속 선생님을 찾아뵈었다. 우리 동기들은 졸업 후에도 기회가 있을 때마다 선생님을 찾아뵈었다. 사모님은 초등학교 선생님으로서 선생님과 같은 학교에 근무했는데, 선생님의 결기 있는 태도에 반해서 선생님과 결혼했다. 우리가 선생님과 인연을 맺었을 때는 사모님이 교직을 그만둔 후였다. 우리가 선생님 댁을 찾아뵈면 사모님은 우리를 반갑게 맞고 정갈하고 맛있는 음식으로 대접해주었다.

모친은 내가 선생님을 만난 것을 큰 행운으로 생각했다. 막내동생이 중학교 3학년이 되어 고등학교 진로를 결정할 즈음(1983년,

그 때 나는 군대 복무 중이었다), 모친은 선생님을 찾아뵙고 막내가 선생님 밑에서 공부할 수 있는 방법을 알려달라고 상담했다. 우신고등학교가 1978년부터 평준화되었기 때문에 인근에 거주해야 우신고등학교에 배정될 수 있었다. 그래서 신월동에서 개봉동으로 이사를 했다. 막내 동생은 우신고등학교에 배정되어 선생님의 제자가 되었다. 우리 3형제는 모두 주례를 선생님께 부탁드렸고, 선생님께서는 흔쾌히 3형제의 주례를 서 주었다.

선생님은 제자들에게 호(號)를 지어 내려주기도 했다. 나에게는 '여민(黎民)'과 '파하(破荷)' 두 가지를 주었다. '여민'은 노동에 종사해서 살갗이 검게 탄 '검은 백성'이란 의미로『서경(書經)』에 나온다.[6] '파하'는 '짐을 깨뜨리다'라는 의미다. 선생님은 돌 전각에도 조예가 깊은데, '黎民'과 '破荷'란 글씨를 돌에 조각해 주었다. 선생님은 "유한흥국(流汗興國, 땀을 흘려야 나라가 흥한다)"과 "위선최락(爲善最樂, 선을 행하는 것이 최대의 즐거움이다)"이란 길영희 선생님(선생님의 모교인 제물포고등학교의 교장선생님)의 친필 휘호를 댁에 보관하면서 우리에게도 그 뜻을 따를 것을 강조했다. 같은 글을 직접 써 주면서 그 뜻을 항상 간직

---

6 대표적인 예로『서경(書經)』우서(虞書) 고요모(皐陶謨)에 "지인즉철 능관인 안민즉혜 여민회지(知人則哲 能官人 安民則惠 黎民懷之)", 즉 '사람을 알아보는 것은 명철한 것이니 능력을 갖춘 사람에게 벼슬을 줄 수가 있고, 백성들을 편안케 하는 것은 곧 은혜로운 것이니 뭇 백성들이 그러한 것을 가슴속에 우러러 보며 품게 된다.'라는 구절을 들 수 있다.

하라고 했다.

선생님의 우신고등학교 제자들과 오산고등학교 제자들은 선생님을 매개로 하여 좋은 선후배의 인연을 이어가고 있다. 선생님이 회갑을 맞았을 때 오산고등학교 제자들과 우신고등학교 제자들이 뜻을 모아 회갑연을 치러 드리기도 했다. 선생님은 교장이나 교감 등 행정직으로 나아가지 않고 끝까지 평교사로 근무했으며, 마지막에는 명예퇴직을 하고 후진에게 자리를 양보했다. 2001. 8.에 양평 노문리에 집['한가한 늙은이의 집'라는 뜻으로 유수정(窳叟亭)이라 이름 지었다]을 짓고 거처를 옮겼다. 선생님은 제자들뿐만 아니라 제자들의 배우자와 자식들까지도 일일이 이름을 불러주고 챙겨주었다. 제자들은 기회가 있을 때마다 유수정으로 찾아뵀다. 2004. 7. 30. 선생님을 방문한 이후부터 사진을 찍고 블로그를 작성하여 기록했다. 그로부터 10년 뒤인 2014. 7. 선생님이 세상을 하직했다. 이후 제자들은 매년 추모식을 조촐하게나마 거행하고 있다. 2024. 7. 6. 선생님의 10주기 추모행사를 진행했다. 당시 내가 작성한 추모사 중의 일부다.

"초등학교부터 대학교, 대학원까지 많은 선생님들이 있었음에도 왜 우리는 아직까지도 후백 선생님을 기억하고 또 이렇게 추모행사를 갖고 있는가? 도대체 선생님의 매력은 무엇인가?

먼저, 선생님을 만나 인연을 맺은 우리의 시기가 인생의 중요한 변곡

점이었다는 것입니다. 초등학교나 중학교 시절에는 너무 어려서 인생을 관통하는 삶의 자세를 형성하기에는 부족했던 반면, 고등학교 1학년 시절에는 좋은 영향을 받으면 평생의 자세를 확립할 수 있을 정도의 정신적, 지적 역량을 갖춘 시기였다고 할 수 있습니다. …

다음으로, 선생님께서 참된 스승으로서 당시의 우리에게 꼭 필요하고 적절한 가르침을 주셨다는 것입니다. 인간으로서 한 세상을 살아가면서 지녀야 할 자세와 태도, 가치관을 제시해 주셨습니다. 큰 뜻을 가질 것과 '정성 성(誠)'을 기본으로 하지만, 동네 깡패에게는 칼을 들고 하루 종일 쫓아가 더 이상 부당한 행패를 부리지 못하도록 만들었다는 오기(傲氣)도 가르쳐 주셨습니다. …

선생님께서는 제자들 한 사람 한 사람에 대해 세심히 살펴 모든 제자의 이름을 외우고 가정형편이나 가족관계 등 개인적 사정을 파악하여 각각의 사정에 맞는 가르침을 주셨습니다. 제자가 결혼한 경우에는 배우자와 자녀들의 이름까지도 꼼꼼히 챙겨 외우시고 이름을 불러주셨습니다. 선생님께서는 제자들을 만나기 전에 미리 무슨 말을 할 것인가 준비하셨던 것 같습니다. 선생님께서는 유수정을 찾은 제자들에게 '허심염담(虛心恬談)', '마음을 비우고 나누는 고요한 대화'를 할 수 있어 좋다고 하셨지만, 실은 그 대화도 미리 준비하셨던 것 같았습니다.

제자의 처지와 선생님의 가르침이 안과 밖에서 맞아떨어져 제자가 알을 깨고 나와 평생을 지속할 수 있는 삶의 자세와 태도를 결정할 수 있었습니다. 선생님께서 강조하신 바 있는 '줄탁동시(啐啄同時)', 즉 병아리가 달걀을 깨고 나올 때 병아리는 안에서 껍질을 쪼고 동시에 어미닭이

밖에서 같이 껍질을 쪼아주어 그 힘을 합해서 알을 깨고 나온 것입니다. 선생님의 가르침이 어미닭의 '탁'이고 저희의 노력이 병아리의 '줄'이어서 둘이 만나 결국 평생의 인연을 만들었고, 오늘까지 저희를 이 자리에 모이도록 했습니다.

다음으로, 저희가 오늘 이 자리까지 계속 모이는 것이 가능했던 것은 … 사모님이 계셨기 때문입니다. 선생님께서 학교에서 근엄하게 가르치시기만 하셨다면 그 관계는 담임을 마치면서 끝나고 더 이상 지속되지 못했을 가능성이 높습니다. 그런데 선생님께서는 재학 중에는 물론이고 졸업 이후에도 수시로 저희를 댁으로 불러 대접해 주고 살아가는 모습을 몸소 보여주셨습니다. 그때마다 사모님께서 저희를 편안하고 융숭하게 대접해주셨기 때문에, 저희들은 어느 시점인가부터는 선생님보다는 사모님을 뵌다는 기대와 설렘을 안고 선생님 댁을 방문했습니다. 저희와 선생님의 관계의 한 가운데는 항상 사모님께서 중심을 잡아주셨던 것입니다.

다음으로, 선생님께서는 제자들에게 평생 잊지 못할 추억거리를 만들어 주시기도 하셨습니다. 수리산 계곡에서 함께 한 이른바 알탕 사건, 방학 때 방문한 예산 가루실학교에서 소주 대병을 비우며 고생한 사건, 댁에서 밤늦게까지 큰소리 내며 벌인 살벌한 토론, 대학시절 군입대 등 질풍노도 과정을 거칠 때 해주셨던 조언 등등. 저희들은 각자 경험했던 선생님과의 추억거리를 되새기며 그 때를 그리워하고 있습니다.

또한 선생님께서는 예술적 감수성도 뛰어나셨고, 현재의 관점에서 보더라도 고급스럽고 선진적인 문화와 취미생활을 즐기셨습니다. 분재와 수석, 원두를 구입해 직접 로스팅과 드립해서 마시는 커피(저희에게는 주로 꼬냑 한 방울 탄 커피를 권해주셨습니다)와 차(유수정에서는 저희에게 매화꽃 한 송이 올린 녹차를 권해주셨습니다), 고급사진기를 메고 다니면서 사진 찍기(돌아가실 무렵 선생님께서 보관하고 계시던 제자들과 그 가족들의 사진 일부를 전달해주시기도 하셨습니다), 서예와 낙관 조각(제자들의 호를 지어 주시고 그 호 등을 조각하여 보내주시기도 하셨습니다) 등등."

Ⅲ. 대학 진학

서울 생활에 적응하지 못해 출가할까 하는 생각도 했으나, 용기가 없어 출가하지 못했다. 진학할 대학을 결정하면서 '어차피 출가하지 못할 바에야 가장 세속적인 가치에 따라 치열하게 살아갈 법과대학에 들어가자'라는 마음으로, 말도 많고 탈도 많은 서울대학교 법과대학에 입학했다.

고등학교 때 젊은 한문선생님이 대학에 들어가면 동아리(당시는 '서클'이라 했다) 하나에는 가입해서 활동할 것을 권유했다. 고등학교 선배 중에서 언더서클로 인도하는 사람이 없어서 언더서클에 대해서는 알지 못했다. 예비소집일에 받아온 『학생편람』에서 서클 소개란을 훑어보았다. 본부서클인 고전연구회(약칭

'고연')의 소개란에 동양철학파트, 서양철학파트, 사회과학파트로 나누어 운영하고, 동양철학파트에서는『맹자(孟子)』를 강독한다고 소개되어 있었다. 오로지 맹자 강독에 참여하기 위한 목적으로 학생회관에 있는 고연 사무실로 찾아가 바로 입회신청을 했다. 그 이후 고연이 대학 생활의 중심이 되었다. 법과대학이나 법대생들은 분위기 맞지 않아서 잘 어울리지 못했고, 고연의 같은 학번 회원들이 마음이 맞아 같이 공부하고 어울렸다. 2학년이 되면서 사회과학파트 하나만 남고 동양철학파트와 서양철학파트는 없어졌다. 나는 공대 동기 한 명과 함께 동양철학파트를 존속시키기 위해 끝까지 노력했으나, 당시의 사회상황과 학교 분위기로 인해 역부족이었다.

대학교 1학년 때 삶과 죽음 문제로 실존적인 고민에 빠졌다. 연암 박지원은 10대 후반기 이후 상당한 기간 동안 불면증과 거식증을 동반한 우울증에 시달렸다. 이를 극복하기 위해 시정에 떠도는 주류에서 벗어난 소수자들의 이야기를 글로 쓰기도 하고, 또 전국 각지를 유람하기도 했다.[7] 손석춘의 소설『아름다운 집』의 주인공은 일제강점기인 1938. 4. 1. 연희전문에 입학했는데, 식민지 상황에서 무엇을 할 것인가 고민하면서도 허무의 문제에 직면한다. 주인공은 니체를 거쳐 마르크스에서 해결의 실마리를

7 고미숙, 열하일기-웃음과 역설의 유쾌한 시공간, 그린비(2007), 38~46.

찾는다.[8] '법전(法田, 진리의 밭, 언젠가 형장의 이슬로 사라질 순간에 죽음의 공포를 해소할 아편)'이란 법명으로 수계를 받고 허무의 자의식에서 벗어났다. 주인공은 이 때 스님으로부터 받은 '진토분신 화광동진(塵土坌身 和光同塵, 티끌먼지를 몸에 바르며 중생과 더불어 살면서 중생을 제도하라)' '회두토면(灰頭土面, 머리에 재를 뒤집어쓰고 얼굴에 흙 묻는 것을 돌아보지 않는다)'이라는 글을 평생 가르침으로 간직한다.[9]

나는 용기가 부족해서 전국을 유람하거나 잠시라도 출가를 해보는 등의 시도도 하지 못했다. 고연 서클룸에 있던 『열자(列子)』에서 한 구절을 읽고 깨달음을 얻었다. 양주편(楊朱篇)에 나오는 "기사기재아재 분지역가 침지역가 요지역가 노지역가 의신이기저구학역가 곤의수상이납저석곽역가 유소우언(旣死豈在我哉 焚之亦可 沈之亦可 瘞之亦可 露之亦可 衣薪而棄諸溝壑亦可 袞衣繡裳而納諸石槨亦可 唯所遇焉)"이라는 구절이다. "이미 죽었으니 죽은 몸뚱이를 어떻게 처리할 것인가는 나와 무슨 상관이 있겠는가. 화장을 해도 좋고, 수장을 해도 좋고, 땅에 묻어도 좋고 노지에 버려도 좋다. 나무나 풀로 싸서 구덩이나 참호에 버려도 좋고, 좋은 옷을 입혀서 돌 관에 호화롭게 장사지내도 좋다.

---

8 손석춘, 아름다운 집, 들녘(2001), 17~34.

9 손석춘(주 8), 79~80.

단지 경우에 따라 처리하면 된다."라는 의미다.[10] 『논어(論語)』 선진편(先進編)에 공자께서 말씀하신 "미능사인 언능사귀 미지생 언지사(未能事人 焉能事鬼 未知生 焉知死)"라는 말이 나온다. "사람도 능히 섬기기 어렵거늘 하물며 귀신을 섬기겠는가. 삶도 알지 못하는데 하물며 죽음을 알겠는가"라는 의미다.[11] 결국 죽음이나 사후세계는 고민한다고 해결할 수 있는 성질의 문제가 아니다. 그렇다면 질문을 바꿔야 한다. 대답을 전혀 알 수 없는 "죽음이란 무엇인가? 죽은 후에는 어떻게 되는가?"라고 물을 것이 아니라 "살아있는 동안 어떻게 살 것인가?"로 바꿔야 한다. 살아있는 동안 열심히 살다가 죽으면 그것으로 충분하므로, 살아있는 동안 어떻게 살 것인가라는 질문에 답하기 위해 전력을 다해야 한다.

대학교 1학년 여름방학 때 농촌활동을 준비하는 과정에서 읽은 파울로 프레리의 『페다고지(Pedagogy of the Oppressed)』[12]에서 어떻게 살 것인가라는 질문에 대한 해답의 실마리를 찾았다. 당시 농촌활동은 이른바 의식화 프로그램의 하나로서 대학생들이 농촌에 가서 땀 흘려 일하고 농민들의 삶을 이해한다는 취지로 실시되었다. 농민들에게 피해를 주지 않는다는 차원에서 농민

---

10 열어구, 김명식 옮김, 열자, 지식을만드는지식(2010), 210~211.

11 신동준, 교양인의 논어-인류의 스승 공자의 모든 것, 미다스북스(2020), 410.

12 파울루 프레이리, 남경태 옮김, 페다고지, 그린비(2011).

들이 고생한다면서 대접하는 음식이나 술도 거절했고, 밤늦게까지 엄숙한 분위기에서 회의를 진행했다. 깡촌에서 어린 시절 보낸 나로서는 농민들이 대접하는 음식이나 술을 거절하는 것은 예의가 아닌 것으로 보였고, 피곤하고 졸려 죽겠는데 밤늦게까지 회의하는 것도 가식적으로 보였다.

당시에는 페다고지의 번역서가 출판되지 않았기 때문에 영어본을 동기들과 함께 읽었다. 대화를 통한 의식화를 지향하는 민중교육론에 관한 책으로 농촌활동 가서 농민들을 대할 때의 자세를 배우고자 하는 목적으로 선배들이 읽으라고 해서 읽었다. 당시 내가 파악한 이 책의 요지는 다음과 같았다.

> "우리가 살고 있는 억압적 현실은 인간을 억압하는 사람과 억압받는 사람으로 구분한다. 억압받는 사람은 억압의 기능에 길들여져 있고, 억압하는 사람을 인간성의 모델로 삼는 이중성을 내포하고 있다. 이러한 억압적 세계는 억압받는 사람뿐만 아니라 억압하는 사람도 비인간화한다. 억압받는 사람만이 자신을 해방시킴으로써 억압하는 사람도 해방하고 억압적 현실을 혁명으로 변혁할 수 있다. 이를 위해 억압받는 사람은 현실을 객관화하고 비판적으로 대면하여야 한다. 그 바탕 위에서 성찰적 실천인 프락시스를 통해 세상을 바꿔야 한다. 억압받는 사람들의 목표가 온전한 인간이 되는 것이라면 단순히 모순의 관계를 뒤집어 놓는 것, 양극을 엎어 놓는 것만으로는 그 목표에 도달하지 못할 것이다."

페다고지를 읽으면서 내가 빈농의 아들로, 그리고 노동자의 아들로 힘들게 살아온 과정이 책에서 말하는 '억압받는 사람들'의 삶이었구나 하고 깨달았다. 개인적으로 '억압받는 사람'에서 '억압하는 사람'으로 신분상승을 하는 것만으로는 대부분의 많은 사람이 여전히 억압받는 지위에 있는 구조가 유지되는 사회의 한 구성원으로서 온전하게 행복한 삶을 살아갈 수 없다. 사회구성원 모두가 행복한 삶을 살 수 있어야 그 사회의 일원인 나도 온전하게 행복한 삶을 살 수 있다. 내가 진정으로 행복하게 살려면 사회구성원 모두가 행복하게 살 수 있는 사회가 되어야 하고, 그렇다면 그러한 사회를 만드는 데 기여하는 삶을 살아야 하지 않을까 생각했다. 노동변호사로 활동하는 것이 그러한 사회를 만드는 데 기여하는 삶의 한 방법이 되지 않을까?

3학년에 올라가면서(1981. 3.) 고연 대표를 맡게 되었다. 고등학교 때까지 단 한 번도 반장조차 맡아본 적이 없었는데, 서클 대표를 맡는다는 것은 생각도 해본 적도 없고 자신도 없었다. 그런데 다른 회원들이 내가 모임에 제일 많이 출석했다면서 강권하니 마음이 약해져서 거절하지 못하고 덥석 맡고 말았다. 대학교 2학년 때까지는 담배를 피우지 않았다. 담배를 피우는 것은 현재의 고민을 잠시 잊는 마약과도 같은 방편이라고 생각했다. 현재의 문제와 고민에 정면으로 맞서야 하고, 담배를 피우는 것은 정면 대결을 회피하는 것으로 보였다. 동기 여학생들이 먼저 담배를 피웠는데, 그렇게 멋있게 보일 수 없었다. 서클 대표를 맡고 나니 자연스럽게 담배를 피우게 되었고 금방 줄담배가 되었다. 1981. 5. 살벌한 대학가 분위기와 본부 서클의 '국풍80' 반대 투쟁에 참여했다는 이유로 관악경찰서에 끌려가 3박4일 정도 고생하고 7. 28. 강제징집으로 군에 끌려가게 되었다(이른바 녹화사업). 그 과정에서 부모님은 마른하늘에 날벼락과 같은 충격을 받았고, 후백 선생님께서도 안타까워 하셨다.

비록 고연 활동을 하다가 강제징집까지 당했지만, 그래도 고연 활동은 내 인생의 기초를 형성했다고 할 수 있다. 고연 활동에 대한 나의 평가이다.

> "고연은 현재의 나의 모습을 만들어낸 장본인이다. 나는 고연에서 내가 살아온 어려운 과거의 의미를 이해할 수 있게 되었고, 사회생활에 대한 뿌리 깊은 공포를 극복할 수 있게 되었으며, 역사와 사회를 올바르게 보고 실천하는 안목을 갖게 되었고, 또 현재의 길을 선택하게 되었다. 나 개인의 한계를 극복하는 과정은 고연과 함께 이루어졌고, 이것은 결국 내 인생의 역사가 고연과 함께 했다는 것을 의미한다. 그리하여 고연은 나의 소중한 과거이자 현재이고, 마음의 고향이다."[13]

---

13 김진, "인물탐구: 지극히 주관적인 그 선수 탐구생활-김선수 변호사", 민주사회를 위한 변론 109호, 민주사회를 위한 변호사모임(2017년 상반기), 85.

입대해서 훈련소에 배치되기 전에 모였던 집결지에서 아폴로 눈병이 돌아 상당 기간 대기하다가 훈련소에 배치됐다. 훈련소에 배치된 첫날 중대장이 나 혼자만 별도로 부르더니 부마항쟁 당시 어디에 있었냐고 물었다. 내가 서울에 있었다고 하자, 당시 본인이 부마항쟁을 진압하기 위해 동원됐었다면서 훈련소에서 나 같은 사람 하나 어떻게 돼도 문제될 것이 없다면서 겁을 주었다. 그래도 별일 없이 훈련을 마치고 최전방 자대에 배치되어 소총수로 근무했다. 당시 '특수학적변동자'라고 해서 학생운동에 관여했다가 형사처벌 또는 학사징계를 받고 강제징집 되는 학생들이 많았다. 서울대학교 법과대학에 재학 중 전방부대에 소총수로 배치되어 가니 고참들이 나를 가리켜 '기러기 두 마리가 허공을 날다가 충돌하여 두 마리가 모두 땅으로 떨어질 정도의 희박한 확률의 주인공'이라고 했다. 옆 중대에 유시민씨가 먼저 와 있었다. 일병 고참이었는데, 역시 능력이 탁월하여 중대본부에서 행정병으로 근무하고 있었다. 나는 제대할 때까지 소총수로 근무했고, 제대 말년에는 철책에서 근무했다. 대학교 2학년까지 교련교육을 받은 덕에 복무기간이 4개월 단축되어 31개월 복무하고 제대했다. 제대할 때까지 왕고참이 되지 못했고, 철책 근무할 때 인원 부족으로 열외 없이 근무해야 했기 때문에 말년고참 대우를 전혀 받지 못했다.

군복무를 하면서 고등학교 은사님께 몇 차례 울분을 토하는 심정으로 편지를 쓰기도 했다.

"팔십일 년이란 한 해는 저에게 있어서는 거대한 외부적 힘이 제 인생을 굴절시킨 여러 의미심장한 한 해가 아니었나 생각됩니다. 그렇지만 어떻게 보면 강제적으로 주어진 이 굴절이 힘차게 새 출발하는 하나의 기반이 되지 않을까도 생각됩니다. … 야밤에 근무를 서면서 역사의 횃불마냥 반짝이는 별들을 올려 보면서 교훈을 배웁니다. 심원한 천체의 움직임 속에서 생을 배웁니다. 옛 고절선비들의 모습을 상기하면서 인생을 배웁니다. … 생각해보면 그 동안의 제가 너무 편협하지 않았나도 생각됩니다. 예리하게 날이 선 칼날이지 않았나 생각됩니다. 그렇다고 해서 제 근본적인 생각까지 변한 것은 아니며, 단지 좀 더 유연해져야 할 것 같다는 것입니다. 선생님께서 편지 마지막 구절에 적어주신 '유능승강(柔能勝剛)'을 되씹어 봅니다. … '유'의 뒤에 숨은 예리하고 변화무쌍한 기교를 준비하지 않으면 안 될 것 같습니다. 외부로 '유'하게 드러났다고 해서 내적으로도 '유'해서는 안 될 것입니다. 육도삼략의 '도(韜)'자처럼 뒤에는 모든 변화에 대응할 수 있는 역량이 갖추어져 있어야 할 것 같습니다. 그것을 준비하는 기간은 추상같은 비판과 자기질책이 있어야만 할 것 같습니다. 선생님께서 말씀해주신 한신의 고사나 육도삼략에 나오는 태공망 여상과 같은 여유가 필요한 것은 사실이지만, 또 알묘조장의 우를 범하지 말아야 함도 사실이지만, 저는 아직까지도 미숙한 상태에서 고민하며 보다 좋은 칼날이 되기 위해서 단련하는 불 속에서 자신을 태우는 상태에 있는 것 같습니다. … 군 생활은 큰 인내를 강요합니다. 이것을 참지 못할 때도 있으나, 인내를 배우기에는 적절한 생활입니다."

(1981. 12. 29. 발송, 이병)

"올 한 해의 삶이란 것은 고작 일병과 상병의 군 생활, 발 한 짝 마음대로 움직이지 못하는 억압된 생활, 사소한 일 속에서 정은 깡마를 대로 마르고 입에서는 욕설이 연발하고 사고는 정지되고 육체는 피곤한 상태를 면하지 못하고, 하루하루 넘기는 것이 왜 이리 지루하고 어려운지 답답할 따름입니다. 그렇지만 엄격한 계급생활을 통해 피억압자의 생을 체득했고, 이러한 것은 사회에서도 마찬가지일 것이라 생각하니, 도저히 묵과할 수 없다는 생각이 듭니다. 학교 다닐 동안에는 사회적 생활은 일단 유보된 것이었기에 책을 통해 얻은 피억압자 또는 민중의 삶 등은 나의 실감정이 될 수 없었지만, 직접 계급생활을 통해 얻은 것은 그대로 저의 실감정이었습니다. 군 생활 과정의 것은 제대하면 그만이라는 유보조건이 있는 반면, 사회생활의 것은 아무런 유보조건도 없기에 오히려 보다 비극적이라 생각합니다. … 몸은 쇠사슬을 풀지 못하고 이리 끌려 다니고 저리 끌려 다니며, 입에서는 욕설이 내뿜어지지만 그래도 마음만은 항상 미래를 방황합니다. 그렇지만 아무런 목적지도 없이 방황하다간 이내 환상 속으로 자취를 감추어 버리고 맙니다. 구체적인 삶의 방향이 도대체 잡혀지질 않습니다."

(1982. 12. 23. 발송, 상병)

Ⅳ. 변호사 자격 취득

2학년 올라갈 때 법과대학 행정실이 추천을 해주어 외부 장학금인 5·16장학금(후에 정수장학금으로 명칭이 변경되었다)을 받게 됐다. 당시 한 학기 등록금 등이 15만 원 가량 되었는데, 장학금으로 35만 원을 받았다. 별도로 과외를 하지 않고도 차비와 기본적인 식비를 해결할 수 있어서 많은 도움을 받았다. 1학년 때 입주과외를 1달간 해보았는데, 도저히 적응할 수 없어서 그만두었었다. 2학년 2학기 때 전공필수과목에서 F학점을 받았고, 3학년 1학기에 강제징집을 당했기 때문에 장학금이 끊기는 것이 아닌가 걱정했다. 다행히 군복무 후 복학하면서 장학금을 계속 받을 수 있었다. 그 덕분에 돈에 신경 쓰지 않고 사법시험 공부에 매진할 수 있었다. 장학금을 받을 수 있도록 추천해준 행정실에 감사해 하면서, 받은 장학금을 사회에 환원하는 활동을 함으로써 갚아야겠다고 다짐했다.

1983. 11. 군복무를 마치면서 진로에 관하여 친구들과 상의하면서 노동변호사로 활동하는 것은 어떻겠냐고 의견을 구했더니 의외로 친구들이 긍정적으로 답해주었다. 노동변호사로 활동하기 위해서는 변호사 자격을 취득해야 했다. 변호사 자격을 취득하려면 사법시험에 합격한 후 2년의 사법연수원 과정을 수료

해야 했다.[14] 당시는 전두환 정권이었으므로 대학생들이 캠퍼스에서 민주화를 요구하며 시위를 하곤 했다. 그러면 '짭새'라 불리는 사복경찰들이 캠퍼스 안에 상주하면서 시위에 참가한 학생들을 순식간에 제압하고 연행했다. 일부 대학생들은 노동운동을 하기 위해 노동야학을 하거나 공장에 취업하기도 했다. 그러한 시대적 상황에 눈감고 도서관에 틀어박혀 사법시험 공부를 하자니 답답하기 이를 데 없었다. 친구들을 만나면 1주일 정도 책을 제대로 읽을 수 없었다. 도서관 밖에서 데모하는 학생들에 대한 미안함과 역사에서 뒤처지는 것은 아닌가 하는 조바심을 달래기 위해 수도 없이 종이에 썼던 구절들이 있다.

중국의 가장 고전적인 병서인『육도삼략(六韜三略)』[제13. 발계(發啓)]에 나오는 "지조장격 비비렴익 맹수장박 미이부복 성인장동 필유우색(鷙鳥將擊 卑飛斂翼 猛獸將搏 彌耳俯伏 聖人將動 必有愚色)" 구절을 가장 많이 썼다. '매가 장차 공격하려 하매 낮게 날고 날개를 모으며, 맹수가 장차 사냥을 하려 하매 귀를 쫑긋 세우고 납작 엎드린다. 성인이 장차 움직이려 하매 반드시 어리석은 기운이 있다.'[15] 다음으로 역시 병서인『삼십육계(三十六計)』의 한 계책(제27계)인 "가치부전(假痴不癲)", 즉 '거짓 어리석

---

14 현재는 대학교 학부 4년과 법학전문대학원 3년 과정을 수료하고 변호사시험에 합격한 후 6개월의 실무수습을 마쳐야 한다.

15 이상옥 역해, 신완역 육도삼략, 명문당(2009), 173~174.

되 미치지는 않는다'는 구절이다.[16] 『주역(周易)』 건괘(乾卦) 초구(初九)에 대한 문언전(文言傳)의 설명인 "잠룡물용(潛龍勿用)", "용덕이은자야 불역호세 불성호명 둔세무민 불현시이무민 낙즉행지 우즉위지 확호기불가발 잠룡야(龍德而隱者也 不易乎世 不成乎名 遯世无悶 不見是而无悶 樂則行之 憂則違之 確乎其不可拔 潛龍也)" 구절도 종종 썼다. '물속에 몸을 숨긴 용은 함부로 쓰지 않는다', '잠룡은 용의 덕성을 지니면서도 숨어 있는 사람이다. 세상을 바꾸려고 하거나 세상에 따라 자신을 바꾸려 하지 않고 자신의 이름을 세상에 드러내려 하지 않는다. 세상을 은둔하고 살아도 언짢음이 없으며, 옳음을 인정받지 못해도 억울함이 없다. 즐거운 마음이 생기면 나아가 행하고 조심스런 마음이 생기면 물러나 미련을 버린다. 확고하게 자신의 의지가 흔들리지 아니하는 사람이 잠룡이다.'[17]

고연에서 맹자 강독을 같이 한 법과대학 1년 선배 중에 윤성근 형이 있다. 나보다 먼저 사법시험에 합격하고 사법연수원을 14기로 수료했다. 내가 1984년에 1차 시험을 보고 합격자 발표를 기다릴 때, 그리고 1985년 2차 시험을 보고 합격자 발표를 기다릴

---

16 한기욱 편역, 이야기로 풀어쓴 병법 삼십육계 4, 고려원(1996), 188~194.

17 김석진, 대산 주역(1), 한길사(2012), 182~183.

때 설악산과 지리산을 다녀오자고 제안했다. 나는 그 초조한 시기를 보내는 데 큰 도움을 받았다. 윤성근 형은 변호사로 활동하다가 법관이 되었다. 서울남부지방법원장을 역임했고 서울고등법원 부장판사, 서울중앙지방법원 부장판사로 재직하던 중 2022. 1. 11. 지병으로 세상을 하직했다. 영어, 중국어, 일본어, 독일어 등 외국어뿐만 아니라 국제상사거래·해상·중재 분야에 대해 정통했다. 나는 대법원이 매월 발행하는『법원 사람들』제목의 소식지에 윤성근 형을 추모하는 글을 썼다.

"제가 군복무 중인 1982년에 형은 사법시험에 합격하여 법조인의 길을 선택했습니다. 저는 1983년 11월 제대한 이후 앞으로의 인생진로를 어떻게 잡을 것인가 고민했습니다. 당시 대학 동기들의 조언 등을 토대로 노동변호사로 활동하기로 마음먹고 사법시험을 준비했습니다. 먼저 법조인의 길을 걷고 있던 형도 제가 위와 같이 결정하는데 중요한 역할을 했습니다. 1984년 1차 사법시험을 치르고 합격자 발표를 기다리는 동안은 참으로 불안과 초조의 나날들이었습니다. 그 해 여름, 형은 1차 시험을 치른 두 사람을 위해 설악산 산행을 제안했습니다. 일정과 코스, 모든 준비물까지 형이 세세하게 계획을 세웠고, 우리는 1박 2일 일정으로 설악산 산행을 함께 했습니다. … 1985년 2차 사법시험을 치르고 합격자 발표를 기다리던 10월경 형은 다시 지리산 산행을 제안했습니다. 전년도에 설악산을 같이 갔던 멤버가 함께 했습니다. … 제가 법조인의 길을 걷기 위한 출입문을 통과하려 할 즈음 중요한 두 고비에서 형이 함께 하면서 용기를 주고 격려를 해주셨습니다. 저는 대학교

1학년 때 같이 토론하고 고민했던 내용들과 활동들, 그리고 설악산과 지리산을 같이 산행하면서 공유했던 유대감과 동지애를 자양분 삼아 그 이후 법조인으로서 활동을 해올 수 있었습니다. … 같은 법조인으로 활동하면서도 활동영역이 달라서 자주 보지는 못했지만, 그래도 서로에 대한 신뢰와 믿음은 변함이 없었습니다."[18]

사법시험은 노동변호사로서 활동하기 위한 자격을 취득하는 과정에 불과하므로 가능한 한 빨리 끝내는 것이 좋다고 생각했다. 빠른 합격을 위해 친구들을 만나는 것도 중단하고 집과 학교 도서관을 왕복하는 단조로운 생활과 시험기간 중에 최대의 실력을 발휘할 수 있도록 집중력으로 버텼다. 그 결과 1985년 제27회 사법시험에 합격했다. 내가 사법시험에 합격한 사실이 언론을 통해 보도되자 대학에 다니다가 입대해서 나와 군대생활을 같이 했던 사람들 중에 일부가 사법시험에 도전했다는 말을 들었다. 내가 군대생활을 하면서 고전을 많이 했는데, 그런 내가 수석을 할 정도의 시험이라면 군대생활을 훨씬 잘한 자신도 충분히 합격할 수 있을 것이라고 생각했다고 한다.

사법시험에 수석합격을 하면 고시잡지들이 합격기를 써달라

18 김선수, "[추모글] 윤성근 형 영전에", 법원 사람들(2022. 2. 7.), <https://www.scourt.go.kr/portal/gongbo/PeoplePopupView.work?gubun=33&seqNum=2830>.

고 요청한다. 어느 곳에는 써주고 어느 곳에는 써주지 않기 어렵다. 그래서 고시잡지 3군데(월간고시, 고시계, 고시연구[19])에 모두 합격기를 게재했다. 같은 내용으로 쓸 수 없어서 초점을 달리해서 썼다. 그중에 고시계에 게재한 합격기는 공부방법 등과는 무관하게 한국사회에서 사법시험을 결심하게 된 동기와 법조인 활동의 의의와 한계 등에 대한 생각을 질문의 형태로 정리했다.

> "(고시 합격에 따른 기득권을) 자신의 노력에 대한 당연한 보상으로서 문제 제기 없이 받아들여도 좋을까?" "사법부의 임무가 법의 공평한 적용이라고 할 때 '법' 자체는 이미 항상 공평타당하며 정치적으로 중립적인 위치를 유지하는 것이 가능한가?" "우리가 사회적 약자 편에 서서 그들을 위해 활동하고자 사법시험을 본다고 할 때, 혹시 우리는 온정주의적 입장에 서 있는 것은 아닌가?" "사회적 성실은 사회적 제 현상에 대한 심각한 고민과 해결의 모색과정에서 비로소 형성될 수 있고, 역사의 발전과 사회현실에 대한 과학적 인식이 갖추어져야만 가능한 것 아닐까?" "구체적인 한국사회에서 법조인의 위치와 역할은 무엇이고, 또 법조인의 현실은 어떠하며 앞으로 나아갈 방향은 무엇인가?"[20]

사법시험에 합격하여 법조인 자격을 취득한 사람이라면 어느

---

19 김선수, "여한 없는 20개월이었다", '86년판 다시 태어난다 해도 이 길을, 고시연구사(1986), 11~21.

20 김선수, "사시수석 특별기고-접어둔 페이지", 고시계(1986년 1월호), 296~302.

정도 개인적인 성실성은 확인되었다고 할 수 있다. 그러나 사회에서 '법꾸라지' 또는 '법기술자' 등으로 비난받는 법조인들이 많다. 이러한 법조인들은 사회적 성실성의 측면에서 국민들의 기대 수준에 미치지 못하기 때문에 그러한 평가를 받는 것이다.

이러한 고민은 사법연수원 과정에서도 이어졌다. "사법시험에 합격했을 때 이제 시험을 위한, 시험에 의하여 강요되는 그러한 공부는 끝이 난 줄 알았다. 시험에 쫓기는 강박관념과 여유 없고 긴장된 생활도 끝인 줄로 생각했다. … 막상 사법연수원이라는 법조인을 양성하는 교육기관에 들어와 보니 사정은 전연 딴판이었다. … 연수원 과정을 법조인으로서의 생활을 위한 기초공사를 다지는 단계라고 한다면 적어도 다음과 같은 질문들에 대한 대답을 준비해야 할 것이다. … 법조인으로서의 성패 여부는 임용을 받느냐 받지 못하느냐에 의하여 결정되는 것이 아니라 얼마나 올바른 입장에 서서 얼마나 성실하게 활동하는가에 의하여 결정될 것이다."[21]

프레드 로델의 저서 『저주받으리라, 너희 법률가들이여!(Woe, Unto You Lawyers!)』는 법의 기능에 대한 가장 비판적인 견해 중 하나를 제시하고 있다.

---

21 김선수, "사법연수원 연수과정 중에 답변을 요하는 질문들", 법문학 2호, 사법연수원 법문학연구회(1988), 26~28.

「법이 '모두에게 평등한 정의'를 호언장담하는 것은 언제나 거짓이다. 법은 (돈으로) 살 수 있을 뿐만 아니라, 대부분의 경우 반드시 사야 한다. 사야 하는 것인 이상, 법은 그것을 비싸게 살 능력이 있는 사람에게 유리하게 기울어진다. … 법은 결코 정의를 낳지 못한다.[22] … 법이란, 그 자체의 정의에 의하면, 현상유지의 과학이다. 부유하거나 잘나가는 사람들은 언제나 현상유지자다. 법은 오랜 규칙을 통해 혜택을 부렸던 부자와 보수주의자의 이익에 유리하게 된다. 법은 모든 부정의와 불공평의 배후에 존재하는 사기술이다. 법은 충분한 돈을 갖고 법원에서 변호사를 고용하거나 법원에 가기 전에 법적 주문의 성가대와 작문가로부터 조언을 구해 법률 언어와 법의 원칙으로부터 원하는 결과를 쥐어짜낼 수 있는 사람에게만 가치 있다. 법은 많은 돈을 갖고 법에 이르는 길을 사서 그렇지 않았으면 얻어낼 수 없었을 결과를 획득하는 사람에게만 가치 있다.[23]」

셰익스피어도 "법은 더 없이 때가 묻고 썩은 것. 그러나 자비로운 목소리로 위장하여 악마의 출현을 위장하지."라고 냉정하게 비판했다. 나아가 "맨 먼저 법률가를 때려죽이자. 법률가 그 놈들은 죄 없는 어린 양의 가죽으로 서류를 만들고 그 위에 뭔가

---

22 프레드 로델, 이승훈 옮김, 저주 받으리라, 너희 법률가들이여, 후마니타스(2014), 234~235.

23 프레드 로델(주 22), 247~250.

를 끄적거리면서 사람을 잡는단 말이야."[24]라고 성토했다. 해럴드 라스키는 모든 혁명에서 법률가는 단두대나 총살대로 가는 길에 앞장섰다고 지적했다.[25]

현실세계에서는 법의 형식으로 지배가 이루어지고 있다. 또한 사회변혁이 법의 제·개정을 통해 제도화될 경우 법률전문가의 역할은 불가피하다. 법률가나 변호사는 웬만한 독재정권 하에서도 탄압받지 않고 활동할 수 있는 영역이다. 결국 법률가 내지 변호사는 그 사회에서 누군가는 해야 할 일이다. 앨런 M. 더쇼비츠는 변호사의 긍정적인 역할을 지적했다.

> "열성적인 변호사는 자유의 마지막 보루로서 공권력으로부터 국민을 보호하는 최후의 방어벽으로서의 역할을 한다. 변호사의 임무는 공권력에 도전하고, 권력을 쥔 자들이 힘없는 사람들에게 정당한 대우를 하도록 이끌며, 스스로 변호할 능력이나 수단을 갖추지 못한 사람들의 권리를 보호하고 지적해주는 일이다. 자유주의국가인지 여부를 알아보는 가장 진실한 시험 가운데 하나는 죄를 지은 사람들과 사회적인 경멸을 받는 사람들을 변호하는 것을 직업으로 가진 이들이 사회적으로 어떤 대우를 받는가 하는 점이다. 정부의 탄압이 극심한 나라에는 독립된 변호사가 존재하지 않는다."[26]

---

24 셰익스피어, 김정환 옮김, 헨리 6세 제2부(4.2.78.), 아침이슬(2012).

25 프레드 로델(주 22), 37.에서 재인용.

26 앨런 M. 더쇼비츠, 변용란 옮김, 앨런 M. 더쇼비츠의 최고의 변론, 이미지박스(2006), 494.

법률가 내지 변호사의 역할에는 일정한 한계가 있을 수밖에 없다. 실제로 그러한 한계를 절감하고 시민운동가의 길을 개척하거나 정치가의 길을 선택하는 사람들도 있다. 사회의 발전을 위해 활동하는 길은 다양하게 열려 있으므로 본인의 적성과 능력에 맞는 길을 선택하는 것은 바람직한 일이다. 다만 나는 시민운동가나 정치가는 적성에 맞지도 않고 능력도 없어서 숙명적으로 변호사의 길을 계속 걸었다.

제 2.

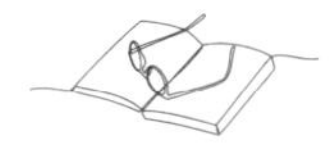

노동변호사

Ⅰ. 왜 노동변호사가 되었나?

나는 애초에 노동변호사로 활동하기 위해 사법시험 공부를 시작했기 때문에 사법연수원을 수료하면서 진로 선택에 고민이 없었다. 부모님은 판사나 검사로 활동하여 실력을 키운 후에 하고 싶을 일을 해도 되지 않겠는가 하는 생각도 있었던 것 같다. 그렇지만 강제징집까지 되었던 내가 그나마 마음을 잡고 법조인의 길을 선택한 것 자체가 부모님에게는 큰 위안이었기 때문에 나의 선택에 반대하지 않았다. 사법연수원 2년차에 결혼한 아내도 나의 선택을 전적으로 지지해 주었다. 내가 판사나 검사를 지망하지 않은 이유는 '악의 평범성(banality of evil, 한나 아렌트『예루살렘의 아이히만』)'에 대한 우려 때문이다. 민주화가 성숙되지 않은 사회에서는 판사나 검사의 통상적인 직무수행이 역사적인 관점에서 악행이 될 수 있다. 내가 공직에 나아가더라도 역사적인 악행을 저지르지 않기가 쉽지 않은 상황이었기에 공직을 맡지 않는 것이 옳을 길이라고 생각했다.

김병로 제1대 대법원장이 일제강점기에 변호사 직을 택한 이유를 설명한 글이 있다. 대법원장직을 정년퇴임한 이후인 1959년에 〈수상단편〉이란 글에 다음과 같이 썼다.[27]

> "원래 내가 변호사 자격을 얻기에 유의했다는 것은 생활 직업에 치중한 것도 아니요, 재산을 축적한다는 생각은 추호도 없었으며, 다만 일정(日政)의 박해를 받아 비참한 질곡에 신음하는 동포를 위하여 도움이 될 수 있는 행동을 하려 함에 있었다. 변호사라는 직무가 그다지 큰 것도 아니지만, 그 당시의 현실에 있어서 첫째, 가장 우리에게 잔혹하던 경찰도 변호사라면 용이하게 폭행이나 구금을 하기 어려웠다는 것, 둘째로 그 수입으로써 사회운동의 자금에 충당할 수 있는 것, 셋째로 공개법정을 통하여 정치투쟁을 전개할 수 있는 것 등이 약자인 우리에게는 한 무기가 될 수 있다는 것이었다. 변호사라는 직무는 자기의 생활 직업으로만 하지 아니한다면 인권옹호와 사회정의에 실로 위대한 사업이 될 수 있다. 약자인 조선 동포들에게 변호사라는 것을 하나의 무기로 활용할 수 있다."

---

27 한인섭, 가인 김병로, 박영사(2017), 74.

김병로 대법원장의 위 글에 빗대어 내가 노동변호사의 길을 선택한 이유를 다음과 같이 설명할 수 있겠다. "비참한 질곡에 신음하는 노동자를 위하여 도움이 될 수 있는 행동을 하려 함에 있었다. 약자인 노동자에게 변호사라는 것이 하나의 무기가 되기 위함이었다."

다만 가인이 말한 "둘째로 그 수입으로써 사회운동의 자금에 충당할 수 있는 것" 부분은 나와는 사정이 달랐다. 가인은 일제강점기에도 변호사활동을 통하여 상당한 수입을 올릴 수 있었던 모양이다. 가인은 사회운동단체인 신간회 활동에 적극 참여하여 재정부장, 사무부장, 집행위원장 등을 역임했다. 신간회는 전국 각지에서 사건이 발생하면 현지방문조사 등을 실시하고 필요한 조치와 변론 등을 담당했다. 가인이 신간회의 비용을 상당 부분 부담한 것으로 보인다. 그러나 내가 변호사 활동을 할 때, 특히 노동변호사로 활동해서는 변호사의 수입이 사회운동 자금에 충당할 수 있을 정도로 많지 않았다. 당시 변호사라는 직업에 대하여 '면기난부(免饑難富)', 즉 기아는 면할 수 있지만 부자가 되기는 어려운 정도의 직업으로 평가되었다. 변호사로 활동하면서 수입 또는 돈벌이에 대해서는 『논어(論語)』 술이편(述而篇)의 다음 구절을 지침으로 삼았다.

> "부이가구야 수집편지사오역위지 여불가구 종오소호(富而可求也 雖執鞭之士吾亦爲之 如不可求 從吾所好)", 즉 '부라는 것이 구해서

구할 수 있는 것이라면 말채찍을 잡는 험한 일이라도 내가 하겠다. 구한다고 해서 그대로 구해지는 것이 아니므로 내가 좋아하는 바를 따라 하겠다.'[28]

돈이라는 것이 벌겠다고 의욕한다고 해서 뜻대로 되는 것이 아니다. 너무 돈을 앞세우면 사람이 추해질 뿐이다. 내가 좋아하는 것을 해서 돈이 따라오면 좋겠지만, 돈이 따라오지 않더라도 내가 좋아하는 것을 한 것 그 자체로 충분한 것 아닌가? 돈이나 수입 문제는 공자의 위 가르침에 따랐다.

노동변호사는 1987년 이후 한국사회에 등장한 개념으로 "노동자의 권익 옹호를 위하여 노동자와 노동조합이 의뢰하는 사건을 전문성과 독점성을 가지고 지속적으로 담당하는 변호사"라고 정의할 수 있다.[29] 제1세대 노동변호사는 1970년대와 1980년대에 걸쳐 주로 '시국사건'을 다루는 변호사들이 시국사건의 하나로 노동사건을 다루면서, 인권문제의 개념으로 다시 말해 시민법 원리로 접근했다. 이때까지의 변호사들은 법과대학, 사법시험, 사법연수원 어디에서도 노동법 교육을 받아보지 못했고, 변론준비와

---

28 신동준(주 11), 275.

29 황승흠, "한국에서 노동변호사의 성장", 법과 사회 14호, 법과 사회 이론연구회(1997), 301~302.

재판과정을 거치면서 '경험'을 통해 노동법과 시민법의 차이를 발견했다. 이에 속하는 변호사로는 조영래, 이상수, 노무현·문재인 변호사가 대표적이다. 위 변호사들은 각각 부설로 노동상담소를 운영했는데, 전문적인 소장이 노동운동과 노동사건에 대한 상담과 지원활동을 했다는 특징이 있다. 제2세대 노동변호사는 1980년대 후반부터 등장하는데, 대학원에서 노동법을 전공하거나 사법연수원에서 '노동법학회' 활동을 하면서 어느 정도 노동법 교육을 통해 전문성을 획득했다. 스스로의 문제의식과 제1세대 노동변호사들의 활동에 영향을 받으면서 변호사 경력 자체를 노동변호사로 시작했다.[30] 서울대학교노동법연구회 창립회원으로 참여한 사법연수원 제16기부터 제19기까지의 변호사들이 대표적이다.[31] 제2세대 노동변호사까지는 별도의 독립적인 변호사사무소를 운영하고, 노동사건 이외에 시국사건이나 일반사건도 수임했다. 그런데 2001년에 전국금속산업노동조합 법률원(김기덕 변호사)이 설립되고, 2002년에 민주노총법률원(권두섭 변호사)이

---

30 황승흠(주 29), 302~303.

31 제2세대 노동변호사로는 '시민합동법률사무소'의 김선수·김한주·박주현 변호사, '한국노동법률사무소'의 이오영·김진국 변호사 등이 조직적으로 노동사건을 변론하는 경우이고, 이경우 변호사 등은 개별적으로 노동사건에 전념했다. 노동현장에 사무실을 개설하고 좀 더 적극적인 노동사건 변론에 나서고 있는 경우로는 부천의 이양원 변호사, 구로의 이원영 변호사, 부평의 문병호 변호사, 수원의 김칠준 변호사 등을 들 수 있다. 이외에도 부산합동법률사무소의 정재성·김외숙·최성주 변호사가 있고, 울산의 윤인섭 변호사, 창원의 정주석 변호사 등을 들 수 있다. 황승흠(주 29), 307.

설립되면서 질적으로 다른 노동변호사들이 탄생했다. 제3세대 노동변호사라고 할 수 있다. 제3세대 노동변호사는 주로 노동사건을 담당하는 전문변호사라는 개념을 뛰어넘어 노동조합 '안(裏)'으로, 노동조합'으로부터' 출발하는 법률사업의 전형을 창출했다. 제2세대 노동변호사까지는 업무 면에서 '노동 전문'변호사였다면, 제3세대 노동변호사는 스스로의 생애와 생계를 노동의 가치와 노동조합 안에서 모색했다고 할 수 있다.

노동변호사의 길에 대해 나는 2014년에 변론기를 모아 출판한 『노동을 변호하다』에서 다음과 같이 정리했다.

> "역사는 노동하는 사람들이 그 노동에 상응한 대우를 받을 수 있는 방향으로 발전되어야 한다. 그러한 사회는 누가 만들어 주는 것이 아니라 노동자들을 주축으로 해서 사회구성원 모두가 만들어야 한다. 양심적 지식인은 노동자들이 그러한 사회를 만드는 데 기여하는 활동을 해야 한다. 지식인은 자신의 전문지식을 노동자들을 위해 써야 하며, 법조인은 전문적인 법률지식으로 노동자들의 활동을 지원해야 한다. 나는 이런 생각으로 노동법을 공부하게 되었다. … 변혁은 하루아침에 오는 것이 아니고 현실적으로 노동자들은 노동현장에서 살아가고 있으므로 현재 상태에서 이용할 수 있는 법적 제도를 충분히 이용할 필요가 있다. 법률전문가는 노동법을 전문적으로 연구하여 노동자들의 권익 증진에 활용하도록 모든 조력을 다해야 한다."[32]

32 김선수, 노동을 변호하다, 오월의봄(2014), 16~19.

Ⅱ. 변호사 활동 제1기

나의 변호사 활동은 1988. 3.부터 시작되었고, 2005. 1.부터 2007. 4.까지 사법개혁비서관 겸 사법제도개혁추진위원회 기획추진단장으로서 공무원으로 근무한 시기를 전후로 하여 제1기와 제2기로 구분할 수 있다. 전체적으로 노동변호사로서의 활동이 주를 이루었지만, 제2기에는 사법개혁 관련 활동에도 적극 참여하고 의견을 개진했으며, 책을 출간하고 로스쿨에서 강의를 하는 등 활동 반경에 차이가 있다.

1. 변호사 활동의 3대 축

변호사로 활동하면서 3대 축은 첫째, 내가 속한 법률사무소 또는 법무법인이다. 변호사로 송무활동을 하자면 법률사무소 또는 법무법인 차원에서 사건을 수임하고 소송위임장 또는 변호인 선임서를 관련기관에 제출해야 하기 때문에 법률사무소 또는 법무법인이 변호사 활동의 기본축이 될 수밖에 없다. 외부활동을 할 때도 소속을 밝힐 때는 법률사무소 또는 법무법인의 구성원으로 소개한다. 둘째, 민주사회를 위한 변호사모임이다. 우리 사회의 민주화를 위한 변호사로서의 활동이 민변을 매개로 해서 또는 민변 활동의 일환으로 이루어졌다. 셋째, 서울대학교노동법연구회이다. 노동변호사로서 노동법상의 쟁점에 대하여 이론적으로 정리하고 발표하는 장이 되었다.

가. 법률사무소

1988. 2. 사법연수원을 수료하면서 어디에서 어떤 형태로 변호사 활동을 시작할까 고민했다. 홀로 개업하기에는 준비상황이나 역량이 부족했기 때문에 합류해서 활동할 수 있는 사무실을 알아보았다. 대형 로펌 두 군데의 리쿠르트 담당변호사도 만나 보았으나, 분위기나 성향이 나와는 전혀 맞지 않았다. 대표적인 인권변호사인 조영래(趙英來) 변호사가 서울 중구 서소문동에서 운영하는 사무소(상호 남대문합동법률사무소)는 부설 상담소(명칭 시민공익법률상담소, 소장 박석운 선배)를 운영하고 있었다. 상담소에서는 전국 각지의 노동사건에 대하여 상담해주고 본인소송도 지원하는 활동 등을 하고 있었다. 내가 변호사로 합류하면 상담소에서 진행하고 있던 노동사건들을 변론할 수 있었다.

조영래 변호사는 1987년 대통령선거 국면에서 민주진영의 후보단일화가 실패하여 대통령선거에서 패배한 후유증을 앓고 있었다. 한편 조영래 변호사가 1984. 9.에 발생한 망원동 수재와 관련하여 서울특별시 등을 상대로 제기한 손해배상청구 시범소송에서 일부 승소의 제1심 판결이 선고되었다. 소멸시효 연장을 위해 아르바이트 학생들과 자원봉사자들의 도움을 받아 최고장을 내용증명으로 보내고 추가소송의 소장 접수를 준비하고 있었다. 추가소송에서 승소하면 어느 정도 수입을 올릴 것으로 예상되었기 때문에 조영래 변호사도 신입변호사를 충원하는 것을 적극적으로 고려했다.

이러한 사정이 맞아떨어져서 나는 사법연수원 동기인 박주현 변호사와 함께 조영래 변호사 사무소에 입사했다. 우리가 입사하기 전에는 천정배, 윤종현 변호사가 함께 했었는데, 우리가 입사하면서 천정배 변호사는 김앤장으로 복귀했고 윤종현 변호사만이 같이 했다. 1년 후인 1989. 3.에 군법무관 복무를 마친 김한주 변호사가 합류하여 조영래 변호사가 별세할 때까지 변호사 구성원에는 변함이 없었다.

국회 인사청문회 인사말에서 조영래 변호사에 대해 다음과 같이 설명했다.

> "변호사로서 첫걸음을 내딛은 1988년 같은 사무실에서 근무하셨던 고(故) 조영래 변호사님(돌아가신 1990. 12. 12.까지 약 3년간 같이 근무)입니다. 고인은 시국사건 외에도 노동, 성차별, 환경, 망원동 수재 등 다양한 분야에서, 인권을 옹호하고 사회정의를 실현하는 변호사의 사명을 다하셨습니다. 저는 법정 밖에서는 가치 있는 사건을 발굴하고, 법정 안에서는 정교한 법리로 판사를 설득하셨던 고인을 법률가의 모범으로 삼고 있습니다."[33]

---

33 사법발전재단(주 1), 7~8.

안타깝게도 조영래 변호사는 1990. 12. 12. 43세라는 너무나 젊은 나이에 폐암으로 세상을 하직했다. 조 변호사는 담배 애호가였다. 조 변호사가 쓴 재판서면이나 신문의 칼럼은 모두 명문이다. 그런데 그 좋은 글들은 줄담배를 피우면서 고민에 고민을 거듭한 결과 어렵게 탄생된 것이다. 세 갑의 담배를 피우면서 밤새 고민한 결과 부드럽게 읽히는 칼럼이 탄생했던 것이다. 나는 조 변호사가 폐암으로 세상을 하직하는 것을 곁에서 지켜보고는 충격을 받았다. 당시 나도 담배에 찌들어 아침에 일어날 때 가슴이 따끔따끔 하고, 저녁에 잠들기 전에도 공복에 담배를 한 대 피워야만 했다. 잠자기 전에 담배 한 대 피우려다가 다 떨어진 것을 발견하고는 그것을 참지 못하고 옷을 주워 입고 담배 사러 나갈 때, 아침에 일어나자마자 쓴 맛의 담배 한 대를 피워 물어야 직성이 풀리는 자신을 발견하고는 끔찍한 상상에 사로잡히기도 했었다. 그래서 어느 날 불현 듯 담배를 끊었다. 무작정 피지 않았다. 한 번이라도 입에 댔다가는 그대로 다시 줄담배가 될 것 같아 아예 모른 체하고 있다. 그러다 보니 얼마 지난 시점부터는 담배를 피우지 않아도 불편한 줄 모르게 되었다.

조영래 변호사가 직접 작성한 글 등은 추모사업회가 엮은 『진실을 영원히 감옥에 가두어 둘 수는 없습니다』[34]라는 책에 수록

---

34 조영래변호사를 추모하는 모임, 진실을 영원히 감옥에 가두어 둘 수는 없습니다, 창비(1991).

되어 있고, 조영래 변호사가 변론한 사건의 관련 서면이나 기록 등은『조영래 변론 선집』[35]에 수록되어 있다.

2015. 12. 12.은 조영래 변호사가 세상을 하직한 지 25주기가 된다. 서울지방변호사회(회장 김한규)는 그 해 초에 25주기 기념 추모사업을 기획했다. 나에게 기념사업회의 위원장을 맡아달라고 요구하여 나는 흔쾌히 수락했다. 기념사업의 일환으로 조영래 상을 수여했고(수상자는 권두섭 변호사와 김진 변호사), 서울지방변호사회관 현관 앞에 조영래 변호사 흉상을 세웠다. 2015. 12. 11. 서초동 변호사회관에서 개최된 기념식장에는 조영래 변호사와 사법연수원 동기인 문재인 새정치민주연합 대표와 박원순 서울특별시장도 참석해서 추모사를 했다.[36] 그리고 인터뷰집으로『조영래, 그의 삶을 이야기하다』를 출간했다. 나도 인터뷰집에 인터뷰이가 되어 조영래 변호사와 함께 한 3년에 대한 소회를 밝혔다.[37]

> "조 변호사님은 사회개혁 수단 또는 인권신장 수단으로서 소송을 이용하는 뛰어난 능력을 가지셨습니다. 사건 속에서 사회적 의미를 정확하게 포착해 내서 그걸 쟁점화 시키고 결국에는 판사를 설득해서 승소

---

35 조영래변호사를 추모하는 모임, 조영래 변호사 변론 선집-그 인권변론의 발자취, 까치(1992).

36 한겨레, "혼돈의 야당… '영래형, 우린 어디로 가야합니까'"(2015. 12. 11.), <https://www.hani.co.kr/arti/society/society_general/721530.html>.

37 김선수, "누구라도 그 앞에선 특별한 존재가 된다", 조영래 그의 삶을 이야기하다, 서울지방변호사회(2015), 196~217.

판결을 이끌어 내셨습니다. … 인권변론의 영역 내지 분야를 상당히 확대시켰습니다. … 환경문제라든가 소비자문제 등 여러 가지 다양한 분야에 관심을 갖고 실제로 소송을 개발하셨습니다."[38]

조영래 변호사가 다양한 사람들과 좋은 관계를 유지한 것은 "타고난 능력도 있는 것 같아요. 아무나 흉내 낼 수 있는 건 아닌 것 같습니다. 기본적으로 관심사가 폭넓고, 다음으로 다른 사람의 말을 잘 들어주시는 것 같습니다. 경청하는 태도가 한결 같아서 만나본 사람은 누구나 다 자기편이라고 생각하게 만드는 것 같습니다. 그래서 조 변호사님을 아주 좋아하는 사람들 중에는 전혀 매치가 안 될 것 같은 그런 분들도 계십니다. … 조 변호사님은 가난하거나 힘이 없는 사람들과 대화할 때에는 믿을만한 친구라는 인상을 주신 것 같아요."[39]

조영래 변호사가 별세한 후 나머지 변호사들이 같은 사무실에서 같은 상호로 사무실을 유지했다. 서울지방법원 청사가 1989. 8. 서초동으로 이전했기 때문에 1991년경 우리도 사무실을 서초동으로 옮기면서 상호를 '시민종합법률사무소'로 변경했다. 1993년에 민변 창립멤버이자 제1세대 인권변호사 중 한 분인 고영구 변호사와 통합하여 '법무법인 시민종합법률사무소'를

38 김선수(주 37), 203.

39 김선수(주 37), 211~212.

설립했다. 안양에 주사무소를 두고, 서울에 분사무소를 두었다. 후배변호사를 영입하여 규모를 키우자는 흐름이 형성되었다.

이 시기에 사무소에서는 변호사로 6년 근무하면 1년간의 유급휴가를 보장하는 안식년 제도를 도입하기로 했다. 유급휴가 1년은 본인의 자유의사에 따라 사용하되, 가능하면 외국에 나가 자신의 전문 분야를 연구하면 좋지 않겠는가 하는 정도로 정리했다. 내가 그 첫 케이스로 1995.[40] 8.부터 1996. 7.까지 1년간 외국에 나가게 되었다. 서울대학교노동법연구회에서 같이 활동하고 있던 1년 선배인 이철수 교수가 미국 코넬대학교(Cornell University)의 노사관계대학(Industrial Labor Relations School; ILR School)을 소개해 주었다. 코넬대학교는 아이비리그 중 하나이고, 캠퍼스가 아름다우며, 코넬대학교가 있는 이타카라는 도시는 전원도시로서 휴양하기에 적합하다는 것이다. 또한 코넬 노사관계대학은 그 분야에서는 미국 내에서 최고 수준이고, 진보적인 교수들이 많다는 점도 강조했다. 코넬 노사관계대학에서 박사 학위를 받고 노동연구원에 근무하고 있던 박영범 박사와 서울대학교 사회학과 78학번으로 IBM 노동조합 간부로 활동하다가 코넬 노사관계대학에서 박사 과정을

---

40 1995년은 6. 29. 17:57 삼풍백화점이 붕괴하는 사고가 발생했기 때문에 잊으려고 해도 도저히 잊을 수 없는 해이다.

밟고 있는 이병훈 선배를 소개해 주었다. 두 사람의 도움을 받아 1년간 객원연구원(Visiting Fellow)으로 근무하는 것에 대한 허락을 받았다. 특히 이병훈 선배는 집 문제 등 미국 생활에 필요한 모든 준비를 해주었다. 코넬 노사관계대학에서는 객원연구원들에게 연구실이나 직원을 제공하지는 않고 도서관의 지정 좌석(carrel)만을 제공해 주었다. 로스쿨에 객원연구원으로 온 판사의 경우 3명이 같이 사용하는 연구실과 직원을 제공받았는데, 노사관계대학에서는 그러한 편의를 제공하지 않았다. 미국 연방대법원의 노동 관련 판결을 읽을 때는 우리나라 대법원의 노동 관련 판결들을 읽을 때와 마찬가지로 답답함과 분노를 느꼈었다. 사용자가 파업기간 중에 (사용자의 부당노동행위로 인한 파업의 경우는 제외하고) 파업노동자를 영구대체(permanent replacement)할 수 있고, 파업이 끝난 후 파업 노동자에게 일자리를 마련해 주기 위하여 대체 노동자를 해고할 수 없다는 판례, 대학교수는 노동조합을 조직할 수 없다는 판례, 노동조합 선거운동기간 중 노조조직가의 사업장에서의 노동조합 선전활동을 인정하지 않는 판례 등 노동자의 기본권을 무시하는 판결례들이 많았었다. 당시 미국 노동조합활동가들이나 노동법교수들은 미국 노동법과 노동판례의 문제점을 캐나다 노동법과 노동판례와 비교하여 설명했다. 아내와 아이들에게는 이타카에서의 1년 생활이 평생의 좋은 추억으로 남아있는 모양이다. 이타카에서 한 달 살이를 해보는 것이 버킷리스트에 들어있으나 과연 가능할지 모르겠다.

1년의 안식년을 마치고 사무실에 복귀했다. 변호사가 10명 이상으로 늘어 사무소 규모가 커지니까 회사의 고문을 맡고 기업사건을 대리해야만 수지를 맞출 수 있게 되었다. 개인적으로는 대규모 사무실을 유지하는 것이 적성에 맞지도 않았고 능력에도 부하가 걸렸다. 또 사무소가 고문이나 사건을 맡은 회사의 노동사건을 수임할 수 없게 되었다. 2000년경에는 사무소 직원들이 노동조합을 만들어 교섭을 요구하여 내가 사용자 대표로 교섭석상에 앉기도 했다. 당시의 마음고생 때문에 머리카락이 한 단계 희어졌다. 머리카락이 하얗게 되는 것은 유전적 원인이 절대적이겠지만, 집중적으로 신경을 쓸 때 갑작스럽게 하얗게 변한다는 것을 알았다. 머리카락에 하얗게 변하는 형태는 직선형이 아니라 계단형이었다. 집중적으로 신경 쓸 때 급격하게 하얗게 되고 그 상태를 유지하다가 또 집중적으로 신경을 쓸 일이 생기면 다시 한 단계 확 하얗게 변하는 계단식 형태를 취했다.

2001. 1.에 후배인 김진 변호사와 함께 법무법인을 나와서 '여민(與民)합동법률사무소'를 꾸렸다. 1년 후에 같은 법무법인에서 나온 강기탁 변호사가 합류했다. 그렇게 세 명이 조촐하게 사무실을 운영하다가 2005. 1. 공직에 취임하게 되었다. 법무법인에 남아있던 변호사들 중 사무소 규모를 키우고자 했던 구성

원들은 법무법인을 나가 다른 길을 찾아갔고, 나머지 인원들도 다른 형태로 발전했다. '법무법인 시민종합법률사무소'는 안양의 본사무소 위주로 전환되었고, 2006년에 '법무법인 시민'으로 상호를 변경했다. 공무원으로 근무하고 있던 기간 중에 김진 변호사는 다른 사무소로 이적했고, 강기탁 변호사는 법무법인 시민에 합류하여 법무법인 시민의 서울사무소를 운영했다. 나는 공무원직을 퇴직하고 변호사로 복귀하면서 법무법인 시민의 서울사무소에 합류했다.

나. 민주사회를 위한 변호사모임 ((Lawyers for a Democratic Society, '민변')

내가 변호사 생활을 시작하던 1988. 3. 상황은 1987. 12. 대통령선거에서 야권이 분열되는 바람에 후보단일화를 통해 정권교체를 이루어 민주정부를 수립할 수 있었던 절대절명의 기회를 놓침으로써 운동권은 물론이고 민주진영이 전체적으로 패배주의에 빠져 있었다. 당시 변호사계에는 1970년대 유신시절부터 인권변론활동을 하여 오던 선배변호사들이 1985년 구로공단 연대동맹파업사건의 변론을 계기로 구성한 정법회(正法會)가 인권변호사들의 모임으로 있었다. 정법회는 개별적으로 인권변론활동을 해오던 변호사들이 정보를 교환하고 친목을 도모할 목적으로 설립한 친목단체였다. 주로 천주교정의평화협의회(약칭 '정평')와 한국기독교교회협의회(약칭 'NCC')로부터 사건을 의뢰받아 회원들에게 배당하여 처리하는 것을 주된 활동 내용으로 하고 있었다. 구성원이 처음에는 중견(시니어)변호사들 만이었으나 후에 젊은 변호사들도 참가했다.[41]

당시 인권변호사를 시기별로 3단계로 구분했다. 제1세대 인권변호사는 1970년대 초, 즉 유신 초기의 살벌한 상황에서부터 개인적으로 인권변론활동을 하여 온 변호사들이다. 유현석, 이돈명, 한승헌, 조준희, 황인철, 홍성우,[42] 최영도[43] 변호사 등이 대표적이다. 이돈명(맏형)·조준희(좌장)·황인철(총무)·홍성우(돌격대) 네 사람을 '인권변호사 4인방'이라 칭했다.[44] 제2세대 인권변호사는 1980년대 초반 5공의 무지막지한 탄압 속에서 인권변론

---

41 정법회의 결성과 운영 그리고 활동 등에 대해서는 박원순, 한국인권변론사–역사가 이들을 무죄로 하리라, 두레(2003), 353~393.

42 홍성우, 대담 한인섭, 홍성우 변호사의 증언 –인권변론 한 시대, 경인문화사(2011).

43 최영도 변호사가 2018. 5. 9. 별세하고, 2018. 6. 21. 개최된 '고 최영도 변호사 추모의 밤' 행사에서 나는 추모의 글을 낭독했다. "민변 창립 당시 변호사 1년차로서 막내였던 저는 민변의 원로변호사님들이 한 분 한 분 이승과 하직하는 현실에 직면하여 공허하고 쓸쓸하기 이를 데 없습니다. 어려운 시기에 우리 사회와 법조를 지탱해 주셨는데, 이제 누굴 의지해야 할지 막막하기만 합니다. 최 변호사님께서는 일 년에 두어 차례 갖는 민변 원로모임에 한 번도 빠지지 않고 참석해서 후배들을 위해 격려와 제언을 아끼지 않으셨습니다. 우리 사회가 민주화로 나아갈 때에는 희망과 함께 충고를 해주셨고, 퇴행과 역주행을 할 때에는 분노를 토로하시면서도 후배들의 기운을 북돋아 주셨습니다. 후배들에게 언제나 온화하고도 차분하게 말씀해주셨습니다."

44 박원순(주 41), 306~321.

활동에 가담한 분들이다. 조영래, 박원순, 박성민, 안영도, 문재인 변호사 등이다. 제3세대 인권변호사는 사법시험 합격자가 300명으로 된 사법연수원 13기 이후의 젊은 변호사들이다.

정법회의 젊은 변호사들과 제3대 인권변호사들은 우리 사회의 민주화와 변혁을 위해 좀 더 강력하고 실천력 있는 변호사단체를 만들어야 한다는 데 생각을 같이 했다. 준비 작업의 일환으로 1988. 2. 5.부터 3. 2.까지 매주 1회씩 4회에 걸쳐 새로운 변호사조직으로 청년변호사협의회(약칭 '청변')를 조직할 필요성, 목표, 위상, 활동 내용 등에 대하여 토의했다. 정법회와의 관계를 어떻게 정립할 것인가에 관하여는 매우 첨예하게 의견이 대립했다. 1988. 4. 1. 14명이 참석한 가운데 표결까지 했다. 당시 제출된 안은 청변을 독립적인 단체로서 구성하고 정법회 가입을 원하는 사람은 개인적으로 가입하는 안, 정법회와 통합하되 청년분과위원회 등을 설치하여 독자성을 유지하는 안, 정법회와 완전통합하고 간사제도 등을 통하여 청변 본래의 구도를 관철하는 안 등이었다. 표결 결과 정법회와 완전통합하는 안이 근소한 차이로 채택되었다. 정법회의 주류적인 입장도 청변과의 통합을 긍정적으로 여겼다. 결국 양 진영의 통합으로 1988. 5. 28. 51명의 창립회원으로 '민주사회를 위한 변호사모임(약칭 민변)'이 출범했다. 나는 영광스럽게도 민변의 51명 창립회원 중 한 사람이 되었다. 당시 새로 구성될 단체의 명칭에 대하여는 '민주변호사협의회', '민주사회를 위한 변호사모임'등이 제출되었는데, 표결 결과 조영래 변호사가 제시한 '민주사회를 위한 변호사모임'으로 결정되었다.[45]

민변은 한승헌 변호사의 말처럼 '사서 고생하는 변호사'들이 사회적 성실을 추구하면서 우리 사회의 민주화를 위해 열과 성을 다하는 사람들이 모인 단체이다. 나는 민변에서 회의나 행사 등에 쪽수를 채워주는 것이 회원으로서의 가장 중요한 역할이라는 이른바 '쪽수론'의 실천자가 되었다. 노동위원회와 사법위원회 등 여러 위원회에 참여했고, 민변의 집행부나 실무진이 요청하는 일이라면 최선을 다해 충실히 수행했다.

1995. 5. 1.부터 19.까지 제네바의 유엔인권센터에서 열린 경제·사회·문화적 권리위원회(사회권위원회)는 한국 정부가 「경제·사회·문화적 권리에 관한 국제규약」(사회권규약 또는 A규약)을 이행하는 것과 관련하여 제출한 최초 보고서(Initial Report)를 심의했다. 한국은 1990. 6. 13. 사회권규약을 비준했고(조약 제1006호), 같은 해 7. 10.부터 사회권규약이 국내에서 효력을 발생했다. 한국 정부는 1993. 10. 사회권규약에 따른 최초 보고서를 유엔에 제출했다. 위원회의 정부보고서 심의 과정에서 비정부 민간단체(NGO)가 매우 중요한 역할을 한다. 위원회는 민간단체가 정부 보고서에 대한 반박보고서(Counter Report)를 제출하는

45 청변 활동과 민변의 탄생 과정에 대한 상세한 설명은 박원순(주 41), 393~403.

것을 인정하고, 민간단체 대표들이 위원회에 출석하여 진술할 기회를 보장하고 있다. 민변과 참여연대는 정부보고서에 대한 반박보고서를 위원회에 제출했다. 위원회의 심의회의에 민간단체 대표로 민변에서 조용환·김선수 변호사가, 참여연대에서 문진영 교수·장소영 국제연대부장이 참가했다. 민간단체 대표들은 위원들에게 정확한 정보를 제공하고 구체적인 상황에 대하여 설명했다. 또한 심의회의에서도 구두발표를 했고, 그 후에도 최종견해에 반영될 수 있도록 의견을 제시했다. 사회권위원회는 1995. 5. 19. '최종견해'를 발표했다.[46] 최종견해는 노동조합권에 대한 제약이 규약에 위반되고, 파업권에 대한 규정이 지나치게 제한적이며, 노동조합 행위의 합법성 여부에 대한 판단을 정부가 독점하고 있다고 지적한 다음, 즉시 교사와 공무원에게 노동조합 결성권과 단체행동권을 인정하도록 노동법을 개정하라고 권고했다. 또한 최저임금법 등을 10인 이하 사업장에 적용하고, 외국인 노동자에 대한 차별을 철폐하여 내국인 노동자와 동등하게 대우할 것, 규약을 홍보하고 교육 과정에 포함할 것, 남녀차별을 철폐하기 위한 구체적인 조치를 취할 것, 의무교육을 중고등학교까지 확대할

---

46 최종견해의 영어본과 한글 번역본은 사단법인 유엔인권정책센터, "[사회권] 1차 사회권위원회 최종견해(1995)"(1995. 6. 1.), <https://kocun.org/db/?bmode=view&idx=14339461>.

것 등을 권고했다.[47]

민변은 회원인 변호사들과 실무자들인 실무간사들로 구성되어 있다. 실무간사들이 행사 등을 준비하면서 회원인 변호사에게 부탁을 해야 할 때가 많다. 급하게 잡힌 토론회나 공청회 등에 발표자나 토론자로 참여하거나 급하게 작성해야 할 문건 등이 있을 때도 있고, 강연이나 강의를 해달라고 부탁할 때도 있다. 나는 간사들이 부탁하면 가능한 한 거절하지 않고 들어주려고 노력했다. 1999. 5. 28. 민변 정기총회에서 '실무간사가 뽑은 멋진 회원상'을 나에게 주었다. 그동안 내가 받은 상 중에서 가장 소중한 상에 해당한다. 이 상은 그 이후에도 쭉 이어지고 있는데, 내가 제1호로 수상한 것이다.

> "귀하는 묵묵하고 성실한 회원 활동을 통하여 민변의 설립 목적인 사회의 민주적 발전에 크게 기여했으며, 특히 노동자들의 편에 서서 그들의 권리를 지키는 데 헌신했을 뿐만 아니라 변호사로서의 업무를 수행하는데 바쁜 와중에도 민변에서 주어지는 역할을 성실히 수행했으므로 이 상을 드립니다."

민변 노동위원회는 1999년부터 일본의 오사카노동자변호단(약칭 '오사카노변단')과 교류회를 이어오고 있다. 일본에 수많은 법률가단체가 있고, 전국 단위의 일본노동자변호단도 있다. 민변

---

47 김선수, "유엔 '교원 노조 허용하라' 권고", 시사저널(1995. 6. 1.), <https://www.sisajournal.com/news/articleView.html?idxno=86222>.

은 일본의 전국 단위 여러 변호사단체들과 교류회를 가졌지만 계속 이어지지는 못했다. 그런데 노동위원회가 1999년 일본의 지역단체인 오사카노변단과 교류회를 가진 이래 양국을 오가면서 현재까지도 계속 교류를 이어오고 있다. 오사카노변단은 1975년 설립되었는데, 변호사들뿐만 아니라 노동조합 활동가도 참여하고 있다. 오사카노변단에 참여하고 있는 활동가 중에 우리말을 할 줄 알고 한국의 노동조합 및 노동운동단체와 연계를 가지고 있는 사람이 있었다. 오사카노변단의 일부 회원들은 민변 노동위원회와 교류회를 갖기 전부터 한국에서 5월 초에 개최되는 노동절 행사와 11월 초 전태일 기념주간에 개최되는 전국노동자대회에 참여해왔다. 이들은 경찰과의 대치 속에서 진행되는 대규모 대중집회와 시위에 참여하여 살아 숨 쉬는 역동적인 분위기를 맛보고 이로써 1년을 버틸 힘을 충전했다고 한다. 일본에서는 1970년대 초까지 그러한 대중투쟁이 있었으나 그 이후에는 대중 집회나 시위가 없어 활력을 느끼기 힘들었다는 것이다. 한국을 오가다가 노동관련 법률가 단체로서 민변 노동위원회가 있다는 것을 알게 되어 민변 노동위원회에 교류회를 제안했다고 한다. 민변 노동위원회에서도 교류회를 가져본 결과 연대의식과 동지애를 느낄 수 있어 교류회를 지속하게 되었다. 교류회를 통해 각자 자기 나라에서 노동자들의 권리를 위해 활동하는 변호사로서 진한 동지애와 연대감을 느낄 수 있었다.

나는 민변에서 주어지는 과업이나 역할을 마다하지 않았다. 2001년부터 1년간 노동위원회 위원장을 맡았고, 2002. 5.부터 2004. 5.까지 사무총장을 맡았다. 민변 사무총장을 맡기 전까지 나는 술이 몸에 맞지 않고 내가 술을 마시지 못하는 것으로 알았다. 나에게 술을 권하는 사람은 '술이 나에게 맞지 않는다는 사실을 알면서도 강권하는 사람이기 때문에' 나쁜 사람이라고 생각했다. 민변 사무총장으로서 회원들의 개별적인 사정을 모두 파악하고 회원들과의 관계를 원만하게 풀어가자니 자연스럽게 술을 마시게 되었다. 한두 잔 마시다 보니 술을 마시면 몸이 힘들긴 하지만 병원에 실려 가야 할 정도로 몸에 맞지 않는 것은 아니라는 사실을 깨달았다. 사개추위 기획추진단장직을 수행할 때 파견 나온 검사나 판사에게 술에서도 져서는 안 된다는 오기로 술을 마셨다.

사무총장을 맡은 해인 2002. 12. 19. 실시된 대통령선거에서 노무현 대통령이 당선되었다. 2003. 10.부터 노사정위원회 상무위원, 2004. 3.부터 학교법인 동원육영회(한국외국어대학교 학교법인) 이사, 2004. 7.부터 노동기본권 실현 국회의원 모임 자문위원, 2004. 8.부터 대검찰청 인권존중을 위한 수사제도·관행 개선위원회 위원, 법무부 인권정책협의회 위원, 대검찰청 검찰공안자문위원회 위원 등을 맡게 되었다. 2005. 1.에는 공무원인 사법개혁비서관에 취임하면서 모든 직책을 내려놓았다.

변호사로서 활동하는 동안 서울지방변호사회(약칭 '서울

변회')와 대한변호사협회(약칭 '대한변협')의 일도 기회가 주어지는 대로 했다. 1988년부터 대한변협이 매년 말에 발간하는 인권보고서를 민변의 젊은 변호사들이 역할을 나누어서 집필했다. 나는 1987년~1988년 통합 인권보고서에서는 '신체의 자유'부분을 집필했고, 1989년 인권보고서에서는 '노동자의 권리' 부분을 집필했다. 김창국 변호사와 박재승 변호사가 서울변회장(82대 김창국 1993년~1994년, 86대 박재승 2001년~2002년)과 대한변협 협회장(40대 김창국 1999. 2.~2001. 2., 42대 박재승 2003. 2.~2005. 2.) 선거에 입후보했을 때는 당선을 위해 적극적으로 선거운동을 하기도 했다. 1993년부터 2년간 서울변회 인권위원회 위원으로 활동하면서 외국인노동자의 인권문제에 관한 논문[48]을 쓰고 서울변회가 외국인노동자법률상담소 개설(1994. 12. 13.)하는 데 참여했다. 이 활동으로 1995. 1. 23. 서울변회장 표창을 받았다. 1999. 3.부터 2년간 대한변협 법제위원회 위원으로 활동했고, 2000. 6.부터 2005. 1.까지 대한변협 편집위원회(대한변협 기관지인『인권과 정의』출판업무 담당) 위원으로 활동했다. 대한변협 편집위원으로 근무할 때에는 편집위원장 및 편집위원들과 함께『인권과 정의』를 학진 등재지로 만들기 위해 노력했다. 민변에 적대적인 사람이 대한변협 협회장이 된 이후에는 민변 회원들이

48 김선수, "한국에서의 외국인노동자 인권문제", 법조춘추 143호, 서울지방변호사회(1995), 72~96.

대한변협의 일을 맡기가 쉽지 않았다. 대한변협이 발간하는 인권보고서의 집필진도 민변과 무관한 변호사들로 교체되었다. 그래서 민변에서는 매년 12월 첫째 주에 인권보고대회를 별도로 개최하고 인권보고서도 대한변협과 관계없이 별도로 작성·발표했다. 어느 시점 이후에는 인권보고대회를 할 때 1년 동안 선고된 판결 중 10대 디딤돌 판결과 걸림돌 판결을 선정해서 발표했다.

김창국 변호사가 대한변협 협회장을 맡고 있던 1999. 10. 22. 제네바에 있는 유엔 자유권위원회의 제67차 회기 회의에서 한국정부가 '시민적·정치적 권리에 관한 국제규약(약칭 자유권규약 또는 B규약)' 제40조의 규정에 근거하여 제출한 제2차 정부보고서에 대하여 검토하고 1999. 10. 29. 최종견해를 채택했다.[49] 위 검토회의에 민간단체 대표로 대한변협에서 내가, 민변에서 박찬운 변호사가 참가했다.[50] 한국정부는 1997. 10. 2. 위원회에 제2차 정기보고서를 제출했다. 민변은 1999. 8. 정부보고서에 대한 반박보고서를 위원회에 제출했고, 회기 1주일 전에 진행되는 실무회의에 주요 10개 이슈에 관한 현 상황과 질의사항 및 권고사항

---

49 최종견해의 영어본과 번역본은 사단법인 유엔인권정책센터, "[자유권] 2차 자유권위원회 최종견해(1999)"(1999. 11. 1.), <https://kocun.org/db/?bmode=view&idx=14339457>.

50 자유권위원회가 1992. 7. 13.부터 같은 달 15.까지 한국 정부의 최초 보고서를 검토할 때 대한변협 인권위원회에서 최영도, 천정배 변호사를, 민변에서 박원순, 조용환 변호사를, 한국기독교교회협의회 인권위원회에서 김찬국 위원장과 김경남 사무국장을 대표로 파견하여 검토회의를 참관하도록 한 바 있었다.

을 간략하게 정리한 의견서를 제출했다. 대한변협도 입장을 간단하게 정리하여 실무회의에 제공했다. 나와 박찬운 변호사는 민간단체의 참관인으로서 각 회의에 참여하여 진행상황을 모니터링하고, 위원 및 관련자들을 면담하여 민간단체의 입장을 전달하여 최종견해에 반영될 수 있도록 분주하게 다녔다. 그 결과 자유권위원회는 1999. 10. 29. 채택한 최종견해에서 국가보안법의 단계적인 폐지(제7조의 즉각적인 개정)와 준법서약서 제도의 폐지를 포함한 인권에 관한 전반적인 내용에 관하여 권고했다.[51]

2001. 4. 30.과 5. 1.에 유엔 사회권규약위원회는 한국 정부가 제출한 제2차 보고서에 대한 심사회의를 개최했다. 정부는 1999년에 제2차 보고서를 제출했다. 17개 단체가 2000. 6. '사회권규약 제2차 반박보고서 연대회의(사회권연대회의)'를 구성하여 공동으로 위원회에 반박보고서를 제출했다. 심사회의에 민변 대표로 나와 김기연 국제연대위원회 간사가, 참여연대 대표로 박경신 변호사가, 인권운동사랑방 대표로 이주영 상임활동가가 참석했다. 사회권위원회는 4. 23. 오후에 심사대상국인 한국, 온두라스, 중국, 베네수엘라 등의 민간대표들에게 발표할 기회를 주었다. 우리는 유일하게 사진과 그래프 등 시각자료를 이용해 발표하여 더욱 주목을 끌었다. 위원회는 최초보고서 심사 뒤 지적된 권고

---

51 김선수, "국제연합 인권(자유권)위원회의 한국 정부 제2차 보고서 검토회의 참관보고서", 인권과 정의 280호, 대한변호사협회(1999. 12.), 131~155.

사항들(사회권규약의 국내법보다 우선적 효력, 교원의 파업권과 공무원의 노동3권 인정 등)이 거의 이행되지 못한 점을 확인하고, 여성의 사회적 지위 향상, 사회적 취약계층인 아동·장애인·노숙자 등에 대한 실질적인 보호, 사회보험제도의 실질적 확대와 사회복지 예산의 확대, 사적 의료부문의 과도한 비중과 공공의료예산의 확대 필요성, 에이즈정책, 높은 사교육비 문제, 문화적 창작물에 대한 검열제도 철폐 등 사회권규약에 보장된 모든 권리에 대해 세부적인 사항까지 심도 깊게 검토했다.[52] 위원회는 2001. 5. 11. 최종견해와 권고를 발표했다. 최종견해는 사회권 규약의 국내법상 지위, 비정규직 노동자, 노동기본권, 주거권, 교육권 등에 대해 강력한 내용의 권고를 했고, 전반적으로 경제우선주의, 과다한 국방비와 국가보안법, 뿌리 깊은 여성과 이주노동자 등에 대한 차별 등을 사회권 실현의 장애요소로 지목했다.[53]

김창국 변호사는 법조의 틀을 넘어 시민단체인 참여연대의 공동대표, 초대 국가인권위원장, 희망제작소 이사장, 친일반민족행위자재산조사위원회(약칭 '친일재산조사위') 위원장 등도 역임했다. 정부의 노골적인 비협조 속에서 첫 출범하는 국가인권위원

---

52 김선수, "사회권 홀대로 망신살 뻗네", 한겨레21(2001. 5. 8.), <https://h21.hani.co.kr/arti/special/special_general/2416.html>.

53 최종견해의 영어본과 번역본은 사단법인 유엔인권정책센터, "[사회권] 2차 사회권위원회 최종견해(2001)"(2001. 5. 1.), <https://kocun.org/db/?bmode=view&idx=14339462>.

회를 모범적으로 운영하여 유엔을 비롯한 세계가 주목하는 기구로 만들었다. 친일재산조사위 위원장으로서 친일재산을 철저하게 조사하고 국가에 귀속시켜 민족정기를 확립했다. 김창국 변호사는 2016. 4. 6. 별세했다. 나는 2016. 5. 3. 서울지방변호사회보에 추모의 글을 게재했다.

「김 변호사님께서는 항상 목소리에 자신감이 배어 있었습니다. 그러면서도 상대방의 말을 주의 깊게 들어 주셨습니다. 불의에 대해서는 거칠 것 없이 단호한 태도를 취했으나, 같이 일하는 후배들에 대해서는 한없이 부드러운 버팀목이 되어 주셨습니다. 환하게 웃으며 인자하게 말씀하시며 다가오실 것만 같습니다. 김 변호사님은 사진에 조예가 깊어 민변 총회 등 모임에 카메라를 들고 와서 회원들의 사진을 찍어 주시기도 했습니다. 저에게도 직접 찍으신 사진 두 장을 보내 주셨습니다. … "먼저 손들고 나설 일은 없겠지만, 제 역할이 필요하고 제 힘이 필요한 데가 있으면 개인적인 이유만으로 회피하지는 않겠습니다. 조그만 도움이라도 된다면 오히려 제가 고마울 따름이지요." 김 변호사님께서 인터뷰에서 하신 말씀입니다. 변호사로서 새겨야 할 자세입니다. 큰 발자취를 남기고 가신 김 변호사님의 뜻과 실천을 이어가는 것은 저희의 과제입니다. 역주행하는 시대에 세상을 하직하신 것이 애석하기 그지없습니다.」[54]

---

54 김선수, 김창국 변호사님을 추모하며", 서울지방변호사회보 542호, 서울지방변호사회(2016. 5.), <http://news.seoulbar.or.kr/news/articleView.html?idxno=482>.

다. 서울대학교노동법연구회

노동법에 대한 본격적인 공부는 1985. 11. 사법시험 합격자를 발표한 직후부터 시작되었다. 1년 전에 사법시험에 합격한 사법연수원 16기생들인 정재성(79학번), 이오영·박상훈(이상 80학번) 등과 대학원에서 노동법을 전공하던 78학번의 이철수, 김인재, 고호성, 오문환 등이 모여서 노동법을 공부하고 있었다. 나(79학번)는 같이 사법시험에 합격했고 같은 생각과 고민을 하고 있던 김홍준(80학번), 정진경·김인만·이정한·박주현(이상 81학번) 등과 함께 노동법 공부를 시작했다. 사법연수원 17기들은 우선 우리나라의 노동운동사와 세계 여러 나라의 노동운동사를 간단하게 훑어보고 본격적인 노동법 공부로는 일본책인 『노동법사전(勞働法事典)[55]』(후에 이철수 교수가 번역본을 출판했다[56])을 교재로 하여 강독을 했다. 위 책은 노동의 관점을 제대로 반영한 방대한 책으로 노동변호사를 지향하는 우리의 시각에 잘 맞았다. 우리는 사법연수원에서 공개적으로 공부하지는 못했고 비공식적으로 대학 강의실이나 구성원의 집에서 매주 1회 모임을 갖고 공부했다.

---

55 沼佃稻次郞(누마타 이네지로) 외, 勞働法事典, 勞働旬報社(1979).

56 이철수 편역, 노동법사전: 노동법해설, 법문출판사(1991).

사법연수원 동기생들끼리만 1년 정도 공부하고 『노동법사전』 강독을 마칠 무렵 먼저 공부를 시작한 팀과 합류했다. 서울대학교 김유성 교수, 방송통신대학교 이홍재 교수와 만남의 자리를 갖고 등산모임을 같이 하면서 유대관계를 강화했다. 1년 늦게 사법시험에 합격한 사법연수원 18기생들은 연수원에서 아예 공개적으로 노동법학회를 구성하고 활동했다. 또한 강성태·최홍엽 교수를 비롯한 82학번을 중심으로 대학원에서 노동법을 전공하는 사람들이 생겨났다. 노동법을 공부하는 사람들의 모임을 공식화하여 공개적인 활동을 하자는 의견이 제시되었고, 1988. 5. 북한산 우이동의 산장에서 밤샘 토론과 논의과정을 거쳐 서울대학교노동법연구회를 발족했다. 당시 주된 토론 쟁점 중의 하나는 명칭문제였는데, 밤샘토론의 대부분을 여기에 소모했다. 꼭 '민주'라는 용어가 들어가야 한다는 입장이 만만치 않았고, '서울대학교'가 명칭에 들어가면 비서울대생들의 참가가 어렵게 되는 것 아니냐는 반론이 제기되기도 했다. 우여곡절을 거쳐 '서울대학교노동법연구회'라는 아무런 특색도 없는 너무나도 평범한 명칭으로 확정되었다. 매월 1회 연구모임을 갖고, 연구논문 1편과 판례평석 1편을 발표하는 것을 기본적인 활동 방향으로 잡았다.

서울대학교노동법연구회는 매월 세미나를 개최하여 노동법 이론 및 실무와 관련된 글을 발표하고 토론했다. 나는 일 년에 한 번 정도 실무상 처리했던 쟁점에 관하여 논문을 작성하여 발표했다. 연구회에서는 1991년부터 발표된 글들을 묶어서 『노동법연구』라는 제목으로 출판했다. 『노동법연구』에 게재한 내가 쓴 글들은 다음과 같다.

"교원의 노동기본권: 금지규정의 위헌성에 대하여" / 노동법연구 1권 1호(1991)

"철도기관사 파업" / 노동법연구 2권 1호(1992)

"정리해고 요건으로서의 긴박한 경영상의 필요성" / 노동법연구 3호(1993)

"단체협약상 해고동의(협의)조항에 대한 판결례의 검토" / 노동법연구 4호(1994)

"1년을 초과하는 근로계약기간을 정한 근로계약의 효력" / 노동법연구 6호(1997)

"교수 재임용거부에 대한 판결례의 검토" / 노동법연구 7호(1998)

"채용내정자의 법적 지위" / 노동법연구 8호(1999)

"쟁의행위의 절차적 정당성" / 노동법연구 12호(2002)

"전교조 법외노조 통보처분 취소소송의 쟁점" / 노동법연구 37호(2014)

"전교조 법외노조 통보처분취소소송의 쟁점: 대상판결 서울행정법원 2014. 6. 19. 선고 2013구합26309 판결" / 노동법연구 37호(2015)

노동법 관련 논문들은 전체 노동법 전공자들의 학회인 한국노동법학회의 학술지인 『노동법학』에도 기회가 있을 때마다 게재했다.

"노사갈등의 현황과 쟁점" / 노동법학 8호(1998)

"단체협약의 이행확보방안에 대한 검토" / 노동법학 10호(2000)

"공권력의 노동사건에 대한 법집행의 평가와 문제" / 노동법학 15호(2002)

"노동위원회의 역할과 과제: 심판기능을 중심으로" / 노동법학 29호(2009)

나는 1997. 9.부터 1999. 8.까지 숭실대학교 노사관계대학원 겸임교수로서 노동법을 강의했다. 노동법 공부를 제대로 하기 위해 2001. 9. 고려대학교 대학원에 진학하여 하경효 교수를 지도교수로 모시고 2004. 2. 석사학위를 받았다. 2000. 1.부터 2005. 1.까지는 중앙노동위원회 심판담당 공익위원으로서 1달에 3, 4회 정도 부당해고구제재심신청사건과 부당노동행위구제재심신청사건 심판위원회에 참석했다. 심판위원회가 한 번 열리면 보통 두 건 내지 세 건 정도 처리했다. 심판위원회는 3명의 공익위원과 사용자위원과 근로자위원 각 1명씩으로 구성되고, 심문회의에는 모든 위원이 참석하여 대리인이나 당사자에게 질문할 수 있다. 심문회의를 마치고 보통 당일 결정을 하는데, 사용자위원과 근로자위원은 의견만 진술하고 퇴정한다. 공익위원 세 명이 다수결로 결정하며, 판정서에는 다수의견만 기재한다. 변호사로서 노동자를 대리하는 활동만 하다가 양쪽의 주장을 듣고 판정을 하는 위치에서 사건을 종합적으로 검토하고 판단했다. 항상 노동자에게 유리한 판정만 할 수는 없었다.

2. 변호사의 변론

가. 기본적인 변론 자세와 방법

앨런 M. 더쇼비츠는 변호사라는 직업에 대해 다음과 같이 설명했다.

> "변호사는 의뢰인의 분신이다. 변호사에게 선행이란 대다수의 경우 의뢰인의 이익을 의미한다. 내가 유죄라고 믿든 무죄라고 믿든 상관없이 기소된 피고인을 변호하는 것 자체가 변호사의 도덕률이다.[57] … 열성적인 변호를 하려면 이데올로기, 직업, 개인 성향 같은 나머지 요소들을 의뢰인의 정당한 이익보다 아래에 두어야 한다. 비열하고 잘못된 사상이라 하더라도 검열해선 안 된다. 변호사라면 의뢰인이 정치적으로 올바르지 못하다는 이유로 헌법사건이나 형사사건의 변호를 거절해서는 안 된다. 변호의 목적은 변호사의 즐거움이 아니라 모든 윤리적·법적 수단을 동원해서 의뢰인에게 승리를 가져다주는 것이다."[58]

변호사에게 재판의 목적은 법적 논리로 재판부를 설득해서 의뢰인에게 유리한 판결을 하도록 이끌어내는 것이다. 법관들은 자존심이 매우 강한 사람들이므로 변호사는 재판부를 신뢰하는 태도로 재판에 임해야 한다. 경우에 따라서는 재판부의 도움을 받을

---

57 앨런 M. 더쇼비츠, 심현근 번역, 미래의 법률가에게, 미래인(2008), 61~65.

58 앨런 M. 더쇼비츠(주 57), 70~76.

수도 있으므로 재판부를 적대시하거나 불신하는 태도로 재판에 임하는 것은 소송 결과를 포기하는 것이나 마찬가지다. 변호사가 재판부를 적대시하는 태도로 재판을 진행하는 것은 자신을 위한 정치행위일망정 의뢰인을 위한 현명한 변론이라고 하기 어렵다.

변호사의 입장에서는 재판의 결과도 중요하지만, 의뢰인이 만족하는 변론을 하는 것이 우선이다. 재판의 결과가 비관적으로 예측될수록 의뢰인 관리에 세심한 주의를 기울여야 한다. 의뢰인의 상황을 이해하고 공감할 필요가 있지만, 경우에 따라서는 일정한 거리를 유지하는 것이 오히려 바람직한 경우도 있다. 의뢰인은 평생 한 번 경험하는 승패이지만 변호사는 매일매일 승패를 경험하므로, 모든 사건의 승패를 의뢰인과 같은 강도로 받아들인다면 감당하기 어려운 상황에 직면할 수도 있다. 앨런 M. 더쇼비츠는 의뢰인과의 관계에 관하여 다음과 같이 경계한다. "의뢰인은 변호사의 친구가 아니다. 변호사는 친구로서 해줄 수 있는 일을 의뢰인에게 해주려고 해서는 안 된다. 현금으로 수임료를 내는 의뢰인은 경계해야 한다. 자신의 수입에 대한 세금을 속이거나 변호사를 위협하려는 의도가 없다면 현금으로 수임료를 지불할 의뢰인이 어디 있겠는가?"[59]

주진우 기자는 『주기자의 사법활극』 제목의 책에서 재판을

---

59 앨런 M. 더쇼비츠(주 57), 112~114.

100번 가까이 치르면서도 '내 이야기를 마음에 꼭 들게 알아서 서면에 반영해준 변호사'를 만나지 못했다고 썼다.[60] 변호사가 의뢰인을 만족시키는 지름길은 '의뢰인의 마음에 꼭 들게 알아서 서면에 반영해주는 것'이라는 점을 확인할 수 있다. 위 책에서는 고객의 입장에서 본 나쁜 변호사의 유형으로 ① 자기만이 사건을 해결할 수 있다는 변호사, ② 사건 내용이나 진행상황에 대해 잘 모르는 변호사, ③ 자기 얼굴을 안 보이고 사무장만 내세우는 변호사, ④ 브로커를 고용한 변호사, ⑤ 재판에 안 나가는 변호사 등을 들었다.[61] 앨런 M. 더쇼비츠는 나쁜 변호사의 유형으로 금전의 유혹에 넘어가 의뢰인의 변론을 맡는 것과 그의 동료가 되는 것 사이에 확실한 선을 긋지 못하고 의뢰인과 한 배를 타는 변호사, 사건이나 의뢰인의 이익을 위한 것이 아니라 변호사 자신의 매명 또는 홍보를 위해 지나치게 언론지향적인 변호사, 급한 도움이 필요한 의뢰인의 상황보다 자신의 평판이나 변호사 세계에서의 명성을 우위에 두는 변호사, 오로지 수임료를 챙기는 데만 관심이 있고 무능하고 열의가 부족하여 의뢰인에게 최악의 결과를 초래케 하는 변호사, 의뢰인에게 판사나 검사에게 '손을 쓸 수 있다'고 주장하거나 암시하고 지나치게 많은 것을 약속하는 형사사건 변호사,

---

60 주진우, 주기자의 사법활극, 푸른숲(2015), 104.

61 주진우(주 60), 108~110.

'변호사의 옷을 입은 검사' 등을 들고 있다.[62]

변호사는 '변(辯)'의 가운데에 '말씀 언(言)'이 자리 잡고 있기 때문에 말로 하는 직업이고, 흔히 변호사는 말 잘하는 사람으로 알려져 있다. 그러나 변호사는 실제로는 말보다는 글로 하는 직업이다. 배심재판에서는 말이 더 중요할 수 있으나, 법관재판에서는 글이 더 중요하다. 미국 연방대법원은 상고 허가된 사건에 대해 구술변론기일을 진행한다. 미국 연방대법원 사건에서도 구술변론보다는 변호사가 작성한 서면의 중요성을 강조한다. 즉 "심증을 형성하는 데 구술변론이 미치는 영향은 크지 않다. 구술변론은 잠시 반짝이는 별과 같지만 서면은 영원하다. 서면이야말로 구체적인 해당 사안에서 양 당사자의 주장을 정리한 공식적인 문건임과 아울러 대외적으로 공개될 수 있는 역사적인 자료다." 나아가 미국에서도 법원의 경험칙으로 보아 구술변론이 훌륭해서 승소한 예는 거의 없으나, 형편없는 구술변론 때문에 패소하는 경우는 이따금씩 발생한다고 한다.[63]

법률가가 쓰는 문장의 난삽함은 만국 공통이다. 프레드 로델의 신랄한 지적이다. "법률업의 사기술에서 애매모호한 문장이 중요한 역할을 한다. … 거의 모든 법률문장은, 법관의 의견에

---

62 앨런 M. 더쇼비츠(주 26), 446~492.

63 밥 우드우드 · 스콧 암스트롱, 안경환 옮김, 지혜의 아홉 기둥, 라이프맵(2008), 340.

서 나타나든 성문법이나 매매증서에서 나타나든, 영어에 대한 빈약한 지식만을 지닌 사람이 번역한 독일어 문장처럼 읽히곤 한다. 그 문장들은 길다. 예외 없이 어색하다. 예외 없이 그리고 필연적으로 수많은 추상적이고 애매하고 졸렬한 언어를 사용한다. 이 언어들은 법이라는 엄숙한 속임수의 필수 요소다.[64] … 법률용어가 수행하는 주된 기능은 관념을 명쾌하게 전달하는 것이 아니다. 오히려 법률적 사고의 혼란, 모호, 공허함을 은폐함으로써 법을 이해하고자 애쓰는 보통 사람들을 괴롭히는 난해함이, 관념이 아니라 언어 자체에 기인한 것처럼 보이게 하는 것이다.[65] … 법적 관념의 전달은 법률가의 특수한 방언에 의존하지 않고서는 이루어질 수 없다.[66] … 관념의 전달을 돕기보다는 오히려 방해하는 법률용어는 법률가에게는 참으로 유용하다. 법률용어 덕분에 법률가는 무의미한 이야기를 중요한 뜻이 있기라도 한 것처럼 지껄이며 얼버무릴 수 있다.[67]"

변호사가 쓰는 소송서면의 제1독자는 의뢰인이고, 제2독자는 재판부이며, 제3독자는 상대방을 비롯한 기타 관계자들이다. 나는 소송서면을 작성하여 법원에 제출하기 전에 반드시 의뢰인

---

64 프레드 로델(주 22), 196.

65 프레드 로델(주 22), 200.

66 프레드 로델(주 22), 201.

67 프레드 로델(주 22), 203.

에게 먼저 읽도록 하고 그의 동의를 받은 후 제출했다. 변호사가 의뢰인과 상담하고 처음 작성하는 서면은 의뢰인에게 보이는 변호사의 첫 인사이자 신뢰관계의 출발점이다. 의뢰인은 변호사가 본인이 말하고 싶은 말을 제대로 반영해서 썼는지 꼼꼼히 살펴볼 것이다. 꼭 말하고 싶은 부분을 누락하거나 사실관계를 잘못 파악하거나 하다못해 맞춤법 등에서 실수가 발견되면 의뢰인의 변호사에 대한 신뢰는 훼손될 수밖에 없다. 제2독자인 재판부는 의뢰인에게 유리한 판결을 해야 하므로, 변호사가 작성하는 소송서면은 우선 법리적으로 재판부를 설득할 수 있는 내용으로 작성되어야 한다. 법리적으로 선택의 여지가 있는 사안의 경우에는 해당 사건의 사회적·역사적 의의에 대하여 설명하고, 필요하다면 법원과 법관의 헌법상의 책무에 관하여도 설명해야 한다. 제3독자인 상대방과 기타 관계자들은 그 서면을 작성한 변호사의 역량 등에 대해 평가를 하고, 평판을 형성할 것이다.

전수안 전 대법관은 2014. 12. 22. 저녁 7시부터 민변 주최로 변호사들을 상대로 2시간에 걸쳐 강연했다. '단언(斷言)컨대'를 자주 사용하면서 열성적으로 강의했는데, 서면쓰기 방법에 관하여 강연한 내용을 내가 정리한 내용이다. 내가 변호사들을 상대로 강연할 때 자주 인용했다.

"첫째, 길지 않게 짧게 써라. 길수록 읽는 사람의 집중력이 떨어진다. 길게 쓰고 줄여라. 둘째, 중립적인 표현을 써라. 감정을 절제하라. 그래야 읽는 사람을 설득할 수 있다. 절제가 공감을 끌어낸다. 뜨겁고 강한 이야기를 낮고 부드럽게 표현하라. 글 쓰는 사람이 감정적이면 글 읽는 사람이 감동할 공간을 없앤다. 셋째, 재판부를 신뢰하라. 석명사항은 물론이고 거슬리는 말도 그 의도를 이해하려고 노력하라. 읽는 대상을 보고 글을 써야 설득력이 있다. 사법 불신은 실제보다 과장되었다."

'감정을 절제하라'와 관련하여 대법원 전원합의체에서 토론하면서 상대방의 의견에 대해 강한 톤으로 부정하는 의미의 부사인 '도대체', '도저히', '도무지'를 사용해서 비판하면 결국 내 의견이 소수의견이 되곤 했었다. 상대방 의견에 대해 강력하게 대응할 필요를 느꼈다면 이미 그 근저에는 내 의견이 소수에 머물러 있다는 인식이 깔려 있다. 상대방 의견을 강력하게 비판함으로써 그 중에 한 명이라도 떨어져 나오기를 바랐는데, 결과는 오히려 상대방 의견을 더욱 강화하여 결속을 굳혀주는 것으로 귀결되었다. 그래서 이를 '3도 법칙'이라 부르고 가능한 한 강한 부정의 '3도 부사'를 사용하지 않아야겠다고 다짐했었다. 그러나 그것이 마음대로 되는 일은 아니었다. 부지불식간에 '도대체' '도무지' '도저히'가 불쑥불쑥 튀어나오곤 했다.

변호사 능력의 바탕을 이루는 서면을 '잘' 작성한다는 것은 설득력의 관점에서 법관을 비롯한 독자들에게 전하고자 하는 바를 정확하게 전달하고, 자신이 주장하는 내용(argument), 사실(fact), 이를 뒷받침하는 논증(reasoning)을 간결하고(concise) 집약적이고(compact) 명백하게(clear) 작성할 수 있는 능력을 말한다(이른바 서면 작성의 3C). 법률서면에서 사실관계의 정리는 프레임 설정의 문제이기도 하다. 사실관계는 눈앞에서 보듯이 구체적으로 묘사해야 한다. 필요한 사실들만을 골라서, 적절한 소제목을 붙여가면서 일목요연하게 정리하면 그러한 사실관계로부터 필연적인 결론이 도출될 수밖에 없는 구조가 형성된다. 용어도 신중하게 선택해야 한다. 예컨대 행정청의 일정한 통지를 행정처분으로 보고 그 취소소송을 제기한 원고의 입장에서는 행정청이 통보해온 조치를 '이 사건 처분'이라 하고, 반면 행정처분성을 부정하는 피고는 '이 사건 통지'라 했는데, 1심 판결에서는 중립적인 용어를 사용하는 차원에서 '이 사건 조치'라고 표현했다. 판례를 인용할 때에는 인용하는 판례의 법리만이 아니라 그 결과도 확인해야 한다. 의뢰인의 주장이 배척된 판례를 인용하게 되면 의뢰인과의 신뢰관계에 부정적인 영향을 끼칠 우려가 있다. 의뢰인의 이익을 위해서 최선을 다하는 차원에서 주위적 주장과 예비적 주장 등 재판부가 받아들일 가능성이 있는 주장을 빠짐없이 해야 한다. 학자적 관점에서는 논리적 일관성에 문제가 있다고 보아 주장하기 어려운 내용도 변호사는 의뢰인의 승소에 도움이 될 수 있는 주장이라면 거리낌 없이 빠짐없이 지적해야 한다.

변호사가 서면에서 법원의 판결을 비판할 때에는 그 표현 수위에 신경 써야 한다. 판결에 대한 실망과 분노의 감정을 재판부에 전달하되, 품격을 잃지 않는 표현으로 해야 한다. 노골적인 감정 표출이나 거부감을 주는 표현은 역효과를 야기할 수 있다. 항소심 판결에 불복하여 상고를 제기하면서 상고이유서에서'원심 판결은 결론을 미리 정하고 그에 맞추어 작위적이고 일면적으로 사실인정을 한 것'이라고 맹비난한 사건의 경우 심리불속행 상고기각판결이 선고될 확률이 매우 높다.[68]

서면의 내용이나 질을 제고하기 위한 방법으로는 서면 작성을 완료한 후 소리 내서 낭독해 보는 것이 효과적이다. 소리 내서 낭독하다 보면 내용이 불분명하다든가 불필요한 접속사나 어미를 나열하거나 이중부정 등으로 문장이 늘어지는 것을 스스로 깨달을 수 있다. 변호사의 법률서면은 주장은 단호하게, 표현은 간결하게 하여 품격 있게 써야 한다. 그럼에도 가장 감동적인 글은 기교가 아니라 진정성(정직)에 있다. 글은 쓴 사람의 얼굴이며, 글을 보면 사람을 알 수 있다. 본인만의 향과 맛이 나는 글을 써야 한다. 도리불언 자하성혜(桃李不言 自下成蹊),[69] 성어중형어외(誠

---

68 실제로 상대방이 위와 같은 내용의 상고이유서를 제출한 사건에서 편한 마음으로 기다려 심리불속행 기각판결을 받은 적이 있다.

69 『사기(史記)』 이장군열전(李將軍列傳)에 나오는 말이다. 한나라 무제 때 이광은 활의 명수로 유명했고, 힘이 세고 몸이 빨랐기 때문에 흉노들은 그를 한나라의 날아다니는 장수라는 이름으로 한비장군(漢飛將軍)이라 부를 정도였다. 태사공 사마천이 이광을 두고 한 말이다. 사마천, 김원중 옮김, 사기열전 2, 민음사(2018), 324.

於中形於外)[70]의 품격이 필요하다.

글쓰기도 물론 중요하지만 결국에는 철저한 준비가 만능의 열쇠다. 앨런 M. 더쇼비츠는 말한다. "논리정연한 변론은 훌륭한 변호의 필요조건이지만 충분조건은 아니다. 사건의 승패는 법정 밖과 도서관에서 얼마나 철저하게 준비하느냐에 달려 있다. 변호사들이 '법정에서의 잔재주'에 의존하려 할 뿐 기술을 빛나게 해줄 사전 준비를 등한시하는 경우는 비일비재하다."[71]

나. 노동사건 이외의 변론 사례

1 내가 변호사 업무를 시작한 지 얼마 되지 않는 시점인 1988. 5. 초순경 충북 단양군 매포읍 우덕2리 주민 몇 명이 사무실을 방문했다. 그 지역에 한일시멘트 공장이 있는데, 1964. 6. 설립된 이래 계속 확장되었다. 주민들은 공장으로부터 비산되는 시멘트분진, 발파작업과 기계운전으로 인한 소음과 진동 등으로 고통을 받아왔다. 1976. 12. 20. 위 지역이 자연녹지지역으로 지정되는 바람에 가옥수리조차 할 수 없게 되었다. 주민들은 조영래 변호사의 명성을 듣고 찾아와 법적 조치를 취할 방법이 없는지 문의했다. 나는 조영래 변호사와 상의하여 법원에 의하여 받아

---

70 주희, 최석기 옮김, 대학(大學), 한길사(2014), 108~109.

71 앨런 M. 더쇼비츠(주 57), 124~126.

들여질 가능성이 높은 방안으로 일몰 후 일출 전(즉 주민들의 수면 시간)에 소음의 주된 발생원인 조쇄기를 운전해서는 안 된다는 가처분(공장가동금지가처분) 신청을 하기로 했다. 회사는 하루 중 24:00부터 16:00까지 16시간 가동했다. 8시간 동안 공장을 가동하지 않는다면 주민들이 잠을 자는 22:00부터 다음 날 06:00까지 가동을 중단한다면 주민들이 잠을 자는 데는 지장이 없을 수 있다. 회사가 굳이 심야에 공장을 가동하는 것은 전기요금을 절약하기 위함이었다. 심야에 산업용으로 전기를 사용할 경우 대폭 할인이 되기 때문이다.

이 사건을 내가 담당하기로 하고 1988. 5. 19. 한일시멘트공업주식회사를 상대로 조쇄기운전금지가처분신청을 관할법원인 서울지방법원 동부지원에 접수했다. 1989. 4. 21. 재판부가 현장에 가서 검증을 실시했고, 감정인으로 하여금 소음측정을 하도록 했다. 감정인에 의한 소음측정은 야간에 이루어졌는데, 나는 밤에도 남아 소음측정이 이루어지는 과정을 살펴보았다. 회사는 소음측정 시간대에 조쇄기 5대 중에서 2호기 1대만 가동했고, 투입되는 원석의 양을 조절함으로써 소음 발생량을 조절했다. 조쇄기를 가동한 상태에서 2회 소음측정을 하고, 조쇄기의 가동을 중지한 상태에서 2회 측정했다. 조쇄기를 가동한 상태에서의 소음은 56.2데시벨 내지 59.3데시벨이 나왔고, 조쇄기의 가동을 중지한 상태에서의 소음은 56.6데시벨 내지 64.8데시벨이 나왔다.

조쇄기를 가동하지 않은 상태에서 측정한 결과가 더 높게 나와 감정 결과의 공정성과 신빙성을 인정할 수 없었다. 법원(재판장 강봉수 부장판사)은 1989. 7. 19. 가처분을 인용하여 "22:00부터 06:00까지 사이에 조쇄기를 운전하여서는 아니 된다"는 결정을 하였다. 언론은 주민의 가처분신청을 최초로 받아들였다고 보도했다.[72]

회사가 1989. 9. 4. 이의신청서를 제출하였고, 이의신청 사건 재판부는 감정 결과를 형식적으로 판단하여 가처분결정을 취소했다. 심야시간 대의 조쇄기 가동을 중단시킨 것은 9개월 정도에 그쳤다. 주민이 항고하여 항고심에 계류 중일 때 1990. 9. 홍수가 나서 우덕2리 지역이 물에 잠겨 거의 절반의 가옥이 완전히 물에 잠겼다. 정부가 1991. 9. 30.까지 정부 예산을 투입하여 수몰지역의 주민들을 집단 이주시키기로 결정했다. 항고심 재판부는 1992. 1. 17. 결심을 하고 2. 21.을 선고기일로 잡았는데, 그 사이에 집단이주 대책이 수긍될 수 있을 정도로 진행되어 선고기일 전에 신청을 취하했다. 1988년부터 시작되어 4년여 기간 동안 진행된 사건이 대단원의 막을 내렸다.

---

72 한국경제, "법원, 공해공장 가동중지처분…주민가처분 신청 첫수용"(1989. 7. 19.), <https://www.hankyung.com/article/1989071901551>.

2 변호사 2년차인 1989. 8. 초 민족화가 홍성담, 차일환 씨의 국가보안법위반 등 사건을 변론하게 되었다. 국가안전기획부(약칭 '안기부')는 1989. 7. 31. 홍성담 씨를 연행하여 8. 4. 사전구속영장으로 구속했고(4일간 영장 없는 불법구금이다. 사후영장으로 구속했더라도 연행 후 48시간을 초과했으므로 역시 위법이다), 차일환 씨를 8. 4. 연행하여 8. 6. 사전구속영장으로 구속했다(2일간 영장 없는 불법구금이다). 나는 가족들로부터 변호인선임서를 받아 1989. 8. 12. 윤종현·김한주 변호사, 가족들과 함께 안기부로 홍성담 씨와 차일환 씨를 접견하러 갔다. 안기부는 끝내 접견을 거부했다. 나는 가족들로 하여금 변호인접견이 거부되는 상황에 대한 사실확인서를 작성하도록 하여 다음 날 접견거부처분에 대한 준항고장을 서울형사지방법원에 제출했다. 차일환 씨에 대한 접견은 안기부로부터 연락이 와서 1989. 8. 17. 11:30 가족과 함께 했다. 안기부 수사관 3명이 접견장소에 동석하여 변호인 접견의 비밀을 침해하는 위법을 저질렀다. 1989. 8. 22. 홍성담과 차일환 사건이 검찰로 송치되었고, 검사는 송치 당일 두 사람에 대한 제1회 피의자신문조서를 작성했다. 준항고에 대한 결정은 그 이틀 후인 8. 24. 자로 나왔는데, 홍성담에 대한 접견거부는 취소하고, 차일환에 대한 접견거부는 이미 접견이 이루어졌다는 이유로 기각했다.

나는 8. 24. 서울구치소로 가서 홍성담 씨를 접견했다. 홍성담 씨는 안기부에서 심한 고문을 당했고, 내가 접견할 때까지도 고문으로 인한 상처가 귀와 무릎 정강이에 남아 있었다. 1989. 9. 초에 고문에 흔적에 대한 증거보전청구서를 서울형사지방법원에 제출했다. 임채균 판사는 1989. 9. 6. 홍성담 씨와 서울대학교 의과대학 법의학교실 이윤성 조교수와 같은 대학 외과학교실 윤여규 전임강사가 참석한 상태에서 심문기일을 진행하고 의사들에게 홍성담 씨를 바로 서울대학교로 데려가서 상처 부위 및 원인에 대한 감정을 하도록 명했다. 1989. 9. 18. 자로 감정서가 작성되어 법원에 제출되었다. 홍성담 씨의 오른쪽 무릎과 정강이, 왼쪽 귀에 손상이 남아 있는데, 이는 2주 내지 6주 전에 생긴 손상으로 오른쪽 무릎이나 정강이의 손상은 홍성담 씨가 주장하는 바와 같이 구둣발로 채이거나 둔기로 맞아 생길 수 있는 손상이고, 왼쪽귀의 손상 역시 홍성담 씨가 주장하는 바와 같이 손으로 귀를 잡아 비틀면서 손톱에 의해 생길 수 있다는 것이었다. 감정 결과는 홍성담 씨가 고문을 받았다는 주장이 진실이라는 것을 뒷받침했다. 홍성담 씨가 고문한 안기부 수사관 2명의 몽타주를 그려주어 1989. 11. 초순 재판이 시작하기 전에 몽타주를 첨부하여 고문한 수사관들 및 안기부의 수사발표자를 고소했다.

홍성담 씨는 국가보안법위반(간첩) 등의 혐의로 구속기소되었다. 제1심(서울형사지방법원 1990. 1. 30. 선고 89고합1118호 판결)과 제2심(서울고등법원 1990. 6. 1. 선고 90노1022 판결)

에서는 우리의 주장이 거의 받아들여지지 않고 간첩죄를 유죄로 인정하고 징역 7년의 형을 선고했다. 대법원 1990. 9. 25. 선고 90도1586 판결[대법관 배석(재판장), 이회창(주심), 김주한]은 피고인 상고이유와 관련하여서는 간첩죄 부분에 대해 무죄 취지로 파기환송했다. 즉 "각 범죄는 피고인이 반국가단체인 북한의 지령을 받은 성낙영과 접촉한 데에 따른 행위를 내용으로 한 것으로서 그 구성요건으로 성낙영이 북한의 지령을 받은 자라는 것 외에 피고인에게 그와 같은 지령을 받은 자라는 데에 대한 인식이 있었음을 필요로 하는바 … 북한의 지령을 받은 자임을 인식한다고 함은 단순히 북한에 동조하는 친북한적인 자로 알은 정도가 아니라 북한의 지령을 받아 활동하는 자로 알은 것을 의미하는 것인바, 성낙영이 … 피고인의 면전에서 가끔 김일성을 주석으로 호칭하거나 북한의 음악을 찬양하는 언동을 했다고 하여 이것만으로 곧 성낙영을 북한의 지령을 받아 활동하는 자로 인식했다고 단정하기는 어려울 것 … 피고인이 성낙영과 접촉할 당시에 이미 민협이 반국가단체인 북한의 전위조직으로서 그 지령을 받아 움직이는 단체이고 그 단체에서 관여하는 민족문화학교도 그 지령을 받아 움직이는 활동체임이 드러나 일반에게 알려져 있었다고 인정할 자료가 없으므로, … 피고인이 성낙영과 접촉할 당시 동인이 북한의 지령을 받은 자임을 인식할 수 있었다고 인정하기에는 미흡하다"는 것이다. 검사의 상고와 관련하여 대법원은 변호인의 접견권이 제한된 상태에서 얻어진 피의자신문조서의 증거능력에 대하여 중요한 판단을 했다. "변호인과의 접견교통권은 헌법상 보장된 변호인의 조력을 받을 권리의 중핵을 이루는 것으로서 변호인과의 접견교통이 위법하게 제한된 상태에서는 실질적인 변호인의 조력을 기대할 수 없으므로 위와 같은 변호인의 접견교통권 제한은 헌법이 보장한 기본권을 침해하는 것으로서 그러한 위법한 상태에서 얻어진 피의자의 자백은 그 증거능력을 부인하여 유죄의 증거에서 배제하여야 하며, 이러한 위법증거의 배제는 실질적이고 완전하게 증거에서 제외함을 뜻하는 것이다." 홍성담 씨는 파기환송심에서 간첩죄 부분이 무죄로 되었음에도 그 외의 국가보안법 위반 부분이 유죄로 인정되어 징역 3년의 실형을 선고받았다(서울고등법원 90노3526 판결). 사법연수생 자치회에서 발행하는 회지 「사법연수」 제19호(1996. 8. 발행)에는 사법연수원 교수들이 뽑은 10대 판결이 게재되어 있는데, 그 중에 위 대법원 판결이 포함되어 있다. 선정이유는 "변호인의 접견교통권을 헌법상의 권리 차원으로 격상시키고 위법수집증거 배제 법칙의 채택 가능성을 시사하는 등 우리 형사소송절차를 한 걸음 진보시킨 판결"이라는 것이다.[73]

---

73 이 사건 변론기는 김선수, "화가를 고문한 그들, 몽타주를 남기다", 시사인 431호 (2015. 12. 23.), <https://www.sisain.co.kr/news/articleView.html?idxno=24980>.

3 1994년 당시 형사소송법 제35조(서류, 증거물의 열람 등본)는 "변호인은 소송계속 중의 관계서류 또는 증거물을 열람 또는 등사할 수 있다."라고 규정하였다. 검찰은 일반 형사사건의 경우에는 기소하면서 수사기록 일체를 법원에 함께 제출하는 행태를 유지하면서, 시국공안사건에 대해서만 공소장 일본주의 원칙을 엄격하게 준수한다는 핑계로 수사기록을 법원에 제출하지 않고 첫 변론기일에 가서야 법정에서 수사기록을 제출했다. 기소 후 검찰에 수사기록을 복사해달라고 신청해도 이를 복사해주지도 않았다. 첫 기일이 공전되고 재판절차가 지연되어 구속피고인의 방어권을 심각하게 침해했다. 내가 수임한 국가보안법 사건을 검사가 1994. 3. 21. 기소했다. 나는 다음 날 서면으로 검사에게 경찰 및 검찰에서의 수사기록 일체를 열람 · 등사하겠다고 신청했다. 그러자 담당검사(황교안)는 3. 26.자로 서면으로 거부 이유를 설시하지 않은 채 열람·등사신청을 거부한다고 통지해주었다. 나는 이러한 사정을 서울지방변호사회 인권위원회에 보고하고, 사무장으로 하여금 수사기록의 등사신청과 거부에 관한 사실확인서를 작성하게 한 후, 피고인을 청구인으로 해서 1994. 4. 16. 헌법재판소에 헌법소원심판 청구를 제기했다.[74]

---

74 변호인의 열람·등사를 거부한 피청구인(검사)의 행위는 헌법 제12조 제4항이 보장하고 있는 변호인의 조력을 받을 권리 및 헌법 제27조 제1항·제3항이 보장하고 있는 신속하고 공정한 재판을 받을 권리 등 헌법상 보장된 기본권을 침해하고 있다는 이유를 들어 헌법재판소법 제68조 제1항에 의한 헌법소원심판을 청구한 것이다.

헌법소원심판청구사건의 대리인으로는 나와 함께 서울지방변호사회 인권위원회의 위원장과 부위원장 및 위원들(박인제, 박성호 변호사)이 참여했다. 형사사건 공판절차는 진행되었고, 검사는 제1회 공판기일 후인 1994. 5. 10. 수사기록을 법원에 제출했다. 나는 그때서야 수사기록을 복사할 수 있었다. 2회 기일에 대부분의 증거에 동의하고 6. 3. 1심 판결이 선고되었다. 유죄로 인정하고 집행유예를 선고하여 피고인은 석방되었다. 헌법재판소는 재판이 끝나고 3년이나 지난 후 1997. 11. 27. 7(위헌) : 2(합헌)로 위헌결정을 선고했다(94헌마60). 주문은 "피청구인(서울지방검찰청 검사)이 1994. 3. 26. 국가보안법위반 사건의 피고인인 청구인의 변호인 김선수의 위 사건의 수사기록(서울지방검찰청 1994년 형제19005호 기록) 일체의 열람·등사신청에 대하여 국가기밀의 누설이나 증거 인멸, 증인 협박, 사생활 침해의 우려 등 정당한 사유를 밝히지 아니한 채 전부 거부한 것은 청구인의 신속하고 공정한 재판을 받을 권리와 변호인의 조력을 받을 권리를 침해한 것으로서 위헌임을 확인한다."이다. 헌법재판소 결정 주문에 내 이름이 명시되었다. 노무현 정부에서 2007. 6. 1. 형사소송법을 개정하여 공판중심주의 확립 과제 중에 증거개시제도를 도입함으로써 이를 입법적으로 해결했다.[75]

---

75 김선수, 헌법의 현장에서, 오월의봄(2018), 242~250.

3. 노동사건 변론활동

가. 노동법이란?

노동법에는 인간에 대한 탐구와 배려가 담겨 있다. 노동법의 특별한 사명은 인간이 가진 가치를 보존하는 것이고, 노동법의 운명은 인간이 사물처럼 취급되는 것을 막는 것이다(휴고 진쯔하이머).[76] 근대 시민법이 상정하는 인간상은 이성과 자유의지를 가진 추상적인 개인이다. 그렇기에 시민법은 이성과 자유의지에 따라 체결된 계약은 지켜져야 한다는 사적자치 원칙을 기본적인 명제로 한다. 그러나 현실 세계의 인간은 계층적이고 구조적인 한계로 언제나 이성과 자유의지에 입각하여 합리적인 판단을 하며 그에 근거하여 계약을 체결하는 것은 아니다. 사적자치 원칙을 예외 없이 관철할 경우에는 구조적인 한계로 말미암아 불평등과 불공정을 심화시키는 결과에 이름으로써 시민법 자체가 위기상황에 직면할 수 있다. 반면에 노동법이 상정하는 인간상은 자본이나 생산수단 등의 소유 여부에 따른 불평등한 사회구조 때문에 종속적인 지위에서 노동을 제공해야만 생존을 유지할 수 있는 노동자와 그러한 노동자를 사용하는 우월한 지위의 사용자로 구분되는

---

76 이다혜, "노동법의 갱신 –노동의 미래와 노동법의 근본목적에 대한 재확인", 이철수 교수 정년기념논문집 K–노동법과 그의 꿈, 관악사(2024), 671.에서 재인용.

구체적이고 현실적인 인간이다. 불평등한 지위의 개인이 체결한 계약에 절대적인 구속력을 인정할 경우 공동선을 지향하는 공동체 유지가 위협받는 결과가 발생할 수도 있다. 노동법은 이를 예방하기 위해 국가가 강행규정의 입법을 통해 사적자치 원칙을 수정한다. 노동법에 의한 사적자치 원칙의 수정은 시민사회의 공동체 유지를 위한 불가피한 최소한의 조치라고 할 수 있다. 결국 노동법은 시민법의 결함을 보완하여 시민법을 완성시키는 법이라고 할 수 있다.

노동법은 그 적용대상과 기본원리의 측면에서 노동보호법(개별적 노동관계법)과 노동단체법(집단적 노동관계법)으로 구분된다. 노동보호법은 헌법 제32조 제3항의 "근로조건의 기준은 인간의 존엄성을 보장하도록 법률로 정한다."라는 조항에 근거하여 강행규정으로 제정된 법률이다. 근로기준법, 최저임금법, 「파견근로자 보호 등에 관한 법률(약칭 '파견법')」, 「기간제 및 단시간근로자 보호 등에 관한 법률(약칭 '기간제법')」, 산업재해보상보험법, 산업안전보건법, 「중대재해처벌 등에 관한 법률(약칭 '중대재해처벌법')」 등이 이에 속한다. 법률을 위반한 계약은 무효이고, 그 부분은 법률이 정한 최저기준이 직접 적용된다. 노동법의 해석에서는 계약 명칭이나 기타 형식적인 측면보다는 실질을 중시하여 해석하는 원칙이 확립되어 있다. 노동법상의 근로자에 해당하는지 여부, 해고에 해당하는지 여부, 근로자파견에 해당하는지 여부 등을 판단할 때 그 실질을 종합적으로 고려하여 판단해야 한다. 그렇기 때문에 노동소송사건은 복잡하게 진행되는 것이 보통이다.

노동단체법은 헌법상 보장된 노동3권(단결권, 단체교섭권, 단체행동권)의 행사를 통해 사용자와 대등한 교섭력을 확보한 상태에서 단체협약을 체결하여 근로조건 등을 결정하도록 단결자치를 보장하는 법률을 말한다. 국가는 노동3권을 보장하도록 제도를 설정·운영해야 하고, 노사자치적 결정에 개입하는 것은 가능한 한 자제해야 한다. 현재 우리나라 「노동조합 및 노동관계조정법(약칭 '노조법')」은 노동자들의 단결권 보장과 단체행동권 보장에 미흡한 측면이 많다. 특히 단체행동권 행사에 대해서는 지나치게 많은 제약이 있고 또한 벌칙조항도 지나치게 많아 합법적인 파업권 행사가 거의 불가능한 정도다. 나아가 정부가 적극적으로 개입해야 할 개별적 노동관계법의 영역에서는 제 역할을 하지 못하고, 개입을 자제해야 할 노동단체법의 영역에서는 노동자의 단결권과 단체행동권을 제약하는 방향으로 개입하는 사례가 자주 있었다. 노동단체법의 영역에서는 단결권 보장에 관한 국제노동기구(ILO) 기본협약인 제87호 협약과 제98호 협약이 세계 공통의 기준이 된다. 우리나라도 2021년에 위 두 협약을 비준하여 두 협약은 국내법적 효력을 가지게 되었다. 노조법과 행정부 해석 및 법원 판례가 ILO 제87호 협약과 제98호 협약에 미치지 못하는 사례가 있고, ILO가 우리 정부에 대해 이런저런 권고도 자주 하고 있으므로 이를 적극적으로 이행하여 국제법적 의무를 준수해야 한다.

노동법의 역할은 '높이에 차이가 있는 벽으로 둘러싸인 물통'으로 담을 수 있는 물의 양으로 설명할 수 있다. 높이에 차이가 있는 벽으로 둘러싸인 물통에 물을 채울 경우 가장 낮은 벽 부분으로 물이 흘러넘칠 것이기 때문에 그 물통으로 담을 수 있는 물의 양은 가장 낮은 벽 부분의 높이에 의해 결정된다. 그 물통이 담을 수 있는 물의 양을 증가시키기 위해서는 가장 낮은 벽 부분을 높여야 하며, 가장 낮은 부분을 그대로 둔 채 높은 부분을 아무리 더 높게 해보았자 그 물통이 저장할 수 있는 물의 양은 하나도 증가하지 않는다. 마찬가지로 한 사회의 포용력은 그 사회의 가장 취약한 계층의 사람들이 받는 대우와 존중의 수준에 의해 결정된다. 어떤 사회의 포용력의 수준을 높이기 위해서는 취약 계층의 대우를 개선해야만 하며, 부유하고 강한 지위에 있는 사람들의 대우 수준을 높이는 것은 사회의 포용력 수준을 높이는 데 영향을 미치지 않는다. 취약 계층의 대우 수준은 그대로 둔 채 부유하고 강한 계층의 대우만 향상할 경우(예컨대 부자감세 정책을 취하여 부자들의 세금을 감면해줄 경우) 계층 간의 격차를 늘려 상대적 불평등만을 심화시킴으로써 사회의 불안정성을 더욱 증대시키게 될 것이다.

우리 사회에서 가장 낮은 벽 부분을 높이는 역할을 하는 것이 바로 노동법이다. 또한 다수결 원리에 의해 스스로를 보호하지 못하는 사회적 약자와 소수자의 권익을 보장함으로써 사회 전체의 포용력 수준을 끌어올리는 것이 바로 헌법으로부터 사법권을 부여받은 법원의 가장 중요한 역할 중 하나이다. 노동법은 노동자를 살림으로써 사회 구성원 전체의 존엄과 가치를 지키는 법이다. 시장의 실패를 보완하여 시민사회를 유지하는 법이 바로 노동법이다.

나. 노동사건 변론 자세

1) 노동사건을 대할 때는 청년노동자 전태일이 1970. 11. 13. 분신하면서 외쳤던 '근로기준법을 지켜라' '우리는 기계가 아니다' '내 죽음을 헛되이 말라'라는 구호를 되새겨야 한다.[77]

"근로기준법을 지켜라"는 헌법에 근거하여 인간의 존엄성을 보장하도록 정한 근로기준법이 법전 속의 활자에 갇혀 무시되고 있던 상황에서 터져 나온 절규다. 우리나라의 산업재해 사망률은 OECD 국가 중 1위인데, 이는 사업주가 노동보호법인 산업안전보건법을 지키지 않기 때문이다. 현재도 노동자들이 법정투쟁을

---

77 조영래, 전태일 평전: 어느 청년 노동자의 삶과 죽음, 돌베개(1991), 301.

해야만 법에 보장된 권리를 쟁취할 수 있는 것이 현실이다.

"우리는 기계가 아니다"라는 구호는 ILO 창립 선언인 필라델피아 선언의 "노동은 상품이 아니다"와 같은 의미다. 노동자는 기계나 비용이 아니라 존엄과 가치를 존중 받고 행복하게 살아갈 기본권의 주체인 인간이라는 절규이다. 기계조차도 계속 사용하기 위해서는 윤활유를 쳐주어야 하고, 고장 난 부분은 수리해주어야 하며, 낡은 부품은 교체해 주어야 한다. 자본주의 사회를 유지하려면 노동자가 노동을 제공하고 그 대가로 받은 임금으로 생존을 유지할 수 있어야 한다. 노동자가 일을 하기 위해 출근한 일터에서 퇴근하지 못하고 산업재해로 죽어나간다면 이는 기계만도 못한 취급을 받고 있는 것이다. 일터의 안전은 사회의 모든 정책의 최소한의 전제라고 할 수 있다.

"내 죽음을 헛되이 말라"라는 구호는 즉시 개선하라는 절규이다. 전태일의 죽음 당시와 비교하여 나을 것 없는 열악한 상황에 처해 있는 노동자들이 아직도 다수 존재한다. 자기 몸을 스스로 불사르거나, 크레인 타워로 올라가는 제2, 제3의 전태일이 계속 나오고 있다. 산업재해로 사망하는 노동자가 계속 발생하고 있는 것은 우리 사회가 전태일의 죽음으로부터, 그 많은 산업재해 사망자들로부터 아무런 교훈도 얻지 못함을 의미한다. 역사에서 교훈을 얻지 못하는 사회는 유지될 수 없다.

청년노동자 전태일이 외친 구호들은 노동변호사만이 아니라

기업변호사도 노동문제에 관하여 경영인에게 자문할 때 항상 염두에 두고 되새겨야 한다.

2) 노동소송의 특수성으로는 다음과 같은 점이 지적된다.

첫째, 실체법에 걸맞은 법원과 절차가 필요하다. 사회경제적 약자의 지위에 있는 노동자의 권익 보호를 위해 실체법으로서 다양한 노동법이 있으나, 그에 걸맞은 법원이나 절차법이 전혀 없어 노동자의 실체법상의 권익이 절차에서 무력화되는 경향이 있다.

둘째, 증거가 편중되어 있다. 거의 모든 자료가 사용자의 지배영역 내에 있고, 노동자는 증거 수집에 제한받을 수밖에 없다. 사용자의 지배영역에 있는 증거가 제대로 제출되지 않을 경우 정의의 왜곡으로 이어질 우려가 농후하다. 그렇기 때문에 소송과정에서 사용자에게 편중된 증거를 법원에 제출하도록 효과적인 방안이 마련되어야 한다.

셋째, 신속한 결정이 필요하다. 시간은 사용자 편이다. 소송이 장기화되면 노동자가 버티기 어려워 포기하게 될 가능성이 있다. 그렇게 되면 결국 정의가 왜곡되어 법원의 신뢰는 심각한 타격을 받을 수밖에 없다.

넷째, 법관이 노동법의 특수성에 대하여 전문적으로 이해할 필요가 있다. 노동법을 별도로 학습하지 않은 법관의 경우 노동법에 대한 몰이해로 납득하기 어려운 판결을 할 수도 있다.

다섯째, 법관이 섣부른 조정을 강요해서는 안 된다. 해고 등의 경우 노동자가 소송까지 제기했을 때는 승소판결을 통해 정의를 확인하고자 하는 강한 의지가 있기 때문이다. 섣불리 조정을 강요하는 것은 법원에 대한 불신을 조장할 우려가 있다. 특히 1심에서 노동자가 어렵게 승소했는데 항소심에서 노동자의 복직을 포기하는 조건으로 합의를 종용하는 것은 지양되어야 한다.

3) 변호사로서 노동사건을 변론할 때 유의했던 사항들을 정리해본다.

노동자가 권리를 쟁취하거나 노동운동 또는 노동조합 활동을 하다가 탄압을 당하여 재판투쟁을 하는 경우 변호사는 의뢰인인 노동자의 신념과 존엄을 지켜주는 것을 가장 중요하게 여겨야 한다. 변호사는 의뢰인 복이 있어야 한다고 하는데, 나는 운이 좋았는지 의뢰인 복이 있었다. 변론을 맡았던 노동조합 대표 등 의뢰인들이 모두 훌륭한 인격의 소유자였다. 구속된 경우에도 석방에 연연해하지 않고 떳떳하고 의연하게 재판에 임했다. 변호사로서는 재판에서 승소하는 것도 중요하지만 의뢰인의 신뢰를 얻는 것이 더욱 중요하다. 소송 결과에 관계없이 의뢰인으로부터 '고맙다, 수고했다'는 인사를 받고, 나중에 의뢰인이 다른 사건이나 다른 의뢰인을 데려온다면 변호사로서는 성공했다고 할 수 있다.

서면 작성의 중요성은 노동사건에서도 마찬가지이다. 노동

사건을 변론할 때는 항상 헌법적 관점에서 검토하는 자세가 필요하다. 노동사건을 변론할 때 논증의 출발점은 헌법이어야 한다. 노동단체법 적용 사건의 경우에는 노동자의 자주적인 단결권, 단체교섭권, 단체행동권을 보장한 헌법 제33조 제1항이 논증의 출발점이고, 개별적 노동관계 사건의 경우에는 근로조건의 기준은 인간의 존엄성을 보장하도록 법률로 정한다는 헌법 제32조 제3항이 논증의 출발점이다. 법률 조항이 헌법에 위반되면 그 조항은 위헌무효이고, 헌법재판소 결정이나 대법원 판결이 헌법에 위반되면 그러한 결정이나 판결은 변경되어야 한다. 특히 우리나라 노동단체법령들에는 '법이 많으면 정의가 적다(Much Law, Little Justice)'는 법언에 부합하는, 위헌의 소지가 있는 조항들이 널려 있다. 해당 법률 조항들에 대한 위헌제청신청을 하는 것도 적극적으로 검토해야 한다. 또한 대법원 판례나 헌법재판소 결정은 고정된 것이 아니고 변경될 수 있다는 점을 항상 명심해야 한다. 대리하는 사건의 쟁점에 관하여 불리한 대법원 판례나 헌법재판소 결정례가 있을 경우에는 판례의 변경을 시도해야 한다. 그러한 노력을 통하여 대법원 판례나 헌법재판소 결정례가 변경된 사례가 자주 있다. 논증의 출발점 자체를 대법원 판결이나 헌법재판소 결정에서 찾으면 현재의 단계에서 벗어날 수 없게 된다.

변호사로서는 재판부를 설득하기 위하여 다양한 방법론을 구사할 필요가 있다. 민사재판에서도 변론종결 기일에 쟁점과 주장의 요지를 서면으로 간략하게 정리해서 낭독하는 형태로 구술변론을 하는 것이 효과적일 수 있다. 낭독하는 것이 원고 없이 유창하게 말로만 하는 것보다 더 주의를 집중시킬 수도 있다. 또한 재판부로 하여금 내 의뢰인에게 승소판결을 선고할 수밖에 없도록 재판부를 외통수로 모는 묘수를 구사할 수도 있어야 한다. 조영래 변호사는 사건의 역사적·사회적 의미를 설명하고 담당재판부에 역사적으로 중요한 판결을 함으로써 사회에 기여할 기회를 부여한다는 여론을 형성하고 재판부를 설득했다. 관련 사회운동단체나 노동단체 등과 협력하여 토론회를 진행하거나 집회 등을 개최하고 언론 기고 등을 통하여 여론을 형성하면서 정치한 법리를 제공했다.

노동사건을 변호하다 보면 주장이 받아들여지지 않고 소송에서 패소하는 일도 흔히 있다. 그럴 경우 맥이 풀리고 의기소침해지지만, 그렇다고 해서 패배주의나 매너리즘에 빠져서는 안 된다. 그럴 때마다 마음을 다잡고 초심으로 돌아가 '진정성은 통한다'는 자세로 다시 시도해야 한다. 열심히 소송을 수행해서 승소판결을 받아 성공보수를 받을 수 있으리라고 기대했는데, 의뢰인이 연락을 두절해 버리는 경우도 있었다. 보수를 받기 위해 지급명령을 신청한 경우도 있으나, 그냥 씁쓸하게 포기한 경우도 있었다. 또 어떤 경우에는 시범소송을 제기하여 중요한 쟁점에 대해 열심히 다투어서 법원으로부터 좋은 판결을 받았는데, 그 결과를 지켜보고 있던 많은 사람들이 다른 변호사에게 사건을 의뢰하여 수입을 올릴 수 있을 것이란 기대가 무산되기도 했다. 무임승차 때문에 '재주 부리는 사람 따로, 돈 버는 사람 따로'가 되어 버리는 경우도 있었다. 그렇다고 어쩌겠는가? 털어내고 다시 시작할 수 밖에.

포항제철(현재의 포스코) 퇴직금 사건(1981. 1. 1. 자로 신군부 지시로 일방적으로 퇴직금 지급률을 하향 조정한 퇴직금규정의 무효를 주장하여 종전 퇴직금규정에 따른 퇴직금과의 차액 청구)은 6명이 시범소송을 제기하여 10년(1990. 4. 27. 대구지방법원 경주지원에 소장 접수 후 대법원 2000. 7. 4. 선고 98다581 판결로 확정되기까지)에 걸쳐 세 번씩이나 대법원까지 올라와 최종적으로 종결되었다. 1,000명이 넘는 추가 퇴직자 소송은 내가 수행한 판결 결과에 따라 판결을 받고 회사 측과 합의했는데, 나는 그 중에서 65명만을 대리하고 나머지는 다른 변호사들이 대리해서 성공보수를 받았다.[78]

2003. 9. 15. 주 5일 근무제 도입에 따른 근로기준법 개정 시 기존에 유급이었던 생리휴가가 무급으로 변경되었다(2004. 7. 1.부터 시행). 은행은 근로기준법 개정 전에도 여성근로자들에게 생리휴가를 부여하지도 않고 수당도 지급하지 않았다. 이에 한국

---

78 김선수(주 32), 118~119.

시티은행 여성근로자 1,298명이 2002. 6.부터 2004. 6.까지 미사용한 생리휴가수당을 청구하는 소송을 제기했다. 강기탁 변호사가 수행해서 결국 2심까지 승소판결을 받았다.[79] 은행이 상고를 포기하여 원고들 승소판결이 확정됐다. 씨티은행은 여직원 1,298명에게 생리휴가 수당 18억7000만원(1인당 평균 144만원)을 지급했다. 34개 금융기관노조가 가입한 전국금융산업노동조합의 여성 조합원은 24,586명이고, 이들의 생리휴가수당 액수는 354억원에 이르는 것으로 분석됐다.[80] 다른 회사의 사건들은 모두 다른 변호사들이 수임해서 한국시티은행 사건 판결 취지에 따라 승소판결을 받았다.[81]

국민은행 퇴직자 1명이 은행을 상대로 다양한 청구를 하면서 그 중 하나로 개인연금보조금을 평균임금에 포함하여 퇴직금을 추가 지급해 달라고 청구했다. 항소심에서 이 부분 청구가 받아들여져 312만 원이 추가로 인용되었다.[82] 의뢰인 개인의 입장

---

79 서울중앙지방법원 2007. 5. 18. 선고 2005가합57290 판결[판사 한명수(재판장), 장승혁, 구민경], 서울고등법원 2007. 5. 4. 선고 2006나60054 판결[판사 김병운(재판장), 이정호, 박순영].

80 내일신문, "금융권 생리휴가수당 '폭풍의 핵'"(2006. 9. 8.), <https://n.news.naver.com/mnews/article/086/0000044337?sid=101>.

81 경향신문, "금융권 생리휴가 소송 '수당 지급하라' 판결 잇따라"(2008. 1. 29), <https://www.khan.co.kr/article/200801291021402>.

82 서울고등법원 2009. 9. 25. 선고 2008나94884 판결[판사 김상철(재판장), 김성욱, 진철].

에서는 승소한 액수가 미미했지만, 은행 전체적으로는 만 명이 넘는 직원 1인당 약 300만 내지 500만 원의 추가 부담이 들어가는 중차대한 문제가 되었다. 은행은 상고심에서 대리인을 국내 최대의 로펌으로 교체했다. 1심과 2심을 수행한 로펌도 국내 2, 3위를 다투는 로펌인데 그것도 불안하다고 보았는지 1위 로펌으로 바꾸었다. 은행 측은 개인연금보조금이 평균임금에 산입되게 되면 2009. 10. 기준으로 추가로 적립하거나 지급해야 할 금액이 673억 원에 이르고 향후 매년 퇴직급여충당금으로 83억 원을 추가로 부담해야 한다고 주장했다. 사건이 대법원에 계류 중인 2010. 10. 8. 국민은행은 노동조합과 그 시점에 퇴직하는 직원들에게 개인연금보조금을 평균임금에 산입하여 계산한 퇴직금을 지급하되 대법원에서 은행이 승소하면 반납 받는 것으로 합의하고 퇴직금을 계산해서 지급했다. 대법원은 2011. 10. 13. 쌍방상고기각 판결을 선고했다.[83] 대법원 판결 선고 이후 노동조합이 소식지로 이를 홍보하면서 밝힌 바에 의하면 퇴직자 5,200여 명이 추가 정산해 받을 예정이고, 2010. 11. 가지급금 형태로 퇴직금을 정산해 받은 직원들은 반납하지 않아도 되게 되었다고 한다. 소식지는 의뢰인이 최근 '자기만 살겠다'고 대내외 금융환경을 핑계로 노사합의사항

---

83 대법원 2011. 10. 13. 선고 2009다86246 판결[대법관 신영철(재판장), 박시환(주심), 차한성, 박병대].

마저도 이행하지 않고 있는 은행의 선배 경영진과 달리 사측의 온갖 불이익과 회유에 맞서 이번 소송을 승리로 이끌어 그 의의가 더욱 크다면서 직원 및 조합원들을 대신해 이번 판결 결과가 나오기까지 헌신과 열정을 다해준 의뢰인에게 감사의 말을 드린다고 썼다. 한 사람에 의한 법정투쟁의 혜택이 만 명이 넘는 모든 직원들에게 돌아갔다. 변호사인 나에게는 노동조합이 약간의 추가적인 보수를 지급했을 뿐이다.

다. 노동사건 변론활동 변천 과정

내가 변호사 활동을 시작한 1988년은 1987년 7, 8월 노동자대투쟁 이후 민주적 노동운동이 급격하게 성장하던 시기였다. 1987. 7.부터 석 달 동안 벌어진 파업 건수가 그 전 10년간 발생한 건수의 2배를 기록했고, 1987. 6. 말 2,742개이던 노동조합은 1987년 말 4,104개로 증가했고,[84] 1989년에는 7,883개로 증가했다. 노동조합 조직률이 1986년 16.8%에서 1989년 19.8%로 증가하여 최고치를 찍었다. 이후에는 꾸준히 하락하여 2010년에 9.8%까지 추락했다가 2023년에는 13% 수준에 머무르고 있다.[85]

1988. 4. 26. 실시한 제13대 국회의원선거로 여소야대 국회가

84 사법발전재단, 역사 속의 사법부: 대한민국 사법부 1948-2008(2009), 336.

85 지표누리 국가발전지표, <https://www.index.go.kr/unify/idx-info.do?idxCd=4220>.

출현했다.[86] 1988. 2. 25. 출범한 노태우 정부는 초기에는 이른바 유화정책을 취했는데, 1988. 12. 28. 대통령이 '민생 치안에 관한 특별 지시'를 발표한 이후에는 분쟁 중인 노동현장에 대규모 경찰력을 투입하여 진압했다.[87] 여소야대 국회에서 1989년에 제3자 개입금지조항을 폐지한 노동쟁의조정법과 노동조합법 개정안이 국회에서 의결되었으나, 노태우 대통령이 1989. 3. 22. 거부권을 행사하고 재의결에서 의결정족수를 채우지 못해 부결되었다.[88] 제3자 개입금지 조항은 17년 후인 2006. 12. 30. 노조법 개정 시 완전히 삭제됨으로써 역사 속으로 사라졌다. 1989년 개정 법률이 그대로 시행되었다면 현재의 노동기본권 보장 수준이 훨씬 올라가지 않았을까 하는 아쉬움이 있다.

노동운동의 발전에 따라 예전에는 문제화되지 못하고 간과되었던 노동자들의 권리에 관한 법률적인 주장이 새롭게 제기되었다. 사용자 측에서도 종전과 같은 물리적이고 폭력적인 탄압만으로는 노동현장을 통제할 수 없게 되어 법률적인 대응을 할 수밖에 없게 되었다. 노동자들도 무조건 투쟁 일변도로 대응할 수는 없고

---

86 민주정의당 125석, 평화민주당 70석, 통일민주당 59석, 신민주공화당 35석, 한겨레당 1석, 무소속 9석.

87 김선수(주 32), 25~26.

88 김선수, "최근 노동판례의 경향과 대책", 민주사회를 위한 변론 4호, 민주사회를 위한 변호사모임(1994), 61~62.

법률적인 대응을 해야만 했다. 이러한 시대상황을 배경으로 하여 노동소송이 증가하게 되었고 노동판례도 형성되고 축적되기 시작했다.[89]

나는 변호사 활동을 시작하자마자 법률사무소 부설 상담소에서 진행하던 소송을 대리하여 전국 법정을 돌아다니면서 변론했다. 근로기준법상 연장·야간·휴일근로수당 등 법정수당 청구소송, 해고무효확인 소송 등을 제기하여 승소판결을 받아 노동자들이 노동법에 보장된 권리 되찾았다. 노동조합설립신고서 반려처분 관련 소송[캐디노조인 유성CC노동조합의 설립신고증교부처분취소처분(1989. 7. 3.) 취소청구소송[90]이나 전국병원노동조합연맹의 설립신고서반려처분(1989. 2. 14.) 취소소송[91]]을 제기하여 승소판결을 받아 노동조합 설립과 활동의 자유를 인정받았다. 집회·시위금지통고처분의 취소를 구하는 본안소송을 제기함과 동시에 집행정지신청(ILO 공대위 집회시위금지통고처분 집행정지 사건)을 하여 예정된 집회일 이전에 집행정지결정(서울고등법원 1992. 11. 6. 자 결정)을 받아 최초로 합법적이고 평화적으로 집회를 개최하기도 했다.[92] 법정소송이 노동자들의

---

89 김선수, "노사갈등의 현황과 쟁점", 노동법학 8호, 한국노동법학회(1998), 33~34.

90 김선수(주 32), 39~50.

91 김선수(주 32), 51~62.

92 김선수(주 32), 76~83.

권리를 쟁취하는 수단으로 활용되어 '법전 속 활자에 갇혀 있던 노동법'이 현실로 나와 '살아 있는 법'이 되었다. 서울대학교병원 1,000여 명의 노동자들이 9건으로 나누어 3년 치 법정수당 청구 소송을 제기했는데,[93] 자료가 방대하고 계산표의 항목도 많아 일반재판부에서 담당하기 어려워 1989. 9. 서울민사지방법원에 처음으로 2개의 노동전담부가 설치되었다. 위 사건의 대법원 판결들은 통상임금에 관하여 최초로 종합적인 법리를 설시했다. 노동전담부는 다른 지방법원은 물론이고 고등법원에도 설치되었고, 그 수도 크게 증가했다. 현재는 전문법원인 노동법원의 설립이 절실히 필요하다.

1980년대 말이나 1990년대의 상황과 노동단체법 조항들에 비추어 보면 합법파업이 사실상 불가능한 구조였다. 노동조합이 파업을 하기로 결정할 때에는 간부들이 구속결단식 먼저 거행했고, 실제 파업 후에는 많은 간부들이 구속기소 되었다. 전국 사업장의 단위노동조합 간부들은 물론이고 전국 단위의 총연합단체나 산업별연합단체 간부들이나 노동단체 임원들의 형사사건을 변론할 기회가 많았다. 모토롤라코리아 노동조합 위원장 등, 현대자동차 노동조합간부들, 금성전선노동조합 위원장, 서울대학교병원노동조합 위원장 등 간부들과 한양대학교병원노동조합

93 김선수(주 32), 63~75.

위원장과 간부들, 전국보건의료산업노동조합 위원장, 전국노동조합협의회 간부들, 전국공무원노동조합 집행부, 국민연금공단 노동조합 간부들 형사사건 등 많은 노동조합 간부들과 노동운동가들의 형사사건을 변론했다.

경영계 측은 1989. 12. 23. 전국경제단체협의회(약칭 '경단협')를 구성하여 노동조합의 요구에 대해 체계적이고 통일적으로 대응하기 시작했다. 1990. 1. 22. 당시 여당인 민주정의당(총재 노태우)이 여소야대 상황을 극복하기 위해 제2야당인 통일민주당(총재 김영삼), 제3야당인 신민주공화당(총재 김종필)과 합당하고, 1990. 10. 13. 노태우 정부가 '범죄와의 전쟁'을 선포한 것을 계기로 하여 노동운동과 노동조합 활동에 대한 정부와 경영계의 법률적 대응이 강화되었다. 경단협 인천·경기지역협의회는 1990. 6. 20. 노동쟁의에 대한 법률적 대응의 하나로 손해배상 청구소송을 제시했고, 10. 22. 당시 노동부장관(최영철)은 전국근로감독과장회의에서 노동조합의 불법쟁의행위에 대해서는 사법조치와 함께 당해 기업으로 하여금 노동조합과 열성 조합원을 상대로 손해배상 청구소송을 적극 활용토록 지도하라고 지시했다. 그 이후 사용자에 의한 불법쟁의행위를 이유로 한 손해배상 청구소송이 급증했다.

김덕주 대법원장 시기부터는 대법원이 전원합의체 판결로 노동자에게 불리한 방향으로 판례를 변경하기도 하는 등 보수적이고 친사용자적인 경향을 띠었다. 이러한 기조는 윤관 대법원장과 최종영 대법원장 시기까지 이어졌다. 이는 대법원이 엘리트 고위 판사 또는 검사 출신의 인사들로 획일적으로 구성되었고(특히 서울대학교 출신 50대 남성이 많아 이른바 '서오남'으로 불렸다), 대법관들이 민사법리에만 정통하고 노동법의 특수성에 대한 전문적인 이해가 부족했기 때문에 가능했다는 평가이다. 이 시기 노동변호사들과 노동법학자들은 대법원의 편향적인 태도에 울분을 토하며 어려운 시기를 보냈다.

위 시기 대법원의 역할에 대하여는 다음과 같은 평가들이 있다.

> *최근 1, 2년 동안 노동사건에 대한 법원의 판결이 눈에 띄게 보수화하는 경향을 보이고 있다. 이러한 법원의 태도는 제6공화국 초기보다는 상당히 경직된 것으로서 경기침체 국면과 보조를 함께 하고 있다.*[94]

> *대법원은 법리를 중요시하기보다는 근로자의 생존권이나 노동3권에 앞서 기업 측의 편의를 위하여 복무하는 방향으로 정책적인 판단을 했다.*[95]

---

94 문재인, "대우조선 파업", 민주사회를 위한 변론 창간호, 민주사회를 위한 변호사모임(1993), 123.

95 김선수(주 88), 73-74.

쟁의행위와 관련하여 대법원 판례를 면밀히 검토하여 보면, 법용어의 사용이라는 측면에서 대법원 판례는 헌법 제23조의 재산권과 헌법 제33조의 노동단체권(이른바 노동3권)의 관계를 대등하게 파악하는 것이 아니라 노동단체권이 사용자의 재산권에 부속되어 있는 듯한 태도를 보여준다.[96]

민주헌정 이후 대법원의 판례 경향을 관통하는 일관된 흐름은 한마디로 '노동 보호의 규제 완화와 단결 활동에 대한 규제 강화'로 평가할 수 있다.[97]

노동법 모든 영역에 걸친 대법원 판결들이 '기업이 살아야 근로자도 산다'는 정책론이 규범을 압도하고 있고, 특히 노동3권의 본질적 내용을 왜소화하고 노동3권을 규율하는 법률에 대해 그 내용 여하를 불문하고 포괄적인 입법적 형성을 인정해왔다.[98]

민사법적 사고에 의해 노동법의 의의와 취지가 훼손된 대법원 판결들은 '민사법의 독침(毒針)'을 맞은 것이다.[99]

---

96 강희원, "대법원 노동판례에 나타난 용어사용의 문제 - 쟁의해위의 '정당성' 또는 '정당한' 쟁의행위라는 용어를 중심으로", 노동법학 제8호, 한국노동법학회(1998. 12.), 259.

97 이흥재, "민주헌정 이후 노동판례 경향의 특징", 노동법학 제15호, 한국노동법학회(2002), 161-162.

98 정인섭, "근로삼권의 규범론과 정책론", 노동법학 제17호, 한국노동법학회(2003. 12.), 148-149.

99 도재형, "노동판례의 최근 경향 및 노동법원 논의에서의 시사점", 노동법학 제21호, 한국노동법학회(2005. 12.), 2009.

대법원이 사회적 양극화의 법적 전위(前衛)로 전락했다.[100]

노사갈등의 중요한 국면에서 노동기본권과 사회정의보다 시장근본주의의 법적 표현인 재산권 절대의 원칙과 사적자치의 원칙을 우선함으로써 자본의 권리를 옹호하고 노동의 권리를 무시함으로써 법원이 노동인권에 대한 억압적인 질서가 좀처럼 개선되지 못하고 지속적으로 유지되고 있는 데에 기여하는 바가 적지 않다.[101]

급속한 경제 환경의 변화와 세계적인 차원에서의 신자유주의의 발흥(영국의 대처 정부와 미국의 레이건 정부로 대표된다)으로 고용유연화 정책이 강력하게 추진되었고, 비정규직의 팽창 등으로 '노동법의 위기'가 수면 위로 떠오르기도 했다. 이른바 '노동법의 위기' 상황의 도래에는 대법원과 헌법재판소가 일정한 역할을 했다는 것이 일반적인 평가이다.[102]

대법원이 1996. 8. 29. 선고 95다5783 전원합의체 판결로

100 박제성, "사회적 형평화, 사회적 양극화 그리고 사회적 연대", 노동법연구 제20호, 서울대학교노동법연구회(2006 상반기), 95.

101 조경배, "국제노동기준에 비춰본 한국 근로자의 노동기본권 보장 실태", 전국민주노동조합총연맹·한국노동조합총연맹·국제노동기구 국제정책세미나 자료집(2012. 9. 17.), 28-29.

102 김선수, "시장만능주의에 대한 대항이념으로서의 인본주의 회복과 노동법의 재정립", 복지사회를 위한 노동사회법과 노사관계: 덕유 이광택 교수 정년기념논문집, 중앙경제사(2015), 81.

1년을 초과하는 기간을 정하여 근로계약을 체결했더라도 기간의 정함 자체는 유효하다고 판례를 변경한 이후에 기간제 근로계약이 대폭 증가했다.[103] 1997. 3. 경영해고를 법제화했고, 1997. 11. IMF 외환위기가 초래되었다. 외환위기 직후에 대기업이 대학졸업 예정자를 채용내정 했다가 본채용을 하지 않고 채용내정을 취소한 현대전자, 동양시멘트 사건을 대리하여 일부 승소판결을 받았다.[104] 정부는 1998. 2. 일정한 범위의 간접고용을 허용하는 차원에서 파견법을 제정했다. 그 여파로 비정규직과 양극화가 심각한 사회적 문제로 부상하게 되었다. 민주노총과 한국노총을 비롯한 26개 노동 및 시민단체는 2000. 6. 26. '비정규노동자 기본권보장과 차별 철폐를 위한 공동대책위원회'(약칭 '비정규공대위')를 구성했다. 비정규공대위는 2000. 9. 19. '비정규노동자 권리보장을 위한 법개정안 공청회'를 개최했는데, 내가 공청회에서 법개정안[105]을 발표했다. 노무현 대통령이 당선된 후 취임하기 전인 2003. 2. 11. 열린 '올바른 비정규직 노동자 권리보장 대책' 토론회에서도 내가 '비정규근로자 권리보장을 위한 법제도 개선방향'이

103 김선수, "노동판례의 변화와 전망-60년 간 대법원 전원합의체 판결을 중심으로", 노동법실무연구 제5권, 사법발전재단(2025), 29~31.

104 김선수(주 32), 96~106.

105 김선수, "비정규근로자 보호를 위한 법개정안", 노동사회 제47호, 한국노동사회연구소(2000), 40-56.

란 제목으로 발표했다.[106] 기간제근로자 문제에 대해서는 사유제한방식을 채택할 것을 제안했지만, 2006. 12. 21. 제정되어 2007. 7. 1.부터 시행된 기간제법은 '기간제한방식'을 채택함으로써 기간제근로자 보호에 취약점을 노정했다. 이른바 노란봉투법의 한 내용인 사용자 개념을 '근로조건에 대하여 사실상 영향력을 행사하는 자'에까지 확대하는 개정안은 이미 2000년에 제안한 내용에 포함되어 있었다.

Ⅲ. 사법개혁에의 참여

1. 사법개혁위원회('사개위')

가. 2002. 12. 19. 실시된 제16대 대통령선거에서 새천년민주당 노무현 후보가 당선되어 2003. 2. 25. 취임했다. 2003. 5. 20. 서울지방법원 판사 26명이 대법원에 법관인사제도 개선 건의문 및 사법개혁 방안을 전달하는 등 사법개혁의 필요성을 제기했다. 대법원은 대법원장의 대법관 제청절차를 개선하기 위하여 2003. 7. '대법관제청자문위원회 내규'를 제정하여 대법관제청자문위원

---

106 김선수, "비정규근로자 권리보장을 위한 법제도 개선방향", 노동변론 7호, 민주사회를 위한 변호사모임(2003), 8~40.

회를 구성했다.[107] 임기만료로 퇴임하는 대법관(서성)의 후임자 선임을 위해 2003. 8. 12. 대법관제청자문위원회가 개최되었다. 자문위원회에서 종전 관행에 따라 서열대로 후보자 3명을 선정하자 강금실 법무부장관과 박재승 대한변협 협회장이 항의하여 회의 도중 퇴장한 뒤 위원직을 사퇴했다.[108] 다음날 박시환 서울지방법원 부장판사가 대법관 후보자 선정에 항의하여 사표를 제출했다. 서울지방법원 북부지원 이용구 판사가 '대법관 제청에 관한 소장 법관들의 의견'이라는 글을 법원 내부게시판에 올려 159명의 판사가 이에 서명했고, 8. 14. 이를 대법원장에 제출했다(제4차 사법파동).[109] 소장법관들은 의견서에서 "기존의 대법관 선임이 법관 승진의 최종 단계로 운영됨으로써 결과적으로 대법원이 지나치게 동질적인 연령, 배경, 경험을 가진 법조인들로만 구성되었고 … 다양한 입장이 조화를 이룬 대법원을 구성하기 위해서는 지금까지의 인사 관행에서 벗어나 새로이 검증된 법조인이 제청돼야 한다."라고 썼다.[110]

---

107 사법발전재단(주 84), 118, 151.

108 한겨레신문, "소장판사 집단서명 나서…대법관 후보 추천에 반발"(2003. 8. 13.), <https://n.news.naver.com/mnews/article/028/0000022340?sid=110>.

109 머니투데이, "부장판사도 가세…'사법파동 조짐'"(2003. 8. 14.), <https://n.news.naver.com/mnews/article/008/0000311277?sid=101>.

110 경향신문, "연판장 사태 '사법파동' 조짐"(2003. 8. 13.), <https://www.khan.co.kr/national/court-law/article/200308132213401>.

대법원이 지나치게 동질적인 연령, 배경, 경험을 가진 법조인들로만 구성됨으로써 그 폐단이 심각하므로 법해석을 통한 법창조적 기능을 중시하는 사법적극주의와의 조화를 위해서는 대법원 구성을 다양화할 필요가 있다는 요구가 시민사회로부터 강력하게 제기되었다. 이에 대해 대법원 측은 업무량이 많아 실무능력을 중시하는 것은 불가피하다는 입장을 견지했다. 2003. 8. 18. 최초로 전국법관대표회의가 소집되어 격론을 벌인 끝에 '이번에는 최종영 대법원장의 의견을 존중하되 다음에는 인사제도를 개혁하자'는 것으로 일단락되었다.[111] 최종영 대법원장은 8. 19. 헌법재판관 후보로 최초로 여성인 전효숙 서울고등법원 부장판사를 지명했다. 8. 22. 노무현 대통령과 최종영 대법원장은 행정부와 사법부가 사법개혁기구를 구성하기로 합의했고,[112] 예정대로 김용담 대법관을 임명했다. 대법원 구성의 다양화를 요구하는 소장법관들의 의견을 수용하는 차원에서 2004. 8. 최종영 대법원장은 김영란 대전고등법원 부장판사를 대법관으로 제청했고, 결국 최초의 여성대법관이 탄생했다.[113]

---

111 오마이뉴스, "대법원장 '사법부 독립 절대 훼손될 수 없어"(2003. 8. 19.), <https://n.news.naver.com/mnews/article/047/0000035062?sid=102>.

112 권석천, 대법원 이의 있습니다, 창비(2017), 36.

113 미국의 경우 1981. 9. 25. 로널드 레이건 대통령에 의해 임명된 샌드라 데이 오코너(Sandra Day O'Connor) 대법관이 최초의 여성대법관이다. 일본의 경우 1994. 1. 25. 호소카와 모리히로 수상에 의해 임명된 다카하시 히사코(高橋久子) 최고재판소

나. 노무현 대통령과 최종영 대법원장은 2003. 8. 22. 사법개혁의 공동 추진에 합의하여, 사법부가 주축이 되어 사법개혁의 기본방향을 설정하고 구체적인 입법 추진은 대통령을 중심으로 한 행정부가 담당하기로 했다. 2003. 10. 28. 대법원규칙인 「사법개혁위원회 규칙」에 근거하여 대법원 산하에 법조계·법학계 이외에 행정부·언론계·경제계·노동계·시민단체·여성계 등 각계각층을 대표하는 21명의 위원으로 구성된 사개위가 출범했다.

위원장	조준희(변호사)
부위원장	이공현(법원행정처 차장)
위원	법원 2명(이인재, 유원규→목영준), 법무부 2명(박상길→김회선, 문영호→문성우), 대한변협 2명(김갑배, 박홍우), 법학교수 2명(신동운, 이은영→한인섭), 행정부 2명(서범석→김영식 교육인적자원부 차관, 박주범 국방부 법무관리관), 시민단체 2명(박원순, 박상기), 언론계 2명(박동영 한국방송공사 해설위원, 이혁주 조선일보 판매국장), 국회 1명(임종훈→김종두 법사위 수석전문위원), 헌법재판소 1명(서상홍 사무차장), 경제계 1명(박삼구 금호아시아나 회장, 노동계 1명(김선수 노사정위 실무위원), 여성계 1명(곽배희 한국가정법률상담소장)

재판관이 최초의 여성 최고재판소 재판관이다. 다카하시 히사코 대법관은 도쿄대학 법학부를 졸업하고 노동성 부인소년국장으로서 남녀고용기회균등법의 기초를 만들었다. 야마모토 유지, 김용찬 옮김, 일본 최고재판소 이야기, 법률문화원(2005), 643.

간사	대법원(이광범), 청와대(박범계-이용철), 1분과 간사 홍기태(법원행정처), 2분과 간사 석동현(서울고등검찰청 검사)
전문위원	대법원 5명(강일원, 김상준, 유승룡, 이영진, 홍승면), 법무부 5명(김영종, 김학근, 김주형→김호철, 이완규, 안태근→노명선→최교일), 대한변협 5명(김인회, 김진욱, 이광수, 정미화, 장주영→차지훈), 교수·시민단체 9명(김창록, 문재완, 박성호, 서보학, 임지봉, 정병석, 조성혜, 하태훈, 한상훈), 교육인적자원부(김원창 학술연구진흥과장→장기원 대학지원국장), 국방부(최재석 법무과장)

위원장인 조준희 변호사는 민변의 초대 대표간사로서 대표적인 인권변호사이며 후배 변호사들에게 신망이 두터웠다. 사개위에서는 법원·검찰이 서로 싸우고, 다양한 기관과 세력의 입장을 대표하는 사람들이 위원으로 참여했고, 사법개혁 관련 수많은 쟁점에 대해 격렬한 의견대립이 있었다. 2주일에 한 번씩 강도 높은 회의를 진행했고, 나중에는 각 쟁점에 대하여 표결로 의사결정을 했다. 조준희 위원장은 험한 분위기에서도 회의를 원만하게 진행했고, 의견을 모으기 위해 무한한 인내로 임했다. 조준희 위원장의 원만한 리더십으로 사개위가 소기의 성과를 거둘 수 있었다고 할 수 있다. 조준희 변호사는 2015. 11. 18. 별세했는데, 나는 2015. 11. 19. 자 경향신문에 추모의 글을 게재했다.

「조 변호사님은 1970년대부터 인권변론의 현장에서 함께 뛰었던 이돈명, 홍성우, 황인철 변호사님과 함께 인권변호사 4인방으로 불렸습니다. 조 변호사님은 4인방에서 좌장(座長) 역할을 했다고 합니다. 조 변호사님을 한 번 만나기만 하면 왜 좌장이라 하는지 알게 됩니다. 겸손하고 온화하며, 진지하면서도 유머 있고, 비록 다른 의견일지라도 상대방의 말을 경청하셨습니다. 절대 자기주장을 먼저 말씀하시지 않으셨습니다. 의견이 갈릴 때는 가능한 한 모든 사람의 동의를 끌어내고자 노력하셨습니다. 조 변호사님을 뵈면 '외유내강(外柔內剛)'이란 말이 절로 떠오릅니다. 독재정권의 폭압과 만행에 대해서는 한 치도 용서치 않는 단호함이 있었으나, 사람을 대하는 태도에서는 온화하기 그지없었습니다. … "권력은 정의를 추종해야 하며 정의에 선행할 수 없다." 조 변호사님께서 1989년 민변 발행의 〈악법개폐 의견서〉 발간사 첫 문장으로 인용한 문구입니다. 권력이 정의에 선행하는 암울한 시기로 되돌아가고 있습니다. 조 변호사님께서 평생을 걸고 이루고자 했던 우리 사회의 온전한 민주화, 퇴행의 역사를 멈추고 진전시켜야 할 과제는 저희 후배들의 몫으로 남았습니다.」[114]

나는 노동계 대표 자격으로 사개위 위원으로 위촉되었는데, 파트너라 할 수 있는 경영계 대표는 박삼구 금호아시아나 회장이다. 격이 맞지 않는 것 같아 나중에 대법원 측에 내가 어떻게 노동계

---

114 김선수, "조준희 변호사님 영전에…'퇴행의 역사 멈추는 그때까지 지켜봐 주십시오.'", 경향신문(2015. 11. 19.), <https://www.khan.co.kr/article/201511192141085>.

대표로 위촉되었는지 물어보았다. 답변인즉 한국노총과 민주노총 양측에 문의했더니 모두 동의해 주었다고 했다. 대한변협이 추천한 김갑배 위원과 대한변협 추천 전문위원 4명이 민변 소속이었다. 대한변협에 사개위 대응팀을 설치하여 사개위에서 논의할 안건을 미리 점검하고 대응책을 강구했다. 사개위 본회의는 2주 간격으로 월요일에 한 나절 또는 하루 종일 진행되었는데, 대한변협 대응팀은 그 전주(前週)의 토요일에 모임을 가졌다. 대응팀에서의 논의 결과를 반영하여 위원인 김갑배 변호사와 내가 적절하게 위원회에서 발언했다. 민변에서는 그동안 사법위원회가 구성되어 있었으나, 위원들 구성이나 활동의 측면에서 충분한 역할을 하지 못하고 있었다. 그런데 사개위 대응팀 활동 이후에 민변 사법위원회는 위원들도 보강되었고 전문성도 강화되었다. 그러한 연장선상에서 민변은 2020. 2. 27. 사법센터를 발족시키고, 산하에 법원개혁소위원회, 검찰·경찰개혁소위원회, 정보기관개혁소위원회를 두고 있다.[115]

사개위는 대법원장이 부의하는 안건과 위원이 제안하여 위원회가 의결한 안건을 처리했다. 대법원장이 부의한 안건은 대법원의 기능과 구성(Ⅰ주제), 법조일원화와 법관임용방식의 개선(Ⅱ주제), 법조인 양성 및 선발(Ⅲ주제), 국민의 사법참여(Ⅳ주제),

115 민변 사법센터 홈페이지, <https://www.minbyun.or.kr/?page_id=44868>.

사법서비스 및 형사사법제도 개선(Ⅴ주제) 등이다. 위원이 제안하여 추가안건으로 채택된 안건들은 재판기록 및 재판정보의 공개, 징벌배상제도, 공익소송 및 공익법률시스템의 구축, 효율적인 분쟁처리제도(ADR), 가정법원 개편방안, 민사재판의 개선방안(증거조사제도의 개선방안, 강제집행의 실효성 강화방안, 가처분제도의 개선방안, 송달제도의 개선방안, 기타 개선 필요사항) 등이다.[116] 사개위는 2개 분과위원회를 두고 1분과에서 Ⅰ, Ⅱ, Ⅲ주제와 추가안건 중 민사재판의 개선방안을, 2분과에서 Ⅳ, Ⅴ주제와 나머지 추가안건을 담당했다.

노무현 대통령에 대한 탄핵심판사건이 헌법재판소에 계류 중인 2004. 4. 15. 실시된 제17대 국회의원선거에서 여당인 열린우리당 152석, 야당인 한나라당 121석으로 여당이 과반수를 차지했다. 사개위는 2004. 8.경 대법관 1명의 교체에 즈음하여 대법관 구성절차를 투명화하고 시민사회의 다양한 의견이 반영될 수 있도록 하기 위해 2004. 5. 17. 개최된 제13차 전체회의에서 대법원장의 자문기구로 대법관제청자문위원회를 구성하도록 의결했다. 사개위는 2004. 10. 종래 사법개혁 과정에서 추진기구의 결여로 사법개혁이 제대로 결실을 거두지 못했다는 점을 지적하면서 사개위 건의내용을 구체적·체계적으로 추진해 나갈 기구를 대통령

---

116 사법개혁위원회, 사법개혁위원회 자료집 Ⅰ·Ⅱ·Ⅲ(2004), Ⅳ·Ⅴ·Ⅵ·Ⅶ(2005).

산하에 설치할 필요성이 있다는 건의문을 채택함으로써 후속추진기구인 사개추위 탄생의 계기를 마련했다. 사개위는 2004. 12. 최종 건의문[117]을 채택했다.

나는 Ⅲ주제인 법조인 양성과 선발에 관하여는 국가가 주도하는 사법시험과 획일적인 사법연수원 교육의 한계와 문제점이 너무 분명하게 드러났으므로 근본적으로 개혁되어야 한다고 생각했다. 그 대안으로 제시된 방안 중에서는 법학전문대학원의 교육을 통한 양성과 변호사시험에 의한 선발이 대안이 될 수 있다고 보고 법학전문대학원 도입 의견에 투표했다. 위원들이 표결을 한 결과 3분의 2 이상의 찬성을 얻는 의견이 있으면 단일안으로 건의하고, 3분의 2 이상의 찬성을 얻는 의견이 없으면 제1안과 제2안 형태로 복수안을 건의했다. 법학전문대학원 도입 의견이 3분의 2 이상의 찬성을 얻어 단일 건의안으로 채택됐다.

Ⅳ주제인 국민의 사법참여 방안과 관련하여 나는 처음에는 배심제보다는 참심제에 기울어 있었다. 배심제는 너무 나아간 것이 아닌가 생각됐고, 시민들만의 판단에 대한 믿음도 부족했었다. 역사적으로 보면 배심제는 독재정권과는 친하지 않은 제도임이 틀림없다. 민주주의 도입 시기에 배심제가 도입되어 실시되다가 독재정권이 들어서면서 배심제가 폐지되었다가 독재정권이

117 사법개혁위원회, 사법개혁을 위한 건의문(2004).

퇴진하고 민주화되면서 다시 배심제가 부활한 나라들이 꽤 있다. 스페인이 프랑코 독재정권 때 폐지했던 배심제를 민주정 회복 이후 부활했고, 러시아는 볼셰비키 혁명 이후 배심제를 폐지했다가 소련 해체 후에 배심제를 부활했다. 일본도 1928년 실시했던 배심제를 1943년 폐지했다가 2009년부터 참심제 형태의 재판원법을 시행하고 있다. 사개위 위원으로 활동하고 있던 2004. 8.에 대법원 측 간사인 이광범 실장과 전문위원인 김상준 판사가 해외의 배심제를 시찰하러 러시아를 방문했다. 나는 러시아의 배심제 운영 실태를 직접 보면 국민의 사법참여 형태를 결정하는 데 도움을 받을 수 있을 것 같아서, '러시아를 방문할 때 나도 같이 가자'고 제안했다. 대법원 측에서는 내가 비행기 요금만 부담하고 러시아에 오면 러시아에서의 일정을 함께 하겠다고 했다. 그래서 급하게 비행기 표를 끊고 러시아를 방문했다. 러시아 법원행정처, 형사법원, 변호사회와 시민단체, 배심제 전공교수, 로펌 등을 방문하고 배심원 선정절차를 진행하는 법정을 방청했다. 러시아는 1860년대 개혁의 일환으로 배심제를 도입했다가 사회주의 혁명 이후 이를 폐지하고 인민참심제로 변경되었다가 소련 해체 후 1990년대에 배심제를 단계적으로 도입하여 시행하고 있다. 러시아 방문을 마치고 돌아온 후 그 경험을 사장시키는 것이 아깝다고 생각한 이광범, 김상준 부장판사가 러시아법연구회를 창립했다. 모스크바를 방문했을 때 통역을 해준 통역인(한국인)은 모스크바에서 법대를 졸업하고 러시아 변호사자격을 취득했기 때문에 전문적인 내용도 아주 훌륭하게 통역해주었고, 양국의 제도와 교류에도 많은 관심을 가졌으며, 양국의 교류에 기여할 수 있는 활동을 할 수 있기를 희망했다. 러시아에서 유학한 유학생과 교수, 특파원으로 근무하는 기자 등 다양한 사람들이 러시아법연구회에 회원으로 가입했다. 임태혁 판사가 1년간의 법관 연수를 모스크바로 다녀온 후 회원이 더욱 확대되었다. 러시아에서 초등학교부터 생활하고 러시아 변호사 자격을 취득하고 국내 로펌에서 근무하고 있는 변호사도 회원으로 가입했다.

러시아가 배심제를 시행하고 있는데 우리나라라고 해서 시행하지 못할 이유가 없다는 것이 러시아 방문의 결론이었다. 사개위 건의안을 채택하는 과정에서 대법원 측은 완전한 형태의 배심제가 채택되는 것을 경계하여 이런저런 유보조건을 붙여 결국 애매한 절충형 형태의 건의안이 단일안으로 채택되었다.[118]

노동분쟁 해결절차의 장기적 개선 방안의 하나로 노동전문법원 설치 방안이 논의되었다. 2003년에 사법연수원 노동법학회 회원들이 노동법원을 시찰하기 위하여 독일과 프랑스를 방문했는데, 나는 참심제 노동법원을 운영하고 있는 독일의 상황을

---

118 국민참여재판제도 도입 과정에서 의견 대립이 있었던 쟁점들과 조정 및 결정과정에 대해서는 김선수, 사법개혁 리포트, 박영사(2008), 121~157.

살펴보기 위해 연수생들과 함께 독일을 방문했다. 독일 금속노총 법률원과 노동법원을 방문하여 금속노총 법률원 변호사 중에 노동법원 참심원으로 근무하고 있는 사람도 면담했고, 노동법원도 방문하여 재판진행 방식도 살펴보았다. 독일 방문을 통해 참심제 노동법원 도입도 우리가 고려할 수 있는 방안이라고 정리했다. 그러한 생각을 2003. 8. 민변 노동위원회 세미나모임에서 정식으로 발표했다. 2003. 12. 전국금속산업연맹법률원은 '노동법원의 필요성과 도입방향에 관한 토론회'를 실시했는데, 나는 발표자의 한 사람으로서 발제를 했고 그 발표문이 2004. 3. 발간된 책자에 수록되었다.[119] 기본적으로 참심형 노동법원 도입 방안을 염두에 두고 사개위 건의문에 포함되도록 노력했는데, 건의문에는 "장기적으로 노동사건의 특수성을 고려하여 효율적·전문적인 노동분쟁처리기구로서 전문법원 또는 전문재판부가 설치되는 것이 바람직하나, 이를 위하여 노동분쟁의 추이 및 노동사건의 동향, 노동위원회의 역할, 노동사건을 통일적·총체적으로 처리할 수 있는 특별절차, 노동사건재판에 대한 사법참여제도의 도입 등에 관하여 연구할 필요가 있습니다."라고 애매하게 정리되었다.[120]

---

119 김선수, "한국에서의 노동분쟁처리기구로서의 법원의 구조 및 운영실태, 노동법원의 도입방향", 노동과 법 4호, 전국금속산업연맹법률원(2004), 309~365.

120 사법개혁위원회(주 117), 11.

사개위 최종건의문은 대법원장과 위원이 제안한 안건 가운데 가정법원 개편방안과 민사재판 개선방안을 제외하고 나머지 안건들에 대해 실시시기까지 확정하여 건의한 내용, 실시시기를 명시하지 않고 구체적인 개선방안을 건의한 내용, 장기적으로 연구·검토하도록 건의한 내용을 포함하고 있다.

사개위 건의사항

유형	건의 내용
시기를 정하여 건의한 사항	① 법조일원화와 법관임용 방식의 개선 ⇒ 법조일원화를 2012년까지 신규임용법관의 50%까지 시행, ② 법조인 양성 및 선발: 법학전문대학원 설립 ⇒ 2008년까지 도입, ③ 국민의 사법참여 ⇒ 2007년부터 1단계 실시, 2012년부터 본격적인 국민참여재판제도 도입
시기를 정하지 않고 건의한 사항	① 대법원의 기능과 구성: 고등법원 상고부 설치(다수의견), 대법관 증원(소수의견) / 대법관 구성의 다양화, ② 항소심의 기능과 구조 개선, ③ 노동분쟁해결절차의 단기적 개선방안: 중노위 재심절차의 임의화 / 노동사건 재판에서 조정 활성화 등, ④ 형사사건 처리절차 다양화: 통상처리절차와 신속처리절차로 2원화, ⑤ 인신구속 제도의 개선, ⑥ 변호인 조력 받을 권리의 실질적 보장: 국선변호제도의 개선, ⑦ 공판중심주의적 법정심리절차의 확립, ⑧ 형벌체계의 합리적 재정립, ⑨ 양형제도의 개선, ⑩ 범죄피해자의 보호, ⑪ 군 사법제도의 개혁, ⑫ 법률구조제도 개선: 분야별 법률구조 프로그램의 활성화 방안, ⑬ 법조윤리 확립, ⑭ 법조인력의 효율적 활용: 법률전문가의 행정공무원 진출 기회 확대 / 기업 내 법률전문가 진출 방안 / 변호사에 대한 계속교육 제도 정비, ⑮ 재판기록 및 재판정보의 공개

연구·검토를 건의한 사항	① 노동분쟁 해결절차의 장기적 개선 방안: 노동사건재판에 대한 사법참여 / 노동전문법원 설치, ② 공익소송 및 공익법률시스템 구축: 집단소송 제도 도입 / 국민소송 제도 도입, ③ 효율적인 분쟁처리 제도(ADR) 활성화, ④ 징벌배상제도 도입, ⑤ 법률구조 제도 개선: 법률구조 프로그램의 통합관리 / 공적변호사 제도 도입 등

2. 사법제도개혁추진위원회('사개추위')

가. 사개위의 사법개혁추진기구 설치 건의를 노무현 대통령이 수용하여 2004. 12. 15. 대통령령 제18599호 「사법제도개혁추진위원회 규정」이 제정되었고, 이에 근거하여 대통령자문기구인 사개추위가 구성되었다.

대통령자문기구 사개추위

본위원회	공동위원장	국무총리(이해찬→한명숙→한덕수) / 한승헌(변호사)
	정부위원	교육인적자원부장관, 법원행정처장(손지열→장윤기), 법무부장관(김승규→천정배), 국방부장관, 행정자치부장관, 노동부장관, 기획예산처장관, 법제처장, 국무조정실장, 대통령비서실 민정수석비서관(문재인)
	민간위원	김금수(노사정위원장), 송상현(교수), 장명수(한국일보 이사), 박재승→천기흥(대한변호사협회 회장), 신인령(이화여대 총장), 박삼구(금호아시아나그룹 회장, 채이식(고려대 법대학장), 김효신(경북대 교수)

실무위원회	위원장	국무조정실장
	정부위원	교육인적자원부 차관, 법원행정처 차장, 법무부차관, 국방부차관, 행정자치부차관, 노동부차관, 기획예산처 차관, 법제처차장, 법원행정처 사법정책실장(박병대), 대검찰청 기획조정부장(이준보)
	민간위원	신동운(교수), 박상기(교수), 진봉헌→이정희(변호사), 정미화(변호사), 남인순(한국여성단체연합 대표), 신종원(서울YMCA 시민중계실장), 김이택→김현주(언론계)

사개추위는 국무총리와 민간인(한승헌 변호사)을 공동위원장으로 하고, 관계 부처 장관과 민간위원 등 총 20명으로 구성되었으며, 2006. 12. 31.까지 존속하는 한시기구였다. 민간위원장인 한승헌 변호사는 1960년대 중반부터 인권변론의 길에 나선 제1세대 인권변호사이다.[121] 한국외국어대학교 학교법인이 2004. 3. 정이사체제로 전환될 때 한승헌 변호사가 이사장으로, 나는 이사로 선임되어 함께 활동했다. 그런데 사개추위에서 위원장과 기획추진단장으로 같이 일을 하게 됐다. 대학 측에는 미안하게도 1년을 채우지 못하고 중도에 이사장과 이사직을 사임해야 했다. 한승헌 위원장은 비상근임에도 불구하고 거의 상근하다시피 했다. 한승헌 위원장은 경청과 인내로 결국에는 모든 기관의 의견을

---

121 한승헌, 한 변호사의 고백과 증언, 한겨레출판사(2009).

수렴하여 합의된 방안을 도출해냈다.

사개추위는 본위원회에 상정할 안건을 사전에 검토·조정할 차관급의 실무위원회를 두고, 위원회의 사무처리와 조사·연구업무를 담당할 기획추진단을 별도로 두었다.

기획추진단

기획추진단장 (사법개혁비서관 겸임)	김선수
간사 (법무비서관실 행정관 겸임)	장낙원→김인회
판사 4명	홍기태, 김현석, 이승연, 유승용
검사 4명	이석수→김수창, 박균택→박경춘 김호철→최정순, 권익환
변호사 6명	정한중, 김진욱, 이동원, 최수령, 이은 미국변호사 김행선
교수 6명	하태훈, 서보학, 문재완, 박광배, 한상훈, 정인섭
공무원 및 전문직	교육인적자원부 공무원명(김홍구, 신인섭), 군법무관 1명(최필재), 경찰 1명(마석우), 법제처 1명(김성웅)

노무현 정부는 대통령비서실에 사법개혁비서관직을 신설하고 사법개혁비서관으로 하여금 사개추위 간사 직을 맡아 위원회 회의를 보조하고 또한 사개추위 기획추진단장 직을 맡아 연구와

실무지원 등을 총괄하도록 했다. 법무비서관실 행정관을 기획추진단 간사로 참여하도록 했다. 사법개혁비서관직은 역사상 전례가 없었던 직책이었고, 사개추위 기획추진단도 유례없는 유일무이한 기구였다. 이는 대통령의 의지를 실어 관련 정부 부처의 의견을 조율하고 각 부처로 하여금 사개추위의 결정을 이행하도록 담보하기 위함이었다. 사법개혁에 대한 노무현 대통령의 강력한 의지의 표현이라고 할 수 있다.[122]

기획추진단장 및 사법개혁비서관과 관련하여 서울대학교 한인섭 교수는 다음과 같이 평가했다.

> "기획추진단은 사개추위의 실질적인 성패를 쥐고 있는 핵심체이었다. 기획추진단을 누가 이끌어 갈 것인가. 일이 제대로 되려면 이 점이 가장 중요하다. 그 기획추진단의 단장을 김선수 변호사가 맡았다. 자신을 지지하는 조직적 뒷받침 없이 혼자서 그런 역할을 맡아 일해 내기란 사실 매우 어렵다. 그런데 한승헌 위원장의 존재감과 더불어 김선수 변호사가 단장이라는 사실이 결정적이었다. 사개추위가 기관 간 권한 다툼에 표류하지 않고 제대로 성과를 낼 수 있겠구나 하는 신뢰의 거점이 되었던 것이다. 그는 그동안 소위 관직을 맡는 것을 꺼려온 터였는데, 이 사법개혁의 성공을 위해서는 발을 뺄 수가 없었다. 처음으로 그는 관직, 즉 대통령비서실에 소속된 '사법개혁비서관'이라는

---

122 김선수(주 118), 19.

직함을 갖게 되었다. 사개추위 2년간의 역사가 보여주듯이, 김 변호사는 그 직함을 다른 어떤 용도에도 남용하지 않고 오직 사법개혁의 성사를 위해 활용했다. 사개추위가 종료한 후에도 어떤 관직을 떠맡지 않음으로써 사법개혁에의 순정을 유지했다."[123]

사개추위는 2005. 1.부터 2006. 12.까지 본위원회 14회, 실무위원회 16회, 위원간담회와 소위원회 18회, 외부전문가 초청 토론회 46회, 연구회 31회, 공청회 7회, 해외시찰 9회, 여론조사 4회, 모의재판 4회 등의 활동을 통해 28개 의결안건을 처리했다. 나는 기획추진단 일행 [124]과 함께 2005. 9. 28.부터 10. 8.까지 유럽3국 선진사법제도 실태 파악을 위해 출장을 다녀왔다. 프랑스에서는 법무부, 법원 종합청사(중죄법원 등), 베르사이유 고등법원, 파리변협 등을 방문했고, 스페인에서는 법무부, 사법총평의회, 변호사총연합회, 마드리드주법원, 국방부를 방문했으며, 영국에서는 고용법원, 항소·고등법원, 왕실법원(Crown Court), 런던 민·상사변협, 사법정책부(DCA) 등을 방문해서 관련자들을 면담하고 법정 등을 시찰했다.[125]

---

123 한인섭, "추천의 글-사법개혁을 위한 열정과 성실성", 김선수(주 118), 586.

124 이석수 실무추진2팀장, 이승억 운영팀장, 장낙원 기획추진단 간사, 박균택 실무추진1팀 단원.

125 사법제도개혁추진위원회, 사법 선진화를 위한 개혁 4권(2008), 91~122.

사개추위 기획추진단에서 공판중심주의적 법정심리절차 확립방안에 관한 형사소송법 개정안을 논의하는 과정에서 2005. 5. 초경 검사 작성 피의자신문조서의 증거능력 문제와 관련하여 평검사들이 집단적으로 항명하는 사태까지 발생했다. 나는 평검사들의 집단항명 사태에 직면하여 3일 정도 잠을 한숨도 자지 못했고, 그 분노와 울분을 풀어내기 위해 산행을 시작했다. 한승헌 위원장과 당시 김승규 법무부장관이 담판을 지어 차관급 실무위원 5명으로 소위원회를 구성하여 두 달간 집중적이고 치열하게 토론하여 가까스로 합의안을 완성하고 사개추위의 법률개정안을 마련할 수 있었다.[126]

국민의 형사재판참여에 관한 법률안을 만드는 과정에서 모의재판을 네 차례 실시했다. 그 중 2006. 4. 12. 개최된 제3회 모의재판에서는 문화예술인 배심원단을 별도로 운영했다. 배심원으로 참여해준 문화예술인들은 전적으로 한승헌 위원장이 모집했다. 대부분이 한승헌 위원장을 진심으로 존경하는 것으로 보였다. 당시 참여한 문화예술인은 강성범(방송인), 김갑수(연극인), 김용택(시인), 박상원(탤런트), 신이(영화배우), 이연경(탤런트), 이창명(방송인), 임권택(영화감독), 장미희(교수, 영화배우) 등이다.[127]

---

126 검찰과의 갈등과 조정의 과정은 김선수(주 118), 257~273.

127 사법제도개혁추진위원회, 사법선진화를 위한 개혁 7권(2007), 904.

사개추위가 의결한 법률안은 대통령에게 보고되고, 대통령은 주무부처에 위 법안을 정부입법안으로 국회에 제출할 것을 지시하고, 이에 따라 정부 주무부처가 필요한 절차를 밟아 정부안으로 국회에 제출했다. 사개추위 의결을 거쳐 국회에 제출된 개혁방안은 13개, 법률안은 25개였다. 법률안 중 법학전문대학원 설치·운영에 관한 법률, 국민의 형사재판참여에 관한 법률 등 제정법률 7개, 형사소송법, 법원조직법 등 개정법률 16개, 상고심절차에 관한 특례법 등 폐지법률 2개이다.

한승헌 위원장의 역할은 정부 입법안을 국회에 제출한 다음에 국회 단계에서 더욱 빛났다. 한승헌 위원장은 기획추진단장과 팀장들을 대동하고 국회의장단(김원기 의장, 이상득 부의장 등), 원내교섭단체의 대표와 원내대표, 관련 상임위원회인 교육위원회(황우여 위원장)와 법제사법위원회(최연희→안상수 위원장)의 위원장 등을 찾아가 입법에 대한 협조를 부탁했다. 한승헌 위원장은 당시 사개추위의 입법을 위한 활동을 "야당은 노무현 정부의 정책 실행의 '발목'을 잡았지만, 사개추위는 야당 의원들의 '손목'을 잡고 협조를 부탁했다."라고 표현했다. 야당 국회부의장, 대표와 원내대표, 상임위원장 등을 만나서는 실제로 손목을 꼭 잡으면서 법률안을 통과시켜달라고 간곡하게 부탁했다. 사개추위 임기 말인 2006년까지 입법이 이루어지지 않은 채 사개추위가 해산할 때, 한승헌 위원장은 "국회에서는 되는 일도 없지만, 또 안

되는 일도 없다. 그 불가예측성에 기대를 걸어본다."는 말로 희망을 표현했다. 그런데 2007. 4월 임시국회와 6월 임시국회에서 형사소송법 개정안, 국민참여재판 법안, 법학전문대학원 설립 법안이 기적적으로 국회를 통과하여 입법에 성공했다. 한승헌 위원장 말대로 정치의 불가예측성이 작동했다.

사개추위 입법 완료 법안[128]

	법안명	사개추위 안건명	국회 본회의 의결
1	범죄피해자보호법	• 범죄피해자보호방안	2005. 12. 1.
2	범죄피해자구조법		2005. 12. 8.
3	군인사법	• 군사법제도 개혁방안 중 일부	2006. 4. 6.
4	법관징계법	• 법조윤리 확립방안	2006. 9. 29.
5	검사징계법		//
6	변호사법		2006. 12. 22.
7	형사소송법 중 일부	• 국선변호 확대방안	2006. 6. 30.
8	법원조직법 중 일부	• 양형제도 개선방안(양형위원회 제도)	2006. 12. 22.
9	민사소송법	• 재판기록 공개 개선방안	2007. 4. 27.
10	가사소송법		
11	가정폭력범죄 등의 처벌에 관한 법률		
12	소년법		

---

128 김선수(주 118), 581.

13	**형사소송법 중 일부**	• 인신구속 및 압수수색검증제도 개선방안 • 재정신청 확대방안 • 공판중심주의 법정심리절차 확립방안 • 재판기록 공개 개선방안	2007. 4. 30.
14	**검찰청법**	• 재정신청 확대방안	
15	**국민의 형사재판 참여에 관한 법률**	• 국민의 형사재판 참여	
16	**법학전문대학원 설치 운영에 관한 법률**	• 법학전문대학원의 도입	2007. 7. 3.

한승헌 변호사는 2022. 4. 20. 별세했다. 4. 24. 민주사회장으로 추도식이 거행되었다. 나는 당시 대법관이었지만 한승헌 변호사를 기리는 한 사람으로서 추모사를 낭독했다. 내 사무실 책상 위에는 한승헌 변호사가 친필로 쓴 "道非高遠", 즉 '도는 높고 먼 곳에 있는 것이 아니다'라는 글을 조각한 목제붓통이 놓여 있다. 나는 이 붓통을 통해 매일 한승헌 변호사를 뵙는 마음으로 생활하고 있다.

「제가 한 변호사님을 처음 뵌 것은 1988년 민변을 창립할 당시였습니다. 그 전에 직접 만나 뵌 적은 없었지만, 같은 고향(전북 진안) 출신의 큰 어른이셨기에 이심전심으로 더욱 친근함을 느꼈습니다. … 변호사님께서는 고향을 매우 각별하게 생각하셨기에 저에 대해서도 특별히 신경을 써주셨고, 저는 항상 이를 감사하게 여기면서 살아왔습니다. 민변 초창기에 변호사님께서는 대선배

변호사로서 모든 면에서 모범을 보이시고 또한 신참 변호사들의 활동을 응원하고 격려해주셨습니다. 민변의 변호사들에 대해서는 '스스로 사서 고생하는 사람들'이라고 평가하시면서 동지애로 감싸 주셨습니다. 시국사건을 변론하는 변호사는 단순히 해당 사건을 변호하는 역할에 그쳐서는 안 되고, 법정투쟁 자체가 역사이므로 이를 기록으로 남겨야 한다는 지론을 가지고 계셨습니다. … 변호사님께서는 아무리 엄혹한 상황에서도 유머를 잃지 않으셨습니다. 어느 자리에서나 변호님이 계신 곳이라면 으레 웃음이 넘쳐났습니다. 변호사님께서 뜻밖의 유머로 그 자리에 있는 모든 사람을 웃게 하셨기 때문입니다. 그래서 우리는 아무리 어렵고 힘든 상황에 처할지라도 즐겁고 유쾌한 마음으로 일할 수 있었습니다.」

2025. 4. 18. 산민(山民) 한승헌 선생을 추모하는 3주기 추모식과 제1회 산민상 시상식이 한승헌 변호사의 고향인 진안군 진안문화의집에서 개최되었다. 추모사업회 측으로부터 산민상 심사위원장을 맡아달라는 부탁을 받고 기쁜 마음으로 수락했다. 심사위원으로는 사개추위 당시 문화예술인 배심원단으로 참여했던 장미희 교수도 함께 해주었다. 심사 결과 '직장갑질 119'를 수상자로 결정했고, 시상식도 잘 치렀다.[129]

---

129 한겨레신문, "'타협하지 않는 변호사' 한승헌 기리는 산민상, 첫 수상자 '직장갑질 119'"(2025. 4. 20.), < https://www.hani.co.kr/arti/society/society_general/1193329.html>.

나. 사개추위가 우리나라 사법제도를 근본적으로 변혁하는 3대 개혁과제라고 할 수 있는 법학전문대학원 도입, 국민의 형사재판참여제도 도입, 형사소송법 전면적인 개정을 입법까지 완료한 것은 큰 성과이다.

법학전문대학원 도입은 국가가 일률적으로 시험을 통하여 법조인을 선발하고 국가 주도의 동일한 교육을 통하여 법조인을 양성하던 뿌리 깊은 체계를 변경하여 법학전문대학원 교육을 통해 법조인을 양성한 후 변호사시험을 통해 선발하는 체계를 도입한 것이다. 법조직역의 폐쇄성을 극복하고 다양한 법조인에 대한 수요에 대응하는 차원에서 불가피하고도 시급한 개혁과제였다.

국민의 형사재판참여제도도 우리나라에서 최초로 도입된 제도로서 국민이 재판의 대상에 머무르지 않고 심판자의 지위에서 재판에 참여하는 제도이다. 국민참여재판제도는 ① 국민이 직접 재판절차에 참여함으로써 사법의 민주적 정당성을 강화하고, ② 재판의 투명성을 확보하여 전관예우와 유전무죄 무전유죄 등을 논란을 해소하며, ③ 실질적인 법정 중심의 재판을 활성화하여 공판중심주의·구두변론주의·직접심리주의·집중심리주의의 실현에 기여하고, ④ 사실인정 및 법적 판단에 사회적 상식을 반영하며, ⑤ 배심원으로 참여한 시민들에게 대화와 토론 통해 민주주의와 법치주의를 체험하게 하여 법의식을 향상하고 법교육적인 효과를

거두는 순기능이 있음이 확인되었다.[130]

형사소송법의 전면적인 개정은 여전히 강력하게 잔존하고 있던 이른바 '조서재판'의 폐해를 극복하기 위하여 꼭 필요했던 과제였다. 2007년 형사소송법 개정 전후를 비교하면 형사재판의 모습이 획기적으로 바뀌었다. 상징적인 변화는 피고인의 좌석이 변호인 좌석 옆으로 이동했고, 형사재판 첫 단계에서 실시되었던 피고인에 대한 신문이 증거조사 이후로 늦춰지고 그 중요성이 낮아졌다는 점이다. 증거개시제도와 공판준비절차가 새로 도입되었고, 증거조사절차를 개선했으며, 수사과정의 투명성과 적법절차를 보장하기 위한 방안이 마련되었다. 증거능력 규정을 개선했고 특히 위법수집증거배제 원칙을 명시했다. 피고인 또는 피의자의 방어권을 강화하기 위하여 변호인의 피의자신문 참여 등 다양한 방안이 마련되었다. 검찰의 완강한 반대로 검사 작성 피의자신문조서의 증거능력을 경찰 작성 피의자신문조서와 동일하게 취급하는 개정안은 마련되지 못했다.

아쉽게도 경죄사건 신속처리절차 도입방안, 고등법원 상고부 도입방안(서울 12명, 부산 4명, 대전·대구·광주 각 3명 등 전국 25명 규모의 고등법원 상고부를 구성하여 일정한 상고사건을

---

130 임성민, 국민참여재판의 현황 및 활성화 방안에 관한 연구–실시요건 개선을 중심으로, 사법정책연구원(2024), 153~172.

담당하도록 하는 방안을 채택한 법률안),[131] 양형조사관제도 도입 방안, 일부 군사법제도 개혁방안(군사법원과 군검찰의 독립방안, 장병의 형사재판참여제도 도입, 군행형제도 개선 방안) 등은 입법에 실패했다.

사개추위는 일정한 주제에 대해서는 곧바로 이를 시행하는 법률안을 채택하지 않고 정책 자료(관련 법률안 포함) 채택을 의결, 건의했다. 정책자료로 채택한 의제는 ① 국민소송제도 도입 방안, ② 집단소송제도 도입 방안, ③ 징벌배상제도 도입 방안, ④ 기업 내 법률가제도 개선 방안, ⑤ 하급심 강화 방안, ⑥ 법률구조제도 개선방안, ⑦ 노동분쟁해결제도 개선방안, ⑧ 재판 외 분쟁해결제도 활성화 방안 등이다. 위 안건들은 사개위에서 장기검토 과제로 건의된 것으로, 사개추위 논의 결과 대부분 장기적으로 제도를 도입함이 바람직하다는 데에 의견이 모아졌으나, 향후 각론에 대한 추가적인 검토와 구체적 의견수렴 내지 의견조율, 제도 도입을 위한 여건조성, 관련 제도의 시행 결과에 대한 분석 등을 필요로 하여 현 단계에서 바로 제도 도입을 전제로 한 법률안 형태의 의결은 적절하지 않다는 보아 정책보고서 형태로 의결하게 된 것이다.

사개추위는 사법개혁 방안 중 법률 시행이나 기타 제도적 개선

131 고등법원 상고부 도입방안의 문제점에 관하여는 오정후, "민사소송법학의 관점에서 본 '고등법원 상고부 도입을 위한 법원조직법 등 관련 법률의 개정안'", 한국민사소송법학회지 19권 2호, 한국사법행정학회(2005), 147~176.

없이 해당 부처에서 시행할 수 있는 사안으로서 이미 시행중이거나 시행예정인 내용은 보고서 접수로 진행상황을 파악하여 사법개혁 작업 진행상황을 점검했다. 그 내용은 ① 법조일원화 실시, ② 노동사건 조정 활성화 방안, ③ 판결 공개 확대 방안, ④ 변호사 공익활동의 활성화 방안, ⑤ 형벌체계의 합리적 재정립 등이다.

노무현 정부의 사법개혁은 대법원장과 대통령의 합의에 기해 시작되어 범정부 차원에서 두 단계의 전문가와 시민의 의견을 수렴할 수 있는 위원회를 구성하여 개혁방안 및 구체적인 법률안을 마련하여 국회에 제출하고 국회에 대한 설득과정을 거쳐 입법을 완료함으로써 중요한 개혁을 성공했다는 특징이 있다. 정상화된 사법제도를 한 단계 선진화한 것으로 평가할 수 있다. 일본에서는 한국이 예전부터 법학과 사법제도 역시 일본의 것을 모델로 삼아 모방해왔으나, 법학전문대학원 구상 이후부터는 그 제도를 일본보다 더욱 성공시켰고, 법조일원화제도의 채용과 도입을 염두에 둔 사법의 민주화, 성숙을 향한 제도 개혁을 착실히 성공시켜 일본을 추월해 나가고 있다고 지적하는 견해도 있다.[132]

다. 나는 대통령실 사법개혁비서관 겸 사개추위 기획추진단장직을 맡아 사개추위가 해산된 이후에도 2007. 4.까지 사법개혁

132 세기 히로시, 박현석 옮김, 절망의 재판소, 사과나무(2014), 245.

비서관직을 유지하면서 사개추위 백서를 발간했다. 나는 대통령실(청와대) 이지원 블로그에 게재했던 글을 모아 『사법개혁 리포트』 제목으로 출간했다. 사법개혁 작업 과정에서 쟁점들에 관한 논의를 정리하여 이지원 블로그에 게재했었다. 이 블로그 글들이 대통령실 근무자들을 설득하고 대통령이 정책의 우선순위를 결정할 때 사법개혁법안 처리를 최우선 과제로 선정하도록 하는 데 도움이 되었다. 법학전문대학원 도입 법안의 통과를 위해 사립학교법 재개정에 대한 야당 박근혜 대표의 요구를 수용했는데, 이는 그만큼 사법개혁에 대한 대통령의 의지가 컸음을 보여주는 것이다.[133] 한인섭 교수의 노력으로 서울대학교 법학전문대학원이 '사법개혁론' 강좌를 개설해주어 2012년부터 2017년까지 매 2학기에 강의를 했다. 사개추위 실무위원으로 고생해준 정미화 변호사와 함께 토론식 강의를 진행했다. 사개위와 사개추위 자료집을 모두 제공하고 10개의 쟁점에 관하여 2명이 주제발표를 하고, 자유토론을 하는 형태로 수업을 진행했다. 10명이 수강을 하면 한 학기에 두 번 발표를 하면 되었고, 시험은 한 문제만 출제하고 오픈 북으로 답안을 작성하도록 했다. 학생들에게 사법개혁의 쟁점과 방법론 그리고 입법과 개선방안까지 같이 고민할 수 있는 기회를 제공했다.

---

133 법학전문대학원 설립법안이 국회에서 통과하기까지의 어려운 과정에 대해서는 김선수(주 118), 519~536.

국회 인사청문회에서 사법개혁비서관으로 근무한 경력과 관련하여 다음과 같이 설명했다.

> "저는 사법개혁비서관으로서 사법제도개혁추진위원회 기획추진단장을 겸임했는데, 정무적 업무는 전혀 담당하지 않고 오로지 사법개혁 업무만 수행했습니다. 청와대 안에는 제 자리도 없었습니다. 저는 실무책임자로서 공동위원장이신 한승헌 변호사님과 협의하여 위원회의 의결을 통해 개혁 법안을 확정했고, 결과적으로 3대 개혁과제였던 국민참여재판 제도 도입, 법학전문대학원 설립, 형사소송법 전면 개정을 성공적으로 이루어내는 데 기여했습니다. 그 과정에서 공직자의 기본자세를 가다듬고, 여러 기관과 단체의 이해관계를 조정하면서 정책목표를 달성하는 능력을 키울 수 있었으며, 사법제도 전반과 사법개혁의 구체적인 방안에 대해 고민하고 식견을 가질 수 있었습니다. 이러한 경험은 제가 대법관의 직무를 수행하는 데 큰 자양분이 될 수 있을 것으로 생각합니다."[134]

사법개혁 작업의 실무책임자로서 활동하면서 '개혁이 혁명보다 어렵다'는 말을 실감했다. 혁명을 하는 경우에는 혁명세력이 반대세력을 물리력으로 제압하고 혁명과제를 추진하면 된다. 혁명과제를 달성하는 것은 훨씬 수월할 수 있겠으나, 그만큼 반혁명으로 뒤집어질 가능성도 높다. 반면 개혁을 하는 경우에는 반대

---

134 사법정책연구원(주 1), 8~9.

세력의 주장도 경청하고, 필요하면 토론하고 설득도 해야 하고, 마지막에는 표결까지 해서 결정해야 한다. 개혁에 반대하는 세력의 주장을 일부 반영하여 애초의 개혁안에서 좀 벗어날 수도 있다. 개혁은 그만큼 시간이 더 걸리고 더 어려울 수 있으나, 반대세력까지 설득하여 개혁을 성공시키면 지속가능성도 높아져 쉽게 뒤집어지지 않는다.

사개추위 기획추진단장으로 근무하면서 개혁이 본지(本旨)를 잊어서는 안 되고, 국민의 관점에서 판단해야 한다는 점을 항상 염두에 두었다. 『노자 도덕경(老子 道德經)』의 한 구절인 '대직약굴(大直若屈)'을 가슴에 새겼다. 신영복 선생은 저서 『나의 동양고전독법 강의』에서 위 구절에 대해 다음과 같이 풀이했다.

"가장 중요한 원칙 문제에 있어서 타협하지 않는 사람은 사소한 일에 있어서는 구태여 고집을 부리지 않는다. 가장 중요한 원칙을 지키지 못하는 사람일수록 작은 일에 매달리고 그 곧음을 겉으로 드러내게 마련이다. 어떤 분야든 최고단계는 특정한 형식에 얽매이지 않으며, 좁은 틀을 시원하게 벗어나 있게 마련이다."[135]

형사소송법 개정안을 만드는 과정에서 검찰의 반대에 부딪혀 어떤 부분은 양보하고 어떤 부분은 표결로 정리해 나가야 했다.

---

135 신영복, 강의 나의 동양고전 독법, 돌베개(2004), 300~301.

양보하는 부분 때문에 개혁이 아니라 오히려 개악하는 결과로 귀결되는 것은 아닌가 하는 관점에서 점검했다. 앞으로 직진하지 못하고 옆으로 벗어난 것으로 보이더라도 크게 보아 후퇴하는 것이 아니라 앞으로 나아가는 과정으로 이해할 수 있다면 추진할 수 있다고 보았다.

나는 2011년 월간 〈노동세상〉 인터뷰에서 다음과 같이 설명했다.

> "형사소송법 개정을 하면서 검찰이 집단 반발을 하는 등 우여곡절이 많았어요. 그런데 실제 일을 만들어내야 하니까 설득할 때는 설득하고, 필요한 때는 양보도 해야 되더군요. 확고한 의지를 갖고 될 때까지 협의를 하긴 하는데 결국 타협이 필요할 때가 많아요. 나중에 가면 이게 진짜 개혁인지 의심이 되는 단계도 있어요. 그럴 때면 이렇게 바꾸는 게 혹시 지금 상황보다 더 나빠지는 것은 아닌지, 지금 바꿨다가 다음번에 할 수 있는 일을 막아버리는, 다른 개혁의 길을 봉쇄하는 그런 부작용은 없는지를 중심으로 계속 점검했어요."

Ⅳ. 변호사 활동 제2기

1. '법무법인 시민'으로 복귀

가. 2007. 4. 사법개혁비서관 직을 마치고 '법무법인 시민'으로 복귀하여 서울사무소에서 강기탁 변호사와 함께 변호사 활동을 계속했다. 2008. 1.에 서울사무소 사무실을 이전했다. 서울사무소 이전식 때 한승헌 변호사가 방문하여 방명록에 '시민'에 대해 새로운 해석을 해주었다. 「See 民 !」 즉, '民을 보라.' 그러면 '視民.' 국립국어원 표준국어대사전은 시민(市民)에 대하여 "① 시(市)에 사는 사람, ② 국가 사회의 일원으로서 그 나라 헌법에 의한 모든 권리와 의무를 가지는 자유민≒공민, ③ [역사] 서울 백각전(百各廛)의 상인들"이라고 설명한다. 다양한 의미의 시민을 생각해 볼 수 있다. '민에게 보여라'는 의미의 '示(於)民', '민에 베풀어라'는 의미의 '施民', '민을 받들라'는 의미의 '侍民', '민을 믿으라'는 의미의 '恃民', '민의 때에 따르라'는 의미의 '時民', '민으로부터 시작하라'는 의미의 '始(於)民', '민을 옳게 하라'는 의미의 '是民', '민을 두려워하라'는 의미의 '諰民' 등등.

법무법인 시민 서울사무소에서 대법관에 임명될 때까지 근무했다. 안양사무소에 근무하던 김남준 변호사와 권숙권 변호사가 서울사무소로 옮겼고, 서울사무소에는 2009년에 고윤덕 변호사가 합류하고 2017년에 이종훈 변호사가 합류했다. 안양사무소에는 4명의 변호사가 근무했다. 작은 규모의 법률사무소를 함께 운영하면서 노동변호사로서의 활동을 계속했다.

나. 변호사에 복귀할 때는 이용훈 대법원장 시기(2005. 9.~2011. 9.)의 이른바 '독수리 5남매'(김영란, 전수안, 박시환, 김지형, 이홍훈 대법관의 동시 활동 기간 2006. 7.~2010. 8.)가 진보적 견해를 피력하면서 노동판결에서도 일부 정상화가 이루어지고 있던 시기였다. 양승태 코트(2011. 9 ~2016. 9.)에서 대법원 구성의 획일성이 강화되면서 노동판결이 다시 보수화 되는 경향을 보였으나, 김명수 코트(2016. 9.~2023. 9.)에서는 대법원 구성의 다양화가 이루어져 노동판결도 다시 정상화했다.

이 시기 수행한 노동사건 중에서 소개할 사건으로는 공개변론에 참가한 대법원 전원합의체 사건과 두 건의 경영해고 사건이 있다.

내가 공개변론에 참가한 대법원 전원합의체 사건(주심 김지형 대법관)[136]은 구 파견법(2006. 12. 21. 법률 제8076호로 개정되기 전의 것) 제6조 제3항에서 사용사업주가 2년을 초과하여 파견근로자를 사용하는 경우에 파견근로자를 고용한 것으로 의제한

136 대법원 2008. 9. 18. 선고 2007두22320 전원합의체 판결.

직접고용간주 규정이 파견법 제5조 제1항에 정한 파견대상업무가 아니거나 제7조의 허가를 받지 않은 파견사업주가 행하는 근로자파견의 경우에도 적용되는지 여부가 쟁점인 예스코 불법파견 사건이다.[137] 이 사건은 원래 민주노총법률원의 권두섭 변호사가 맡고 있었는데, 대법원에서 전원합의체로 회부하고 공개변론을 진행한다는 연락을 받고 대리인단을 추가로 구성했다. 우리 사무실에서는 나와 강기탁 변호사, 부장판사로 근무하다가 퇴직한 박상훈 변호사, 그리고 김진 변호사가 합류했다. 공개변론은 2008. 6. 19. 오후 4시에 진행됐다. 공동대리인은 역할분담을 정했다. 공개변론기일의 모두발언은 박상훈 변호사가 하고, 의견서 작성은 권두섭 변호사가 책임지고 완성하며, 대리인에 대한 대법관의 예상 질문과 그에 대한 답변은 김진 변호사가 준비하고, 상대방 참고인에 대한 반대신문사항은 강기탁 변호사가 준비하며, 나는 공개변론기일의 대리인 최후진술을 하기로 정했다. 우리 측 참고인으로는 한양대학교 법학전문대학원 박수근 교수를 추천했다. 당시 공개변론에서 내가 최후변론 한 내용 중 일부다.

"이 사건 쟁점과 관련된 법원의 역할에 대하여 몇 가지 점을 함께 생각해 보고자 합니다.

---

137 민주노총법률원·오준호, 노동자의 변호사들-대한민국을 뒤흔든 노동사건 10장면, 미지북스(2013) 중 제2부 제1장에 설명되어 있다.

첫째, 법원이 불법을 조장하는 법해석을 하여서는 안 된다는 점입니다. 불법파견의 경우 그 형태를 불문하고 직접고용간주조항이 적용되지 않는 것으로 해석하면 합법파견을 사용하는 사용자보다는 불법파견을 사용하는 사용자가 이득을 보게 됩니다. 불법파견을 사용하는 사용자는 직접고용의 부담을 완전하게 회피한 채 필요한 노동력을 활용할 수 있는 반면, 합법파견을 사용하는 사용자는 직접고용의 부담을 떠안아야 하기 때문입니다. 이러한 결과는 정의롭지 못할 뿐만 아니라 사용자 사이의 공정한 경쟁을 침해하는 것이기도 합니다. 법률을 준수한 사용자가 법률을 무시하는 사용자보다 손해를 본다면 사용자 사이에서 공정한 경쟁질서는 무너질 수밖에 없습니다. … 법률을 위반한 자가 법률을 준수한 자보다 유리한 보호를 받을 수 있고, 그러한 부정의한 결과가 법원에 의해서 확인된다면 그 사회의 법치는 존립할 근거를 상실하게 됩니다. 이러한 관점에서 볼 때 이 사건 쟁점은 우리 사회 법치주의의 근간에 관한 문제입니다.

둘째, 사법부의 역할이 다수자의 입장을 대변하는 것보다는 소수자 인권보장에 주안점이 두어져야 한다는 점입니다. 존 롤즈의 제2 정의원리의 한 내용인 차등원리는 사회경제적인 재화의 불평등한 배분은 사회의 최소수혜자들의 이익개선에 가장 효과적으로 기여하는 방향으로 시행되어야만 정의롭다는 것입니다. 이러한 정의의 실현은 최종적으로 사법부에 의해 완성될 수 있습니다. 왜냐하면 입법이 다수자의 의사에 따라 이루어질 가능성이 높기 때문입니다. … 최소수혜자인 불법파견 근로자의 이익개선에 효과적인 법률 해석이 존 롤즈의 정의론에 부합할 뿐만 아니라 우리 사회에서 요구하는 법원의 역할에도 부응하는 것입니다.

셋째, 입법의 공백 또는 흠결 시 법원이 적극적으로 법해석을 통하여 이를 보충하여야 한다는 점입니다. … 법률에 명문의 규정이 있으면 별다른 해석론이 필요하지도 않습니다. 명문 규정이 없기에 적극적인 해석을 통해 해결할 필요가 있는 것입니다. 명문 규정이 없으므로 그렇게 해석할 수 없다는 것은 법원의 기능을 지나치게 소극적인 것으로 치부하는 견해에 불과하고, 법원의 적극적 역할에 대한 의도적인 무시의 결과라고 하지 않을 수 없습니다. 이 사건 쟁점은 2006. 12. 파견법의 개정을 통해 이미 입법적으로 해결되었습니다. … 이 사건 쟁점의 경우에도 법원이 먼저 해석론을 통해 해결했어야 하는데 그 시기가 약간 늦어진 것에 불과합니다.

넷째, 법원은 정부처럼 정책적 판단에 치중하기보다는 무엇이 법원칙이고 정의인가에 관한 기준을 제시하는 역할에 충실하여야 한다는 점입니다. 경제에 대한 영향, 기업에 대한 영향 등에 대한 지나친 고려로 말미암아 법원칙과 정의가 훼손되어서는 안 됩니다. 행정부라면 그러한 영향을 고려하여 정책결정을 할 수 있겠지만, 법원이 행정부와 같은 기준으로 판단하는 것은 권력분립 원칙에도 맞지 않고 법원의 존립 근거에 대한 위협으로 작용할 것입니다.

이 사건 쟁점과 관련하여 적극적인 해석론을 전개하는 것은 불법파견 근로자를 보호한다는 정의의 차원뿐만 아니라 순전히 정책적인 관점에서 판단하더라도 법률을 준수하고 공정하게 경쟁하는 기업이 부당하게 불이익을 받지 않도록 하므로 공정한 경제질서 확립에 긍정적인 역할을 수행할 것입니다. 이 사건 쟁점은 이미 입법적으로 해결되었기 때문에 이 사건 쟁점에 대해 법원이 적극적인 입장을 취하더라도 경제나

기업에 대한 영향 내지 파급효과는 유감스럽게도 매우 제한적일 수밖에 없습니다. 법률 개정 전의 위법적인 상황을 바로잡는 정도의 의미만이 있을 것입니다. 입법적으로 해결되기 전에 법원이 해석론을 통해 해결했다면 더욱 바람직했겠으나, 지금이라도 법원칙과 정의를 확인하는 것은 귀중한 의미가 있습니다."

결국 위 사건은 대법관 전원일치 의견으로 적법한 근로자파견에만 직접고용간주 규정이 적용된다고 본 원심판결을 파기하고, 적법파견과 위법파견의 구별 없이 파견기간 2년이 경과된 모든 파견근로자에 대해서 직접고용간주 규정이 적용되어야 한다는 취지로 파기환송 했다. 우리 주장이 모두 받아들여진 것이다.

경영해고는 노동자에게 아무런 귀책사유가 없음에도 오로지 경영상의 이유만으로도 노동자를 해고할 수 있기 때문에 그 정당성은 매우 엄격하게 판단되어야 한다. 근로기준법(제24조)은 경영해고의 요건으로 ① 긴박한 경영상 필요성, ② 해고를 피하기 위한 노력을 다할 것, ③ 공정하고 합리적인 해고기준을 정하고 그에 따라 대상자를 선정할 것, ④ 근로자대표와 성실하게 협의할 것을 규정하고 있다. 각각의 요건에 대해 해고근로자와 사용자 사이에 주장이 대립하고, 어느 정도 증명해야 하는지에 대해서도 판단하는 것이 쉽지 않다. 그렇기 때문에 경영해고 사건은 심급별로 결론이 뒤바뀌는, 피 말리는 시소게임이다.

외주화를 이유로 한 조선호텔의 경영해고 사건(2011. 2. 14. 원고들 8명 해고)은 지방노동위원회 승소 → 중앙노동위원회 패소 → 행정법원 승소 → 고등법원 패소 → 대법원[조희대(재판장) 이상훈(주심) 김창석 박상옥] 승소 → 고등법원 승소(서울고등법원 2015. 11. 5. 선고 2015두1245 판결)로 마무리되었다. 회사 측이 상고하지 않아 2015. 11. 25. 확정됨으로써 해고된 후 4년 10개월가량이 걸렸다. 해고노동자들이 장기간 법정투쟁을 계속하기 위해서는 초인적인 용기가 필요하다. 고등법원에서 패소한 의뢰인들이 대법원에 상고할 것인지 물어왔을 때는 어떻게도 답변할 수가 없었다. 상고해서 대법원에서 결론을 뒤바꾸는 것은 매우 어렵기 때문이다. 대법원에서 상고기각으로 최종적으로 끝나면 상대방의 변호사비용까지도 추가로 물어주어야 한다. 대법원 재판 결과를 어떻게 장담할 수 있겠는가? 개인적인 생각으로는 고등법원 판결이 잘못되었고, 부당해고를 인정하는 판결이 선고되어야 한다고 생각하지만 그렇다고 대법원 재판 결과를 장담하면서 상고하라고 강력하게 권유할 수는 없었다. 상고하기로 하고 나에게 다시 맡기기로 결정한다면 최선을 다하겠다고 말할 수밖에 없었다. 그런 상황에서도 나를 믿고 대법원에서도 계속 맡아달라고 한 의뢰인들에게 감사할 따름이다. 결국 정성이 통해서 대법원에서 판결 이유도 의미 있게 잘 쓴 판결을 선고받아 최종적

으로 승소했다.[138]

반도체 제조업체인 시그네틱스(주)에서 생산직으로 근무했던 여성노동자들은 세 차례 해고되었다. 2002년 초에 조합원 31명이 징계해고 당했는데, 24명이 소송을 제기하여 승소해서 복직했다. 회사가 복직 후에 임금을 제대로 지급하지 아니하여 노동자들이 다시 임금을 청구하는 소송을 제기했다. 이 사건부터 내가 대리했다. 회사는 2011. 7. 28명을 경영해고 했다. 노동자들이 해고무효확인소송을 제기하여 2012. 11. 1심 승소판결을 받았고, 회사가 항소하지 않아 확정되었다. 이 사건 1심 변론종결일인 2012. 10. 19. 서울남부지방법원 법정에서 나는 구술변론 내용을 미리 써가서 낭독했다.[139] 그런데 회사는 2016. 9. 또 다시 9명의 조합원들을 경영해고 했다. 다시 대리하여 최종적으로 승소

---

138 대법원 2015. 5. 28. 선고 2012두25873 판결. 이 판결은 경영해고의 유효요건에 관한 기본 법리에서는 기왕의 대법원 판례 법리를 그대로 따랐지만, ① 긴박한 경영상 필요 요건의 판단 기준과 관련하여 사업주에 의해 일방적으로 작성된 회계자료가 아니라 재무제표 등의 공식적인 자료를 근거로 해서 원칙적으로 법인 전체를 기준으로 하여야 하고, ② 사업주의 사업에 반드시 필요한 업무의 경 우 단순히 외주화라는 이유만으로 인원삭감의 합리성을 인정하지 않았으며, ③ 실질적인 경영상 위기에 대한 대처와는 무관하게 단순한 인건비 절감 또는 노무관리의 편의를 위해 이루어진 경영해고는 무효라고 보아 비교적 엄격하게 해석했다는 점에 의의가 있다. 김선수, "외주화와 경영해고 요건으로서의 '긴박한 경영상 필요성'", 노동판례 비평: 대법원 노동사건 판례 경향 분석 및 주요 판례 평석 20호, 민주사회를 위한 변호사 모임(2016), 183~202.

139 구체적인 내용은 김선수(주 32), 215~216.

판결을 받아 확정되었다.[140] 2002년부터 세 번 해고되었다. 그런 와중에 3명에 대해서는 정년에 도달하는 해의 말일에 정년퇴직 처리하던 관행을 무시하고 정년도달일에 정년퇴직 처리함으로써 몇 달 정도 퇴직처리를 앞당겨 그에 대한 해고무효확인 및 임금청구소송도 제기했다. 모든 소송에서 승소판결을 받았다. 대법관에 임명된 이후 2018. 10. 5. 법정투쟁을 같이 했던 조합원들을 대법관실로 초청하여 차 한 잔 대접하고 법정을 견학한 후 구내식당에서 점심 한 끼 대접했다. 오랜 기간 법정투쟁을 하면서 연대와 동지애로 견뎌낸 그 분들에게 존경하는 마음을 조금이나마 전달할 수 있어서 기뻤다.

2013. 5. 1.부터 그 동안 담당했던 주요 노동사건 변론기를 정리하여 25회에 걸쳐 프레시안에 연재했다. 이 글들을 모아서 2014년에 『노동을 변호하다』라는 제목으로 출간했다. 한겨레신문은 이 책을 다음과 같이 소개했다.

> "노동자의 권익은 자본가나 국가의 시혜로 주어진 것이 아니라 노동자들의 피를 수반한 투쟁의 결과물이다. … 우리 사회에서 노동자의 권리를 인정받거나 확장한, 때로는 후퇴를 경험하게 한 굵직한 사건들도

---

140 1심 판결 서울남부지방법원 2017. 9. 1. 선고 2016가합111707 판결[판사 김도현(재판장), 서청운, 김재호], 2심 판결 서울고등법원 2018. 5. 18. 선고 2017나2053478 판결[판사 이동근(재판장, 송석봉, 서삼희), 3심 대법원 2018. 9. 13. 자 2018다241328 판결[민사2부 (자)].

‘노동으로 검게 그을린 백성’들의 희생과 헌신에 기대 있었다. 이들 사건에서 노동자들과 동고동락하며 법정투쟁을 함께한 이가 김선수 변호사다. 숱한 노동 사건을 맡아 때론 이겼고 때론 졌다. 1988년 전태일을 생각하며 변호사가 된 이래 그는 27년간 노동법이라는 양날의 검으로 분투했다. 이 책은 지은이의 지난한 법정투쟁기로 25가지 노동사건들이 시간 순으로 담겨 있다.”[141]

오사카노변단 관련자들이 이 책을 일본어로 번역하여 출간해 주었다.[142] 일본노동변호단에 소속되어 활동하고 있는 미야자토 쿠니오(宮里邦雄) 변호사가 일본 번역본에 대한 서평을 써주었다.

“이 책은 1988년 이후 한국을 대표한 노동변호사로 활동해온 김선수 변호사가 자신이 담당한 노동사건에 대해 ‘노동변호’ 활동을 엮은 저서이다. 다루고 있는 사건은 개별 해고 사건이나 집단적 해고 사건, 휴일노동수당 등 청구사건, 채용내정 취소 사건, 기간제 노동계약의 고용해지 사건, 공무원 재임용거부 사건, 퇴직금 일방적 불이익 변경 사건, 로크아웃(lockout, 직장폐쇄) 사건, 노동조합에 대한 손배청구 사건, 조합활동에 대한 형사탄압 사건 등 매우 다양하다. 이들은 우리나라와 법제 면에서 약간 차이가 있지만, 대부분은 우리나라에서 지금까지 일어났거나, 지금도 일어나고 있는 문제와 같거나 유사한 것이다.

---

141 한겨레신문, “노동이 있는 곳에, 그도 있었다”(2014. 10. 30.), <https://www.hani.co.kr/arti/culture/book/662259.html>.

142 金善洙, 山口恵美子·金玉染 譯, 在間秀和·金容洙 解說, 辯護士 金善洙の勞働辯論記-勞働を辯護する, 耕文社(2017).

한국은 독재체제에서 민주화로 격동의 시대를 거쳤다. 이 책은 그 시대 상황 아래서 일어난 노동사건을 통해서, 격동의 한국노동운동 역사를 전하는 것이기도 하다. … 패소 판결을 대법원에서 역전시키는 등 성과를 거둔 사건도 있지만, 아쉽게 패한 사건도 있다. 저자의 필치는 냉정하고, 논리적으로 사실과 법률상의 문제점을 이야기하고 있지만, 그 행간에 노동자의 권리를 침해하고, 그들의 인생에 고난을 강요한 기업이나 국가 권력에 대한 강한 분노와 그것에 대항해서 싸우는 노동자, 노동조합에 대한 깊은 공감을 담고 있다. 「서문」에서 저자는 「국가나 사회로부터 부당한 탄압을 받고, 나아가 재판과정에서 표현하기 어려운 고통을 겪은 당사자들에게, 이 장을 빌려서 경의와 감사의 뜻을 전한다」고 쓰고, 「이 땅의 노동자를 포함한 모든 사회 구성원이 인간으로서의 존엄과 가치를 존중받고, 불안과 공포로부터 벗어나 행복을 추구하며 살아갈 수 있는 공동체를 만드는 것을 바라며」라고 쓰고 있다. 이 책에 기록된 저자의 변호 활동에는 이러한 저자의 생각이 담겨 있다. … 「노동을 변호하는」 의의와 보람, 그리고 노동변호사의 혼을 알기 위해 노동변호단의 회원, 특히 젊은 회원에게 본서를 추천하고 싶다."[143]

다. 나는 대법원 공개변론 사건은 한 건밖에 대리하지 못했지만, 헌법재판소 사건은 많은 사건들의 공개변론에 참여했다.

---

143 宮里邦雄, "書評『労働を辯護する』", 季刊 労働者の權利 Vol. 320, 日本労働辯護團(2017), 163.

1990. 4. 16. 전교조를 대리하여 사립학교법 제55조 등 위헌 사건(헌법재판소 1991. 7. 22. 선고 89헌가106 결정) 공개변론에 참석했다. 2007. 11. 1. 노무현 대통령 중앙선거관리위원회 중립 위반경고조치취소 헌법소원 사건(헌법재판소 2008. 1. 18. 선고 2007헌마700 결정) 공개변론에 노무현 대통령을 대리하여 참석했다. 2009. 9. 10.과 9. 22. 및 9. 29.에는 민주당 의원들을 대리하여 언론관계법 권한쟁의심판 사건[헌법재판소 2009. 10. 29. 선고 2009헌라8·9·10(병합) 결정] 공개변론에 참석했다. 2010. 4. 8. 친일재산국가귀속법 위헌소원 사건[헌법재판소 2011. 3. 31. 선고 2008헌바141,2009헌바14,19,36,247, 352,2010헌바91(병합) 결정] 공개변론에 친일재산조사위[144]를 대리하여 참석했다. 2010. 7. 8. 언론관계법 부작위 권한쟁의심판 사건(헌법재판소 2010. 11. 25. 선고 2009헌라12 결정] 공개변론에 민주당 의원들을 대리하여 참석했다. 2013. 6. 13. 파견법 제6조 제3항 위헌소원심판 사건[헌법재판소 2010헌바474, 2011헌바64(병합) 사건(청구인 현대자동차주식회사, 이해관계기관 고용노동부장관, 당해사건 당사자들 최병승 등)][145] 공개변론에 당해사건의 당사자들인 노동자들을 대리하여 참석했다. 2013. 12. 12. 국가공무원법 제66조 제1항 및

---

144 위원장이 김창국 변호사였다.

145 이 사건은 공개변론 후에 헌법재판소가 3년 가까이 결정을 선고하지 않고 있는 사이에 청구인이 2016. 5. 9. 심판청구를 취하하여 결정이 선고되지 않았다.

교원노조법 제3조 등 위헌소원심판 사건[헌법재판소 2014. 8. 28. 선고 2011헌바32,2011헌가18,2012헌바185(병합) 결정] 공개변론에 전교조를 대리하여 참석했다.

박근혜 정부의 법무부장관(황교안)은 2013. 11. 5. 헌법재판소에 통합진보당의 목적과 활동이 민주적 기본질서에 위배된다고 주장하면서 정당해산 및 소속 국회의원에 대한 의원직 상실을 구하는 심판청구를 제기했다. 당시 통합진보당 대표였던 이정희 변호사가 사무실로 찾아와 정당해산심판청구사건을 맡아 달라고 부탁했다. 이석기 등 내란음모 사건은 형사기소되어 다른 변호사들이 변호인으로 활동하고 있었다. 김진 변호사와 상의하여 맡기로 결정했다. 정당해산심판청구는 헌법과 헌법재판소법에 규정되어 있기는 하지만 실제로 그런 일이 발생하는 일은 없을 것이라고 생각했었다. 위헌정당이 있다면 국민들이 선거를 통해 심판하는 것이 민주주의원리에 맞는 것이지 정부가 강제적으로 해산하는 것은 국민들을 믿지 못하겠다는 것에 다름 아니기 때문이다.

처음부터 끝까지 11명의 변호사들(이재화, 김진, 전영식, 이광철, 이한본, 이재정, 고윤덕, 윤영태, 신윤경, 최용근, 김종보)이 대리인으로 함께 했고, 내란 관련 사건이 본격적으로 심리될 때 내란 관련 사건 변호인으로 활동했던 5명의 변호사들(천낙붕, 심재환, 하주희, 조지훈, 김유정)이 합류했다. 정당해산심판 사건은 2013. 12. 24. 첫 변론준비절차기일을 진행한 것을 시발로 하여 변론준비절차기일 2회, 변론기일 18회를 진행한 후에 2014. 12. 19. 선고했다(헌법재판소 2014. 12. 19. 선고 2013헌다1 결정). 대리인단이 통합진보당을 대리한 것은, 통합진보당에 대한 지지 여부에 관계없이, 이 사건이 우리 사회 민주주의와 진보에 매우 중요한 의미를 가지고 있다고 생각했기 때문이다. 통합진보당조차도 관용하지 못하는 사회와 국가를 어떻게 민주주의 사회, 민주주의 국가라고 할 수 있겠는가 하는 문제의식이 있었다. 내가 살고 있는 이 나라, 이 사회가 그와 같이 비참한 사회와 국가로 전락하는 것을 방관하고 있을 수 없다는 일념으로, 우리 사회의 민주주의를 수호하는데 일조하겠다는 생각으로 소송대리인단에 참여했다.

나는 마지막 변론기일에 정당해산심판청구가 기각되어야만 하는 이유를 강조하면서 600년 동안 자리를 지키고 있는 재동 백송(白松)에 부끄럽지 않은 결정을 선고해달라고 최종변론을 했다.

> "첫째, 우리의 조국, 대한민국을 위해서입니다. 국가권력이 소수정당을 강제로 해산하는 그런 야만적인 수준의 국가가 된다면 국제사회에서 어떻게 소위 국격(國格)을 유지할 수 있겠습니까? …
>
> 둘째, 우리 사회의 민주주의를 위해서입니다. 이 사건에서 정당해산 결정이 내려질 경우 어떠한 비이성적인 광풍이 몰아칠 지 전혀 예상할 수 없습니다. 단순히 피청구인의 해산에 머물지 않고 모든 진보진영에 어떠한 철퇴가 내려칠지 모를 일입니다. 청구인은 이미 국민들의 광범위한 지지를 받았던 주요 대중투쟁들을 반미자주화 투쟁이라면서 북한과

의 연계성을 주장했습니다. 앞으로 모든 대중투쟁을 그 연장선상에서 단정하고 대처할 가능성도 있습니다. 그렇게 되면 국민들의 모든 반정부 비판 활동은 탄압의 대상이 될 것입니다. … 이 사건 심판청구가 인용된다면 이 사회는 표현의 자유와 사상의 자유는 물론이고 상상할 자유조차 압살되어 숨 쉴 곳이 한 뼘도 남아 있지 않은 황무지가 되고 말 것입니다.

셋째, 우리 국민의 자존(自尊)을 위해서입니다. … 이 사건 심판청구는 우리 국민들의 민주적 역량에 대한 신뢰가 없기 때문에 제기된 것입니다. 그래서 본 대리인은 모두진술을 할 때 '무신불립(無信不立)'을 지적한 바 있습니다. 이 사건 심판청구는 어떻게 보면 우리 국민들에 대한 모독입니다. 우리 국민은 군사독재의 억압을 뚫고 민주화를 일궈냈습니다. 민주적 기본질서를 침해하는 정당에 대해서는 헌법재판소가 강제적인 해산결정을 하지 않더라도 우리 국민들이 선택을 통해 억제할 수 있습니다. 국가가 나서서 강제적으로 해산하지 않더라도 민주적인 정치과정을 통해 얼마든지 해소할 역량이 있습니다. …

넷째, 청구인 즉, 대한민국 정부를 위해서입니다. 대한민국 정부는 정당해산이라는 극약처방이 아니라도 얼마든지 형사적·행정적 대응수단을 통해 국가의 안전과 사회를 방위할 수 있는 역량이 충분합니다. 헌법재판소를 통해 강제적으로 정당해산을 해야만 사회를 지킬 수 있을 정도로 취약하지 않습니다. … 피청구인 측은 우리 정부가 국가안전이나 사회방위를 위한 역량이 과잉인 것이 문제이면 문제이지 부족한 바는 전혀 없으므로 굳이 정당해산이라는 극단적인 조치를 취할 필요가 없다는 입장을 피력했습니다. 그런데 정작 청구인은 자신의 그러한 능력을 불신하고 헌법재판소가 극단적 조치를 취해주어야만 한다는,

자기비하적·자학적 평가를 했습니다. … 이 사건 심판청구가 인용된다면 이는 대한민국 정부의 무능을 만천하에 공표하는 것이 됩니다.

다섯째, 우리 사회의 약자와 소수자들을 위해서입니다. 피청구인은 우리 사회에서 소외되고, 힘없고, 가난하고, 정당한 대우를 받지 못하는 사람들을 위해 정책을 제시하고 연대하고 같이 투쟁해온 정당입니다. 피청구인이 해산될 경우 사회적 약자와 소수자를 위한 활동 자체가 불온시되고 위축될 우려가 큽니다.

여섯째, 마지막으로 헌법재판소를 위해서입니다. 헌법재판소는 군사독재정권에 대한 국민들의 항거로 쟁취한 1987년 헌법에 의해 출범했습니다. 헌법재판소는 우리 국민들이 쟁취한 민주화의 소산입니다. 그렇기에 헌법재판소는 우리 국민의 민주적 역량을 철저하게 신뢰한 반석 위에 서있는 것입니다. 헌법재판소의 모든 권한의 원천은 국민입니다. 헌법재판소는 우리 사회의 다수파를 대변하는 기관이 아니라 소수파의 인권과 활동을 옹호함으로써 민주주의를 수호하고 확장하는 것을 사명으로 하는 기관입니다. … 다수파에 하나의 동조의견을 보태는 역할에 머문다면 그러한 헌법재판소는 존재의의를 상실하게 될 것입니다. 헌법재판소 결정으로 소수 반대파 정당을 해산하는 것은 헌법재판소의 존립 원천을 부정하는 것이 될 것입니다. 이러한 의미에서 이 사건에서 심판대 위에 있는 것은 통합진보당이 아니라 헌법재판소 자신이라고 할 수도 있습니다."

소송대리인단은 주어진 여건 속에서 헌법재판소의 심판절차 진행에 최대한 협조하면서 최선의 노력을 했으나, 헌법재판소는 박근혜 대통령 당선 2주년 기념일에 8 대 1이라는 압도적인 의견 분포로 해산결정을 선고했다. 소송대리인단의 노력은 김이수 재판관의 소수의견으로 흔적을 남기게 되었다. 헌법재판소의 해산결정은 민주주의 사회에서 가장 중요한 정치적 행위자인 정당을 정치의 장에서 강제적으로 축출했을 뿐만 아니라 국민이 선거로 뽑은 국회의원들의 자격마저 상실시켰다. 법정에서의 절차는 종결되었지만 시민사회에서의 논의는 다시 시작되어야 했다. 우리 사회의 민주주의 발전을 위해서는 이 해산결정을 극복해야만 하는 과제가 주어졌다. 그 첫 작업은 해산결정에 대한 치밀한 분석이다. 이 사건에 처음부터 끝까지 관여한 소송대리인단으로서 해산결정에 대해 1차적으로 분석하여 우리 사회에 제공하는 것이 최소한의 역사적 책무를 이행하는 것이라고 생각하고 『통합진보당 해산 결정, 무엇이 문제인가』 제목으로 책을 대표집필했다.[146]

나는 2018. 7.에 헌법재판 변론기들을 모아서 『헌법의 현장에서』 제목으로 출판했다. 나는 헌법재판소가 출범한 1988. 3.부터 변호사 업무를 시작했으므로 나의 변호사 경력은 헌법재판소와 함께 했다고 할 수 있다. 현행 헌법과 헌법재판소법상 인정되는 헌법재판의 종류는 ① 위헌법률심판, ② 헌법소원심판, ③ 탄핵심판,

146 김선수 대표집필, 통합진보당 해산 결정, 무엇이 문제인가, 도서출판말(2015).

④ 권한쟁의심판, ⑤ 정당해산심판이 있다. 현재까지 정당해산심판 사건은 단 1건만 있었다. 나는 탄핵심판 사건 이외의 모든 헌법사건을 대리하고 공개변론에 참여했다. 헌법재판을 통해 기본권을 신장하고 국가공권력의 남용을 견제하고자 했던 노력의 일환으로 책을 펴냈다.[147]

2. 민변 공부모임

변호사로 복귀하면서 세상을 둘러보니 2007년 말에 예정된 대통령선거에서 정권재창출에 실패할 것 같았다. 민주정부가 김대중·노무현 대통령으로 이어졌지만, 다시 보수정권으로 넘어갈 것으로 예상됐다. 그래서 다시 처음부터 새롭게 준비하는 자세로 두 가지를 시작하자고 마음먹었다. 정신적인 준비를 위해 2주일에 책을 한 권씩 읽고 토론하는 공부모임을 진행하고, 육체적인 건강을 위해 매주 한 번씩은 산에 가자고 다짐했다. 그리고 읽은 책과 다녀온 산행을 정리해서 블로그에 올리기로 했다. 단시간에 글을 쓰는 연습을 하고, 또 생활을 정리하면서 살아가자는 목적으로 블로그를 시작했다. 산행 후에는 바로 그날로 정리해서 페이스 북에도 간단한 산행기와 함께 사진을 올렸다. 매주 산행 사진

---

147 김선수(주 75), 16.

을 올리다 보니 내가 어느 산에 다녀오는지 궁금해 하는 사람들이 페이스 북을 주기적으로 확인하고 '좋아요'를 눌러주기도 했다.

민변에서는 2007. 3. 6.부터 공부모임을 진행하고 있었다. 이후 2주에 책 1권씩 읽고 토론했다. 2007년 제안서의 내용이다.

> "20년이 지난 지금, 민변의 역할과 사회적 기대는 창립 초기와는 비교할 수 없을 정도로 높아졌습니다. 그러나 회원들은 각자의 바쁜 일상과 쏟아지는 현안대응에 허덕이고 있습니다. 이러다 갑자기 '내가 지금 어디 있는 거지?'하며 벼랑 끝에 선 자신을 발견하게 될지도 모르겠습니다. 우리 회원 각자는 자기능력 개발의 기회를 잃게 되었고, 변호사를 처음 시작할 때와 달리 단순한 '법기술자'가 되어가는 건지도 모르겠습니다. '왜 사는지 모르겠다'는 회한이 쌓일 정도로 꿈을 잃어 가고 있습니다. 시대 상황도 회원 각자의 자기성찰을 요구하고 있습니다. 각자의 꿈이 하나 둘 모여 앞으로 10년 동안 열정적으로 활동할 수 있는 유용한 기반이 될 것이라고 확신합니다."

2007. 12. 대통령선거에서 이명박이 당선됨으로써 진보진영은 정권재창출에 실패했다. 앞으로 5년을 준비해야 할지 10년을 준비해야 할지 모르는 상황이 되었다. 상황이 그렇게 된 데에는 진보진영의 준비부족도 중요한 원인의 하나임을 부정할 수 없다. 법조실무에 매몰되어 인문학이나 사회과학 책을 거의 읽지 못해서 한 마디로 무식해졌다. 사건의 굴레에서 벗어나 보다 넓고 높은 차원에서 인생과 사회를 사유해 볼 기회가 필요했다. 법조인

이 된 이후 그런 여유를 갖지 못했다. 사건 해결을 위한, 정책 결정을 위한 그런 실용적인 공부보다 앞선 단계의 인생과 역사와 예술과 철학과 사회를 이해할 수 있는 근원적인 공부를 하고 싶은 욕구가 강렬했다. 공부모임은 회원들의 이런 욕구에 부응하기 위해 출범했던 것이다.

나는 가능한 한 책을 읽고 공부모임에 참석했다. 변호사가 아니지만 취지에 공감하는 사람들도 함께 했다. 도서관 운동을 하는 사람, 영화감독을 준비하는 사람, 의사 등 별도로 독서모임을 진행하고 있던 다양한 사람들이 참여했다. 읽을 책은 구성원들이 의견을 모아 정했다. 간단하게 발제를 해줄 사람을 정하여 그 사람이 발제를 하고 자유토론을 했다. 개개 모임이 끝나면 후기를 정리해서 민변 홈페이지에 게재했는데, 후기작성자는 그 모임을 마칠 때 정했다. 서로 같이 읽으면 좋은 책들을 추천하기도 했고, 전문가나 저자 또는 역자를 초청하여 강연을 듣고 함께 대화를 나누기도 했다. 연말에 그 해에 읽은 책들을 일별하고, 각자 가장 감명 깊었던 책과 구절을 소개했다. 또 책을 한 권씩 가져와서 적당한 방법을 통해 다른 책으로 나누어 가졌다.

사람이 살아가면서 어려운 시기에 펼쳐보고 지혜를 얻고, 그런 시기를 극복하는데 도움을 받을 수 있는 책이 하나씩은 있는 게 좋을 것이다. 기독교인의 경우에는 성경이, 불교신자의 경우에는 불경이 그런 책일 것이다. 나는 중국고전에서 그런 걸

찾았다. 『논어』와 『맹자』, 『노자』, 그리고 『육도삼략』과 『손자』, 『오자』 같은 병서들도 힘들고 어려울 때 정독하면 그 상황에 맞는, 힘을 얻을 수 있는 구절들을 찾을 수 있다. 고전은 다른 사람이 해석한 것을 읽는 것보다는 원전을 직역한 것을 보는 것이 좋은 것 같다. 직역한 것을 읽으면서 좋은 구절이 있으면 한자 원문을 찾아보고 필요하면 외우거나 메모하면서 읽으면 좋다. 논어를 읽다보면 공자가 얼마나 치열하게 살았는지 옷깃을 여기게 된다. 공자는 스스로가 이상의 정치로 삼는 인의정치를 실현하기 위해서 치열하게 살았다. 백성이 행복하고 안전하게 잘사는 사회를 꿈꿨는데, 왕을 통해서 그런 사회를 실현할 수밖에 없는 시대적인 한계 속에서 살았다. 공자의 사상이 서주(西周) 시대 지배계층의 이해관계를 대변하고 있다 하더라도 그것을 오늘의 시점에서 규정하여 비민주적인 것으로 폄하할 수 없다. 고전과 역사의 독법에서 가장 중요한 것은 시제(時制)이기 때문이다.[148] 공자가 왕을 설득하러 다닐 때 많은 수모를 당했다. 심지어는 '상갓집의 개(喪家之狗)' 취급도 당했다[사기(史記) 공자세가(孔子世家) 공자가어(孔子家語)]. 그런 수모를 당하면서도 자기가 바라는 정치를 실현하기 위해서 치열하게 찾아다니고 설득하고 노력하고 생각을 밝혔다. 논어 원전을

148 신영복(주 135), 141.

직역한 것을 읽어보면 공자의 치열한 삶이 전달되고 절절한 심정을 느낄 수 있다. 그 시절에도 그렇게 치열하게 살아간 것에 감탄하게 된다. 공자는 자기보다 못한 사람(왕이나 권력가들)이라도 설득해서 어떻게 해보려고 치열하게 노력했다. 반면에 노자나 장자는 그런 노력 자체를 무시한다. 하찮은 권력에 빌붙어서 무엇을 도모한다는 것 자체가 마음에 들 리 없다. 그런 권력자들을 무시하고 큰 그림으로 자연의 섭리를 논하니 통쾌했을 것이다. 살아가다 보면 공자처럼 현실 속에서 열심히 노력해야 될 때도 있지만, 노자나 장자처럼 한 발자국 물러서서 여유를 찾는 것도 필요한 측면이 있다. 나이가 들수록 치열한 삶을 산 공자에게 정이 간다.

민변 공부모임을 함께 하던 '도서관친구들' 대표의 권유로 파주출판도시 열린도서관 지혜의숲에 민변 공부모임에서 5년간 읽은 책을 중심으로 500권 정도를 기증했다. 지혜의숲에는 50만 권의 책이 소장되어 있다고 했다. 2014. 6. 19. 개관식이 있어서 가보았다. 입구에서 조금 들어가서 내 이름이 붙은 칸을 만들고 기증자 표시를 해주었다. 2017. 5. 16. 조촐하게 공부모임 10년 기념행사를 가졌다. 첫 모임 이래 232번째 모임이었고, 2주에 한 권꼴로 약 300권의 책을 읽고 토론했다.

3. 매주 산행

변호사 생활을 시작한 후 산행을 거의 하지 못했다. 군대생활을 산간벽지에서 워낙 힘들게 했기 때문에 산을 바라보는 것조차도 싫었다. 민변 창립할 때 청변 멤버들과 함께 강화도 마니산을 오른 적이 있고, 서울대학교노동법연구회 창립멤버들과 북한산을 올랐던 기억이 있을 정도였다. 그런데 2005년 사개추위에서 평검사들이 집단적으로 항명하고 난리를 칠 때 울화통을 삭힐 요량으로 주말 중 하루를 이용하여 집에서 나와서 대모산과 구룡산을 한 바퀴 돌아오는 산행을 시작했다. 그렇게 산을 찾기 시작했으나 주기적으로 하지는 못했다.

변호사 복귀 후에 매주 1회 산행 원칙을 준수하려고 노력했다. 가능하다면 토요일에 산행을 하는 것이 다음 주 일정을 위해서 나았다. 들머리를 출발해 처음 1~2시간을 쉬지 않고 올라 땀을 쏟으면 몸이 산행 모드로 변환된다. 일주일에 하루 산에 가서 일상생활의 찌꺼기를 걷어내고 몸을 리세팅하면 다음 주 6일을 활기차게 살 수 있다. 매주 1회 산행이 횟수를 거듭할수록 몸은 더 긴 산행을 요구했다. 4시간대의 산행, 6시간대의 산행 그리고 무박이나 1박의 산행으로 점점 높은 강도를 요구했다. 종종 무박으로 10시간 내지 14시간 동안 산을 타면서 새벽 정기를 받아 특별한 힘을 보충했다. 내 몸은 매주 산에 가지 않으면 안 되게 변화되었다. 몸이 산을 걷기를 원하게 되었다.

왜 다른 운동이 아니고 산행인가? 산은 언제나 그 자리에 있다. 가까이든 멀리든 내가 가면 되고, 산은 나를 거부하지 않는다. 산에는 경쟁과 승부가 없다. 경쟁이나 승부가 있는 운동은 남을 이겨야 내가 기쁘니, 선한 사람이 할 것이 못 된다. 산에는 나무와 풀과 바위와 물과 하늘과 새와 짐승 등과의 뜻밖의 만남이 있다. 체력단련을 위한 운동은 단조롭다. 산에는 인생이 있다. 오르막이 있으면 내리막이 있고, 내리막이 있으면 오르막이 있다. 중국 춘추시대 8국의 역사서인 『국어(國語)』[149] 주어하(周語下)에 '종선여등 종악여붕(從善如登 從惡如崩)', 즉 '선을 좇는 것은 산을 오르는 것과 같고, 악을 좇는 것은 산이 무너져 내리는 것과 같다'라는 구절이 있다. 이 구절과 관련하여 남명 조식은 다음과 같이 썼다. "초등상면 일보갱난일보 급추하면 도자거족 이신자류하 기비종선여등 종악여붕자호(初登上面 一步更難一步 及趨下面 徒自擧足 而身自流下 豈非從善如登 從惡如崩者乎)" 즉 '처음 위쪽으로 오를 때는 한 걸음에서 다시 한 걸음 딛기가 어렵더니, 아래쪽으로 내려올 때는 그저 발만 드는 데도 몸이 절로 흘러 내려왔다. 어찌 선을 좇는 것은 산을 오르는 것과 같고, 악을

149 좌구명, 신동준 역, 국어, 인간사랑(2017). 국어는 춘추좌전(春秋左傳), 전국책(戰國策)과 더불어 '춘추전국시대의 3대 사서'로 불린다.

따름은 무너져 내림과 같은 것이 아니겠는가.'[150] 그러나 무릎이 좋지 않은 사람은 산을 내려가는 것이 산을 올라가는 것보다 더 힘들다.[151]

산행을 하면서는 일희일비할 필요가 없다. 암벽이 막으면 돌아가면 되고, 길이 없으면 돌아오면 된다. 이도 저도 할 수 없을 때는 내가 개척한 흔적이 곧 길이 된다. 엉뚱한 곳으로 갔다가 의외의 꽃이나 나무를 만날 수도 있다. 또 산행은 비교적 비용이 저렴하다. 일주일에 하루만 투자하면 된다. 나머지 6일 열심히 살아서 하루 투자를 만회하면 남는 장사다.[152]

2007. 6. 30. 청계산에 올랐다가 이수봉 못 미쳐 철책으로 둘러싼 지점에서 뜨거운 뙤약볕 아래 흰 양산을 층층이 쓰고 있는 나무와 만났다. 같이 산행하던 선배가 산딸나무라고 알려주었다. 가을에 딸기와 같은 열매가 열려 '산의 딸기나무'라는 의미로 산딸나무가 되었다고 한다. 하얀 꽃잎 4개가 열 십(十)자 형태로 되어 있는데, 하얀 것은 꽃잎이 아니라 잎이 변한 포(苞)라고 한다. 꽃은 그 위에 아주 작게 나 있는데, 꽃만으로는 벌이나 나비를 불러

---

150 조식, 유두류록(遊頭流錄), 경상대학교 남명학연구소 옮김, 남명집, 한길사(2008), 366.

151 김선수, "발 밑 땅 보기에 급급한 우리", 한겨레21 1095호(2016. 1. 13.), 〈https://h21.hani.co.kr/arti/culture/culture_general/41036.html〉.

152 김선수, "매주 산에 가면 내 몸에 어떤 변화가", 한겨레신문(2015. 10. 23.), 〈https://h21.hani.co.kr/arti/culture/culture_general/40532.html〉〉.

올 수 없으므로 잎이 그 역할을 하기 위해 화려하게 변했다는 것이다. 생명의 오묘한 이치에 탄복하지 않을 수 없었다. 선배가 생강나무 잎을 따서 주면서 냄새를 맡아 보라며 생강냄새가 나기 때문에 생강나무라고 한다고 설명해줬다. 이렇게 해서 그 때까지 몰랐던 나무와 야생화라는 새로운 세계에 입문했다. 우종영의 『게으른 산행』,[153] 『나무처럼 살고 싶다』,[154] 박상진의 『궁궐의 우리 나무』,[155] 고규홍의 『알면서도 모르는 나무이야기』[156] 등의 책도 구입해서 읽었다. 나무도감과 야생화도감을 배낭에 넣고 다니면서 맞추어 보면서 독학을 했으나, 역시 독학에는 한계가 있다. 잠시 신경 쓰지 않으면 제일 먼저 잊히는 명사가 바로 나무 이름, 꽃 이름이었다.

2007. 11. 4. 도봉산을 오르면서 나는 왜 산에 오르는가 이유를 정리해 보았다. "첫째, 산에 오르는 것이 좋고 즐겁기 때문이다. … 둘째, 예상치 못한 뜻밖의 만남이 있기 때문이다. … 셋째, 내면에 침잠하여 자신과 대화할 수 있기 때문이다. … 넷째, 몸과 마음이 건강해지기 때문이다. … 다섯째, 좋은 사람들과 같이

---

153 우종영, 게으른 산행, 한겨레신문사(2012).

154 우종영, 나무처럼 살고 싶다, 메이븐(2021).

155 박상진, 궁궐의 우리 나무, 눌와(2001).

156 고규홍, 알면서도 모르는 나무 이야기, 사계절(2006).

하기 때문이다."[157] 다산 정약용은 7살 때 두물머리 생가에서 예봉산 철문봉(喆文峰)에 오르면서 "소산폐대산 원근지부동(小山蔽大山 遠近地不同)"이라고 한시를 지었다고 한다. '작은 산이 큰 산을 가리니, 땅의 멀고 가까움이 같지 않아서라네.' 산을 오르다보면 이 구절이 저절로 터져 나오는 경우가 자주 있다. 오르막은 정상을 향해 오르는 것 자체가 힘들다기보다는, 힘겹게 올라 정상인 줄 알았는데 그 뒤로 다음 봉우리가 숨어 있음을 발견하기를 몇 차례 해야 하는 것이 힘들다.

2008. 3. 8. 남한산성을 올라 벌봉 아래 서어나무 군락에서 조촐하게'서어산우회' 창립 세레모니(ceremony)를 가졌다. 서어나무는 인간의 관점에서 보았을 때 아무 짝에도 쓸모없는 것 같아 산속 그 자리에 그대로 '서 있어'라고 해서 서어나무 또는 서나무로 부르게 되었다고 한다. 서어나무는 원산지가 우리나라이고, 극상림(極上林)이라는 점에서 우리에게 친근하다. 나무줄기는 회색에 검은 얼룩이 지고 보디빌더의 팔뚝 근육처럼 울퉁불퉁 튀어나와 힘이 넘친다. 근육나무(muscle tree)라고 하며, 한자로는 견풍건(見風乾)이라고 한다. 모범생처럼 반듯하게 자란 것이 하나도 없다. 자유자재로 힘차게 비틀었다. 미켈란젤로나 로댕의 대리석 조각에 표현된 남성 근육과 같다. 서어나무는 자작나무과

---

157 오철수·김선수, 산과 시, 역사넷(2013), 15~17.

에 속한다. 누군가가 자작나무에서는 혁명의 냄새가 난다고 했다. 자작나무에서는 러시아 혁명의 냄새가 나고, 서어나무에서는 한국 혁명의 냄새가 나는가?

산우회 명칭의 '서어'는 서어나무의 '서어'이지만, 한자로는 서어(瑞語), 즉 '상서로운 말씀'이라는 의미로 쓸 수도 있다. 태초에 말씀이 있었나니, 그 말씀이 바로 '瑞語'라고 할 수 있지 않을까? 아무도 회장을 한다고 나서는 사람이 없고, 맡아주어야 할 선배는 추천해도 사양하니 어쩔 수 없이 사양할 줄 모르는 내가 회장을 맡았다. 회장이라고 해봤자 산행 일정과 코스를 잡고, 빠지지 않고 참석하는 것이 해야 할 일의 전부다. 당시는 GPS 사용이 일상화되지 않아서 지도 한 장 들고 산을 올랐다. 내가 있는 위치가 지도상의 어느 지점인지 명확하지 않을 때도 있고, 안개 등으로 주위가 보이지 않아 엉뚱한 곳으로 가기(산행 세계에서는 '알바'라고 한다) 일쑤였다. 나와 함께 산에 오르는 일행은 항상 나보다 몇 백 미터는 뒤처져서 다녀야 한다면서 간격을 두었다. 알바를 해서 다시 되돌아와야 하는 경우가 많았기 때문이다.

산에 다니다 보면 백두대간, 정맥, 기맥, 지맥 등을 알게 된다. 100대 명산도 눈에 들어온다. 100대 명산은 산림청 지정 100대 명산이 있고, 블랙야크 등 등산용품 회사가 선정한 100대 명산도 있다. 200대 명산, 300대 명산도 있다. 산림청 지정 명산은 지역적 안배까지 했다. 2010년 크리스마스 휴가 기간에 중앙일보의 제안에 따라 지리산 태극종주를 한 후 산림청 지정 100대 명산 종주가 눈에 들어왔다. 당시 기준으로 육십 몇 군데를 다녀와서 삼십 몇 군데가 남은 상태였다. 100대 명산을 종주하자면 할 수 없이 혼자 다녀와야만 하는 경우도 종종 있다.

포항 내연산(2012. 4. 21.) 산행은 혼자 갈 수밖에 없는 상황이어서 부득불 혼자 출발했는데, 매우 큰 태풍이 온다고 난리였다. KTX를 타고 신경주역에서 내려서 시외버스를 두 번 갈아타고 포항 시외버스터미널에 도착한 다음 택시(요금 35,000원)를 타고 보경사 입구로 갔다. 10시 40분에 산행을 시작해서 6시간 만에 산행을 마쳤다. 보경사 입구(10:40) → 보경사(寶鏡寺, 입장료 2,500원) → 문수암 갈림길(11:00) → 문수암(文殊庵, 11:15) → 문수봉(622m, 11:45) → 삼지봉(710m, 12:20) → 향로봉(930m, 13:30) → 간식 → 고메이등 → 시명리(時明里, 400m, 14:10) → 시명폭포(14:16) → 실폭포 갈림길(14:37) → 복호1폭포(14:50) → 출렁다리(15:10) → 은폭포(15:20) → 연산폭포-관음폭포(15:40-15:55) → 무풍폭포-잠룡폭포(15:58) → 보현암(16:04) → 삼보폭포(16:06) → 보현폭포(16:10) → 쌍생폭포(16:13) → 문수암 갈림길 → 보경사(16:30), 전체적으로 18.5㎞[158] 구간이다. 산행하는

---

158 주차장-보경사 0.7㎞, 보경사-문수암 1.4㎞, 문수암-문수봉 1.5㎞, 문수봉-삼지봉 2.6㎞, 삼지봉-향로봉 3.7㎞, 향로봉-시명리 1.7㎞, 시명리-연산폭포 3.5㎞, 연산폭포-상생폭포 0.8㎞, 상생폭포-보경사 1.9㎞, 보경사-주차장 0.7㎞.

동안 비가 많이 오지도 않았고 바람도 세게 불지 않아서 별 문제는 없었다. 산우회 회원들은 태풍 속에서 무슨 일이 나지 않을까 많이 걱정했다고 한다. 고속버스를 이용하여 서울로 올라오니 밤 10시가 훨씬 넘었다.

홍도 깃대봉, 장흥 천관산, 고흥 팔영산이 100대 명산에 들어가 있다. 여기를 하루에 하나씩 다녀오려면 왕복 10시간 이상 차를 타야 하는데, 정작 산행은 4시간 정도면 충분하다. 산우회 멤버들이 버스를 한 대 대절해서 금요일 저녁 늦게 서울을 출발해서 새벽에 목포에 도착했다(2012. 5. 12.). 유달산을 오른 후 아침을 먹고 배를 타고 홍도로 들어가서 깃대봉을 올랐다. 섬의 건너편까지 넘어갔다가 항구가 있는 곳으로 돌아와 싱싱한 회로 점심을 해결했다. 지금까지 먹어본 회 중에는 가장 맛있는 회였다. 배를 타고 목포로 나와서 버스로 장흥으로 가서 천관산 아래에서 숙박했다. 다음 날 새벽(2012. 5. 13.)에 4시간 동안 천관산을 오르내렸다. 암릉과 바위들이 일품이고, 남쪽으로는 바다를 내려다보고, 북쪽으로는 월출산으로 이어지는 산그리메가 환상적이었다. 별로 높지 않고 산행시간도 오래 걸리지 않지만 여러 가지 절경을 즐길 수 있는 명산이었다. 아침을 먹고 고흥으로 옮겨 팔영산을 올랐다. 여덟 개의 바위봉우리가 이어져 장관을 이룬다. 남쪽으로는 소록도와 바다 전경이 시원하다. 내려와서 식사를 하고 버스를 타고 출발해서 밤 10시경에 서울에 도착했다. 이렇게 해서

100대 명산 중 가장 먼 거리에 있는 3개의 산을 한꺼번에 올랐다.

2012. 6. 17. 무박 산행으로 양산 천성산을 오름으로써 산림청 지정 100대 명산 종주를 마쳤다. 본격적인 산행에 입문한 시점은 산악회를 따라 처음으로 원거리 산행(노인봉 소금강 코스)을 한 2007. 6. 17.로 잡을 수 있다. 그 때부터 계산하면 정확하게 5년만이다. 산우회 회원들이 함께 기뻐해 주었다. 처음 백두대간 팀을 따라 간 것은 2007. 9. 1. 비재-갈령-형제봉-속리산 천황봉 구간이다. 첫 무박산행은 2008. 1. 19.~20. 설악산 한계령-대청봉-설악동 코스다. 첫 번째로 꼽을 만한 힘든 경험은 2008. 2. 22.~23. 무박으로 덕유산 육십령부터 향적봉까지의 30㎞ 능선종주다. 남덕유산 구간까지 강한 북풍이 같은 세기로 몇 십 분 동안 계속 불어와서 졸도할 지경이었다. 등산로가 쭉 북쪽사면에 나있어서 계속 북풍을 정면으로 맞아야 했다. 간혹 등산로가 남쪽사면으로 난 곳에서는 바람 한 점 없는 평온한 상태가 되었다. 내게 굴욕을 안긴 산행은 2009. 9. 6. 산악회를 따라간 두타산-청옥산 코스다. 청옥산에서 내려오면서 혼자 길을 잘못 들어 하늘문으로 올라갔다가 되돌아오는 등 우왕좌왕하다가 결국 다시 하늘문으로 올라 그 길로 쭉 타고 왔다. 당시 무릎이 좋지 않아 내리막길에서 특히 고생을 했다. 날이 어두워져 홀로 헤드랜턴을 켜고 길을 찾아 내려올 때는 머리카락이 쭈뼛 서면서 긴장했고, 그 긴장으로 무릎 아프던 것이 사라졌다가 큰 길을 만나 마음이 풀리자 다시

아파왔다. 산악회 대장이 나를 찾아올라오고, 버스가 나 때문에 출발시간을 늦추는 소동까지 있었다.

최초의 지리산 종주는 2009. 5. 22.부터 24.까지 1무1박3일로 이루어졌다. 성삼재에서 시작해 장터목 대피소에서 1박하고 대원사 방향으로 내려왔다. 산행 중 들려온 노무현 대통령의 서거 소식에 마음속으로 통곡했다. 치밭목 대피소에 반했고, 대원사 방향으로 내려오면서 층층나무 하얀 꽃들에 매혹 당했었다. 무릎 상태가 좋지 않아 대원사 쪽에서는 거의 발을 질질 끌다시피 하면서 내려왔다. 지리산 태극종주도 한 획을 긋는 사건이다. 2010. 12. 21. 저녁에 인월로 내려가서 자고 22. 새벽부터 시작해서 26. 웅석봉을 거쳐 달뜨기능선을 타고 산청 사천으로 내려오기까지 5박 6일간 100㎞의 장정에 올랐었다. 중앙일보 일요판 중앙선데이 팀과 함께 했다. 천왕봉을 거쳐 중봉, 하봉, 왕등재 등 접근하기 힘든 구간도 걸었다. 천왕봉에서 태극라인 전체를 보았기에 마지막 날 혼자 웅석봉-달뜨기능선-사천 구간을 연결했다. 설악산 공룡능선은 네 번 다녀왔다. 2008. 11. 1.~2. 1박 2일 코스로, 그리고 2011. 9. 1.~2. 무박으로 다녀왔다. 그 후에 두 번 더 다녀왔다. 네 번 중 두 번은 비가 와서 전망을 전혀 보지 못한 채 험한 능선을 넘기만 했다. 용아장능선은 두 번 시도했으나 번번이 실패했다.

그 이후에도 많은 산에서 많은 일들이 있었다. 해가 뜨기 직전에 산새들이 울어댄다. 산 정상에서 맞는 일출은 언제나 감격스럽고 장엄하다. 기억에 남는 일출 장면들을 꼽아보면 지리산 천왕봉(1,915m) 일출(2008. 11. 22. 및 2010. 12. 24.), 지리산 촛대봉(1,704m) 일출(촛대봉에서 보아야 천왕봉 옆으로 떠오르는 태양을 볼 수 있다. 천왕봉을 같이 볼 수 있으니 어쩌면 천왕봉 일출보다 훌륭하다), 설악산 대청봉(1,708m) 일출(2020. 2. 20.), 영남알프스 최고봉 가지산(1,240m) 일출(2011. 10. 23.), 함양 황석산(1,192m) 일출, 배로 사량도 들어가면서 바다에서 맞은 일출, 부산 금정산에서 맞은 일출(2012. 3. 25.) 등등. 지리산 바래봉 능선에서는 서쪽 하늘로 보름달이 지면서 동쪽 하늘로는 태양이 올라왔다. 해와 달을 동시에 맞고 보내는 그 순간은 우주의 기운을 온몸으로 체득할 수 있었다.

백두대간은 여기저기 이빨이 빠졌다. 혼자 지맥을 걷다가 같은 자리를 빙빙 돌은 경험도 있다. 일행 중에 부상을 당한 사람이 있어 구조헬기가 출동한 적도 있다. 무더운 여름날 아침부터 바위 능선으로 걷다가 더위에 먹었는지 음식을 삼킬 수 없고, 몸이 물도 받지 않았다. 허기가 져서 걷기도 힘든데, 몸이 아무 것도 받아들이지 못했다. 일행 중 한 명이 육포를 가져왔다. 육포를 씹으니 소금기가 있어서 짭짜름하고 고기도 씹어 삼키니 몸이 받아주었다. 결국 그 육포 덕분에 7시간의 산행을 마무리할 수 있었다. 그 이후에는 육포를 비상식량으로 준비했다. 속리산 능선을 7시간 동안 억수같이 퍼붓는 빗속에서 걷기도 했다. 비에 젖은 족발과 김밥으로 허기를 때우고 하산 길에 매점에서 마신 천 원짜리 종이컵의 믹스 커피는 지금까지 마신 커피 중에 가장 맛있는 커피다.

산행을 다녀온 후에는 가능한 한 그날 중으로, 늦어도 다음 날까지는 산행기를 적어서 블로그에 올리고, 페이스 북에도 사진과 함께 올렸다. 시인인 손윗동서가 블로그에 올린 산행기를 읽다가 그대로 빠져들어서 함께 산행하는 것과 같은 경험을 했다고 한다. 그래서 산행기에 그 상황에 맞는 시들을 찾아서 채워 넣고 필요하면 시를 직접 쓰기도 하면서 해설을 덧붙이는 작업을 했다. 그렇게 정리한 글들 중 설악산 6개 코스, 지리산 5개 코스, 남한의 소금강(小金剛) 6개 코스의 산행기를 모아서 『산과 시』라는 제목으로 출판했다.[159] '명산(名山)에는 명찰(名刹)이 있다'는 주제로 22개 산행기[160]를 정리한 책 한 권 이상 분량의 원고가 더

---

159 오철수·김선수(주 157).

160 1. 예봉산-운길산-수종사(2008. 4. 12.), 2. 오대산-월정사-상원사(2008. 7. 26.), 3. 내장산-내장사(2008. 9. 20.), 4. 조계산-선암사-송광사(2008. 12. 6.), 5. 계룡산-갑사(2009. 6. 6.), 6. 속리산-법주사(2009. 11. 14.), 7. 선운산-선운사(2010. 3. 27.), 8. 상왕산-개심사(2010. 4. 3.), 9. 가야산-해인사(2010. 4. 10.), 10. 내변산-내소사(2010. 10. 30.), 11. 오봉산-청평사(2011. 5. 14.), 12. 추월산-보리암(2012. 4. 7.), 13. 치악산-비로봉-구룡사(2013. 4. 13.), 14. 용문산-용문사(2011. 3. 27.), 15. 경주 남산-칠불암(2012. 3. 10.), 16. 무등산-증심사(2009. 5. 2.), 17. 강천산-강천사(2012. 2. 4.), 18. 청량산-청량사(2012. 2. 26.), 19. 남해 금산-보리암(2012. 4. 1.), 20. 내연산-보경사(2012. 4. 12.), 21. 황매산-영암사지(2012. 5. 28.), 22. 천성산-홍룡사(2012. 6. 16.).

남아 있다. 내용은 괜찮은데 위 책이 많이 팔리지 않아서 원고 상태로 있으니 아쉬울 따름이다.

4. 3년간 채식

나는 2009. 6.부터 2012. 5.까지 비건에 준하는 채식을 했다. 2009. 6.에 채식을 결정하게 된 몇 가지 계기가 있다.

첫째, 2008. 5. 이후 발생한 광우병 쇠고기 파동이다. 한미 FTA 협상과정에서 우리 정부가 쇠고기에 대한 검역주권을 포기하다시피 함으로써 국민의 건강권을 지키지 못한 것에 대한 거센 항의의 표시로 촛불집회가 들불처럼 타올랐다. 정부는 국민들의 정당한 의사표현을 공권력을 동원해 저지하고자 했고, 수많은 시민들을 연행하고 기소하기까지 했다. 이명박 대통령은 우리 국민이 싼 값으로 쇠고기를 먹게 되었으며, 만약 광우병 위험이 있으면 사먹지 않으면 되는 것 아니냐는 식으로 발언하여 물의를 일으키기도 했었다. 결국 정부는 책임을 통감하고 대통령이 사과까지 했다. 광우병은 지구적 차원의 육식문화가 초래한 경고의 메시지로 받아들여졌다. 대통령도 위험하면 사먹지 말라고 하는데 이참에 지구도 위할 겸 육식을 끊어버릴까 하는 생각이 들었다.

촛불정국 이후 이명박 정부는 집회와 시위 및 언론과 출판의 자유 등 민주사회의 가장 기본적인 전제조건인 표현의 자유를 엄격하게 탄압했다. 인터넷상에 경제상황에 대한 분석의 글을 쓴 인터넷 필명 '미네르바'를 구속기소했다. KBS 정연주 사장을 법원의 권유에 따라 조정에 응한 것을 업무상 배임 혐의로 기소하고 나아가 해고까지 감행했다. 촛불집회에 참여한 시민단체에 대해 보조금의 지급을 중단했다. 언론소비자들의 불매운동을 업무방해 혐의로 기소하고, 촛불집회 참가자들을 집시법위반, 일반교통방해죄 등을 적용하여 무더기로 기소하는 등 사회 모든 분야에서 인권과 민주주의가 역주행했다. 정권의 무지막지한 탄압에 내가 할 수 있는 일이 무엇일까 하는 고민도 있었다. 조선시대 같았으면 정치지형이 뜻에 맞지 않으면 초야에 묻혀 후학을 기르는 일에 전념했다. 당시가 바로 그렇게 해야 할 때로 보였다. 아이들 교육 문제 때문에 그렇게 할 수는 없고, 내가 내 몸 가지고 할 수 있는 '고기 안 먹기'라도 실천해야 하지 않을까 하는 생각이 들었다.

둘째, 2008. 7. 15. 민변 공부모임에서 제레미 리프킨의 『육식의 종말』[161]을 같이 읽고 토론한 것이다. 위 책은 구체적인 통계와 생생한 묘사를 통해 육식, 특히 쇠고기를 먹는 것에 대해 근본적인 반성을 하게 했다. 지구상의 소들은 수억 명을 넉넉히 먹일 수 있는 양의 곡식을 먹어치우고, 열대우림을 파괴하며, 지구의 사막화와 온난화의 주범이며, 온갖 풍요 질병의 원인이 된다는 것

161 제레미 리프킨, 신현승 옮김, 육식의 종말, 시공사(2002).

이다. 현대적인 육식문화는 성차별, 계급차별, 국가정체성, 식민정책, 인종이론의 문제에도 영향을 미친다고 분석했다. 음식섭취가 사회적 차별의 수단이자 계급 불평등의 구현물로 나타나는데, 미국 이주자들이 쇠고기 문화에 합류하는 것을 미국 중산층에 들어가는 필수적인 통과의례로 여겼던 것이 대표적인 예라고 한다. 리프킨은 육식을 끝낼 것을 제안한다. "육식의 종말은 자연을 대하는 적절한 태도에 관한 우리의 사고방식을 변화시키는 것이다. 육식을 끊는 행위에는 모든 대륙의 자연을 대대적으로 회복시키는 생태계적 르네상스가 동반될 것이다. 현대적인 축산단지 해체와 인간의 음식에서 쇠고기를 없애는 것은 인간의식에 펼쳐진 새로운 장을 예고하게 될 것이다."

위 책을 읽으면서 내가 먹는 쇠고기 1근으로 인해 굶는 아이, 지구와 환경의 파괴, 내 건강에 미치는 악영향, 이런 모든 것을 생각하면 육식, 적어도 쇠고기를 먹어서는 안 될 것 같다고 생각하면서 일단 단계적으로 줄이는 것부터 실천하자고 다짐했었다.

셋째, 2009. 6. 26.(금요일) 우연히 시청하게 된 MBC스페셜 ≪목숨 걸고 편식하다≫라는 프로그램이다. 혈압전문의로서 자신이 현미생식을 하면서 고질적인 고혈압 환자에게 혈압 약의 복용을 중단시키고 채식으로 건강을 되찾게 해준 사례, 암 말기에 이르러 병원에서 포기했지만 채식을 통해 암을 극복한 사례, 신장이식술을 받아 항면역제를 평생 먹어야만 하는 상태였지만 그 후유증으로 말미암아 항면역제 복용을 중단하고 하루 두 끼 채식으로 건강을 유지하고 있는 사례 등이 소개되었다. 사람이 건강을 유지하기에 필요한 단백질은 현미밥 또는 잡곡밥을 통해 충분히 섭취할 수 있고, 사람이 하루에 세 끼 밥을 먹는 것은 몸을 혹사하는 것이고 두 끼만 먹어도 노동을 하면서 살기에 충분하다는 설명도 소개되었다.

혈압과 콜레스테롤이 유전적으로 높은 나로서는 아직 약을 먹는 단계에 이르지는 않았지만 언젠가는 먹기 시작해야 할 지 몰랐다. 2년마다 건강검진을 하고 나면 혈압이나 콜레스테롤 수치가 높다며 육식을 줄이라는 권고를 받았다. 잠시 육식을 줄였다가 다시 고기가 당겨서 먹곤 했다. 혈압 약은 한 번 먹기 시작하면 평생 먹어야 한다는 말을 들어왔는데, 평생 혈압 약의 노예가 된다는 것을 받아들이기 어려웠다. 계속 복용하던 혈압 약도 끊고 채식만으로 혈압을 낮추고 건강을 회복하는 것을 보고는 그 다음 날 채식을 해보기로 마음먹었다.

위 프로를 보고 다음 주 월요일인 2009. 6. 29. 사무실에 출근하여 사무실 구성원들과 만나는 사람들에게 공식적으로 채식을 선언했다. 주위에 공개적으로 선언해야 어느 정도 스스로를 강제할 수 있게 되기 때문이다. 일단 공개적으로 선언하고 실행하다 보면 어떤 문제가 있는지 드러나게 될 것이다. 세계채식연맹(IVU, International Vegetarian Union)은 '채식주의자'에 대해

'육지동물은 물론이고 물고기도 먹지 않는 사람으로, 우유나 계란은 기호에 따라 먹을 수도, 안 먹을 수도 있다."라고 정의한다. 채식주의에는 다양한 단계가 있다.[162] 여러 단계의 채식 중 어느 단계를 선택할 것인가? 하려면 제대로 해보자고 생각했으나, 그 기준을 정하는 것이 만만치 않았다. 기준을 지나치게 엄격하게 정하면 먹을 것이 없게 되고, 너무 느슨하게 정하면 하나마나 한 일이 될 수 있다. 채식의 의미를 살리면서도 일상생활 속에서 지킬 수 있는 적절한 기준을 정해야 했다. 육류는 물론이고 생선도 먹지 않는 것으로 해보기로 했다. 유제품이나 달걀도 원칙적으로 먹지 않는 걸로 했으나, 달걀로 요리하거나 달걀이 들어간 가공식품을 걸러내기는 쉽지 않았다. 대부분의 부침과 전 종류가 달걀로 부친다. 웬만한 과자에도 달걀이 들어간다. 음식을 앞에 놓고 그때그때 결정해야 할 일이 많았다. 새우젓이 들어간 김치가 나왔을 경우 김치를 안 먹을 수는 없을 것 같았다. 고기국물은 가능한 한 피하나, 냉면이나 김치찌개 등을 당장 끊을 수는 없을 것 같았다. 식당에서 김치찌개를 주문할 때 미리 고기를 넣지 말아달라고 부탁해서 해결하기도 했다. 무의식적으로 음식을 먹다가 국물 속에 육류나 해물이 있는 경우를 자주 접하게 되기도 한다.

---

162 채식주의자 구분은 제인 구달·게리 매커보이·게일 허드슨, 김은영 옮김, 희망의 밥상, 사이언스북스(2006), 234.에 정리되어 있다.

부족한 수준이지만 채식을 선언하고 이를 실천하고자 노력하니 세상이 달리 보였다. 주위를 둘러보니 채식을 실천하고 있는 사람들도 눈에 들어왔다. 민변에도 단계의 차이는 있지만 고기를 먹지 않는 사람이 몇 있었다. 만나는 사람마다 채식의 대열에 합류하기를 권했는데, 의외로 관심을 갖고 있는 사람이 많았다. 음식 하나를 놓고도 무엇으로 만들었는지 다시 생각해 보게 된다. 길거리의 그 많은 식당들도 새롭게 보였다. 있는지조차 의식하지 못했던 분식집이나 가정식 백반 집이 눈에 들어오고, 자주 가던 쇠고기나 삼겹살집 그리고 횟집들이 눈 밖으로 벗어났다. 왜 이렇게도 고기 식당이 많고, 고기가 들어가지 않은 음식은 적은지?

거의 매일 점심과 저녁식사를 같이 하는 사무실 변호사들이 고생했다. 내가 채식을 선언하자 '갑자기 웬 초식(草食)?' 하면서 문제제기도 없지 않았다. 채식과 초식의 차이는 무엇인가? 인간이 재배하거나 가공하지 않고 자연 상태에서 섭취하는 것이 초식이고, 적어도 재배하거나 채취해서 인간의 노동이 가해지고 나아가 조리까지 한 식물성 식품을 먹는 것이 채식이라고 구분할 수 있을까. 사무실 식구들이 마음 약해서 나에게 맞추어 고기 없이도 식사를 할 수 있는 식당을 찾아다녔다. 주로 다니는 식당이 바뀌었다. 생태탕 전문 식당, 삼겹살집, 김치찌개 전문 식당, 생선구이 전문 식당, 삼계탕이나 추어탕 전문 식당 등에서 웰빙 뷔페,

두부전문식당, 부추된장비빔밥을 주된 메뉴로 하는 식당, 야채비빔밥 전문 식당, 메밀소바 정식 식당 등으로 바뀐 것이다. 고기 나오는 식당에 가더라도 적당하게 헤쳐 나갈 수 있다. 주인이나 종업원을 불러 내가 채식임을 밝히고 공기밥에 된장찌개 등을 먼저 달라고 주문하면 거기에 맞게 해주었다.

당시 민변 회장을 맡은 시기였는데, 민변에서는 월요일 점심시간에 식사를 같이 하면서 집행부회의 또는 사무국회의를 했다. 회장이 채식을 하니 월요일 점심식사는 곤드레나물밥이나 된장찌개를 주로 먹었다. 민변 집행부와 사무국 구성원들은 미트 프리 먼데이 런치(Meat Free Monday Lunch)를 실천하게 되었다. 회식이나 모임에 가서도 채식을 실천하고 있음을 밝히고 양해를 구한 후 고기 이외의 것으로 요기를 했다. 식당 주인이나 종업원과 상의하면 해결책이 있다. 모임에서의 지위나 처지 때문에 채식임을 밝히는 것이 부담스러운 경우도 있으나, 대개의 경우 내가 채식임을 밝히면, 잠시 화제가 채식으로 옮겨가서 의견을 교환하는데 육식을 자제해야 한다는 점 자체에 대해서는 수긍하는 사람이 많았다.

채식을 선언한 이후 밖에서 먹는 식비가 절약되는 부수적인 효과가 나타났다. 대개 한 끼에 5천 내지 6천 원 정도였다. 더 비싼 요리는 고기가 들어가는 것이 보통이기 때문이다. 채식 이후 술에 쉽게 취했다. 이전과 비교하여 독한 양주는 마시기 힘들어졌고, 적은 양에 빨리 취했다. 술값이 절약되는 부수효과도 나타났다. 건강에는 별 이상이 없었다. 지속적인 등산과 채식을 병행하니 최대 78kg까지 나갔던 몸무게가 62~63kg까지 빠졌다. 특히 얼굴의 살이 쭉 빠져서 쪼글쪼글해졌다. 보는 사람마다 어디 중하게 아픈 것이 아니냐고 걱정스런 표정으로 물었다. 약간 기운이 딸리는 것 같았지만, 소화도 잘 되었고 변도 주기적으로 황금색으로 잘 보았으며 등산하는 데도 지장이 없었다. 다만 술을 마시면 쉽게 취한다는 정도의 변화는 있었다.

부모님과 아내가 너무 살이 빠져서 걱정된다면서 채식을 중단할 것을 강력하게 요청했다. 민변 회장직을 마친 후 채식을 시작하고 3년여가 지난 시점부터 생선을 먹기 시작했다. 생선을 먹기 시작했더니 몇 달 만에 몸무게가 68kg 정도로 약 5kg 늘었고, 얼굴 모습도 좀 나아져서 주위 사람들이 안도의 눈으로 보았다. 어느 정도까지는 육류를 먹지 않고 생선까지 먹는 형태의 채식을 유지하고자 했다. 박노해 시인의 말대로 '주의자'로 살기보다는 '위주자'로, 즉 '채식주의는 채식위주로'[163] 살면서 융통성 있게 대처하고자 했다. 그런데 2012. 12. 19. 실시된 대통령선거에서 박근혜가 당선되는 것을 보고는 다시 육식을 시작했다. 내가 육식을 거부한다고 해서 세상에 바뀌는 것은 아무 것도 없었다. 오히려

163 박노해, "주의자와 위주자", 그러니 그대 사라지지 말아라, 느린걸음(2010), 347.

열심히 싸우기 위해서는 고기를 먹는 것이 도움이 될 수도 있겠다 싶었다. 열심히 먹고 열심히 싸우자는 자세로 육식을 다시 시작했다. 그렇다고는 하지만 아내가 가능한 한 육식을 자제하는 식생활을 하고 있기 때문에 나도 거기에 맞추어 식생활을 했다.

2013. 4.에 『채식의 배반』[164]이라는 책을 읽게 되었다. 저자는 1964년생으로 작가이자 농사꾼이며 급진적 환경운동가이고 페미니스트다. 저자는 공장형 축산에 대한 지식을 접한 16살부터 지식에 맞는 행동으로 채식을 시작한 이래 20년간 철저한 비건(vegan)으로 살았다. 비건의 삶은 '내가 살기 위해 동물을 죽일 수 없다'는 도덕적 양심과 멸망해가는 지구를 구하기 위한 실천적 책무가 뒷받침한 삶이었다. 그러나 건강을 크게 해쳤다. 관절질환, 저혈당증, 생리 불순 및 중단, 만성 피로, 위 마비 증상과 구토증, 우울증과 초조감과 무기력증, 척추 손상 등. 여러 증상을 정신력으로 버텼다. 그러나 비건주의는 컬트 종교와 식이 장애가 혼합된 것으로서 몸이 고생하는 증상들의 원인이 채식에 있다는 사실을 깨닫고 채식을 그만두었다. 저자는 채식이 잘못된 지식과 정보에 근거한 것이라는 사실을 설명하고, 특히 채식주의 식사(저지방 식사, 비건 식사)는 사람의 몸을 유지하고 보충하는 데 장기적으로 적합하지 않아 몸을 상하게 한다는 경고를 하기 위해 책을 썼다고

164 리어 키스, 김희정 옮김, 채식의 배신, 부키(2013).

밝혔다. 저자는 채식주의자가 된 동기를 기준으로 채식주의를 도덕적 이유(내가 살기 위해 동물을 죽일 수 없다)에 의한 채식주의, 정치적 이유(환경 보호와 공장식 동물 사육을 거부한다)에 의한 채식주의, 영양학적 이유(육식, 특히 지방 섭취가 문명병의 원인이다)에 의한 채식주의로 구분하고 각각의 이유가 무지에 근거한 잘못된 것임을 지적한다. 특히 정치적 이유에 의한 채식주의에 대해서는 공장형 축산이 잔인하고 낭비가 심하며 파괴적이어서 반드시 폐기되어야 한다는 점에 대해서는 여전히 동의하면서도, 채식주의자들의 식단에 오르는 일년생 곡물도 결국 독점기업에 의해 생산되고 흙을 사막화시키고 그곳에 살던 모든 생명체를 죽음으로 몰아넣은 것이므로 역시 거부되어야 한다고 주장한다. 채식주의 식단은 세계 곡물 시장을 지배하는 과점 기업의 이익에 봉사할 뿐이다. 곡물기업은 국민의 세금인 정부(특히 미국 정부)의 보조금으로 막대한 이익을 얻고, 세계 모든 나라의 민중은 굶주린다. 영양학적 이유에 의한 채식주의에 대해서는 인간의 유전적 성격은 잡식, 특히 육식에 맞게 진화했으며, 섭취한 지방이 심장병을 일으킨다는 지방가설(lipid hypothesis), 이것이 좀 더 진화한 '미국인의 식습관이 건강하고 고결한 곡물에서 탐욕의 죄로 물든 고기와 지방 위주로 바뀌었기 때문에 그 벌로 심혈관 질환을 앓는 사람들이 더 많아졌다'는 신화는 사기라고 주장한다. 오히려 고(高)탄수화물 위주의 채식주의 식단이 건강을 크게 해친다는 점을 구체적이고 다양한 조사와 통계 및 자신의 경험에 기초하여 설명한다.

5. 기타 활동

민변에서는 2008. 5.부터 2010. 5.까지 부회장을 역임했고, 2010. 5.부터 2012. 5.까지 회장을 역임했다. 민변 회장과 부회장은 자원해서 하겠다는 사람이 없기 때문에 보통 순서를 정해 맡아야 될 때가 오면 맡아야 한다. 특별한 사정이 없으면 사무총장을 역임한 사람은 언젠가는 부회장을 거쳐 회장직을 수행해야 한다. 역할이 주어지는 것을 거절하지 못하는 사람이 맡을 수밖에 없는 구조다. 사무총장과 회장이 민변의 상징적인 인물이다. 민변의 부회장과 사무차장 또는 위원장 출신 중에는 국회의원이 많이 나왔으나, 사무총장과 회장 출신 국회의원은 아직까지는 없다. 민변의 상징인 회장과 사무총장이 그 활동을 이용하여 정계로 진출하는 것은 바람직하지 못하다는 공감대가 형성되었기 때문이다.

내가 부회장을 맡았을 때는 회장-사무총장 라인이 후임자를 구하지 못해(원래 예정되었던 회장 후임자가 사무실 사정 때문에 못하겠다고 하는 바람에) 부득불 연임했다. 나는 공무원을 퇴직한 지 얼마 되지 않았기 때문에 회장직을 맡을 수 없었다. 부회장으로 있으면서 민변에 산행 모임을 부활했다. 신년 시산제

산행도 했고, 야생화 탐방 산행도 했다. 아이들이 참석하는 산행을 기획하기도 했다. 산행에 관심을 가진 신입회원을 데리고 별도로 같이 산행을 하기도 했는데, 두 번 다시 나와 함께 하는 산행에 참가한 사람이 나오지 않았다. 처음 같이 산행할 때 신입회원이 잘 따라와서 이렇게 산행을 잘하는 사람이 있구나 하고 내가 놀랐었는데, 그때 많이 힘들었던 모양이다. 나는 그런 것도 헤아리지 못하는 선배였으니, 후에 많이 반성했다.

2010. 5. 17. 민변 사무실에서 열린 민변 회장 정견발표회에서 나에게 민변이 갖는 의미에 대하여 밝힌 내용이다.

> "과제가 주어지면 그 시기에 최선을 다해 수행하는 게 법률가의 자세라고 배웠고, 그렇게 살려고 노력하고 있습니다. 그래서 주어진 과제를 최선을 다해 수행한다는 마음가짐으로 감히 후보등록을 하게 되었습니다. 저의 변호사 생활은 민변의 역사와 함께 했습니다. 사법연수원을 마치고 변호사를 시작하던 해에 민변이 창립되어 51명의 창립멤버에 포함되는 영광을 누렸습니다. 그 이후 활동에 참여하면서 인원수를 채우는 것을 최대의 목표로 삼았지만, 저의 모든 활동은 민변과 일체를 이루었다고 해도 과언이 아닙니다."[165]

---

165 민주사회를 위한 변호사모임, "[회원전용/23차 총회 특집] 김선수 회장 후보 정견발표회 보고"(2010. 5. 19.), <https://www.minbyun.or.kr/?p=11662>.

또한 2015. 1. 민변 뉴스레터 인터뷰에서 말한 내용이다.

> "자기가 소속되어 있는 든든한 모임이 있다는 게 큰 힘이 됩니다. 그런 큰 힘을 민변을 통해서 확인하고 현 시기를 헤쳐 나가는 동료 내지는 동지로서 함께 가면 좋을 것 같아요."[166]

민변 회장직을 수행할 때는 민변 사상 처음으로 여성 사무총장(정연순 변호사)과 팀을 이뤘다. 정연순 변호사는 후에 민변 최초의 여성회장이 되었다. 민변 회장으로서의 업적 중 내세울 만한 것 한 가지를 꼽으라면 단연 최초의 여성 사무총장과 팀을 이뤘다는 점이다. 민변 회장 시기에 이명박 정부가 팟캐스트 '나는 꼼수다' 등을 비롯해 표현의 자유를 심각하게 탄압했다. 민변은 정부를 비판하는 표현을 했다는 이유로 탄압받는 사람들을 변론하기 위해 '나꼼수' 기금으로 5억 원을 모금했다. 정연순 사무총장이 구체적인 안을 만들어 집행부회의 의결을 거치고 서울특별시에 신고하는 등 기부금품법상의 적법절차를 준수하여 모금했다. 목표액 5억 원은 쉽게 모금되었다. 내가 회장으로 있을 때 다 쓰지 못해 다음 집행부에 인계했다. 모금 목적에 부합하도록 적정하게 집행하고 관련 절차도 문제없이 준수했다. 그런데 고발전문인이 위

---

166 민주사회를 위한 변호사모임, "[회원 인터뷰] 산, 노동, 여민, 김선수 변호사를 만나다" (2015. 1. 13.), <https://www.minbyun.or.kr/?p=27510&paged=0&search_type=integrated_search>

기금에 대해 고발을 해서 서초경찰서에 출석하여 조사를 받기까지 했다. 그때 정연순 변호사를 변호인으로 선임하고 함께 출석했었다. 서울중앙지방검찰청에서 사건을 꽤 오래 동안 가지고 있다가 2016. 10. 27. 혐의 없음 결정을 했다(2014년 형제31351호).

대법관 임명과정에서 민변 활동이 문제로 되어 인사청문회 인사말에서 이와 관련하여 다음과 같이 언급했다.

> "제가 변호사로 일하는 동안 변호사 단체인 민변의 회원으로 활동한 점을 이유로 대법관으로서 공정성을 유지할 수 있을지를 우려하는 견해도 있다고 알고 있습니다. 저는 우리 사회의 민주화를 이루는 데 중요한 역할을 했던 민변의 회원이었던 것을 자랑스럽게 생각합니다. 하지만 대법관의 역할과 민변 회원의 역할은 분명히 다릅니다. 예컨대, 민변이 국가보안법 폐지를 요구하더라도 대법관은 현행 국가보안법을 전제로 판결할 수밖에 없습니다. 저의 대법관으로서의 삶은 민변과의 관계를 단절하는 데에서 출발해야만 할 것입니다. 이런 배경에서 저는 대법관으로 제청된 직후에 민변을 탈회했습니다."

변호사로 복귀한 이후에도 기회가 주어지는 대로 강의에 나갔다. 2009. 3.부터 2011. 2.까지 숭실대학교 법과대학 법학과 겸임교수로서 노동법을 강의했다. 2012년부터 2017년까지 매 2학기에 서울대학교 법학전문대학원에서 '사법개혁론'을 강의했다. 2013. 3.부터 2018. 6.까지 매년 1학기에 한국방송통신대학교 겸임교수로서 법학대학원 과정의 노동법실무 과목을 강의했다. 2015. 3.부터 2018. 7.까지는 한양대학교 법학전문대학원 겸임교수로서 노동법을 강의했다.

대한변협에서는 2013. 11.부터 2년간 사법평가위원회 위원으로서 활동했다. 위 위원회는 대한변협 협회장이 대법관이나 헌법재판관 후보자를 추천할 때 그 후보자를 선정하여 협회장에게 건의하는 업무를 담당했다. 대한변협의 입장에서는 후보자를 순수 재야 출신 변호사 중에서 추천하는 것이 바람직할 것인데, 위원회는 현직 법관도 많이 추천했다. 대한변협으로서는 임명될 대법관이나 헌법재판관을 맞추는 것보다는 대법관 또는 헌법재판관이 될 순수 재야 변호사를 발굴하고 이를 관철시키는 것이 바람직한 역할로 보인다. 순수 재야 변호사가 대법관이 되는 것이 매우 어려운 여건에서 대한변협으로서는 계획을 세우고 장기적으로 접근할 필요가 있는 것으로 보인다. 일본변호사연합회는 15명의 최고재판관 중 관행상 4명에 대한 추천권을 행사하고 있다.

2014. 3.부터 4년간 대한변협 징계위원회 위원을 맡았다. 2016. 3.부터 2년간은 간사를 맡았다. 매월 1회 정도 징계위원회를 개최하여 몇 건씩의 징계안건을 처리했다. 징계위원회는 위원장과 간사를 포함하여 변호사 3명, 고등법원 부장판사 2명, 검사장 2명, 법학교수 1명, 언론인 1명(2018. 2. 26.부터는 변호사 3명, 판사 1명, 검사 1명, 변호사 아닌 법학교수 1명, 경험과 덕망 있는

사람 3명)으로 구성되었다. 나와 함께 징계위원으로 활동했던 오석준 부장판사가 후에 대법관이 되었다. 징계사건이 의외로 많았고, 많지 않은 금전을 반환하지 못해 결국 징계까지 당하는 변호사도 많았다. 징계양정의 측면에서 변호사가 아닌 징계위원들이 변호사 징계위원보다 약한 의견을 내는 경우가 많았다.

2017. 1.부터 그 해 말까지 국회(국회의장 정세균) 헌법개정특별위원회(위원장 이주영) 자문위원회의 자문위원으로서 기본권·총강분과에서 활동했다. 국회 개헌특위는 공개모집 절차를 통해 추천된 후보 중 53명을 자문위원으로 선정했다. 개헌특위는 기본권 등을 다루는 제1분과소위(위원장 김동철)와 정부형태(권력구조) 등을 논의하는 제2분과소위(위원장 이인영)로 구성됐다. 자문위원회는 △기본권·총강, △경제·재정, △지방분권(이상 1소위), △정부형태, △정당·선거, △사법부(이상 2소위) 등 모두 6개 분과로 꾸려졌다. 기본권·총강분과에서 같이 활동한 자문위원들은 신필균(간사), 고문현, 김은경, 김창수, 박순성, 박은정, 박진경, 박태순, 염형철, 정성헌, 조소영 등이었다. 자문위원회는 2017. 2. 2. 제1차 전체회의를 시작으로 같은 해 12.까지 10차례 전체회의와 13차례 소위원회 회의, 113차례 분과별 회의(토론회 7회 포함)를 포함한 총 136차례 회의를 개최했다. 나는 2017. 4. 26. 개최된 분과 주최 토론회에서 "기본권의 확충과

강화"라는 제목으로 발표를 했다. 기본권·총강분과는 2018. 1. 활동 결과를 종합·정리하여 백서[167]를 발간했다. 나는 분과회의를 할 때 논의를 위한 기초자료를 작성하고 논의결과를 정리했으며, 백서를 발간할 때도 실무적인 작업을 담당했다. 나는 자문위원회 활동이 마무리된 이후에도 2018. 2. 20. 전국사무금융서비스노동조합·국회의원 이인영·이정미 공동주최 '노동헌법개정 국회토론회'에서 "87년 헌법 체제의 한계와 노동헌법 개헌의 방향" 제목으로 발제를 했고, 2018. 2. 27. 한국헌법학회·광주광역시 공동주최 '헌법전문과 민주이념' 개헌토론회에서 종합토론을 했다. 노동존중 사회를 위한 노동헌법 개정 방향에 대하여 정리하여 발표하고[168] 강연하기도 했다.

---

167 헌법개정특별위원회 자문위원회 제1소위원회 기본권 · 총강분과, 활동 백서(2018).

168 김선수, "노동존중 사회를 향한 노동헌법 개정 방향", 노동사회 200호, 한국노동사회연구(2018), 16~24.

제 3.

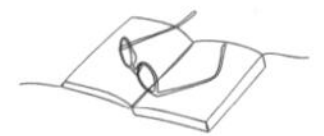

대법관

Ⅰ. 대법관 임명

변호사로 활동해도 사회를 위해 충분히 기여할 수 있는데 왜 꼭 대법관이 되려 했는가? 대한변호사협회 홈페이지에서 회원 현황을 확인할 수 있다. 2025. 11. 5. 기준으로 개업회원 31,599명, 준회원(휴업+미개업) 6,300명, 합계 37,899명이다.[169] 판사 정원은 2025년에 90명 증원하여 3,304명이 된다. 법관의 10배가 넘는 변호사들이 전국 각지 다양한 분야에서 사회적 약자와 소수자 그리고 국민의 인권을 보장하기 위해 활동하고 있다. 변호사 활동

169 대한변호사협회 홈페이지, <https://www.koreanbar.or.kr/pages/introduce/stat.asp> (2025. 11. 5. 검색).

을 인정받아 대법관이 되어 좋은 판결에 기여하는 길도 있다는 롤모델을 제시해야 한다는 책임감으로 대법관직에 대한 마음을 품었다.

사회생활을 법관으로 시작한 대법관은 평생 법대(法臺) 위에서 기록을 통해 간접적으로 현실을 경험했기 때문에 법대 아래 사회의 구체적 현실에 대해서는 정확하게 이해하기 어려울 수 있다. 법대 아래를 경험한 사람과 경험해 보지 못한 사람 사이에는 사건을 바라보는 관점에도 차이가 있을 수 있다. 법대 아래에서 사회생활을 경험한 사람이 대법관이 되어 법대 위에서 간접적으로만 세상을 경험한 대법관들에게 법대 아래의 구체적 현실, 특히 사회적 약자와 소수자가 처한 상황과 애환과 아픔을 올바르게 전달하면 사건을 종합적으로 파악하고 올바른 판단을 하는 데 도움이 될 것이다.

그동안 재조 경력이 없는 순수재야 출신 대법관이 나오지 못한 것은 살인적으로 과다한 재판 업무를 수행할 역량이 있는지 하는 점에 대한 불신 때문이었다. 그러나 사법시험에 합격하고 사법연수원을 수료하여 변호사가 되거나, 대학을 졸업하고 3년간 로스쿨 과정을 수료한 후 변호사시험에 합격하고 6개월의 수습을 마쳐 변호사가 된 사람이라면 기본적인 자질은 확인되었다고 할 수 있다. 재판연구관 제도와 재판업무지원 시스템의 도움을 받아 사법시험 시험공부 할 때의 단조로운 생활과 집중력으로 대법관

직을 수행한다면 충분히 감당할 수 있을 것이다. 4명의 대법관으로 구성된 소부에 재조 경력 없는 순수재야 출신 대법관이 1명씩 있다면 사건을 다른 시각으로도 검토하여 종합적으로 이해할 수 있고, 이를 토대로 바람직한 결론을 도출하는 데도 도움이 될 것이다.

대법관 임명 절차는 법원행정처가 퇴임하는 대법관의 임기 만료 약 3개월 전에 후보자 추천 공고를 하는 것으로부터 시작된다. 개인이나 단체 아무라도 제한 없이 후보자를 추천할 수 있다. 법원행정처는 피추천인에 대하여 동의 여부를 묻는다. 피추천인이 부동의하면 다음 절차의 진행에서 제외된다. 피추천인이 동의하면 법원행정처는 동의자 명단을 공고하고 의견을 수렴한다. 피추천인은 각종 검증 자료(10년 치 세금, 재산, 소득, 건강보험과 국민연금 등 각종 공과금, 가족 및 주민등록관계, 금융자료 등)를 법원행정처에 제출한다. 법원행정처가 검증을 거친 후 대법관후보추천위원회에 제공하면, 대법관후보추천위원회는 회의를 개최하여 3배수 이상을 대법원장에게 추천한다. 대법관후보추천위원회는 당연직 위원인 선임대법관, 법원행정처장, 법무부장관, 대한변호사협회장, 사단법인 한국법학교수회 회장, 사단법인 법학전문대학원협의회 이사장과 그리고 대법관이 아닌 법관 1명, 학식과 덕망이 있고 각계 전문 분야에서 경험이 풍부한 사람으로서 변호사 자격을 가지지 아니한 사람 3명(1명 이상은 여성이어야 한다) 등 10명으로 구성된다. 누구라도 대법관후보추천위원회의 심사과정에 의견을 제출할 수 있다. 각 지방변호사회는 통상 후보자 중에서 그 지방변호사회가 실시한 법관평가에서 우수법관으로 선정되거나 하위평가를 받은 사람이 있으면 그와 관련한 의견서를 제출한다. 대법원장이 대법관후보추천위원회에서 추천한 사람 중에서 단수로 제청하면, 대통령이 국회에 대법관 임명동의요구안을 제출한다. 국회는 인사청문특별위원회를 구성하여 인사청문회를 실시하고 인사청문 결과를 의결한 후 본회의에서 동의안에 대해 표결하여 재적의원 과반수의 출석과 출석의원 과반수의 찬성으로 의결한다. 국회에서 동의안이 가결되면 대통령이 임명하고, 전임자 임기 만료 다음날부터 임기가 시작된다. 통상 대통령실에서 임명장 수여식을 개최하고, 대법원에서 취임식을 개최한다.

나는 대법관 후보자로 여섯 차례 추천되었다. 2014. 6. 서울변회(회장 나승철)가 추천했고, 2015. 7., 2016. 9., 2017. 6., 2017. 11. 2018. 6.에 각 대한변협이 추천했다. 2015. 7.과 2017. 9.의 대한변협 협회장은 하창우 변호사였고, 2017. 6. 이후의 협회장은 김현 변호사였다. 하창우 협회장은 2007년부터 2008년까지 제89대 서울변회장을 역임한 바 있다. 내가 사법개혁비서관직을 퇴직하고 변호사로 복귀했을 때 나에게 서울변회에서 무슨 사업을 하면 좋을지 아이디어를 구했었다. 일본과 대만에서 지방변호사회가 법관평가 사업을 하고 있다고 알고 있었고, 특히 대만에서 잘 정착되어 있다고 들은 적이 있어 서울변회에 법관평가 사업을 해 보면 어떻겠느냐고 제안했다. 대만에 시찰 가서 그쪽에서 어떻게 하고 있는지 보고 오면 도움이 될 것이라고 말해주었다. 서울변회는 2008. 11. 24. 상임이사회에서 법관평가제도 규칙제정안과 법관평가특별위원회 설치안을 의결함으로써 법관평가 제도를 도입했다.[170] 서울변회는 대만에도 시찰을 다녀왔고, 만반의 준비를 갖추고 기다리고 있다가 재판장이 위압적이고 편파적으로 재판을 진행하여 물의를 일으키는 사건이 발생하자 이를 계기로 법관평제도 도입을 발표했다.[171] 하창우 협회장의 추진력과 기획력을 엿볼 수 있는 대목이다.

하창우 협회장과 김현 협회장은 나와는 정치적 견해가 달랐고 내가 활동했던 민변에 대해서도 우호적이지 않았다. 그럼에도 두 협회장이 나를 수차 대법관 후보자 중 하나로 추천했던 것은 재조 경력 없는 순수재야 변호사 출신 대법관이 나와야 한다는 점에 대해 적극적으로 동의했기 때문이다. 박근혜 대통령이나 양승태 대법원장 시기에는 대법관에 임명될 가능성이 전혀 없었음에

---

170 동아일보, "서울지방변호사회 '연내 법관평가 시작'"(2008. 11. 25.), <https://www.donga.com/news/article/all/20081125/8662322/1>.

171 YTN 라디오 인터뷰, "법관 평가제, 공정한 재판절차를 위한 것-하창우 서울지방변호사회장"(2008. 11. 19.), <https://radio.ytn.co.kr/program/index.php?f=2&id=2055&s_mcd=0214&s_hcd=01>.

도 내가 절차 진행에 부동의 하지 않고 동의한 것은 추천해준 대한변협에 대한 예의 차원도 있고, 또 외부에 대법관직을 포기하지 않았다는 점을 분명하게 밝히기 위함이었다. 2017. 6. 이후에는 대법관후보추천위원회에서 추천하는 3배수 이상의 후보에도 포함됐다. 2017. 6.에는 4배수인 8명, 2017. 11.에는 4.5배수인 9명, 2018. 6.에는 3배수 이상인 10명에 포함되었다.

2018. 7. 대법원장이 제청하는 3명에 포함되었다. 제청대상자로 되었을 때 많은 사람들이 지지하고 응원해주었다. 대표적으로 전수안 전 대법관은 페이스북에 "이렇게 살아오지 못해 늘 미안하다"며 "그래도 이런 삶을 존중하고 귀히 여기는 마음 정도는 필요한 거 아닌가"라며 지지의사를 밝혔고, 그 내용이 언론에 보도되기도 했다.[172] 당시 제20대 국회(2016. 5.~2020. 5.)는 더불어민주당 123석, 새누리당 122석, 국민의당 38석 등으로 국민의당이 캐스팅보트를 행사하는 상황이었다. 청문회는 노회찬 의원이 사망한 2018. 7. 23. 실시되어 밤 10시 넘어서까지 긴장된 상태에서 진행되었다. 다음 날 노정희 후보자, 그 다음 날 이동원 후보자에 대한 청문회를 실시했는데, 갈수록 청문회 시간이 짧아지고 분위기도 좋아지고 강도도 약해졌다. 3명에 대한 청문회

---

172 세계일보, "전수안 '김선수처럼 살지 못해 늘 미안…이런 삶 존중하고 귀히 여겨야'"(2018. 7. 3.), <https://www.segye.com/newsView/20180703003917?OutUrl=naver>.

를 마치고 청문보고서를 채택할 때 이동원, 노정희 후보자에 대해서만 먼저 채택하고, 나만 제외되어 불안했다. 다행히 다음 날 다시 회의를 개최하여 나에 대한 청문보고서도 채택했다. 7. 26. 국회 본회의에서 임명동의안을 표결했는데, 다행히 출석 271명, 찬성 162명, 반대 107명, 기권 2명으로 59.8% 찬성율로 가결되었다. 캐스팅보트를 행사하는 국민의당이 동의해주어 간신히 임명될 수 있었다.

내가 대법관에 임명되었을 때 언론은 1980년 이후 처음으로 순수 재야 출신 대법관이 탄생했다고 보도했다.[173] 그 이전에 홍순엽(1961.~1976. 정년퇴직), 양병호(1969.~1980.) 대법원판사가 있었으나, 1987년 민주화 이후에 대법관 명칭이 회복되었기 때문에 순수 재야 출신 대법관은 내가 처음이다. 나는 취임사에서 다음과 같이 다짐했다.

> "순수 변호사 출신 대법관이라는 국민 여러분의 관심에 무거운 책임감을 느낍니다. 우리 사회의 다양한 가치와 이익, 특히 사회적 약자와 소수자의 관점이 대법원의 논의에도 반영되어야 한다는 국민의 열망이 저를 이 자리에 서게 한 원동력이었다고 생각합니다. 저는 대법관으로서 사회적 약자와 소수자를 포함한 모든 구성원들이 인간으로서의

---

173 뉴시스, "문재인 대통령 임명 대법관 '과반'…사법부 변화 시작되나"(2018. 8. 2.), <https://www.newsis.com/view/NISX20180801_0000380233>.

존엄과 가치를 존중받고 행복하게 살아갈 수 있는 사회, 다양성과 차이를 포용할 수 있는 사회를 만들기 위해 최선을 다하겠습니다."[174]

Ⅱ. 대법관의 일상생활 등

1. 일과 등

가. 대법관 생활의 일과는 거의 10분의 오차도 나지 않는 단조로운 생활의 연속이다. 아침 6시경에 일어나 준비하고 7시 57분경 집을 나선다. 전속차량을 이용하여 8시 10분경에 사무실에 도착하여 기록을 본다. 화장실도 사무실 안 내실에 있다. 생리현상도 사무실 안에서 처리하고 밖에 나오지 말고 일만 열심히 하라는 취지로 보였다. 다른 약속이 없으면 12시 30분경(대법관 이외의 사람들이 12시부터 점심식사를 하기 때문에 식당 직원들의 일을 분산시키기 위해 시차제로 식사를 했다) 구내식당 대법관 전용 룸에서 점심을 먹는다. 구내식당에서 식사를 하는 대법관들과 같이 식사를 하는데, 진행 중인 사건에 대해 서로 의견을 교환

---

174 세 사람의 취임사 전문과 취임식 분위기에 대하여는 법률신문, "김선수·이동원·노정희 대법관 취임…'국민 신뢰 회복'"(2018. 8. 2.), <https://www.lawtimes.co.kr/news/145291?serial=145291&page=1>.

하기도 한다. 식사 후 같이 산책을 하기도 한다. 유일한 운동시간이므로 건강을 생각해서 가능한 한 산책을 하려고 했다. 다시 사무실로 올라와 기록 속에 파묻힌다. 구내식당이 저녁에는 대법관 전용 룸을 운영하지 않아 저녁식사를 하기가 마땅치 않다. 어느 시점부터인가는 오후에 간식으로 과일을 주는 것을 5시 이후 시간에 다른 간식거리와 함께 달라고 해서 저녁식사를 대신한다. 저녁 9시경 사무실을 나와 마을버스를 타고 귀가한다. 주말 이틀 중 하루는 출근한다. 이틀 모두 쉬어 보았더니 업무량이 도저히 감당이 되지 않았다.

대법관실로 매일 재판연구관의 검토보고서와 기록이 올라온다. 컨베이어벨트에 실어 와서 대법관실에 내려놓고 가는 것 같다. 민사신건조는 매우 화요일과 금요일에 10건 가량의 보고서를 올려 보내고, 다른 공동조나 전속재판연구관은 보고서가 완성되는 대로 아무 때나 올려 보낸다. 대법관은 콘베이어벨트에 실려온 보고서와 기록을 가능한 한 당일 중으로 읽어보고 처리방안을 결정해야 한다. 다음에 보겠다고 옆으로 빼놓으면 다음 날 다른 사건들이 올라오기 때문에 미뤄둔 사건을 다시 꺼내 보기가 만만치 않기 때문이다. 임기 6년 동안 이런 생활의 연속이다. 하루를 대충 보내면 이를 만회하기 위해서 다음의 어느 날 고생해야 한다.

집과 사무실을 왕복하면서 단조로운 생활을 하다 보니 대법관실이 마치 기록의 벽에 둘러싸인 수도원 또는 동안거(冬安居)

토굴과도 같이 느껴졌다. 퇴근할 때 잠시 속세에 나왔다가 다시 수도원으로 복귀하는 생활의 연속이었다. 재조 경력이 전혀 없는 상태에서 대법관에 임명되었기에 주위에서 업무를 감당하는지 의심의 눈초리로 지켜보는 사람들이 있었던 모양이다. 생각보다 실수를 하지 않고 버틴다고 평가하는 사람들이 있었다는 말이 나의 귀에까지 들어왔다. 조그만 실수도 하지 않기 위해 집중했고, 일처리 속도에도 문제가 없다는 점을 증명하기 위해 사건 수도 관리했다. 퇴임사에서 이런 생활을 다음과 같이 표현했다.

> "재조 경력이 전혀 없는 상태에서 임명된 최초의 대법관으로서 업무수행 역량에 대한 우려를 늘 염두에 두고 사법시험 공부를 할 때와 같은 집중력과 단순한 생활 방식으로 매 순간 온 힘을 기울였습니다. 최종심이라는 막중한 책임 앞에서 조금이라도 방심하면 일어날 수도 있는 작은 실수조차 용납되기 어렵기에 매순간 살얼음을 밟듯[如履薄氷, 詩經 小雅篇 小旻], 칼날 위를 걷듯, 지뢰밭을 헤쳐 나가듯 초긴장 상태에서 집중해야만 했습니다[欽欽]. 올바른 결론을 내리고 동료 대법관들을 설득할 논리를 개발하고, 또 사회 구성원들이 수긍할 수 있는 판결을 작성하기 위해 고민하며 잠 못 이루던[不眠] 밤들이 주마등처럼 스쳐 지나갑니다."[175]

대법관의 직무를 수행하는 과정에서 재판서에 찍을 도장과

---

175 사법발전재단(주 1), 13.

형사판결문 원본에 서명할 필기구가 필요하다. 형사판결문을 제외한 나머지 재판서에는 도장의 인영을 전자화해서 전자서명을 한다. 도장은 후배가 선물했다. 이름 세 자를 한글로 새겼다. 대법원장과 대법관 중에서 한글 도장을 사용한 사람은 내가 유일했다. 형사판결문 서명을 하기 위한 만년필과 잉크는 동생이 선물했다. 6년 임기 동안 잘 사용했다.

나. 대법관실에는 전속연구관 2명(19년 내지 20년 경력의 부장판사, 14년 내지 15년 경력의 판사), 비서관(행정관급) 1명, 주무관 또는 행정관 3명, 비서(운전 담당) 1명이 소속되어 있다. 12명의 대법관을 '가'부터 '타'까지로 표시하는데, 나는 전임자가 '타'였기 때문에 '타'를 물려받았다. 내가 속한 대법관실을 '타방'이라 불렀고, 내 주심사건을 '타 주심 사건'이라 했다. 전속연구관은 보통 2년, 비서관은 3년, 주무관은 2년, 행정관은 4년 같이 근무하고, 비서는 6년의 임기 동안 계속 같이 근무했다. 일부 주무관과 행정관이 연장근무를 신청하여 6개월 정도 더 근무한 경우도 있었다.

대법관까지 포함한 8명의 타방 구성원들은 식구보다도 더 많은 시간을 같이 보내야 하므로 팀워크가 중요하다. 상대방을 만난 것이 나의 인덕인 것처럼, 나를 만난 것이 상대방에게도 인덕이 있는 것이 되도록 서로가 서로에게 좋은 영향을 주는 관계를 맺어가고 약속했다. 다행히 대법관실 구성원들이 잘 화합해서 분위기가 좋았다. 대법관에 취임하고 첫 소부 합의 바로 전날 저녁 약속이 있었다. 사무실을 나서기 직전에 고참 행정관이 방으로 들어와서는 "저녁 식사하고 들어오실 거죠"라고 조용히 물었다. 다음 날 소부 합의가 있는데 어떻게 저녁 약속을 잡았느냐고 타이르는 것으로 들렸다. 잠깐 고민하다가 들어오겠다고 대답하고, 실제 식사만 하고 사무실에 들어왔다. 소부 합의 전날에는 목욕재계하고 경건하게 준비하는 것이 정성을 다하는 올바른 태도다.

대법관실 단위로 봄과 가을에 점심시간을 이용하여 소풍을 다녀오기도 하고, 생일이나 취임일을 기념하기도 하고, 직원 인사이동이 있을 때 환영연과 환송연을 갖기도 했다. 대법원 청사 화단에 영산홍이 활짝 필 때면 대법원에서 대법관실 단위로 꽃과 청사를 배경으로 구성원들의 단체사진을 찍어주었다. 1박 2일로 강릉으로 워크숍을 다녀오기도 했다.

사무실은 12명의 대법관이 4개 층을 사용한다. 한 개 층에 3개의 대법관실이 있는데, 가운데 방이 좀 넓고 구조가 더 좋다. 대법관실 자체는 큰 차이가 없으나, 전속연구관실에 상당한 차이가 있다. 그래서 서열이 높은 4명의 대법관이 가운데 방을 쓴다. 처음 임명될 때는 양쪽 옆방 중에 비어 있는 방을 쓰고, 서열이 올라가서 4번째 순위가 될 때 가운데 방으로 옮긴다. 2~3년 동안 가운데 방을 쓰는 대법관이 있는 반면, 몇 개월밖에 가운데 방을 쓰지 못하는 대법관도 있다. 나는 1년 정도 가운데 방을 썼다.

대법관들은 1년에 두 차례 정도 1박 2일로 워크숍을 간다. 전원합의체 합의(통상 매월 셋째 주 목요일)가 있는 주의 금요일 점심식사 후에 버스를 타고 이동한다. 중간에 둘러볼 곳을 들린다. 숙소에 도착해서 2시간 정도 논의할 사항에 대해 발표를 듣고 토론한다. 저녁 식사 후에 뒤풀이를 한다. 퇴직을 앞둔 대법관이 있는 경우에는 퇴직 대법관 송별 프로그램도 진행한다. 다음 날 아침 식사 후에 서울로 돌아오면서 둘러볼 곳을 들린다.

다. 대법관 4명으로 구성된 소부가 대부분의 사건을 처리하므로 소부 구성 대법관을 잘 만나는 것이 중요하다. 나는 6년 임기 동안 쭉 제1부를 지켰다. 4명의 대법관이 임명 순으로 서열이 정해지는데, 4열부터 시작해서 3열, 2열, 1열로 올라간다. 전원합의체 판결을 선고하거나 공개변론을 할 때 대법정에서 대법원장을 포함한 13명이 대법관석에 앉아서 진행하는데, 대법원장이 한가운데 앉고 서열 순으로 가운데부터 가장자리로 옮겨간다. 내가 처음 대법관이 되었을 때 제1부는 권순일-이기택-박정화-김선수로 구성되었고, 권순일 대법관이 2020. 9. 7. 퇴임한 이후에는 이기택-박정화-김선수-이흥구로 구성되었다. 내가 2년 1개월 동안 4열을 지켰는데, 맨 막내 생활을 꽤 길게 한 편에 속한다. 2021. 5. 7. 박상옥 대법관이 퇴임하고 법원행정처장이 바뀌면서 부 구성에 변화가 있어 이기택-박정화-김선수-노태악으로 구성되었다. 이기택 대법관이 2021. 9. 16. 퇴임하면서 박정화-김선수-노태악-오경미로 구성되었다. 박정화 대법관이 2023. 7. 18. 퇴임하면서 김선수-노태악-오경미-서경환으로 구성되었다. 박정화 대법관과는 거의 5년 동안 계속 같은 부에서 희로애락을 같이 했고, 2021. 9. 16.부터 2023. 7. 18.까지 22개월 동안 제1부는 남녀동수로 구성되었다. 남녀동수로 구성된 기간에 특히 성범죄사건 등 성인지적 관점이 필요한 사건에서 균형 잡힌 결론을 내는데 도움이 많이 되었다.

국회의 대법관 임명동의안 가결 후 대법관 취임 전에 박시환 전 대법관을 만나 대법관 직무수행에 관하여 조언을 구했다. 당시 박시환 전 대법관이 조언해준 내용이다. 첫째, 취임 초부터 주심사건의 수를 관리할 필요가 있다. 본인이 취임 초에 사건 수에 신경을 쓰지 않았더니 금방 감당하기 어려울 정도로 사건 수가 많아져서 이를 정상적인 수로 만들기까지 상당히 고생했다는 것이다. 나는 이 조언에 따라 취임 초부터 사건 수를 통제할 수 있는 범위에서 관리했고, 더불어 장기미제 사건도 적절하게 처리하기 위해 노력했다. 둘째, 재판연구관들의 실력을 신뢰해도 좋다. 대법관이 요구하면 무엇이든지 만족할 만한 수준의 보고서를 작성하여 원하는 시기에 맞추어 제출해준다. 다만 대법관과 재판연구관은 그 역할과 책임이 다르기 때문에 재판연구관의 의견과는 다른 판단을 해야만 할 때가 종종 있었다. 셋째, 전원합의체 사건 등에서 잘 모를 때는 박정화 대법관과 상의하면 실수는 하지 않을 것이다. 변호사 시절에 박정화 대법관이 서울행정법원 노동전담부 부장으로 근무할 때 법정에서 자주 봤었다. 재판 진행이 까칠했지만, 원·피고 대리인 여부나 전관예우 받는 변호사인지 여부에 관계없이 똑같이 대우했고, 사건 장악력이 좋았으며, 결론도 수긍할 수 있어서 호감을 갖고 있었다. 박시환 전 대법관으로부터 그 이름을 들으니 반가웠는데, 같은 부에서 계속 같이 근무할 수 있어서 행운으로 생각했다. 처음 전원합의체 사건 공개변론을 할 때 내가 질문을 하면서 목소리가 떨리고 더듬거리자 바로 옆에 앉아 있던 박정화 대법관이 '침착하게 천천히'라고 쓴 메모지를 건네주어 나를 진정시켜 주었다. 초반 2년여 정도는 박정화 대법관과 의견 일치도가 가장 높았으나(동아일보와 서울대 한규섭 교수팀이 2020. 9. 분석한 대법관 판결 성향에 의하면 당시 현직 대법관 중에는 내가 가장 왼쪽, 바로 다음에 박정화 대법관이 위치하고 있다[176]), 어느 시점 이후에는 종종 다른 의견을 취하기도 했다. 그 결과 박정화 대법관이 퇴임한 2023. 7. 기준 대법관 판결 성향 분석에 의하면 내가 박정화 대법관보다 보수적인 것으로 평가되

176 동아일보, "문 대통령 임명 진보 대법관 5명, 판결 38건 중 27건서 같은 의견"(2020. 9. 23.), <https://www.donga.com/news/article/all/20200923/103060252/1>.

었다.[177] 권순일 대법관과는 2년 1개월 같이 근무했는데, 내가 대법관에 취임한 이후 줄곧 제1부의 1열 대법관이었다. 매우 총명했고, 의미 있는 법리를 설시하기에 좋은 사건을 발굴해내는 능력이 뛰어났으며, 상당수의 노동사건에서 나와 의견을 같이 해 소부 판결로 의미 있는 법리를 설시했다. 권순일 대법관이 퇴임할 때 노동법실무연구회에서 퇴임기념으로 권순일 대법관 주심 노동판결들과 하급심 재판장으로서 선고한 몇 개 판결을 묶어서 노동법실무 연구를 출판하여 증정했다.[178] 이기택 대법관은 나의 대법관 임기의 전반기 3년 1개월 동안 나와 주심과 재판장의 관계였다. 내 주심 사건의 재판장은 이기택 대법관이 맡고, 이기택 대법관 주심 사건의 재판장은 내가 맡는 구조였다. 이기택 대법관은 특히 소송법 영역에서 아이디어가 많았고, 임기 말년에 본인의 의견을 전원합의체 판결에 담으려고 노력했다. 그래서 제1부의 다른 대법관들이 이기택 대법관과 다른 의견을 집필하기 위해 역할분담을 하기도 했다. 나와는 의견이 다른 경우가 많았는데, 이기택 대법관이 지적한 사항들을 반영함으로써 판결의 질이 올라갔다. 이기택 대법관의 후임으로 임명된 오경미 대법관과는 나의 대법관 임기

---

177 동아일보, "김명수 제청 대법관 3명, '진보성향 톱 10'에"(2023. 10. 4.), <https://v.daum.net/v/20231004030130772>.

178 노동법실무연구회, 권순일 대법관 퇴임기념 노동법실무연구 3권, 사법발전재단(2021).

중 후반기를 주심과 재판장의 관계로 지냈다. 별개의견이나 보충의견을 자주 같이 집필할 정도로 의견이 잘 맞았다. 나 혼자였다면 풍부하게 작성하지 못했을 텐데, 오경미 대법관이 열정적으로 의견서를 작성하여 풍부한 내용의 의견을 밝힐 수 있었다. 노태악 대법관과는 의견이 맞지 않는 경우가 종종 있었는데, 그러한 경우에 노태악 대법관은 전원합의체에 보고하여 다른 대법관들의 의견을 들어보자고 제안했다. 전원합의체 합의를 통해 다수의견이 확인되면 노태악 대법관이 본인 의견과 다르더라도 동의해주어 소부판결로 선고하기도 했다.

라. 대법원 재판은 예외적으로 극소수의 주심 단독재판(구속영장 발부, 상고장각하명령 등)이 있으나, 4명의 대법관으로 구성된 소부 재판이 압도적인 비중을 차지하고, 소수의 중요사건에 대한 전원합의체 재판이 있다.[179]

전원합의체 합의는 보통 한 달에 한 번(원칙적으로 세 번째 목요일, 해당일이 15일인 경우에는 22일[180]) 09:30부터 대법원장실 옆에 있는 전원합의실에서 진행한다. 1년에 정기인사철이나

---

179 김선수, "대법원의 조직과 재판 유형에 관한 일고찰", 사법 72호, 사법발전재단(2025), 481~494.

180 「대법원 전원합의체의 심리절차에 관한 내규(약칭 '전합심리내규', 내규 제510호, 시행 2019. 6. 29.)」 제6조 제1항.

여름휴가 기간 등 2회 정도는 쉰다고 보면, 1년에 10회 전원합의체 합의를 진행한다. 특별한 사정이 있는 경우에는 더 자주 전원합의체 합의를 진행할 수도 있다. 전원합의실은 원형으로 좌석이 배치되어 있고, 대법원장석으로부터 서열 순으로 대법관석이 배치되어 대법원장석의 맞은편에 신임대법관석이 있다. 보통 본격적인 재판 합의에 들어가기 전에 사법행정 안건에 관한 의결을 하기 위해 대법관회의를 진행한다. 대법관회의에는 법원행정처장도 참석하고, 법원행정처의 담당자들이 참석하여 의안을 설명한다. 합의기일에는 보통 6건 내지 7건 정도의 사건을 넣으나, 토론이 길어지면 18:30 내지 19:00경에 합의를 마치고, 합의를 시작하지 못한 사건은 다음 기일로 속행된다. 한 번에 결론을 내지 못하고 몇 차례 속행하는 경우도 자주 있다. 주심대법관의 보고와 추가보고를 지시한 대법관의 설명이 끝난 후, 대법원장이 '의견이 있으시면 자유롭게 말씀해주세요'라고 말하고 자유토론이 진행된다. 이 때 누가 먼저 말할 것인가 눈치 보면서 몇 초간의 침묵이 흐른다. 나는 이 몇 초를 참지 못하고 먼저 의견을 말하고는 '좀 기다려서 다른 대법관들의 의견을 들어보고 말할 걸' 하고 후회하곤 했다. 내가 속이 타서 먼저 격정적으로 말했는데, 나중에 보니 나와 같은 의견을 가진 대법관들이 많아서 괜히 민망했던 적이 종종 있었다. 전원합의체 합의에서는 토론이 격렬하게 이루어지기도 한다. 예전에는 전원합의체 합의가 끝나면 서로 얼굴도 보기 싫다고 점심시간에 식당에도 내려가지 않고 사무실에서 해결하는 대법관도 있었다고 한다. 내가 근무하는 동안에는 전원합의체 합의가 끝나면 특별한 사정이 없는 한 대법원장 공관에서 만찬을 같이 했다. 전원합의실에서의 의견 차이는 합의실에 남겨두고, 일상으로 돌아와 원만한 관계를 회복하자는 취지다.

소부 합의는 2주마다 한 번(보통 둘째 주와 넷째 주 수요일)에 한다. 다섯 주가 있는 달의 경우에는 3주 만에 합의를 하기도 한다. 3주 만에 소부 합의를 하면 그만큼 처리해야 할 사건 수가 많아져 부담이 증가한다. 소부 합의 다음 날(보통 둘째 주와 넷째 주 목요일) 심리불속행 사건을 처리하고, 2주 전에 합의한 사건의 판결을 선고한다. 소부 합의는 주심 대법관실을 돌아가면서 진행한다. 주심별로 70~80건부터 많을 때는 100~120건까지도 합의한다. 소부 합의에서 의견 일치를 보는 것도 쉽지만은 않다. 심리불속행 사건도 미리 추가검토를 거치거나 속행하여 추가검토를 거치는 경우도 자주 있다. 소부 합의를 진행한 날이나 선고한 날에는 소부 구성 대법관끼리 또는 전속재판연구관까지 함께 저녁식사를 같이 하면서 서로의 노고를 위로한다. 한 달 중에 통상 첫째 주에만 합의가 없다. 그래서 마지막 주 소부 합의를 마치고 다음 날 선고를 하고 나면 1주일 정도 마음의 여유가 생긴다.

마. 대법원에는 100명이 넘는 공동조 재판연구관들이 있다. 민사조, 형사조, 상사조, 헌법·행정조, 근로조, 조세조, 지적재산조로 나뉘어 전문분야별로 기록을 검토하고 보고서를 작성한다. 민사조와 형사조의 경우에는 신건조와 심층조를 구분하여 운영하고, 신건조장 또는 신건총괄을 별도로 임명해 총괄하도록 했다. 대법원이 수많은 사건을 처리할 수 있는 것은 재판연구관들이 뼈를 갈아 넣어 뒷받침해주기 때문에 가능하다.[181] 공동조 재판연구관들을 챙겨주는 것이 대법관의 중요한 업무 중 하나에 속한다. 대법관에 임명되어 대법원에 출근했을 때 누군가가 재판연구관들에게 술을 사주었던 대법관이 모두 퇴직해서 그러한 역할을 해줄 대법관이 필요하다고 알려주었다. 내가 해야 할 역할인가 보다 생각해서 처음 2년간은 공동조 재판연구관들과 회식할 때 무조건 저녁식사를 같이 하는 것으로 했다. 조에 따라서는 많은 경우 조원들이 15명 내지 17명 정도 되었기 때문에 나와 전속재판연구관 2명까지 같이 하면 20명 가까이 되기도 했다. 대법관에 따라서는 조원이 많은 경우에는 두 번에 나누어 식사를 같이 하기도 했으나, 나는 조원들끼리 단합대회를 할 기회를 준다는 생각으로 한 번에 모두 같이 했다. 반드시 저녁식사를 같이 하는 것이 재판연구관들에게 부담을 줄 수도 있다는 데 생각이

---

181 김선수(주 179), 480.

미쳐서 그 후에는 공동조별로 점심식사를 할 것인지 저녁식사를 할 것인지 선택해서 자율적으로 결정하도록 했다. 그랬더니 점심을 선택하는 조와 저녁을 선택하는 조가 절반 정도씩 되었다.

법관으로 30년가량 근무하다가 대법관이 된 사람들은 재판연구관들과 이런저런 인연으로 연결되어 서로 아는 사이인 경우가 대부분이었다. 사법연수원 제자였다든가, 부장판사로 근무할 때 배석으로 데리고 있었다든가, 같은 법원의 옆 재판부에 근무했다든가 등등. 나는 그런 인연이 전혀 없었다. 공동조 재판연구관들과의 접촉면을 늘리기 위해 전속재판연구관과 사법연수원 동기인 연구관들을 별도로 모아서 식사를 같이 했다. 내가 해당 연수원 기수의 명예회원으로 가입하는 것으로 하고, 그 기수에 연수원 교수를 한 대법관이 있으면 그 대법관을 지도교수로 합석시켰다. 그렇게 해서 6년의 재임기간 중 사법연수원 30기부터 40기까지 기수별 모임을 가졌고, 마지막에는 로스쿨 출신 연구관들만 모아서 식사를 같이 했다. 대법원 재판은 대법관과 재판연구관들의 협업이라고 할 수 있는데, 원활한 협업과 훌륭한 성과를 위하여 전인적인 관계를 맺고자 노력했다.

2. 변호사 활동 시기와 대법관 시기의 비교

가. 재야변호사로 활동하다가 대법관에 임명되었기 때문에 변호사로 활동할 때와 대법관으로 근무할 때 사이에 같은 점과 다른 점은 무엇인가 질문을 받곤 한다.

대법관 시기에도 하루 일과는 변호사로 활동 때와 비슷했다. 변호사로 활동할 때에도 이른바 영업을 뛰지 않고 사무실에서 고객을 기다리고 서면 작업을 했기 때문에 대법관 시기와 큰 차이가 없었다. 법정 출석을 위해 전국 각지의 법원을 다니긴 했으나 그것도 업무의 연장선상으로 보면 근무형태에 차이가 있는 것일 뿐 본질적인 차이라고 할 수 없다. 대법관이나 변호사나 법률 관련 업무를 처리한다는 점에서 역시 큰 차이가 없다. 변호사로 활동할 때에도 전문가의 관점에서 재판 결과를 어느 정도는 예측할 수 있었다. 대법관으로 근무할 때 전원합의체의 표결 결과를 예측한 것이 틀릴 때가 많았다. 변호사 시절에 소송의 결과를 예측한 것이 틀렸던 것보다도 더 많았던 것 같기도 하다.

다른 사람을 설득하는 일이 중요하다는 점도 동일하다. 변호사는 재판부를 설득해서 의뢰인에게 유리한 판결을 하도록 해야 한다. 대법관도 본인이 원하는 내용으로 판결을 하려면 동료 대법관과 재판연구관들을 설득해야 한다. 재판연구관은 대법관이 지시하면 그 지시대로 작업하는 것이라고 할 수도 있지만, 재판연구관이 대법관과 다른 견해를 가지고 있으면 대법관이 지시한다고 하더라도 그 지시를 수행하는데 일정한 한계가 있을 수밖에 없다. 재판연구관의 보고가 대법관의 지시 메모를 반복하는 정도에 머물 수 있다. 대법관이 재판연구관을 설득하여 진정으로 같은 견해를 갖도록 해야 대법관과 재판연구관이 협업을 통해 시너지 효과를 낼 수 있다.

나. 대법관으로 근무할 때는 고위공직자라는 사실 때문에 이런저런 제약이 많았다.

우선 대외 활동과 사람을 만날 자유가 제약된다. 먼저 변호사들(사법연수원 동기, 민변 회원 등)과 계속 만날 수 없다. 대법원에 계류 중인 사건을 맡았다면서 연락이 끊어졌다. 다음으로 기자들과도 계속 만날 이유가 없다. 기자는 취재원으로서의 가치가 있는 사람과 만나야 하는데, 대법관이 기자에게 취재원 역할을 한다면 그것은 대법관이 실수를 하고 있다는 의미다. 기자와 한 번 식사를 같이 한 적이 있는데, 말실수를 해서는 안 된다는 강박관념으로 밥이 제대로 넘어가지 않았다. 그 이후에는 기자와의 연락을 끊었다. 학교 동창들도 대법원에 사건이 있을 가능성이 있으므로 점점 멀어진다. 결국 어느 시점부터는 법원 내부 사람들을 제외하고는 만날 약속 자체를 하지 않게 되었다. 그러다 보니 경조사도 제대로 챙길 수 없다. 대법관이라는 자리는

'인간관계를 끊어가는 자리'라는 생각이 들었다. 미국과 같이 대법관직이 종신제라면 무언가 대책을 마련해야겠지만, 우리나라의 경우 6년 임기제이므로 임기 동안 관계를 끊고 지내는 것이 속 편한 측면이 있다.

사회적, 정치적 현안에 대해 의견을 표명하거나 SNS 활동을 하는 것도 자제할 수밖에 없다. 변호사 시절에 페이스 북과 블로그에 현안에 대한 개인적인 의견이나 공청회나 토론회 등에서 발표한 내용, 산행 이야기, 독서 이야기 등을 사진과 함께 올렸는데, 대법관으로 제청된 이후에는 모두 비공개로 전환했다. 검찰 개혁 등에 대하여 하고 싶은 말도 많고, 글로 정리해서 발표도 해보고 싶었으나 그럴 수 없는 것이 답답했다. 개인적으로야 현안에 대한 견해를 밝히고 그와 관련한 비판에 대해 얼마든지 대응하고 감당할 수도 있겠지만, 대법원 재판의 공정성 자체가 의심받을 수 있으므로 그러한 의심을 차단하기 위해서는 대외적인 활동을 중단할 수밖에 없었다.

고위공무원이 되니 국회의원과의 관계가 완전히 역전되었다. 변호사 시절에는 주권자이자 선거권자로서 국회의원에 대하여 갑(甲)의 지위에서 이런저런 요구를 할 수 있었다. 어느 법률안을 통과시켜 달라, 어느 정책도 신경 써 달라 등 요구하면서 이런 거 해달라고 뽑아주었는데, 이것도 해주지 않는다면 다음 번 선거에서 낙선운동을 하겠다 등으로 대할 수 있었다. 그런데 공무원이 되니 국회의원이 단순히 한 사람이 아니라 국민의 대표였다. 국회의원을 볼 때는 반드시 그 뒤에 있는 국민들을 보아야만 한다. 국회의원이 무리하고 억지스럽게 다그칠 때는 민희진 어도어 대표가 2024. 4. 25. 기자회견 하면서 했던 "들어올 거면 나한테 맞다이로 들어와"라고 했던 말이 딱 맞아 보이기도 한다.[182] '당신이 살아온 인생과 내가 살아온 인생을 다 까고 맞다이로 붙어 보자. 당신이 과연 나한테 이렇게 막 해도 될 자격이 있는가'라는 말이 목까지 올라온다. 그렇지만 이런 생각의 일단이라도 입 밖으로 나오면 안 된다. 참을 인(忍) 자로 내리누르고 국민의 대표인 국회의원의 의견과 지적을 존중해야 한다. 장관 중에 국회의원과 말다툼하고 국회의원의 지적에 대해 맞대응하는 것을 뻐기듯이 하는 사람이 있다. 고위공직자로서의 자세가 부족하다고 보아야 한다. 국회의원과 맞대응하고 싶으면 고위공직자 지위를 내려놓고 주권자와 선거권자 지위에서 국회의원과 마주하면 된다. 국회의원은 국민의 대표로서 고위공무원을 견제하고 책임을 추궁할 권한과 책임이 있는 지위에 있다. 공무원이 국회의원을 대할 때는 의연하지만 공손하게 대해야 한다. 참 쉽지 않은 일이지만, 그것이 고위공직자로서의 자세다.

---

182 헤럴드경제, "'지×' '시×××' 민희진, 기자회견서 비속어 남발…네티즌 여론 엇갈려"(2024. 4. 25.), <https://biz.heraldcorp.com/article/3377832>.

변호사 시절에는 공청회나 토론회에서의 발표나 사회, 언론 기고, 이사나 감사 등을 맡은 회사나 단체의 회의 참여 등으로 약간의 부수입을 얻을 수 있었다. 대법관이 된 후에는 그런 부수입이 전혀 없었다. 명절에 들어오는 선물에도 차이가 있다. 변호사 시절에는 대리하고 있는 사건의 의뢰인, 이사나 감사를 맡고 있는 사회단체, 고문을 맡고 있는 노동조합, 사무실 등에서 선물을 보내주었다. 대법관이 되니 명절에 들어오는 선물은 대통령이 보내주는 것과 대법원장이 보내주는 것 딱 두 개뿐이었다.

3. 법원산악회 회장

대법관의 직무수행도 체력전이어서 건강관리가 중요하다. 40대 중반까지는 부모로부터 물려받은 체력으로 버틸 수 있었으나, 40대 후반 이후에는 건강을 관리해야만 버틸 수 있다. 대법관이 된 후에도 주말 이틀 중 하루는 산에 가고, 하루는 사무실에 출근하는 생활을 유지했다. 1주일에 한 번씩 배낭을 메고 스틱을 짚으면서 산행을 하면 어깨를 펴고 어깨근육을 사용하기 때문에 평일에 책상에 앉아 굽어졌던 자세를 교정하고 오십견을 예방할 수 있다. 1시간 정도 오르막을 꾸준하게 오르면 땀을 쫙 빼서 노폐물을 배출하고 몸의 조성상태를 완전히 뒤집어엎어 리세팅할 수 있다. 계곡물에 얼굴을 씻으면 피부에 좋고, 발을 담그고 씻으면 피로를 날려버릴 수 있다. 무념무상 상태에서 산길을 걷다가 불현 듯 막혔던 쟁점이 정리되는 한 문장 또는 한 단어가 떠오르기도 했다. 기록을 읽어 머릿속에 정보를 쌓아 두었으나 해결의 실마리가 보이지 않던 사건이 산행 중 갑자기 떠오른 한 문장 또는 한 단어가 실마리가 되어 깨끗하게 정리되기도 한다.

대법관이 회장을 맡는 법원산악회가 1969년에 창립되어 운영되고 있다. 대법관에 취임한 직후인 2018. 9. 법원산악회가 진안 마이산으로 산행을 갔는데, 그 산행부터 법원산악회의 산행에 꾸준히 참여했다. 법원산악회를 통해 법원 직원들과 교류하면서 직원들의 처지와 상황을 이해할 수 있었다. 2019년 이후 매년 1월 1일에는 팔당 예빈산에서 남한강과 북한강의 합수지점 위로 올라오는 신년 일출을 맞았다. 법원산악회 회장을 맡고 있던 조재연 대법관이 법원행정처장에 취임하는 바람에 2019. 6. 법원산악회 회장직을 물려받았다. 회장을 맡은 직후인 2019. 7. 중순 특별산행으로 3박4일간 백두산 산행을 다녀왔다. 조재연 회장 시절에 기획하고 준비한 특별산행이었다. 대법관 3명(권순일, 조재연, 김선수)이 함께 참석해서 백두산 정상을 북파와 서파 코스로 두 번 올랐는데, 두 번 다 천지를 알현할 수 있었다. 정상 암벽 끝에서 천지를 내려다보며 피어 있는 노란 꽃을 피운 두메양귀비는 지극히 고고해서 저절로 고개를 숙이게 만들었다. 천지 밑에 있는 왕지(王池, 해발 1,400m)의 평원에는 온갖 종류의 야생화가 만발하여 그야말로 천상의 화원이었다.

코로나19 기간 동안에는 방역지침을 준수하여 소수정에 멤버로 서울 인근 산들을 강행군했다. 북한산 13성문 종주, 관악산 11국기봉 종주, 남한산성 4성문 16암문 종주 등이 특히 기억에 남는다. 보름날이나 그 다음 날 저녁에 일몰과 월출을 같이 보거나 새벽에 월몰과 일출을 같이 보는 산행을 하기도 했다. 탁 트여서 서울 시내를 조망할 수 있는 인왕산 정상이나 관악산 정상 또는 관음사 국기봉과 선유천 국기봉을 찾았다. 산악회 회원들뿐만 아니라 재판연구관들을 이끌고 일몰-월출 산행을 몇 차례 했다. 재판연구관들이 그 산행을 좋은 추억으로 기억해서 나중에 만날 때 산행 당시의 심정 등에 대해 즐겁게 이야기하는 것을 들을 때는 그 산행을 정말 잘했구나 하는 생각이 들었다.

봄이 되면 야생화들을 찾아 다녔다. 산악회원들과 같이 가기도 하고, 전속연구관들과 같이 가기도 했다. 서울 인근에서 가장 먼저 봄꽃이 피는 곳은 홍릉연수원이다. 2월 말이나 3월 초순경에 복수초와 풍년화가 꽃을 피운다. 다음으로 3월 초·중순경에 수리산 안양 병목안 계곡에서 변산바람꽃과 노루귀가 꽃을 피운다. 비슷한 시기에 예봉산 세정사 계곡에서 너도바람꽃이 꽃을 피운다. 2025. 3. 22. 세정사 계곡에 가보니 야생화의 종류가 훨씬 많아졌다. 4월 초순에는 천마산 오남저수지 계곡에 온갖 종류의 야생화들이 핀다. 계곡을 끼고 바위에 피는 (천마)금괭이눈과

처녀치마는 천마산 계곡에서만 만날 수 있는 절경이다. 너도바람꽃, 만주바람꽃, 꿩의바람꽃, 회리바람꽃 등 각종 바람꽃 종류를 찾을 수 있고, 복수초, 앉은부채, 미치광이풀, 노루귀, 현호색, 얼레지, 남산제비꽃, 광대나물 등등. 4월 중순경에는 청계산 옻샘계곡이 화원으로 변한다. 먼저 복수초, 노루귀, 처녀치마, 꿩의바람꽃, 천남성 등이 꽃을 피운다. 다음으로 피나물 군락이 꽃을 피우면 노란색 양탄자를 깔아놓은 듯하다. 꽃을 피우고 있는 기간이 2주 정도에 불과하여 아차하면 놓친다. 그러면 1년을 기다려야 한다. 환갑이 지난 이제는 살아생전 몇 번이나 더 봄 야생화를 알현할 수 있을까 하는 생각이 든다. 그러니 아차해서 한 해를 놓치면 그렇게 아쉬울 수가 없다.

법원산악회 회장직을 맡고 3년이 지난 2022. 6. 정기총회에서 오경미 대법관에게 회장직을 물려주었다. 법원산악회 53년 역사상 여성 회장은 처음이다. 오 대법관은 대법관에 임명된 후 첫 산행으로 관악산을 같이 올랐다가 급경사에서 미끄러지면서 팔목에 골절상을 입어 상당한 기간 동안 깁스를 했다. 부상을 회복하자마자 다시 산행을 따라나섰다. 그 정도의 열정이 있어야 산악회장 자격이 있다고 할 수 있다. 어느 단체든 대표를 맡은 직후 가장 중요한 일은 후임 대표를 잘 선정하는 것인데, 최초의 여성 회장에게 직을 물려준 것은 내가 산악회 회장으로 이룬 최대의 업적이라 할 수 있다.

2022. 8.에 연인산 계곡트레킹을 하다가 장딴지 근육(햄스트링) 몇 줄기가 툭 소리를 내고 끊어져 그 이후 상당한 기간 동안 산에 오르지 못했다. 나이가 육십이 넘으니 부상을 당하면 완치란 없는 모양이어서 무언가 찜찜함이 계속 남았다. 재발하면 수술을 해야 하고 골치 아프다는 말이 있어 산행을 자제했다. 그로 인해 대법관직을 마칠 때에는 불어난 체중을 국가에 반납하지 못한 채 퇴직했다. 퇴임식 날 법원산악회 회원들이 플래카드까지 만들어 와서 함께 기념사진을 찍었다.

대법관 재직 중 법원산악회 산행이 없는 주(週)에는 아내와 함께 청계산을 찾았다. 아침 9시경부터 3~4시간 걷고 간단하게 점심 식사를 하고 귀가했다. 석기봉 정상 한쪽에 우리만의 특별좌석이 있었다. 석기봉은 암봉으로 정상에서는 서남방향으로부터 서쪽의 바다와 북쪽의 관악산, 북동 방향의 서울까지 사방 조망이 시원하다. 정상에는 진달래꽃이 피기도 했고, 팥배나무가 흰 꽃을 피우기도 했으며, 정향나무 꽃이 짙은 향을 내품기도 했다. 여름에는 마왕굴을 거쳐 온 시원한 골바람이 땀을 식혀 준다. 우리만의 특별좌석에 앉아서 맞은편 관악산 능선을 바라보며 커피 한 잔 마실 때는 아득한 행복감에 빠졌다.

4. 노동법실무연구회 회장

대법원에는 대법관이 회장을 맡는 여러 전문분야의 연구회가 있다. 노동법실무연구회도 그 중 하나다. 근로조 재판연구관 중 한 명이 간사 역할을 맡는다. 노동법실무연구회는 김지형 전 대법관이 고등법원 부장판사이던 2005. 7. 22. 노동법주해서 발간을 목적으로 법관과 변호사, 노동법교수까지 참여시켜 창립했고, 2005. 11. 대법관에 임명된 이후 2006. 4. 대법원 산하 연구회로 출범했다. 김지형 대법관이 2011. 11. 퇴임할 때까지 회장직을 맡았고, 그 이후에 김용덕 대법관, 조희대 대법관, 조재연 대법관이 회장을 맡았다. 연구회는 1년에 10회 정도 세미나를 갖고 토론을 했다. 대법원에서 현안이 되고 있는 쟁점들도 세미나 주제로 다루었으므로 변호사들도 많이 참석했고, 토론도 치열하게 이루어졌다. 연구회는 2010. 9. 근로기준법 주해서를 발간했고, 2015. 4. 노조법 주해서를 발간했다. 위 주해서들은 법관, 노동법 교수, 주로 사용자를 대리하는 변호사와 주로 노동자를 대리하는 변호사 등이 함께 집필자로 참여하여 심층적인 연구와 치열한 토론의 과정을 거쳐 완성되었고, 노동소송을 담당하는 법관들이 우선적으로 참고해야 할 텍스트가 되었다.[183]

---

183 김선수(주 103), 46~47.

나는 2019. 2. 조재연 대법관이 법원행정처장을 맡는 바람에 예정보다 빨리 노동법실무연구회 회장에 취임했다. 연구회에서 정기세미나를 개최할 때 회장이 세미나를 시작하면서 모두발언을 하고 마치면서 마무리발언을 한다. 2019. 6. 초 개최된 세미나에서 회장으로서 마무리발언을 한 것과 관련하여 동아일보가 보도했다.

「"고정상여금은 당연히 임금이고, 임금에 지급제한 조건을 붙이는 건 무효다." 최근 대법원 노동법실무연구회 세미나에서 나온 발언이다. 2013년 대법원 전원합의체에서 확립된 통상임금 판결의 기준이 되는 '고정성 요건'이 틀렸다는 취지였다. 이 자리에는 민주화를 위한 변호사모임(민변) 창립 멤버로 작년에 대법관이 된 김선수 대법관도 참여했다. 재계는 앞으로 통상임금 소송에서 노동계가 주장하는 쪽으로 기준이 바뀔 수 있다고 우려하고 있다. … 노동법실무연구회 회장인 김 대법관은 이 자리에서 통상임금 전원합의체 판결을 비판했다. 2013년 당시 전원합의체는 정기적으로(정기성) 모든 근로자에게(일률성) 미리 확정된 임금을 일한 시간에 따라(고정성) 지급하는 정기상여금이 통상임금에 해당한다는 원칙을 제시했다. 상여금 지급 이전에 퇴직했거나 휴직했으면 받을 수 없는 정기상여금(재직 요건 정기상여금)은 고정성이 없어 통상임금에 해당되지 않는다는 판결이었다. 이에 대해 김 대법관은 "변호사 재직 당시 전원합의체 판결을 읽으면서 재직자 요건의 유효성에 관하여 대법관 중 어느 누구도 반대 의견을 제시하지 않은 것을 보고 (문제가) 심각하다고 생각했다"고 했다. … 대법원 측은

“김 대법관이 노동법연구회 회장으로서 이런 발언을 하는 것은 통상적 이고, 학술행사 주제도 작년 말에 정해졌다”고 해명했다.」[184]

종전 판례의 내용 자체에 대한 의견보다는 반대의견이 하나도 없다는 점에 대한 느낌을 말했던 것인데, 그것조차 비판으로 받아들이고 예민하게 지켜보는 눈이 있다는 사실을 새삼 깨달았다. 지켜보는 눈이 많다는 사실을 영광으로 생각해야 할까? ‘조금이라도 방심해서는 안 되겠구나’라고 스스로를 다잡았다.

노동법실무연구회는 내가 회장이던 2020. 1.에 근로기준법 주해서 제2판을 출판했고, 2021. 3. 권순일 대법관 퇴임기념으로 노동법실무연구 3권을 출판해 증정했다. 회장 취임 3년 후인 2022. 5. 이흥구 대법관에게 회장직을 넘겨주었다. 이흥구 대법관이 회장일 때인 2023. 2.에 노조법 주해서 제2판을 발간했고, 내가 대법관에서 퇴임할 즈음에 재임기념으로 노동법실무연구 제4권[185]을 출판하여 2024. 7. 15. 논문봉정식까지 마련해 주었다. 논문 봉정식에서 많은 분들이 축사를 해주었다.

---

184 동아일보, “대법 ‘통상임금 세미나’에 재계 우려 시선”(2019. 6. 19.), <https://www.donga.com/news/article/all/20190619/96057142/1>.

185 노동법실무연구회, 김선수 대법관 재직기념 노동법실무연구 4권, 사법발전재단(2024).

김지형 전 대법관: "우리는 한편으로 진실을 갈구하지만, 다른 한편으로는 진실을 두려워하거나 외면하려고도 합니다. 예를 들면, 연예인들은 화장기 없는 민낯 보여주기를 끔찍하게 싫어합니다. 화소 높은 카메라 기능을 가진 휴대폰으로 사진을 찍은 뒤 포토샵을 즐겨합니다. 저는 김 대법관님이 가진 가장 큰 장점 중의 하나가 인간에 대한 진솔하고 올곧은 태도라고 생각합니다. 뭔가를 꾸미려 하거나 가리려고 하지 않고 사안을 있는 그대로 똑바로 보는 게 몸에 밴 분입니다. 저는 잘 따라하지 못하지만, 후배들은 그 점을 잘 배우면 좋겠습니다."

이동원 대법관: "어떤 분들은 김선수 대법관님을 단순히 투사형 인물로 생각하시는 분이 계신 것 같습니다. 제가 옆에서 지켜본 김 대법관님은 투사형이라기보다는 매우 정중하고 예의바른 '법정의 신사'라고 말씀드릴 수 있습니다. 제가 재판장이었던 법정에서 그러하셨고, 다른 법관들로부터 듣기도 한 것인데, 김 대법관님은 법정에서 재판을 진행하는 법관들에 대하여 늘 존중하는 모습을 보이셨습니다. 법이 바로 서기 위해서는 사법부가 존중되어야 한다는 것을 몸소 법정에서 실천해 오셨습니다. 김 대법관님을 생각하면 떠오르는 또 다른 이미지는 가슴이 뜨거운 분이라는 것입니다. … 다양한 사건에서 피해를 입은 사람들의 권리회복을 위하여 최대한 마음을 쓰셨습니다. 전원합의체에서 심리를 할 때에도 때로 놓치기 쉬운 사건 속의 당사자에 대한 애정을 가득 담아 말씀하시던 모습이 생각납니다. … 뒤늦게 법관이 되셨지만, 법관의 직을 귀하게 여기면서 법관으로서 일하는 것 자체를 좋아하셨습니다. 그리고 그 책임을 다하기 위하여 애쓰셨습니다."

김상환 대법관: “살아가면서 일관된 마음가짐을 갖는다는 것, 익숙하지 않고 걸음걸음 내디딜 때 문득 문득 주저하게 하는 일, 혹은 적지 않은 희생이 따를지도 모를 일에 기꺼이 나서서 정성을 다하여 역량을 쏟는 일이 쉽지 않다는 것을 저는 알고 있습니다. 대법관님께서 30년 동안 재야 법조인으로 걸어오신 그 행적이 그러하다고 저는 알고 있습니다. 김 대법관님에게 감사한 마음을 간직하고 있는 이유입니다. 그런데 저는 대법관님의 그 오랜 경험이 법관으로서 대법관으로서 빛을 발하는 것을 보며 무척 부러운 마음도 생겼습니다. 다양한 상황에서 어려움에 처해 있던 분들이 내민 손을 잡아주고 그들이 신었던 신발을 신어보며 그분들의 삶에 공감하고 함께 고민하면서 대법관님의 몸과 마음에 쌓아 놓으셨던 그 수많은 실천과 경험들이, 대법원이 다루는 무거운 분쟁의 해결 과정에서 힘 있는 영감과 논리로 나타나는 것을 보았기 때문입니다. 당사자의 마음을 헤아리려고 애쓴다고는 하지만 세상과 사람에 일정한 거리를 두는 것이 법관의 자세라고 여기고 재판하는 입장에만 서 왔던 저로서는 그런 장면들을 보면서 이것이 바로 대법원 구성의 다양성의 빛나는 가치라는 생각을 하게 되었습니다. 많이 배우고 느꼈습니다.”

강성태 교수: “우리나라의 노동법 연구자 중에 이런 이름을 붙일 분은 많지 않을 것 같은데, 김선수 대법관님은 이런 호칭이 무겁지 않은 실무연구자라고 할 만합니다. 김선수 노동법의 가장 큰 특징은 구체적인 현장에서 소외된 약자들의 목소리와 소망이 법적 현실이 되도록 노력한다는 것입니다. 이를 통해, 아감벤의 용어를 빌리자면 호모 사케르의 상황 즉 법적 사각지대에 있던 분들이나 그들의 문제가 법적으로

인정받고 논의될 수 있었습니다. 김선수 노동법의 또 다른 특징은 한 걸음입니다. 근본적 변화보다는 현 상황에서 한 보든 반 보든 나아갈 수 있도록 노력합니다. 공부하는 저희들과 종종 이견이 생기는 것도 각자의 직업에서 보면 당연한 일입니다."

도재형 교수: "흔히 김선수 대법관님을 설명할 때 '30년 외길 노동변호사'란 말을 떠올립니다. 대법관 임명 당시 어떤 신문 기사에서 쓴 '숱한 노동사건을 맡아 때론 이겼고 때론 졌다'란 내용은 그런 삶을 잘 요약했다고 생각합니다. 그런데 대법관님은 단순한 실무 법조인이 아니라 1990년대 이후 한국 노동법학이 법학으로서 기틀을 잡는 데 큰 역할을 한 연구자입니다."

나는 대법관 퇴임 후 대법원에서 선고한 모든 노동사건 전원합의체 판결 51건을 분석하는 논문을 정리하여 2025. 3. 11. 노동법실무연구회에서 발표했다. 연구회는 2025. 5.에는 그동안의 발표문 등을 모아서 노동법실무연구 5권을 출판했는데, 내가 쓴 위 논문도 수록되었다.[186] 이흥구 대법관도 3년간 회장직을 수행한 후 2025. 5. 오경미 대법관에게 회장직을 물려주었다.

---

186 김선수(주 103), 노동법실무연구회, 노동법실무연구 5권, 사법발전재단(2025), 3~122.

5. 지원 격려 방문과 외국 방문

대법관으로 재직하는 동안 1년에 한두 차례 지방법원 지원(支院)을 격려방문 한다. 나는 주로 규모가 작은 지원을 방문했다. 전속재판연구관과 비서관이 함께 가고, 비서가 운전하는 차량을 이용한다. 보통 5명이 함께 움직인다. 2019년에 해남지원과 장흥지원, 2020년에 영월지원과 제천지원, 2021년에 서산지원과 정읍지원, 2022년에 거창지원과 진주지원, 2023년에 김천지원과 밀양지원, 2024년에 영동지원, 남원지원과 전주지방법원을 방문했다. 숙소는 통상 호텔방을 잡아주나 나는 진주에서만 호텔에서 묵었고, 나머지 지역에서는 절에서 묵었다. 해남 대흥사, 영월 망경산사, 부안 내소사, 밀양 표충사, 구례 화엄사에서 숙박을 했다. 비용도 저렴하고 호텔과는 다른 분위기를 맛볼 수 있다. 아침에 공양 후 주지스님이 차를 대접해주어 담소를 나눴다. 작은 지원의 법관들과 직원들은 대법관을 만날 기회가 거의 없는데, 식사 한 끼 같이하면서 대법원장이 주는 격려금을 건네주고, 건의사항을 받아서 법원행정처에 전달한다. 지원을 방문하면서 훌륭한 법관과 직원들이 전국 각지에서 맡은 바 직무를 충실하게 수행하고 있다는 사실을 새삼 깨달을 수 있었다.

대법관으로 재직하는 동안 2주간 외국을 방문할 기회를 보통 두 차례 준다. 나와 함께 임명된 3명의 대법관은 코로나19로 인해 2023년에 한 차례만 외국을 방문할 수 있었다. 나는 2023. 3. 25.부터 4. 8.까지 칠레와 아르헨티나를 다녀왔다. 1열 전속재판 연구관이 동행했다. 칠레에서는 수도 산티아고에서 대법원, 사법 아카데미, 칠레대학교 법과대학을 방문했고, 대법관 한 분(대리 대법관 한 분 동석)과 오찬을 함께 했다. 주말 2박 3일을 이용하여 파타고니아에 들러 토레스 델 파이네 국립공원을 둘러보고 칠레노 산장에서 1박하고 베이스 토레스 전망대에서 일출 빛으로 불덩이로 변한 삼봉과 호수를 알현했다.

칠레 대법원에서는 대법원장 면담, 소부 재판 방청, 대법원 청사 시찰 등을 했다. 칠레 대법원은 대법원장을 포함하여 21명의 대법관으로 구성된다. 대법원장은 재판업무를 담당하지 않고 20명의 대법관이 5명씩 4개의 소부(sala)를 구성하여 소부 판결로 재판한다. 전원합의체 재판은 운영하지 않는다. 2022년 기준 칠레 대법원 접수사건은 17만 건 정도인데, 소부에서 처리할 사건을 고를 수 있어서 실질적으로는 1년에 4만 건 정도 처리한다. 대법원장과 면담을 마친 후 칠레 대법원 공보과 소속 기자가 인터뷰를 요청하여 얼떨결에 인터뷰에 응했는데, 칠레 대법원이 인터뷰 영상을 홈페이지에 올렸다.

기하르도(Maria Cristina Gajardo Harboe) 대법관과의 오찬은 내가 특별히 칠레 대법관 중에서 노동법 전문가와 면담을 하고 싶다고 요청해서 이루어졌다. 기하르도 대법관은 1963년생으로서 1986년 칠레대학교를 졸업했고, 스페인 마드리드에서 석사를 받았다. 2017년 칠레대학 및 세비야대학에서 법학박사 학위를 받았다. 2010년 노동 및 사회복지부 법률자문관을 역임했고, 2010년부터 2012년까지 산티아고 항소법원 변호사로 활동했고, 2011년부터 2017년까지 칠레 노동법 및 사회보장법학회 이사로 재직했다. 2018년부터 2022년까지 대리대법관으로 근무한 후 2022년에 대법관에 임명되었다. 칠레 대법관은 75세 정년제이므로 기하르도 대법관은 앞으로도 15년간 더 대법관으로 근무하게 된다.

소부 재판은 모든 사건에 대한 변론기일을 열어야 하기 때문에 월요일부터 금요일까지 매일 오전에 변론기일을 진행한다고 한다. 모든 대법관이 매일의 변론기일에 참여할 수 없는 사정이 있기 때문에 각 소부마다 2명의 대리대법관을 두어 대리대법관이 1주일에 2일 정도씩 재판에 관여한다고 한다. 대리대법관은 본인이 변론기일에 참여한 사건에 대해서는 대법관과 동일한 지위에서 재판을 한다. 대법관들이 소송기록을 직접 읽지는 않는다고 한다. 각 소부에 소송기록을 읽고 변론기일 진행사항 등을 준비해주는 법관 신분의 연구관이 배치되어 있다. 소부가 진행하는 변론기일을 참관했는데, 영상재판으로 진행되어 원고와 피고의 소송대리인이 진술하고 대법관과의 질의응답이 이루어졌다.

사법아카데미는 우리나라의 사법연수원과 같은 조직인데,

변호사 자격자 중에서 사법아카데미가 실시하는 교육을 수료해야만 법관직에 지원할 수 있다. 후안 엔리케 바르가스 비앙코스(Juan Enrique Vargas Viancos) 원장은 나와 같은 1961년생으로 1991년부터 1992년까지 진실과 화해를 위한 국가위원회(National Commission for Truth and Reconciliation: 1973~1989 군부정권 당시 인권탄압 조사를 위해 설립된 위원회) 법무관으로 근무했고, 1993년부터 2000년까지 형사소송법 개혁위원회 위원으로 활동한 바 있으며, 2008년부터 2017년까지 디에고 포르탈레스 대학 로스쿨 학장으로 근무했다. 나도 사법개혁의 일환으로 형사소송법 개정작업을 실무책임자로서 담당한 적이 있어서 유익한 대화를 나눌 수 있었다.

칠레 방문 결과를 토대로 정리한 우리나라와 칠레의 사법제도 비교표이다.

	대한민국	칠레
기본적 공통점	• 연방제 아닌 단일국가 체제 • 대법원을 정점으로 하는 단일한 사법조직 • 대법원과 별도의 독립한 헌법재판소 존재 • 상고허가제도 부존재(법원은 도입 원하나 국민이 강력 반대	
대법원 구성	대법원장, 법원행정처장(대법원장이 대법관 중에서 임명), 대법관 12명	대법원장, 대법관 20명

대법원장	임명 절차	대통령이 국회 동의 얻어 임명	대법관들 호선(관례: 선출 당시 최고령자? 최고선임자?)
	임기, 정년	6년, 정년 70세 중 먼저 도달하는 시기	2년, 정년 75세 이후에도 임기 2년 보장
대법관	임명 절차	대법원장 제청(대법관후보추천위원회 3배수 추천), 대통령이 국회 동의 얻어 임명	대법원 5명 후보자 명단, 대통령이 1명을 상원 인준 받아 임명
	임기, 정년	6년, 정년 70세 중 먼저 도달하는 시기	정년 75세
	자격	법조 경력 20년 이상, 45세 이상(cf. 대통령 40세 이상)	• 5명: 법관 경력 없는 변호사 • 16명: 법관(항소법원 최선임법관은 5배수 후보자에 포함)
	여성 대법관	4명, 여성대법원장 아직 없음, 여성대통령은 나옴	8명, 여성대법원장 아직 없음, 여성대통령은 나옴
	대리 대법관	제도 없음	12명, 소부 5인 중 2인까지 대리대법관 참여 가능, 한 달에 10일 정도 재판 참여
	대법관실 구성	• 재판기록검토 : 전속연구관 2명(경력 20년 및 14년 법관) • 행정보조 : 비서관(사무관급), 주무관 3명, 비서(운전)	비서실장(변호사), 연구원 2명, 비서(운전 및 경호)
소부	구성	3개 부(각 부는 대법관 4인으로 구성), 각 부 대등, 모든 사건 담당	4개 부(각 부는 대법관 5인으로 구성), 제1부 민사, 제2부 형사, 제3부 헌법/행정, 제4부 가사/노동/광업/특별법

소부	구성원 변경	대법관 변경 시 본인의사, 대법관 전원 의견 들어 대법원장이 소부 구성 변경 가능	퇴임 대법관 발생 시 대법관 의사 등 고려 변경 가능, 선임자 우선 관례
	재판 업무	원칙적 서류 심사, 예외적 변론 진행, 1차적으로 연구관이 보고서 및 의견서 작성, 대법관이 직접 기록 검토	원칙적 변론, 매일 오전 변론 진행(5-6건 최종 변론, 10여 건 준비절차 등?), relator가 기록 검토, 쟁점 정리, 변론 준비, 대법관이 직접 기록 읽지 않음
	재판지원 인력	공동조(민사, 형사, 상사, 헌행, 지적재산권, 조세, 근로, 공보) 연구관 100명	공동연구관 약 30명, 각 부 relator 2명
상고심 재판	소부	전원일치로 판결, 의견 불일치의 경우 전원합의체 회부	다수결로 판결, 소수의견 기재, 전원일치 판결 비율 약 70%
	전원 합의체	• 대법원장과 대법관 12명 • 판례 변경, 중요 사건, 소부 의견 불일치 사건 등 • 다수결로 판결, 소수의견 기재	없음. 소부 판결로 판례 변경 가능
	처리 사건 수	연간 본안사건 4만 건, 본안 외 사건 16,000여 건	연간 14만여 건, 실제 판결 건수 4만여 건
1심법원 종류		일반(민형사), 특허, 가정, 행정, 회생	형사, 민사, 청소년, 노동, 가정, 고용.연금, 군사, 특별(공공계약, 공정거래, 환경, 지식재산, 조세)
법조인 양성	양성 기관	석사 과정의 법학전문대학원(Law School) 3년, 전국 정원 2천 명, 학교별 정원 40-150명, 4년제 대학 졸업자 입학	5년제 법과대학(law school), 중등학교 졸업자 입학

법조인양성	변호사 자격 취득	로스쿨 졸업, 국가 시행 변호사 시험 합격, 로스쿨 졸업 후 5년 내 5회 응시 기회, 1년에 1,500~1,700여 명 합격	법과대학별로 졸업시험 합격
	변호사 업무 수행	변호사시험 합격 후 6개월 법조직역 근무 또는 대한변협 등 실시 실무수습 후 변호사 업무 수행	대법원 전원회의에서 선서 후 자격증 수령 후 업무 수행, 1년에 약 3,500여 명 자격증 수여
법관	선발 절차	변호사 등 법조직역 5년 이상 근무, 대법원 선발시험에 응시하여 합격, 대법관회의 동의 거쳐 대법원장이 임명, 1년에 150-160여 명 신규 임용	사법아카데미 시행 예비법관 코스(6개월, 10개월) 이수, 1년에 24명씩 3회 진행, 교육 이수자 중 법관 필요 자리에 항소법원이 3명 후보자 제청하면 대통령이 1인 임명, 1년에 40명 정도 임명
	법관 배치	신규 임용 후 사법연수원에서 6개월 실무교육 후 법원에 배치, 2-3년 단위 정기인사(법관인사위원회 심의 거쳐 대법원장이 인사)	필요 자리에 임명, 본인 의사에 반하는 전보 조치 없음, 본인 의사에 따라 다른 자리에 지원 가능
	임기, 정년	10년, 연임 심사 거쳐 연임 가능(특별한 사정 없는 한 연임 관례), 정년 65세	정년 75세 보장
	법관 연수	대법원 산하 사법연수원 담당, 연수원장은 대법원장이 법관 중에서 임명 (법관 인사의 일환)	독립법인인 사법아카데미 담당, 9인의 이사회(이사장 대법원장)가 최고운영기관, 예비법관 교육프로그램 입소 대상자 선정이 사실상 법관 후보자 선발 과정 역할

아르헨티나에서는 수도 부에노스아이레스에서 대법원과 부에노스아이레스 자치시 노동항소법원을 방문했다. 아르헨티나에 방문했을 때 아르헨티나 법관들이 칠레 대법원이 올린 나의 인터뷰 영상을 보았다면서 아는 체를 했다. 아르헨티나는 연방제 국가로서 대법관은 미국과 같이 종신제이다. 대법관은 원래 9명이었는데, 2006. 12. 키르츠네르 대통령 시기에 5명으로 축소되었다. 연방대법원에서는 카를로스 페르난도 로센크란츠(Carlos Fernando Rosenkrantz) 부대법원장을 면담했다. 로센크란츠 부대법원장은 1958년생으로 1983. 부에노스아이레스대학교 법학과를 졸업했고, 1987. 예일대학교 로스쿨 법학석사(LL.M.), 1989. 예일대학교 로스쿨 법학박사(J.S.D.) 학위를 취득했다. 1984. 대통령법률실 법률 고문, 1990. 로펌 공동 설립, 1994. 헌법개정위원회 대통령자문관, 1994.~2007. 여러 대학교 법학교수, 2008.~2016. 8. 산안드레스 대학교 총장, 2016. 8. 대법관(아르헨티나 최초의 유대계 대법관) 임명, 2018.~2021. 대법원장, 2021. 10.부터 현재까지 대법관으로 있다. 연방대법원장은 연방대법관들이 선출하고, 임기는 3년이며 연임은 무제한 가능하다. 합의 표결할 때는 대법원장부터 의견을 말한다. 대법원에서는 로센크란츠 부대법원장 집무실과 군부정권에 대한 재판정(1985년 쿠데타를 일으킨 군부정권에 대한 재판을 한 법정을 역사적으로 보존하고 있다)을 둘러보았다.

부에노스아이레스 자치시 노동항소법원에서는 법원장을 비롯하여 7명의 법관들과 간담회를 가졌다. 부에노스아이레스는 1993년 개헌 때 자치시가 되었다. 실비아 에스더 핀토 바렐라(Silvia Esther Pinto Varela) 법원장은 1988년 부에노스아이레스대학교 법학사를 취득했고, 2005. 6. 1심 노동법원 판사, 2011. 1. 노동항소법원 판사를 거쳐 노동항소법원장 겸 제4재판부장으로 재직하고 있다. 부에노스아이레스대학교 법학과 노동법과 사회보장법 강사와 교수로 활동했다. 아르헨티나 노동법원은 1945년 페론 정권 당시 최초로 설립되었고, 그 후 수가 증가되었다. 노동법원은 1심 노동법원과 항소심 노동법원이 별도로 있고, 1심에는 약 80개, 항소심에는 약 10개의 재판부(sala)(법관 정원은 30명인데 현재 24명만 있다)가 있다. 아르헨티나는 24개 주별로 노동법원의 운영이 다르다(1심법원만 있는 경우 vs 1심법원과 2심법원이 있는 경우 vs 1심과 2심이 합쳐진 하나의 법원만 있는 경우 등). 부에노스아이레스 자치시 노동항소법원 판결에 불복할 경우 연방대법원에 상고한다(부에노스아이레스 자치시에는 대법원이 없다. 주 대법원이 있는 경우에는 주 대법원에 상고한다). 노동법원에서 형사사건은 관할하지 않는다. 노동관계에서 형사사건이 발생했을 경우 형사법원에 우선권이 있어 먼저 사건을 처리하고, 그 후 노동법원에서 노동관계 문제에 관한 판결을 한다. 노동법원 재판부는 법관만으로 구성되고, 노사 대표 등이 참여하는 참심제는 채택하고 있지 않다. 노동법원 법관 임용은 일반 법관 임용과 동일하다. 법관위원회에서 후보를 선택한 후 후보들이 시험 및 면접을 보게 된다. 그 중 3명의 최종 후보를 뽑아 행정부에 제청하면 행정부에서 1명을 선택하고, 상원 동의를 얻어 임명한다. 법관 자리에 공석이 생길 때마다 절차를 밟는다. 법관의 정년은 75세인데, 본인이 원하면 5년 연장신청을 할 수 있으며, 대통령과 상원에서 승인하면 연장된다. 산재사고가 발생하면 산재위원회 행정절차를 거쳐야 소송을 제기할 수 있다. 연방대법원은 사전절차를 의무적으로 거치도록 하는 것이 합헌이라고 판단했다. 부에노스아이레스의 경우 해고 사건에 대해서도 노동부 산하의 조직(세큘로)에서 사전 절차를 거친 후에야 소송을 제기할 수 있다. 의무적 사전절차를 거쳐야 하는지는 주마다 다르다. 사전절차는 2~3개월 정도면 끝나기 때문에 절차지연의 문제는 크지 않다. 2번의 조정 미팅을 하는데, 기업이 불참하면 바로 소송을 제기할 수 있다. 산재위원회의 경우 60일 안에 해결되지 않으면 소송을 제기할 수 있다. 사전절차는 행정부가 처분을 하는 것은 아니고 당사자의 동의를 전제로 하는 조정절차이며, 합의할 의사가 없으면 상대방을 상대로 소송을 제기한다. 소송 중에도 판사가 언제든지 조정, 화해가 가능하다. 1심 판결 후에도 합의가 이루어지고 판사가 승인을 하면 조정, 화해가 성립한다. 2022년 기준 접수 또는 처리건수는 약 4만~6만 건 정도이다.

대법관으로서 외국 방문을 통해 상대국의 사법제도에 관해 구체적으로 이해할 수 있었고, 이를 통해 우리나라의 사법제도 개혁에 관한 시사점을 얻을 수 있었다. 또한 대법관이나 사법연수원장 그리고 노동법원 법관들과의 면담을 통해 법관으로서의 책임감과 사명에 대해 공감할 수 있었다. 개인적으로는 매우 유용한 기회였다. 코로나19로 인해 다른 외국을 방문할 기회를 놓친 것이 못내 아쉬웠다.

Ⅲ. 대법원 재판

대법원의 조직과 재판의 유형에 관하여는 별도의 논문으로 정리했다.[187] 또한 우리나라에서 선고된 노동사건에 관한 전체 대법원 전원합의체 판결에 대해서도 별도의 논문으로 정리했다.[188] 여기서는 위 논문들의 내용을 전제로 하여 추가로 소개할 내용들을 중심으로 정리해 본다.

---

187 김선수(주 179), 450~504.

188 김선수(주 103), 3~122.

1. 회피하거나 관여하지 않은 사건들

나는 재임기간에 선고된 전원합의체 판결 중에서 3건에 대해서는 회피하여 참가하지 않았다.

① **대법원 2020. 7. 16. 선고 2019도13328 전원합의체 판결:** 당시 기준으로 현직 경기도지사인 피고인(이재명)에 대한 허위사실공표에 의한 공직선거법위반 등 사건이다. 이재명 피고인과는 민변 회원으로서 오랜 기간 친하게 알아온 사이이긴 했지만 그것만으로는 회피사유가 된다고 보기 어렵다. 이재명 피고인이 오래 전에 검사를 사칭했다는 혐의로 구속영장이 청구되어 성남지원에서 구속영장실질심사를 받을 때 공동변호인의 한 사람으로서 심문에 참여했었다. 경기도지사(당시 남경필)가 성남시의회를 상대로 공공산후조리원, 청년배당, 중학생 무상교복 지원 사업 예산안을 의결한 것이 위법하다는 이유로 예산안의결 무효확인소송을 제기했다(대법원 2016추5049). 당시 이재명 성남시장이 위 소송에 피고보조참가를 했는데, 당시 나는 성남시장의 공동소송대리인 중 한 명으로 참여했다. 몇 차례 준비서면도 제출했고, 복지사업의 수혜자들이 피고보조참가신청서를 제출하는 전략을 세우기도 했다. 위 소송은 피고보조참가인 이재명 성남시장이 경기도지사로 당선된 이후 2018. 7. 20. 취하함으로써 확정되었다. 전원합의체에 회부된 해당 사건 자체는 아니지만 성남시장일 때 직접 소송

대리를 했기 때문에, 공정성에 의문이 제기될 수 있다고 보고 회피신청을 했다. 전원합의체 합의기일에 대법원장과 대법관들이 상의하여 회피하는 것이 좋겠다고 의견을 모아 회피했다.

② **대법원 2020. 9. 3. 선고 2016두32992 전원합의체 판결:** 고용노동부장관의 전국교직원노동조합에 대한 법외노조통보처분의 적법성이 문제로 된 사건이다. 이 사건은 내가 변호사로 활동할 때 원고인 전국교직원노동조합의 소송대리인으로서 제1심과 제2심은 물론이고 상고심에서도 상고이유서를 직접 제출했기 때문에 제척사유에 해당되어 관여하는 것이 불가능했다. 이 사건을 회피한 것과 관련해서 언론은 '진보 변호사 오래 해서 진보 판결 못 내놓은 김선수 대법관'이라고 보도했다.[189] 내가 관여하지 않았지만 그래도 결론은 잘 나왔다.

③ **대법원 2023. 9. 18. 선고 2022도7453 전원합의체 판결:** 증거은닉범이 본범으로부터 은닉을 교사받고 소지·보관 중이던 본범의 정보저장매체를 임의제출하는 경우 본범의 참여권 인정 여부가 문제된 최강욱 의원에 대한 업무방해 사건이다. 최강욱 의원과는 민변 활동을 같이 했기 때문에 개인적으로 친한 사이지만, 이것만으로 회피사유에 해당한다고 보기 어렵다. 최강욱 의원이

---

189 세계일보, "'진보' 변호사 오래 해서…'진보' 판결 못 내놓는 김선수 대법관"(2020. 9. 3.), <https://www.segye.com/newsView/20200903523216?OutUrl=daum>.

2018. 9. 『권력과 검찰-괴물의 탄생과 진화』 제목으로 책[190]을 출간했다. 김의겸·금태섭·이정렬·김선수 등 4명과 대담한 내용을 풀어서 책으로 발간한 것이다. 대담은 대법관에 임명되기 전에 했는데, 출판은 대법관 임명 후인 2018. 9. 1. 자로 이루어졌다. 위 책의 겉표지에도 '김의겸·금태섭·이정렬·김선수 대담'이라고 명시했다. 재판연구관실에 이런 사실을 알리고 회피해야 하는지 검토를 요청했더니 회피하는 것이 좋겠다는 검토 결과가 나왔다. 전원합의체 합의기일에 대법원장과 대법관들의 논의를 거쳐 회피하는 것으로 정리했다.

소부 재판에서는 동생과 제수가 변호사로서 김앤장 사무실에 근무하고 있었기 때문에 김앤장이 소송대리인인 사건들에 관여하지 못했다. 대법원 공직자윤리위원회는 2013. 12. '친족인 변호사가 근무하는 법무법인 등에서 수임한 사건을 담당하는 법관이 유의할 사항'을 담은 권고의견을 의결했다. 당시 윤리위는 배우자나 2촌 이내 친족이 변호사로 근무하는 법무법인이 수임하는 사건은 "재판의 공정성에 대한 우려를 낳을 수 있다"며 처리하지 않는 게 바람직하다고 권고했다. 3·4촌 친족의 경우도 원칙적

---

190 최강욱, 김의겸·금태섭·이정렬·김선수 대담, 권력과 검찰-괴물의 탄생과 진화, 창비(2018).

으로 사건을 맡지 않는 게 바람직하고, 사건 담당 변호사가 아니고 재판의 공정성에 대한 우려가 없다면 사건을 처리할 수 있도록 했다. 4촌을 넘는 친족의 경우는 사건 담당 변호사가 아니고 재판 공정성이 보장될 경우 재판을 맡을 수 있게 했다. 동생 및 제수와는 2촌 사이이기 때문에 공정성에 대한 오해의 소지를 없애기 위해 김앤장이 소송대리인으로 선임된 사건의 소부 재판에는 관여하지 않았다. 언론에서는 '노동 전문' 김선수 대법관이 정작 노동사건을 못 맡게 되었다고 지적했다.[191] 다만 전원합의체 재판은 다양한 의견을 반영해야 하고 특정 대법관을 기피하는 데 악용되지 않도록 하기 위해 법무법인과 관계없이 모든 대법관이 참여했다. 대법원장이나 대법관의 자녀와 그 배우자 또는 친족이 변호사인 경우가 의외로 많기 때문에 그러한 경우에 전원합의체 재판에까지 참여할 수 없도록 하게 되면 전원합의체 재판을 왜곡시킬 수 있다. 대법원이 위와 사정을 고려하여 전원합의체 재판에는 참여하는 것으로 방침을 정했기 때문에 이에 따라 전원합의체 재판에는 참여했다. 사실 재판업무에 몰두하다 보면 소송대리인이 누구인지는 눈에 들어오지도 않는다.

---

191 한겨레신문, "'노동 전문' 김선수 대법관, 김앤장 노동사건 못 맡는 이유"(2018. 12. 23.), <https://www.hani.co.kr/arti/society/society_general/875494.html>.

2. 공개변론

가. 대법원 재판은 원칙적으로 서류심사로 하고, 공개변론은 예외적으로 재판부의 결정으로 한다. 전원합의체 사건과 소부 사건 모두 공개변론을 열 수 있다. 대법관의 관점에서는 판결문에 담기 어려운 메시지를 사회에 전달하는 장으로 공개변론을 활용할 수도 있다.

공개변론 과정에서 다수의견이 변경되기도 했다고 전해져 내려온다. 법정이혼사유로 유책주의 판례를 변경하여 파탄주의를 채택할 것인지와 관련하여 공개변론을 하기 전에는 파탄주의로 판례를 변경하자는 의견이 다수였다고 한다. 그런데 공개변론(2015. 6. 26.) 과정에서 아직 파탄주의를 채택하기에는 시기상조라는 견해가 설득력 있게 제시되어 결국 표결에서 7 대 6으로 유책주의의 판례를 유지하되 예외적으로 이혼을 인정할 수 있는 문을 열어놓는 정도로 정리되었다고 한다(대법원 2015. 9. 15. 선고 2013므568 전원합의체 판결). 또 하나는 부동산을 이중 매도한 매도인이 제1매수인에 대한 관계에서 배임죄가 성립하는지 여부와 관련하여 공개변론 전에는 배임죄 성립을 인정한 판례를 변경하여 배임죄 성립을 부정하는 의견이 다수였다고 한다. 그런데 공개변론(2018. 3. 22.) 과정에서 우리나라에서 부동산이 가지는 의미와 특별한 중요성이 설득력 있게 강조되어 결국 8 대 5로 부동산의 경우에는 종전 판례를 유지하는 의견이 다수의견이 되었다고 한다(대법원 2018. 5. 17. 선고 2017도4027 전원합의체 판결).

나. 내가 특별히 신경을 써서 준비하여 공개변론에서 질의응답을 진행한 내용이 언론에 보도된 경우도 있었다.

1) 육체노동자의 가동연한(稼動年限)을 만 60세로 유지할 것인지 여부가 쟁점인 사건이다. 2018. 11. 29. 공개변론을 실시하고, 2019. 2. 21. 판결을 선고했다(대법원 2019. 2. 21. 선고 2018다248909 전원합의체 판결). 다수의견은 만 60세를 넘어 만 65세까지 육체노동자로 일할 수 있다는 견해를 채택했다. 동아일보는 선고 후에 선고 내용을 보도하면서 공개변론 상황을 보도했다.

「다수의견 중 박상옥·김선수 대법관은 핵가족화와 1인 가구 증가가 급격하게 진행되는 한국 사회의 특성을 반영해야 한다고 강조했다. 박 대법관은 이번 사건의 주심이다. 두 대법관은 "가장이 모든 가족을 부양하고 은퇴 후에는 자식에게 부양을 받던 시기는 이미 지나갔다"면서 "사회 구성원 모두가 자신의 노후는 스스로 책임져야 하는 상황이 갈수록 확대되고, 경제활동 기간도 자연스럽게 증가하게 될 것"이라고 밝혔다. 두 대법관은 2015년 기준 60~64세 국민 중 본인 및 배우자가 생활비를 부담하는 비율이 86.3%에 이를 만큼 고령자들이 경제활동을 할 이유가 크다고 판단했다. 이어 "일본은 1960년대부터 가동연한을 67세로 인정하고 있다"고 했다. 김 대법관은 공개변론 때 "(가동연한이 상향된) 방향으로 사회가 발전하는 게 진보 아닐까요"라고 말하는 등 36차례나 질문을 했다.」[192]

동아일보는 공개변론에서 내가 몇 번 질문했는지 일일이 세어 본 모양이다. 대법관마다 공개변론을 진행하는 방식에는 차이가 있다. 어떤 대법관은 본인의 의견을 주로 말하고 그에 동조하는 답변을 요구하는 형태로 질문하는 방식을 취했다. 나는 나와 다른 의견을 취하는 쪽의 참고인 또는 대리인과 단문단답(短問短答) 형태로 질문을 이어가 그 의견의 모순점이 자연스럽게 드러나게 하는 방식으로 진행했다. 그렇기 때문에 질문의 수가 많을 수밖에 없었다. 위 기사를 보고는 '언론이 나의 일거수일투족을 지켜보고 있구나'라는 생각이 들어 언제나 행동거지에 조심했다.

2) 산업재해로 사망한 노동자의 유족 중 1명을 채용조건에 부합하면 특별채용하도록 한 단체협약 조항이 민법 제103조(선량한 풍속 기타 사회질서에 위반한 사항을 내용으로 하는 법률행위는 무효로 한다.)에 해당하여 무효인지 여부가 다투어진 사건이다. 공개변론은 2020. 6. 17. 진행되었고, 8. 27. 판결이 선고되

---

192 동아일보, "'60세 이후에도 일하는 시대' 전원합의체 12명 모두 상향 동의"(2019. 2. 22.), <https://www.donga.com/news/article/all/20190222/94234069/1>.

었다(대법원 2020. 8. 27. 선고 2016다248998 전원합의체 판결). 피고는 우리나라의 대표적인 대기업인 현대자동차와 기아자동차이다. 회사 측에서는 원고가 고용세습을 주장하여 채용의 공정을 훼손한다는 프레임을 만들어 공격했다. 나로서는 회사 측의 그러한 프레임 설정 자체가 용납하기 어려웠다. 회사와 그 대리인들의 위와 같은 프레임 설정에 화가 나고, 원고 측의 고통에 생각이 미쳐 공개변론 전날 밤에는 제대로 잠을 잘 수 없었다. 공개변론에서 회사 측 참고인과 대리인을 상대로 일문일답 형식으로 물어 나가면서 위 프레임의 문제점을 드러내고자 했다.

언론에서는 공개변론에서의 공방을 "부모의 조합원 지위로 인한 특별채용은 본인의 노력과 무관한 사회적 세습" vs. "부모가 산재로 사망했다는 게 유족의 사회적 신분을 뜻하는 것은 아니다", "대기업 사주 자녀의 부와 경영권 세습이 사회적 신분에 의한 차별적 특혜가 아닌가", 특별채용 단체협약 탓에 "사용자에게 주어진 채용의 자유가 침해당했다" vs. "국가가 채용을 강제했다면 채용의 자유를 침해한 게 맞지만, 재벌기업이 스스로 (노동조합과 함께) 단체협약을 체결한 것이니 채용의 자유를 침해했다는 주장은 맞지 않는다", "청년 실업자의 눈물을 닦아줘야 한다" vs. "피고 측에 부탁 하나 하고 싶다, 대기업이 근로시간 단축을 통해 일자리를 많이 만들어 실업자들 눈물을 닦아주는 게 사회적 책임 다하는 방법이 아닐까" 등으로 정리했다. 또한 내가 질문한 내용을 "피고 회사는 자산 총액이 55조에 달하는 대기업, 사내변호사도 있고 법률자문도 받는데 충분한 검토를 거쳐 체결하고 사인한 단체협약을 무효라고 하냐", "이런 식이면 피고 회사와 계약을 체결한 상대 회사 또는 소비자는 기업을 신뢰할 수 있겠냐", "청년 실업자 문제가 중요한 문제이지만 이 단체협약을 무효화 한다고 해서 일자리가 몇 개나 될지 의문이다" 등으로 보도했다.

서울신문 보도 내용이다.

「김선수 대법관은 변론 과정에서 "가족의 생계를 책임지는 가장이 피고의 안전배려의무 위반으로 사망했는데도 유족들이 사회적 신분에 의한 차별적 특혜라는 비난을 받아야 하냐"고 했다. '부모가 조합원이라는 지위는 사회적 신분'이라는 사측 주장에 동의하기 어렵고, 유족에게 산재는 '사회적 재난'에 해당한다는 취지다.」[193]

한겨레신문 보도 내용이다.

「"사랑하는 아버지가 회사에서 일하다 백혈병으로 사망했는데, (유족이) 무엇을 잘못했기에 '양질의 일자리 특혜'라는 비난을 받아야 합니까. 유족이 가졌을 좌절감 때문에 상당히 고통스러웠습니다." 지난

---

193 서울신문, "[생각나눔] 산재 유족 특채…세습인가 배려인가"(2020. 6. 17.), <https://www.seoul.co.kr/news/newsView.php?id=20200618011017& wlog_tag3=naver>.

17일 공개변론이 열린 서울 서초동 대법원 대법정. 산업재해로 사망한 노동자의 자녀를 특별채용하는 단체협약이 무효인지를 놓고 벌어진 공방을 지켜본 김선수 대법관이 마지막 질문을 던지며 이렇게 말했다. 그는 "유족 입장에서 잠 못 이루면서 생각해봤다"고도 했다. 재야 법조인 시절 노동 전문 변호사로 활동했던 경력에서 나온 소회였다. 김 대법관은 "부모가 산재로 사망했다는 게 유족의 사회적 신분을 뜻하는 것은 아니다"라며 "대기업 사주 자녀의 부와 경영권 세습이 사회적 신분에 의한 차별적 특혜가 아닌가"라고 꼬집었다. 특별채용 단체협약 탓에 "사용자에게 주어진 채용의 자유가 침해당했다"는 주장에는 "국가가 채용을 강제했다면 채용의 자유를 침해한 게 맞지만, 기아차가 스스로 (노동조합과 함께) 단체협약을 체결한 것이니 채용의 자유를 침해했다는 주장은 맞지 않는다"고 지적했다. "청년 실업자의 눈물을 닦아줘야 한다"는 기아차 쪽의 주장에 김 대법관은 당부의 말을 건넸다. "회사가 근로시간을 단축해 일자리를 많이 만들어 청년 취업자들의 눈물을 닦아준다면 사회적 책임을 다하는 방법이 아닌가 생각합니다."」[194]

중앙일보 보도 내용이다.

「김선수 대법관은 산재 특채자를 '사회적 신분'으로 보는 시각에 대한 비판적 견해를 가감 없이 드러냈다. 김 대법관은 "대기업 오너 자녀로

194 한겨레신문, "'산재 유족 특별채용보다 경영권 세습이 특혜 아닌가' 기아차 꼬집은 대법관"(2020. 6. 19.), <https://n.news.naver.com/article/028/0002501808>.

태어났다는 사정으로 부와 경영권을 세습하는 것이 오히려 사회적 신분에 의한 특혜 아니냐"고 말했다. 단협이 조합원들에게만 적용되기 때문에 산재 발생 시 비조합원 자녀와 사이에 차별이 발생할 수 있다는 지적에 대한 반문이었다. 원고측 참고인으로 출석한 권오성 교수(성신여자대학교)는 "오너가에서 처음에 자녀를 직원으로 채용하는 것이야말로 이 사건 원심이 말한 청년들의 꿈을 저버리는 행위라고 생각한다"고 답했다. 김 대법관은 이날 유일하게 두 차례 질문 기회를 가졌다. 김 대법관은 공개변론 말미에 "기아차는 자산 총액이 55조에 달하는 대기업으로 사내변호사도 있고 법률고문도 받는데 충분한 검토를 거쳐 체결하고 사인한 단체협약을 무효라고 하냐"며 "이런 식이면 피고 기업이 계약을 체결한 상대 소비자는 기업을 신뢰할 수 있겠냐"고 질타했다. 그러면서 "청년실업자 문제가 중요한 문제이지만 이 단체협약을 무효화한다고 해서 일자리가 몇 개나 될지 의문이다"라고 말했다. 김 대법관은 "피고 측에 부탁 하나 하고 싶다"며 "대기업이 근로시간 단축을 통해 일자리를 많이 만들어 실업자들 눈물을 닦아주는 게 사회적 책임 다하는 방법이 아닐까 하는 생각도 든다"고 질문을 마쳤다.」[195]

결국 위 사건은 11(단체협약 유효, 파기환송) 대 2(단체협약 무효, 상고기각)의 의견분포로 단체협약을 유효로 판단하고 원심

---

195 중앙일보, "'산재 유족 특채보다 재벌2세 채용이 특혜 아닌가' 물은 대법관"(2020. 6. 17.), <https://www.joongang.co.kr/article/23804095>.

판결을 파기환송했다. 나는 다수의견에 가담했고 주심인 김상환 대법관과 함께 다수의견에 대한 보충의견을 집필했다.

「법원이 민법 제103조를 근거로 단체협약의 내용을 살펴 그 무효 여부를 판단할 때에는 단체협약이 헌법에 근거를 둔 노사의 자치규범으로 기능한다는 점을 유념할 필요가 있다. 헌법 제33조가 명시한 노동3권은 국가권력의 침해에 대한 소극적 방어권의 성격에만 머무는 것이 아니라 관련 영역의 법질서를 형성하는 데에 적극적으로 반영되어야 할 객관적 헌법 가치로서의 의미도 함께 갖는다. 이에 따르면 노동3권을 실현한 결과물로서의 단체협약은 이해관계가 대립되는 당사자 사이의 일반적인 합의로서 쌍방을 구속하는 데 그치지 않고 노사관계에서 자치규범의 역할을 하게 된다. … 단체협약이 헌법과 이를 구체화한 법률에 따라 부분사회(기업) 내에서 자치규범으로서의 역할을 하는 것에 주목하면, 법원은 민법 제103조를 근거로 단체협약의 내용을 통제함에 있어서 기본적으로 헌법이 형성한 법질서로서의 노동3권과 협약자치를 존중하는 입장에 설 필요가 있다. 특히 사용자가 경제적·사회적으로 우월한 지위에 있으면서도 노동조합과의 교섭을 통해 근로자의 복지증진 기타 사회적·경제적 지위의 향상을 위해 스스로 일정 부분 양보하여 합의한 사항의 효력을 법원이 사후적으로 민법의 일반조항인 제103조를 근거로 부정하는 것은 경제적·사회적 약자 보호를 통해 실질적 평등을 달성하고자 하는 헌법과 노동관계법의 취지에 반할 우려가 있다는 점에서도, 법원의 후견적 개입은 더욱 자제되어야 한다.」

3) 소부 판결로 선고한 조영남 그림 대작 형사사건(대법원 2020. 6. 25. 선고 2018도13696 판결의 공개변론을 2020. 5. 28. 진행했다.[196]) 이 사건은 대작한 조수가 저작권 관련 문제를 제기한 것도 아니고, 그림의 매수자가 속아서 구입했다고 문제를 제기한 것도 아니었다. 정의로운 검사가 조영남이 조수를 사용하여 대작한 그림을 자신이 그린 것처럼 구매자를 기망하여 판매한 것이라고 보아 사기죄로 인지수사를 하고 기소한 것이다. 위 사건 공개변론에서 질의응답한 내용이 언론에 보도되었다.

중앙일보 보도 내용이다.

「김선수 대법관은 검찰 측 참고인(신제남 한국전업미술가협회 자문위원장)과 변호인 측 참고인(표미선 전 한국화랑협회장), 검찰에 다양한 질문을 던졌다. 신 위원장이 "(조씨 같은) 아마추어가 프로에게 아이디어를 주고 조수처럼 부려먹었다"며 "아이디어는 이를 그려내는 작가적 역량이 반드시 함께해야 작품으로 인정되지, 일부 손만 보는 것은 수치스러운 사기 행각"이라고 강하게 비판했다. 그러자 김 대법관은 신 위원장에게 "프로와 아마추어의 명확한 구분선이 있는지" "일반인 눈에서는 프로의 그림보다 아마추어 그림에 돈을 더 낼 수도 있지 않냐"고 물었다. 또 김 대법관은 검찰에 "만약 화가가 작품에 조수를 사용했냐 여부에 따라 처벌 대상이 된다면, 어디까지가 적법한 조수 사용이

196 주심인 권순일 대법관이 공개변론을 열어보자고 제안하고, 나머지 구성원들이 모두 동의하여 공개변론을 진행했다.

고 어떤 선을 넘으면 위법한 대작이냐"며 기준이 있는지 물었다. 검찰은 "대법원에서 잘 가려달라"고 답했다.」[197]

뉴데일리 보도 내용이다.

「신 위원장은 '화가로 인정받기 위한 특별한 기준이나 제도가 있느냐'는 질문에 "기본적으로 전문 작가가 되기 위해선 전문적인 공부를 해야 하고 미술 단체에 소속돼 활동하는 등 최소한의 역량이나 자격이 필요하다"고 소개했다. 그러면서 "조영남이 이름 있는 작가에게 사사하거나 미술 단체에 속해 활동하고 있었다면 우리가 판단을 달리할 수도 있었을 것"이라는 보수적인 시각을 드러냈다. 이에 김선수 대법관은 프로작가와 아마추어작가를 구분 짓는 명확한 기준이 있는지를 물었다. 그러자 신 위원장은 "제가 혼자 노래를 부른다고 비용을 주는 게 아니라 가수협회에 가입해야 일종의 라이센스가 나오는 것처럼 미술 분야도 마찬가지"라며 "미술을 전공하고 그룹전이나 개인전에 참여하는 등 소정의 자격 요건을 갖췄을 때 미술회원으로 인정받을 수 있다"고 말했다. 일종의 미술계 카르텔을 강조하는 신 위원장의 말에 김 대법관은 "반드시 권위적인 제도권 안에 들어와야만 프로작가가 될 수 있는 것은 아니고, 그림을 독학해서 성공할 수도 있지 않느냐"고 되물었다. 이에 신 위원장은 "그럴 수도 있다"고 답했다.」[198]

---

197 중앙일보, "조영남 최후진술 '화투 갖고 놀면 패가망신…너무 놀았나 보다"(2020. 5. 28.), <https://www.joongang.co.kr/article/23788372>.

198 뉴데일리, "조영남 '화투 갖고 놀면 패가망신한다고 했는데…' 눈물"(2020. 5. 28.), <https://www.newdaily.co.kr/site/data/html/2020/05/28/2020052800307.html>.

3. 주요 판결들 살펴보기

가. 전원합의체 재판에서의 견해 차이

대법원 재판의 꽃은 전원합의체 재판이다. 대법원장과 12명의 대법관이 모두 참여하여 다수결로 재판한다. 7명 이상의 동의를 얻은 다수의견이 법정의견이 되고, 다수의견과 결론 및 이유가 다른 반대의견이 있고, 다수의견과 결론은 같으나 이유가 다른 별개의견이 있으며, 각각의 의견에 대한 보충의견이 있다. 반대의견과 별개의견을 합하여 소수의견이라 한다. 의견이 셋 이상으로 갈려 과반수인 7명 이상의 동의를 얻는 의견이 나오지 않으면 전원합의체 판결을 선고할 수 없게 된다. 그러한 경우에는 다수의견의 형성을 위해 일부가 의견을 바꾸는 등의 조정과정을 거친다.

전원합의체 재판에서는 대법관들 사이에 의견이 다양하게 나뉠 수 있다. 그러한 의견의 차이를 여러 차원에서 구분하고 평가할 수 있다.

가장 일반적인 기준은 진보적(progressive)인가 보수적(conservative)인가이다. 진보는 통상 사회의 변화를 적극적으로 꾀하거나 적어도 수용하는 태도를 취하는데 반하여, 보수는 기존 질서의 유지를 선호하고 대체로 사회변화에 소극적인 태도를 취한다. 진보적인가 보수적인가 판단은 상대적일 수 있다. 판례 변경은 통상 시대의 변화를 반영하므로 진보적이라고 평가할 수 있을 것이나, 경우에 따라서는 최근의 미국 연방대법원의 낙태죄 관련 판례 변경과 같이 판례 변경이 보수적인 것으로 평가되는 경우도 있을 수 있다.

사법적극주의(judicial activism) 대 사법소극주의(자제)(judicial restraint)로 구분할 수도 있다. 어떤 쟁점에 관한 판례의 변경 여부를 두고 현행법의 해석으로도 충분히 가능하다는 견해와 법률이 개정되어야만 가능하다는 견해가 대립할 수 있다. 전자가 국회와의 관계에서 사법적극주의라 할 수 있고, 후자는 사법소극주의라고 할 수 있다. 이러한 견해 대립은 자주 있다. 다만 아무리 사법적극주의라고 해도 문언해석의 범위 안에서만 가능하며, 그 범위를 벗어나면 입법의 영역을 침범하는 것이 된다. 사법소극주의는 통상 입법으로 해결할 때까지 기다려야 한다는 논지를 전개하나, 사법소극주의적 견해를 취하는 사람도 쟁점에 따라서는 오히려 적극주의를 채택하기도 하므로 선별적 적극주의라고 표현하는 것이 사실에 부합하는 측면이 있다. 통치권자의 위헌·위법한 권력행사(행정청의 재량권)에 대한 사법적 통제에 적극적인가 소극적인가 하는 관점에서도 구분할 수 있다. 또한 헌법재판소와의 관계에서 헌법재판소에게 미루어야 하는지 아니면 가능한 한 법원이 적극적으로 해석할 것인지 라는 관점에서도 차이가 난다. 사법적극주의와 소극주의는 일면적으로 적용되는 것이 아니라 영역에 따라 달리 적용될 필요도 있다. 위법한 공권력의 행사나 입법 공백의 영역에서는 사법적극주의적 태도가 필요한 반면, 국민주권주의와의 관계에서 국민의 주권행사를 기다려야 하는 단계에서는 사법소극주의(자제)적 태도가 바람직하다. 예컨대 대통령 선거에 출마할 후보자가 확정된 단계에서 법원이 그 후보자의 재판을 무리하게 진행해서 국민들의 대통령 선거권 행사에 영향을 미치려 한다면, 법원은 주권자인 국민의 저항에 직면하게 될 것이고 존립의 근거인 국민의 신뢰를 저버리는 결과가 될 수 있다.

해석방법론의 관점에서 문언주의(textualism) 대 목적주의(purporsivism)로 구분하기도 한다. 좀 더 세분해서 문리해석(grammatical interpretation), 체계적(systematic) 해석, 역사적(historic) 해석, 목적론적(teleological) 해석 등으로 구분하기도 한다. 문언주의는 법률의 문언해석을 중시하는 반면, 목적주의는 문언에 국한하지 않고 법률의 취지와 목적까지도 고려하여 합목적인 해석을 도모한다. 아무리 목적주의적 해석을 한다고 하더라도 상식적인 평균사회인의 관점에서 보아 가능한 문언해석의 범위 안에서 이루어져야 한다. 대법원이 가능한 문언해석의 범위를 벗어나는 해석을 한다면 그러한 해석은 평균적인 사회인에 대하여 규범력을 가질 수 없고, 법적안정성을 훼손하고 입법권을 침해하게 될 것이다. 문언주의 안에서도 가치중립적(엄격한, 형식주의적) 문언주의 대 가치지향적(유연한, 느슨한) 문언주의로 구분하기도 한다. 문언해석을 진행하여 도달한 결론이 가치적으로 진보적이든 보수적이든 그 결론대로 판결하는 태도를 가치중립적 문언주의라고 할 수 있다. 반면에 문언해석으로 도달한 결론이 가치의 관점에서 보아 마땅치 않은 경우 문언해석에서 벗어나 가치에 따른 결론으로 판결하는 태도를 가치지향적 문언주의라고 할 수 있다. 김신 대법관을 가치중립적 문언주의로, 조희대 대법관을 가치지향적 문언주의로 평가하는 견해도 있다.[199]

법철학적 관점에 따라 랑델(Christopher Columbus Langdell)의 법형식주의(legal formalism)적 해석, 하트의 법실증주의(Hart's legal positivism)적 해석, 드워킨의 법원리론(Dworkin's legal principle doctrine)적 해석, 1920년대와 1930년대 미국 법조계와 법학계에 강력한 영향을 미쳤던 법현실주의(legal realism)적 해석 등으로 구분하기도 한다.[200] 동일한 법률규정과 법현상을 바라보는 시각이 관점에 따라 확연하게 다르게 나타나기도 하는데, 이는 법체계는 완결되고 자족적인 것이기 때문에 궁극적으로는 하나의 단일한 정답만이 있을 뿐이라는 법형식주의적 법해석론이 현실과 부합하지 않음을 보여준다. 법해석론은

199 서영수, "어떤 문언주의인가?: 김신 대법관의 문언주의적 법해석론-조희대 대법관과의 비교를 중심으로", 기초법학연구 창간호, 기초법학연구회(2022), 46.

200 김선화, "법해석론의 관점에서 본 전교조 법외노조 통보처분 취소 판결 -대법원 2016두32992 전원합의체 판결을 중심으로", 사법 55호, 사법발전재단(2021), 789~810.

법률해석과 현상을 관찰할 수 있는 유용한 도구로서, 법률을 해석·적용하는 법관은 자신이 타당하다고 생각하는 결론을 가장 잘 뒷받침할 수 있는 법해석론을 채택하여 이를 논증의 도구로 삼아 논의를 전개한다.[201]

마이클 샌델의 정의론[202]에 따른 구분에 따라 공동체주의(communitarianism) 대 (자유주의적) 개인주의[(liberal) individualism]로 구분할 수도 있다. 개인의 권리 특히 소유권을 절대적으로 보호할 것인지 아니면 공동체의 유지와 형평이라는 관점에서 소유권 등에 일정한 제한을 가하는 것을 긍정할 것인지 견해가 갈릴 수 있다. 소유권 조화(공동체주의) 대 소유권 절대(개인주의)는 배타적 사용·수익권의 포기 법리를 유지할 것인지 여부에 관한 대법원 2019. 1. 24. 선고 2016다264556 전원합의체 판결에서 의견이 갈렸다. 조세 정의(공동체주의) 대 재산권 우선(개인주의)은 세법 시행령 규정의 위헌·위법 여부에 관한 대법원 2020. 6. 18. 선고 2016두43411 전원합의체 판결에서 의견이 갈렸다. 혐오 표현의 규제(공동체주의) 대 표현 자유 우선(개인주의)은 '종북' 표현의 불법행위 성립 여부에 관한 대법원 2018. 10. 30. 선고 2014다61654 전원합의체 판결에서 의견이 갈렸다. 신뢰

---

201 김선화(주 200), 851.

202 마이클 샌델, 김명철 번역, 마이클 샌델 정의란 무엇인가, 와이즈베리(2014).

배반행위의 형사책임 인정(공동체주의) 대 형사책임의 엄격 적용(자유주의)은 각종 이중양도 사건의 배임죄 또는 횡령죄 성립 여부에 관한 전원합의체 판결들(대법원 2020. 2. 20. 선고 2019도9756 전원합의체 판결, 대법원 2020. 6. 18. 선고 2019도14340 전원합의체 판결, 대법원 2020. 8. 27. 선고 2019도14770 전원합의체 판결, 대법원 2020. 10. 22. 선고 2020도6258 전원합의체 판결, 대법원 2022. 6. 23. 선고 2017도3829 전원합의체 판결 등)과 위약벌 조항에 따른 위약금의 직권감액 여부에 관한 대법원 2022. 7. 21. 선고 2018다248855, 248862 전원합의체 판결 등에서 의견이 갈렸다.

대법원 전원합의체 재판 또는 소부 재판과 관련하여 판결에 대한 법리적 비판, 정책적 평가 등을 넘어 주심 대법관 개인을 비난하는 것은 대법원의 재판 구조를 몰이해할 것일 뿐만 아니라 그 재판에 관여한 주심 이외의 대법관들을 폄훼하고 모독하는 것이다. 소부 재판은 4명의 소부 구성 대법관이 전원일치 의견으로 재판하고, 전원합의체 재판은 대법관 전원이 참여하여 다수의견으로 재판하는 것이지 주심 대법관이 단독으로 재판하는 것이 아니다. 모든 대법관은 헌법과 법률, 자신의 양심에 따라 판단하고 결정하며, 다른 대법관의 의견을 존중하고 배려하지만 그렇다고 해서 다른 대법관의 견해 때문에 자신의 견해를 바꾸는 일은 없다.

불법쟁의행위로 인한 노동조합 간부 또는 조합원들에 대한 손해배상 청구사건에서 참가자들의 책임 개별화 법리를 판시한 판결(대법원 2023. 6. 15. 선고 2017다46274 판결)과 관련하여 당시 여당인 국민의힘 김기현 대표는 주심 대법관을 향해 "공동불법행위의 기본 법리조차 모르고 가해자와 피해자 구분조차 못하는 대법관은 법관 자격이 없다"고 비난했다.[203] 공동불법행위 사건에서 가담 정도나 책임 정도에 따라 책임 범위를 개별화하는 것은 많은 영역에서 일반적으로 채택된 법리이고, 쟁의행위 영역에서도 충분히 채택 가능한 법리다. 해당 사건은 전원합의체 논의를 거쳐 모든 대법관들의 동의로 소부 판결로 선고한 것이므로 주심 대법관을 개인적으로 비난하는 것은 징벌배상의 요건인 고도의 악의성을 충족하는 것으로 볼 수 있다. 이와 관련하여 김상환 법원행정처장(대법관)이 "판결의 진의와 취지가 오해될 수 있도록 성급하게 주장하거나, 특정 법관에 대해 과도한 인신 공격성 비난을 하는 것은 받아들이기 어렵다"는 입장문을 발표했다.[204] 2025. 8. 24. 국회를 통과한 노란봉투법으로 불리는 노조법 제2~3조 개정 법률안은 위 대법원 판결을 반영하여 제3조

---

203 MBC, "김기현 '노정희, 대법관 자격 없어..파업 손배 엉터리'"(2023. 6. 16.), <https://imnews.imbc.com/news/2023/politics/article/6494288_36119.html>.

204 중앙일보, "'알박기 판결' 비판 커지자…대법, 판결 나흘 만에 또 해명"(2023. 6. 20.), <https://www.joongang.co.kr/article/25171037>.

제3항으로 "법원은 단체교섭, 쟁의행위, 그 밖의 노동조합의 활동으로 인한 손해배상책임을 근로자에게 인정하는 경우 손해의 배상의무자인 근로자에 대하여 다음 각 호에 따라 책임비율을 정하여야 한다. 1. 노동조합에서의 지위와 역할, 2. 쟁의행위 등 참여 경위 및 정도, 3. 손해 발생에 대한 관여의 정도, 4. 임금 수준과 손해배상 청구금액, 5. 손해의 원인과 성격, 6. 그 밖에 손해의 공평한 분담을 위해 고려할 필요가 있다고 인정되는 사항"이라는 규정을 신설했다.

나. 주심 사건 판결

1) 전원합의체 판결

내가 주심으로서 전원합의체 판결을 선고한 사건은 모두 8건이다. 김명수 대법원장 재임기간에 대법관 1인당 평균 전원합의체 판결 선고 건수는 약 10건이므로 평균보다 약간 적은 편이다. 1993년 윤관 대법원장 임명부터 2023년 김명수 대법원장 퇴임까지 30년간 주심 대법관별로 전원합의체 재판 선고 건수를 많은 대법관부터 나열하면 김재형 27건, 정귀호 17건, 민일영 16건, 조희대 15건, 안대희·김소영 각 14건, 윤재식 13건, 박만호·박준서·김형선·이용훈·김능환·김용덕·이기택 각 12건 등이다.

① **대법원 2019. 3. 28. 선고 2018도16002 전원합의체 판결**(준강간죄 불능미수 성립 여부 사건)은 10(준강간죄의 불능미수 성립 인정) 대 3(부정) 의견분포로 다수의견을 집필했다. 소수 판결로 상고기각판결을 선고하고 싶었으나, 소부 구성 다른 대법관의 요구에 따라 전원합의체에 회부하여 다수의견이 되었다. 주심으로서 박상옥·박정화 대법관과 함께 다수의견에 대한 보충의견을 작성했다.

② **대법원 2019. 8. 22. 선고 2016다48785 전원합의체 판결**(복지포인트의 임금성 및 통상임금성 여부)은 8(임금성 부정) 대 1(복지포인트를 사용한 부분만 인정) 대 4(임금성·통상임금성 긍정) 의견분포로 반대의견을 집필했다. 다수의견은 민변·경향신문 선정 2019년 걸림돌 판결로 선정되었다.[205] 소부 판결로 원심 판단을 수긍하는 상고기각판결을 하고 싶었으나, 소부의 다른 대법관이 동의하지 않아 전원합의체로 끌려가 소수의견이 되었다. 이런 경우 기분이 별로다. 김상환 대법관과 함께 작성한 보충의견에서 복지포인트의 임금성 및 통상임금성 긍정하는 반대의견은 근로시간 단축이라는 노동정책적 관점에서 보더라도 바람직하다는 점을 지적했다.

---

205 경향신문, "민변 · 경향신문 선정 '2019 디딤돌 · 걸림돌 판결'"(2019. 12. 9.), <https://www.khan.co.kr/article/201912082206005>.

③ **대법원 2019. 11. 21. 선고 2015두49474 전원합의체 판결**(시민방송 다큐멘터리 '백년전쟁' 관련 방송통신위원회의 제재조치취소 사건, 방송의 객관성·공정성·균형성 유지 의무와 사자 명예 존중 의무 위반 여부)은 7(제재조치의 위법성 긍정) 대 6(제재조치의 위법성 부정) 의견분포로 다수의견을 집필했다. 대법관들 사이에서는 6 대 6이었으나 김명수 대법원장이 가담해주어 다수의견이 될 수 있었다. 김상환 대법관과 함께 작성한 보충의견에서 "민주공화국에서는 구성원인 한 개인의 인권과 표현의 자유의 무게가 공화국 전체의 무게와 맞먹는다. 공화국 전체의 안전이나 통합을 유지하기 위해 필요하다는 명분으로 한 개인의 인권과 표현의 자유를 부당하게 침해하지 않는 것이 바로 민주공화국의 요체이다. 개인의 인권과 표현의 자유보다 공화국의 화해와 통합을 우위에 놓는 순간 민주공화국은 그 본질로부터 훼손될 수 있다. 화해와 통합의 가치가 소중함을 인정하지만, 무분별하게 화해와 통합이 강조되는 순간 민주주의는 질식할 우려가 있기 때문이다."라고 썼다.

④ **대법원 2019. 11. 21. 선고 2018도13945 전원합의체 판결**(증인이 정당한 이유 없이 증언을 거부한 경우, 그의 진술이 기재된 검찰 진술조서의 증거능력 인정 여부)은 12(증거능력 부정) 대 1(증거능력 긍정) 의견분포로 다수의견을 집필했다. 소부 판결로

선고하고 싶었으나 검사 출신 박상옥 대법관이 1인 반대의견을 쓰겠다고 하여 할 수 없이 전원합의체 판결로 선고했다. 권순일 대법관과 함께 보충의견을 작성했다.

⑤ **대법원 2020. 10. 22. 선고 2020도4140 전원합의체 판결**[제1심(미성년) 부정기형 선고 후 피고인만 항소하여 항소심에서 성년에 도달하여 정기형 선고 시 불이익변경금지 원칙 적용 기준]은 8(장기형과 단기형의 평균형량 기준) 대 3(장기형 기준) 대 2(단기형 기준) 의견분포로 2명 반대의견을 집필했다. 소부 합의 결과 상고기각하기로 일단 합의가 성립했었는데, 다른 대법관이 전원합의체에 올려보자고 제안하여 전원합의체에 회부했다가 소수의견이 되어 버렸다. 피고인에게 가장 유리한 의견(단기형 기준)이 종전 판례의 태도였기 때문에 판례 유지 견해가 압도적인 다수의견이 될 것이라고 예상했으나 박정화 대법관과 나 둘만이 판례 유지 견해로 의외의 표결 결과가 나와서 몹시 당황했었다.

⑥ **대법원 2020. 10. 22. 선고 2020도6258 전원합의체 판결**(저당권이 설정된 자동차를 임의처분한 경우 및 자동차 이중양도의 경우 배임죄 성립 여부)은 전원일치 의견으로 법정의견을 집필했다. 다양한 형태의 이중양도 등의 경우에 배임죄 또는 횡령죄가 성립하는지 여부에 관하여 종전 판례를 변경하여 배임죄 성립을

부정하는 전원합의체 판결들이 선고되었으므로 이 사건은 그 연장선상에서 잔존 부분에 대하여 정리하는 차원에서 전원합의체 판결로 판례를 변경한 것이다.

⑦ **대법원 2021. 9. 9. 선고 2019두53464 전원합의체 판결**(법무법인을 조정반 지정 대상으로 규정하지 아니한 법인세법 시행령과 소득세법 시행령 규정의 위헌·위법 여부)은 12(시행령 무효 긍정) 대 1(시행령 무효 부정) 의견분포로 시행령 조항의 무효를 선언하는 다수의견을 집필했다. 김재형 대법관이 1인 별개의견을 집필했다. 박정화 대법관과 함께 보충의견을 작성했다.

⑧ **대법원 2024. 7. 18. 선고 2023두36800 전원합의체 판결**(동성동반자에 대한 국민건강보험 피부양자 인정 여부)은 9(피부양자 자격 긍정) 대 4(부정) 의견분포로 다수의견을 집필했다. 민변·경향신문이 선정한 2024년 최고 디딤돌 판결이 되었고,[206] 법률신문이 선정한 2024년 10대 판결에 포함되었으며,[207] 법원도서관이 제작한 홍보영상 〈소수자·사회적 약자 보호〉 판결에 수록되었

---

206 경향신문, “대법서 확정된 ‘동성부부 건강보험 피부양자 자격’, 올해 최고 디딤돌 판결”(2024. 12. 9.), <https://www.khan.co.kr/article/202412090600101>.

207 법률신문, “2024년 10대 판결 · 결정”(2024. 12. 25.), <https://www.lawtimes.co.kr/news/204125>.

다.[208] 나는 주심으로 관여한 판결 중 가장 의미 있는 판결이 무엇이냐는 질문을 받을 때 이 판결을 든다.

이 판결은 원심판결(서울고등법원[209] 2023. 2. 21. 선고 2022누32797 판결) 선고 후 약 1년 5개월 만에 전원합의체 판결을 선고했으므로 비교적 신속하게 처리한 것이다. 소부 합의에서 전원합의체에 회부하기로 하고 재판연구관실 심층조에 보내면 전원합의체 안건 보고서가 올라오는 데 통상 2년 내지 3년 정도 걸린다. 재판연구관실(보통 수석재판연구관)이 퇴임을 1년 정도 앞둔 대법관에게 재임 중에 꼭 선고하고 싶은 사건이 있는지 문의하고 그러한 사건이 있으면 알려달라고 요청한다. 퇴임을 앞둔 대법관이 지정한 사건에 대해서는 재판연구관실이 특별히 신경을 써서 보고서를 신속하게 작성·보고해주는 아름다운 관행이 있다. 퇴임을 1년여 앞둔 2023. 7. 재판연구관실로부터 퇴임 전에 꼭 선고하고 싶은 사건이 있으면 알려달라는 문의를 받고 이 사건을 선정해서 알려주었다. 재판연구관실이 2023년이 가기 전에 전원합의체 안건으로 보고서를 완성해서 보고했다. 그 후에는 우여곡절을 거쳐 전원합의체의 토론과 표결을 거쳐 퇴임 직전에 선고할 수 있었다.

---

208 법원도서관, 홍보영상 <https://tv.scourt.go.kr/videocontent/video_detail/7145205>

209 판사 이승한(재판장) 심준보 김종호.

국민건강보험에서 동반자를 피부양자로 인정하는 규정은 법률에서는 '배우자(配偶者)'라고 규정하고 있고(다른 사회보험 관련 법률에서는 괄호 안에 '사실상 혼인관계에 있는 사람을 포함한다'라는 규정을 두고 있으나 국민건강보험법에는 그러한 규정이 없다), 건강보험의 보험자이자 관리주체인 국민건강보험공단은 지침으로 '사실상 혼인관계에 있는 사람'을 배우자에 준하여 피부양자 자격을 인정하고 있다. 이 사건의 쟁점은 동성 동반자에 대하여 건강보험의 피부양자 자격을 인정할 것인지 여부이다.

동성 동반자의 건강보험상의 피부양자 자격을 인정하기 위한 법리는 세 가지 차원에서 구성할 수 있다. 첫째, 합헌적 유추해석을 통해 동성 동반자가 국민건강보험법상 '배우자'에 해당하는 것으로 볼 수 있다는 해석이다. 유추해석은 형벌이나 침익적 행정처분 등 국민에게 불리한 처분을 하기 위한 방향으로는 인정되지 아니하나, 국민의 기본권을 보장하기 위한 방향으로까지 무조건 금지되는 것은 아니다. 엄격한 문언해석을 고집할 경우 평등원칙이나 과잉금지원칙 등 헌법상의 기본권 보장 취지에 어긋나는 위헌적 상황이 된다면 그러한 위헌적 상황을 피하기 위하여 필요한 범위 안에서의 유추해석은 허용된다고 보아야 한다. 현행 헌법과 혼인관계법 등은 이성혼(異姓婚)을 전제로 하여 규정하고 있는 것으로 보이지만, 동성혼을 명문으로 금지하는 규정은 없다. 결국 현행 헌법과 혼인관계법 등의 동성혼에 대한 태도는 '금지'가 아니라 '공백' 내지 '흠결'이다. 그렇기 때문에 동성혼 인정 여부는 해석의 영역에 맡겨져 있다고 보아야 한다. 국가공동체의 최소한의 기본적인 사회보장제도인 건강보험제도의 측면에서 동성 동반자를 배우자와 달리 취급하는 것은 헌법상 평등원칙과 비례원칙에 위반되므로 '배우자' 개념의 합헌적 유추해석을 통해 동성 동반자도 피부양자에 해당하는 것으로 해석해야 한다. 둘째, 동성 동반자를 건강보험공단의 지침에서 정한 '사실상 혼인관계에 있는 사람'으로 인정하는 해석 방법이다. 절차상 혼인신고를 했는지 여부에 따라 '배우자'와 '사실상 혼인관계에 있는 사람'을 구별하는데, '사실상 혼인관계에 있는 사람'은 그 실질을 중시하므로 두 사람이 동성인지 이성인지에 따라 달리 취급할 것이 아니라 동일하게 취급해야 한다. 셋째, 동성 동반자가 법상의 '배우자'나 지침상의 '사실상 혼인관계에 있는 사람'에 해당하지 않지만, 지침으로 '사실상 혼인관계에 있는 사람'을 피부양자로 인정하면서 실질적으로 동일한 비교집단이라고 할 수 있는 동성 동반자의 피부양자 자격을 부정하는 처분은 헌법상 평등원칙에 반하여 위법하므로 취소되어야 한다는 해석 방법이다. 원심판결이 채택한 해석방법으로 가장 온건한 해석방법이라고 할 수 있다.

이 사건에서는 가능한 한 다수의 의견으로 원심판결의 결론을 유지하는 것이 중요하다고 보았다. 그러기 위해서는 법리에서는 최대한 온건할 필요가 있다. 전원합의체 판결에서 강력한 소수의견이 중요한 의미가 있기도 하지만, 그래도 영향력은 온건한 다수의견이 훨씬 크다. 온건한 다수의견으로 뜻을 관철하는 것과 강력한 소수의견을 개진하는 것 중 어느 쪽을 선택할 것인가는 사람에 따라 다를 수 있다. 나는 가능한 한 온건한 다수의견으로 조금이나마 앞으로 나아가는 길을 선택했다. 안정적인 다수의견을 형성하기 위해서는 이 사건은 동성혼의 인정 여부와는 무관하고 오로지 가장 기본적인 사회보험인 건강보험 영역의 문제라고 확실하게 선을 긋는 것이 필요했다.

직장보험 가입자와 피부양자 사이의 관계를 어떤 용어를 사용하여 표현할 것인지부터 문제로 되었다. 동성 부부(원고가 신청 시 사용한 용어), 배우자, 반려자(伴侶者, 원고 사용), 커플(couple, 원심 사실 인정), 동성 간의 결합(제1심), 동성 결합의 상대방(원심), 짝 등의 용어가 후보군으로 올라왔다. 동성혼과는 무관하다는 점을 강조하기 위해서는 혼인관계에 있다는 뉘앙스로 다가오는 부부, 배우자, 반려자 등의 용어는 제외했다. '커플'이라는 영어는 적절한 우리말이 없다면 마지막 단계에서 고려하겠지만 적절한 우리말이 있다면 굳이 채택할 필요가 없다. 동성'결합'이라고 하면 물리적 결합도 있고 화학적 결합도 있는 등 '결합'관계의 층위가 지나치게 다양하다. 피부양자 자격을 인정하는 '사실상 혼인관계에 있는 사람'은 동거·부양·협조·정조의무를 바탕으로 부부공동생활에 준할 정도의 경제적 생활공동체를 이룬 관계를 의미하므로 '동성 결합'이라는 용어로는 이러한 정도의 결합관계만을 의미하는 것으로 축소해석하기가 어렵다. 이런 과정을 거쳐서 재판연구관과 내가 채택한 용어가 '동성 동반자(同伴者)'인데, 대법원장을 비롯한 전체 대법관이 동의해 주어 이 용어를 사용하게 되었다.

다수의견을 집필할 때는 가족법이나 혼인(동성혼) 관련 법리나 판례에 관하여 언급하는 것을 배제했다. 건강보험이라는 공동체 구성원 지위의 가장 기본적인 사회보장제도 관점에서만 접근한다는 점을 명확히 했다. 또한 '재량권' '재량권 행사'라는 용어의 사용도 배제했다. 건강보험공단이 지침으로 '사실상 혼인관계에 있는 사람'을 배우자에 준하여 피부양자 자격을 인정한 것은 정당한 재량권 행사의 범위 안에 있고, 같은 지침에서 동성 동반자의 피부양자의 자격을 인정하지 않은 것은 재량권 행사를 남용한 것이라고 판단하면 혼선이 있는 것처럼 보일 수도 있었다. 그래서 행정청의 '내부 준칙' 또는 '이 사건 지침'이라는 용어를 사용하고 '재량권'이나 '재량권 행사'라는 용어 사용은 다수의견에서는 피했다. 또한 법률 규정에 대한 위헌 판단의 오해를 불러일으킬 표현도 배제함으로써 헌법재판소의 권한을 침해하는 것으로 오해받을 여지를 원천봉쇄했다. 어느 법학교수는 다수의견을 읽어보면 잔가시까지 세밀하게 발라내서 조금이라도 걸리는 부분이 없다고 평가했는데, 다수의견을 집필한 나의 뜻을 정확하게 꿰뚫은 표현이다. 이런 노력의 결과 9 대 4라는 비교적 안정적인 다수의견으로 선고할 수 있었다.

전원합의체 판결에서 소수의견이 되었을 때 서럽기는 하지만 그렇다고 해서 포기할 일은 아니다. 전원합의체 판결에서 소수의견이 된 경우 그 의견을 실현할 수 있는 방법은 국회에서 소수의견을 담은 입법을 하는 방안과 전원합의체 판결로 다시 변경하는 방안이 있다. 전원합의체 판결에서의 소수의견이 2년이라는 비교적 짧은 기간 안에 입법된 예가 있다. 대법원 2020. 11. 19. 선고 2019다232918 전원합의체 판결(미성년이었던 상속인이 성년이 된 후에 특별한정승인을 신청한 사건)에서 다수의견은 법정대리인의 인식을 기준으로 제척기간이 지나 기존의 단순승인의 법률관계가 확정된다는 견해였으나, 반대의견(민유숙, 김선수, 노정희, 김상환 대법관)은 상속인이 성년에 이르러 상속채무 초과사실을 알게 된 날부터 3월 안에 특별한정승인을 할 수 있다고 보아야 한다는 견해를 취했다. 반대의견을 반영한 민법 제1019조 제4항을 신설하는 개정안이 2022. 11. 24. 국회를 통과하여 12. 13. 공포되었다. 위 판결에서 다수의견도 보충의견에서 반대의견의 문제의식에 공감하면서 미성년자를 보호할 수 있는 특별한 제도를 마련하는 것이 입법론적으로 바람직하다는 점을 특별히 지적했었다.

전원합의체 판결로 전원합의체 판결을 변경한 사례로는 대법원 2018. 11. 1. 선고 2016도10912 전원합의체 판결(양심적 병역거부 형사사건, 대법원 2004. 7. 15. 선고 2004도2965 전원합의체 판결), 대법원 2019. 2. 21. 선고 2018다248909 전원합의체 판결(도시일용노동 가동연한, 대법원 1989. 12. 26. 선고 88다카16867 전원합의체 판결), 대법원 2022. 3. 24. 선고 2021다241618 전원합의체 판결(공제 후 과실상계 방식, 대법원 2002. 3. 21. 선고 2000다62322 전원합의체 판결), 대법원 2022. 6. 23. 선고 2017도3829 전원합의체 판결(채권양도 후 채권추심 금전 사용한 경우 횡령죄 성립 여부, 대법원 1999. 4. 15. 선고 97도666 전원합의체 판결), 대법원 2022. 11. 24. 자 2020스616 전원합의체 결정(성별정정청구사건, 대법원 2011. 9. 2. 자 2009스117 전원합의체 결정), 대법원 2023. 5. 11. 선고 2018다248626 전원합의체 판결(유골인도청구사건에서 제사주재자 결정 방법, 대법원 2008. 11. 20. 선고 2007다27670 전원합의체 판결), 대법원 2024. 12. 19. 선고 2020다247190 전원합의체 판결, 같은 날 선고 2023다302838 전원합의체 판결(재직조건부 급여 항목 또는 근무일수 조건 급여 항목의 통상임금 해당 여부, 대법원 2013. 12. 18. 선고 2012다89399 전원합의체 판결, 같은 날 선고 2012다94643 전원합의체 판결) 등이 있다. 전원합의체 판결을 다시 전원합의체 판결로 변경하려면 최소한 10년 이상은 걸린다(가장 빨리 변경한 것이 11년 걸린 것으로 확인됐다).

판례 변경을 시도하고자 했으나 당시의 의견 분포 상 소수가 될 경우에는 전원합의체 판결로 선고하면 그 때부터 다시 10년 이상은 판례 변경이 불가능하게 된다. 그런 경우 종전 판례대로 소부 판결로 선고하고 판례 변경은 다음 기회를 기약하는 것이 나은 선택일 수도 있다. 실제 박시환 대법관은 하급심에 있을 때 양심적 병역거부 사건에 대해 무죄를 선고했기 때문에 대법원에서 판례(대법원 2004. 7. 15. 선고 2004도2965 전원합의체 판결) 변경을 하고자 했다. 그래서 대법원에 올라온 양심적 병역거부 사건을 선고하지 않고 묶어놓고 기회를 노렸다. 그러나 퇴임 직전까지도 전원합의체 판결로 선고하면 소수의견에 머물 것이 확실했다(종전 대법원 전원합의체 판결을 선고하고 7년 정도밖에 지나지 않은 시점이었기 때문에). 그래서 눈물을 머금고 종전 판례에 따라 소부 판결로 선고하고 퇴임했다(2011. 11. 20.). 양심적 병역거부 사건은 대법원이 2018. 11. 1. 전원합의체 판결로 판례를 변경했다. 만약 박시환 대법관이 퇴임 직전에 전원합의체 판결로 소수의견을 썼다면 판례 변경은 그로부터 10년도 더 지난 한참 뒤로 연기되었을 것이다.

나도 2020년에 재직조건부 급여 항목의 통상임금성을 부정한 2013. 12. 18. 선고한 대법원 전원합의체 판결의 판례 법리를 변경하고자 시도했다. 대법원 판례 법리와 달리 판단한 항소심 판결이 2019년에 상고되어 대법원에 접수된 사건(내가 속한 제1부의 권순일 대법관이 주심이었다)을 전원합의체에 회부하여 합의기일을 진행했다. 대부분의 대법관들이 전원합의체 판결 선고 후 10년도 지나지 않았는데 전원합의체 판결로 변경하는 것은 적절하지 않으므로 적어도 10년은 지난 뒤, 즉 2023. 12. 이후에 다시 전원합의체에서 논의하자는 의견이었다. 나와 함께 대법관에 임명된 3명이 퇴임하기 전에는 전원합의체 판결로 선고하자는 암묵적 합의를 하고 논의를 잠정 중단했었다. 그 사이에 주심 대법관이 노정희 대법관으로 변경되었는데, 주심 대법관도 퇴임 전에 선고하기를 강력하게 요청하였음에도 이런저런 사정으로 3명이 퇴임하기 전에 선고하지 못했다. 3명이 퇴임하고 4개월 후에 전원합의체 판결로 11년 전의 전원합의체 판결로 선언한 판례를 변경했다.

2) 소부 판결

가) 노동판결

① **대법원 2022. 1. 27. 선고 2018다207847 판결**(파견법상 직접고용의무에 따른 근로관계계약기간이 문제된 사안)은 불법파견 근로자를 직접고용의무에 따라 직접 고용하면서 기간제로 고용하는 것은 위법하다는 법리를 선언했다. 민변·경향신문이 선정한 2022년 최고 디딤돌 판결로 선정되었다.[210] 이 판결의 의의에

---

210 경향신문, "올해 최고 디딤돌 판결은 '불법파견→기간제는 위법' 대법 판결"(2022. 12. 6.), <https://www.khan.co.kr/article/202212050600011>.

대해서는 법 실무의 측면에서 직접고용의무에 따른 직접고용 전환에서 무기고용 원칙을 확인함으로써 2008년 예스코 판결(대법원 2008. 9. 18. 선고 2007두22320 전원합의체 판결)을 계승하는 한편, 기간제 고용이 가능한 예외와 그 사유 존재에 관한 증명책임 및 기간제 계약 체결 시의 사법적 효과에 대해서도 판시함으로써 직접고용에서 무기고용 원칙을 발전시켰고, 법이론의 측면에서 직접고용의무의 이행에서 무기고용의 원칙을 상세하게 설명함으로써 현대 노동법의 대원칙인 직접고용의 원칙과 무기고용의 원칙이 파견제 노동의 규율에서도 가장 중요한 기준임을 공고히 하였다는 평가가 있다.[211]

② **대법원 2019. 8. 14. 선고 2016다9704, 9711 판결**은 휴일로 정하였는지의 판단기준을 제시했다. 단체협약이나 취업규칙 등에 의하여 휴일로 정해진 날의 근로도 근로기준법상 휴일근로에 대해 가산임금이 지급되어야 하며, 휴일로 정하였는지 여부는 단체협약이나 취업규칙 등에 있는 휴일 관련 규정의 문언과 그러한 규정을 두게 된 경위, 해당 사업장의 근로시간에 관한 규율 체계와 관행, 근로 제공이 이루어진 경우 실제로 지급된 임금의 명목과

---

211 강성태, "사용사업주가 파견근로자를 직접고용하는 경우 근로계약의 기간-대법원 2022. 1. 27. 선고 2018다207847 판결의 의의를 중심으로", 노동법실무연구회, 노동법실무연구 4권, 사법발전재단(2024), 356~358.

지급금액, 지급액의 산정 방식 등을 종합적으로 고려하여 판단하여야 한다는 것이다.[212]

③ **대법원 2020. 11. 5. 선고 2018두54705 판결**은 영업의 전부 양도 전에 정당한 이유 없이 해고된 근로자의 근로관계가 영업양도를 통해 승계되는지 여부와 관련하여 영업양도와 근로관계의 승계에 관한 기존 판례의 태도인 이른바 원칙승계설을 부당해고된 근로자에 대해서도 그대로 적용하였다. 그 근거로 영업양도일 이전에 정당한 이유 없이 해고된 양도인과 근로자 사이의 근로관계는 여전히 유효하다는 점(사물의 본성에 기초한 존재론적 접근), 해고 이후 영업 전부의 양도가 이루어진 경우라면 해고된 근로자로서는 양도인과의 사이에서 원직 복직도 사실상 불가능하게 되었다는 점(당위론적 접근)을 들었다.[213]

④ **대법원 2020. 11. 16. 선고 2016다13437 판결**은 경영상 이유에 의한 해고 이후 사용자가 부담하는 해고자 재고용의무 규정에

---

212 김홍영, "휴일로 정하였는지의 판단기준 및 휴일근로수당의 지급 여부(대법원 2019. 8. 14. 선고 2016다9704, 9711 판결), 노동법실무연구회, 노동법실무연구 4권, 사법발전재단(2024), 165~189.

213 김희수, "영업 전부의 양도 전 해고된 근로자의 근로관계 승계(대법원 2020. 11. 5. 선고 2018두54705 판결), 노동법실무연구회, 노동법실무연구 4권, 사법발전재단(2024), 219~236.

관한 일반론을 설시한 최초의 판결이다. 판결은 "사용자는 근로자를 해고한 날부터 3년 이내의 기간 중에 해고 근로자가 해고 당시에 담당하였던 업무와 같은 업무를 할 근로자를 채용하려고 한다면, 해고 근로자가 반대하는 의사를 표시하거나 고용계약을 체결할 것을 기대하기 어려운 객관적인 사유가 있는 등의 특별한 사정이 있는 경우가 아닌 한 해고 근로자를 우선 재고용할 의무가 있다. 이때 사용자가 해고 근로자에게 고용계약을 체결할 의사가 있는지 확인하지 않은 채 제3자를 채용하였다면, 해고 근로자가 고용계약 체결을 원하지 않았을 것이라거나 고용계약을 체결할 것을 기대하기 어려운 객관적인 사유가 있었다는 등의 특별한 사정이 없는 한 우선 재고용의무를 위반한 것으로 볼 수 있다."라고 판시했다.[214]

⑤ **대법원 2020. 4. 9. 선고 2019다267013 판결**(웰리브 사건)은 하청회사가 업무수행의 독자성이나 사업경영의 독립성을 갖추지 못한 채 원청회사의 일개 사업부서로서 기능하거나 노무대행기관의 역할을 수행하였을 뿐이라고 보아 하청업체의 근로자와 원청업체 사이에 묵시적인 근로계약관계가 성립한다고 보았다. 대법원 2021. 7. 8. 선고 2018다243935, 243942 판결(현대위아 사건)

---

214 여연심, "경영상 이유에 의한 해고와 우선 재고용의무(대상판결: 대법원 2020. 11. 16. 선고 2016다13437 판결), 노동법실무연구회, 노동법실무연구 4권, 사법발전재단(2024), 237~259.

은 파견 법리에 의해 사내하청의 실질을 근로자파견으로 인정하여 구 파견법상 직접고용간주 규정 또는 현행 파견법상 직접고용의무 규정을 적용하여 원청회사와 하청근로자 사이에 근로계약관계의 성립을 인정했다. 현대위아 사건 판결은 원청회사가 하청근로자들의 업무를 의도적으로 분리시킨다거나 생산공정 전체를 하청화하는 경우에도 근로자파견관계를 인정함으로써 파견 법리의 실효성을 제고했다는 데 의의가 있다.[215]

⑥ **대법원 2021. 8. 19. 선고 2018다270876 판결**은 사용자의 근로계약상의 보호의무 위반에 따른 근로자의 손해배상청구권은 특별한 사정이 없는 한 10년의 민사 소멸시효기간이 적용된다고 최초로 명확히 판단했다. 근로자의 위 손해배상청구와 관련된 법률관계는 성질상 정형적이고 신속하게 해결할 필요가 있다고 보기 어렵기 때문이다. 근로자의 권리 보호 범위를 확대하였다는 점에 의의가 있다는 평가가 있다.[216]

---

215 김민기, "사내하청을 규율하는 판례 법리의 성과와 과제(대상판결 1: 대법원 2020. 4. 9. 선고 2019다267013 판결, 대상판결 2: 대법원 2021. 7. 8. 선고 2018다243935, 243942 판결)", 노동법실무연구회, 노동법실무연구 4권, 사법발전재단(2024), 279~314.

216 권창영, "사용자의 보호의무 위반에 따른 손해배상청구권의 소멸시효(대법원 2021. 8. 19. 선고 2018다270876 판결)", 노동법실무연구회, 노동법실무연구 4권, 사법발전재단(2024), 315~330.

⑦ **대법원 2023. 6. 29. 선고 2023두31782 판결**은 사립학교 교원이 경영평가 성과상여금의 재분배를 주도한 행위가 구 「공무원수당 등에 관한 규정」 제7조의2 제10항에서 규정한 '성과상여금을 거짓이나 그 밖의 부정한 방법으로 지급받은 때'에 해당하지 2023두31782않고, 학교법인의 정관에 따른 명령을 위반한 징계사유에 해당하지 않는다고 판단했다. 위 판결에 대해서는 단체협약이나 취업규칙에서 징계사유를 정한 규정을 한정적인 것으로 해석하고 이를 벗어난 사용자의 징계를 무효로 본다는 징계의 정당성 해석 원칙을 재확인했고, 성과주의에 대한 맹종을 경계했다는 의미가 있다는 평가가 있다.[217]

지방공무원수당규정은 2015. 9. 25. 개정되면서 '지급받은 성과상여금을 다시 분배하는 행위가'가 '성과상여금을 거짓이나 그 밖의 부정한 방법으로 지급는 경우'에 해당하는 것으로 명시했다(제6조의2 제7항).[218] 위 조항에 대해 헌법재판소 2016. 11. 24. 선고 2015헌마1191, 2016헌마231(병합) 결정은 전원일치 의견으로 합헌결정을 했다. 그러나 위 헌법재판소 결정은 시행령의 위헌 여부에 대해 헌법재판소가 심판하는 것이 명령·규칙·처분에

---

217 최정은, "교원의 성과상여금 재분배 행위에 대한 징계처분의 당부(대법원 2023. 6. 29. 선고 2023두31782 판결), 노동법실무연구회, 노동법실무연구 4권, 사법발전재단(2024), 418~420.

218 공무원수당규정은 2023. 1. 6. 개정을 통해 지방공무원수당규정 제6조의2 제7항과 같은 규정을 신설했다.

대한 대법원의 최종 심사권을 규정한 헌법 제107조 제2항을 위반한 것이 아닌가 하는 근본적인 문제는 차치하더라도 목적의 정당성, 수단의 적절성, 침해의 최소성, 법익 균형성의 측면에서 문제가 있다는 지적이 있다.[219]

⑧ **대법원 2024. 7. 11. 선고 2023다217312 판결**은 대학교 시간강사가 초단시간근로자에 해당하는지 여부에 관한 판단기준을 최초로 판시했다. 이 판결은 강의시간 수뿐만 아니라 그에 수반되는 업무, 그 밖에 임용계약 등에서 정한 업무를 수행하는 데 통상적으로 필요한 근로시간 수를 기준으로 판단해야 함을 확인했다. 그 근거로 대학 강의의 특성상 강의 외 업무에 상당한 시간이 필요하기 때문에 강의시간의 정함이 곧 소정근로시간을 정한 것이라고 볼 수 없다는 현실과 함께, 초간시간근로자에 대한 적용예외를 정한 근로기준법의 취지를 들었다.[220] 위 판결은 "교육부는 2019년부터 2022년까지 대학 시간강사들의 퇴직금을 국고에서 지원한 바 있는데, 강의시간의 3배에 해당하는 시간을 소정근로시간으로 보는 전제에서 1주 강의시간이 5시간 이상인 시간강사를 그 지원 대상자로 삼았다. 이에 비추어 보면, 특별한 사정이

---

219 최정은(주 217), 400~406.

220 강성태, "2024년 노동법 판례 동향", 노동법실무연구회, 노동법실무연구 5권, 사법발전재단(2025), 169~175.

없는 한 강의시간의 3배에 해당하는 시간이 대학의 시간강사가 강의와 그 수반 업무를 수행하는 데 통상적으로 소요되는 시간을 판단하는 일응의 기준이 될 수 있다. 다만 이를 절대적 기준으로 볼 것은 아니고, 법원은 여러 사정을 아울러 참작하여야 한다."라고 판시했다.

⑨ 주심으로 선고한 판결 중에는 노동자에게 유리한 결론으로 선고한 것만 있는 것은 아니고 법리에 따라 객관적 판단기준을 제시한 판결도 있다.

대법원 2020. 7. 29. 선고 2018다268811, 268828 판결은 직무상 재해를 당한 선원의 임금이 소급적으로 인상된 경우 선원법이 정한 승선평균임금(일시보상금 등 산정의 기초가 되는 금액)의 산정방법과 조정에 대하여 유사 선례인 대법원 2006. 10. 27. 선고 2006두3568 판결에서 산업재해보상보험법상 휴업급여 산정의 기초가 되는 평균임금의 산정방법과 조정에 관하여 선언한 법리에 입각하여 판단했다. 선원법에서 정한 승선평균임금의 산정방법과 조정에 관하여 명시적으로 판시한 최초의 사례다. 또한 이 판결은 선박소유자가 일시보상금을 전부 제공한다는 의사로 선원에게 지급하고 해당 선원이 (이의를 유보한 채) 임시보상금 명목으로 지급된 돈이라는 것을 알면서도 수령한 경우에는 비록 실제로 지급된 돈이 적법하게 산정된 일시보상금 중 일부일 뿐이라고 하더라도 선박소유자가 신의성실원칙에 반하여 일시보상금 제도를 본래의 취지나 목적과 다르게 이용했다는 등 특별한 사정이 없는 한 그들 사이에는 원칙적으로 일시보상금 차액 청구에 관한 법률관계만 남게 되고 피재 선원은 선박소유자를 상대로 더 이상 그날 이후 발생하는 요양보상금 등은 청구할 수 없다는 점을 분명하게 선언했다. 이는 여러 사정을 고려하여 균형점을 찾아 상세히 법리를 판시한 최초의 사례라는 평가가 있다.[221]

대법원 2024. 3. 12. 선고 2019다223303, 223310 판결은 사용사업주가 파견법에 따라 파견근로자들을 직접고용할 때 적용할 근로조건이 문제된 사건(한국도로공사 통행료 징수원 임금차액 청구 사건)으로서 다양한 쟁점들에 대하여 객관적인 판단기준을 제시했다. 첫째, 파견근로자와 동종 또는 유사 업무를 수행하는 사용사업주의 근로자('동종·유사 업무 근로자')가 없더라도 일정한 경우에 법원이 사용사업주와 파견근로자가 합리적으로 정하였을 근로조건을 적용할 수 있음을 최초로 판시했다. 둘째, 파견사업주가 지급하는 임금을 공제하는 법률적 근거에 대하여 최초로 판시하면서 원고들이 기준임금과 복리후생비 또는 그 상당의

221 이영진, "재해를 당한 선원에게 지급될 일시보상금 등 산정의 기초가 되는 승성평균임금의 산정방법과 조정 및 전부 지급의사로 지급된 일시보상금이 실제로는 일부 지급인 경우 요양 · 상해 · 장해보상금 청구의 가능 여부(대법원 2020. 7. 29. 선고 2018다268811, 268828 판결)", 노동법실무연구회, 노동법실무연구 4권, 사법발전재단(2024), 191~218.

손해배상만 청구하더라도 파견사업주가 지급한 법정수당을 공제해야 하고, 외주사업체가 고용간주 원고들에게 지급한 급여를 휴업수당 초과분을 한도로 하지 않고 전액 공제해야 한다고 판단했다. 다만 원심이 외주사업체가 지급한 급여를 1개월 단위로 공제한 부분은 파기했다. 셋째, 근로자는 사용사업주에게 근로제공이 중단된 것이 사용사업주의 책임 있는 사정(고용간주 원고들) 또는 사용사업주의 직접고용의무 불이행(고용의무 대상 원고들)으로 인한 것이라는 점을 증명하여 임금 등을 청구할 수 있는데, 그러한 점은 근로제공이 이루어지지 않은 구체적인 사유와 경위, 그 사유에 관한 파견근로자와 사용사업주의 태도 등을 고려하여 판단해야 한다는 법리를 최초로 판시했다.[222]

대법원 2024. 6. 13. 선고 2019두54719 판결은 매일노동통계조사보고서에 따라 평균임금정정신청을 한 것에 대한 불승인처분의 취소를 구하는 사건에서 통계에서 제시된 통계 값을 그대로 사용하지 않고 구분 기준, 조사 항목 등이 다른 여러 통계 값을 활용하여 새로운 수치를 산출한 원심판결을 파기환송했다.

한편 노동자에게 유리하게 판결한 항소심 판결을 파기하거나 변호사 시절에 주장했던 내용의 상고이유를 배척한 경우도

---

222 김태욱, "파견법에 따른 직접고용 시 적용할 근로조건[대법원 2024. 3. 12. 선고 2019다223303, 2019다223310(병합) 판결]", 노동법실무연구회, 노동법실무연구 4권, 사법발전재단(2024), 443~478.

있었다. 이는 소부 대법관들을 설득하는데 실패했고, 전원합의체로 회부할 성질의 사건이 아니어서 뜻과는 다르게 선고할 수밖에 없었던 사건 등의 경우에 그랬다. 역부족인 상황도 있었던 것이다.

나) 기타 판결

① **대법원 2020. 12. 24. 선고 2019도16258 판결**(레깅스 사건)은 민변이 선정한 2021년 디딤돌 판결에 포함되었다.[223] 이 사건의 쟁점은 버스 안에서 레깅스를 입고 서 있던 피해자(여성)의 엉덩이 부위 등 하반신을 몰래 동영상으로 촬영한 행위가 성적 수치심을 유발하는 피해자의 신체를 의사에 반하여 촬영한 행위에 해당하는지 여부다. 원심 판결[224]은 무죄로 선고하면서 피해자 사진을 판결문에 담아 2차 가해 논란을 불러일으키고 사회의 이목을 집중시켰었다.[225]

소부 합의를 진행해본 결과 파기환송 결론에는 쉽게 합의가 이루어졌으나, 판결이유에 해당하는 의견서 내용에 대하여 부족

---

223 민주사회를 위한 변호사모임, "[2021 한국인권보고대회] 올해의 디딤돌 걸림돌 판결 발표"(2021. 12. 10.), <https://www.minbyun.or.kr/?p=50529>.

224 의정부지방법원 2019. 10. 24. 선고 2018노3606 판결[판사 오원찬(재판장), 박세황, 고준홍].

225 한겨레신문, "'레깅스 불법촬영 무죄' 법원, 판결문에 피해 여성 사진 실었다"(2019. 11. 4.), <https://www.hani.co.kr/arti/society/women/915593.html>.

하다는 의견이 제시되었다. 몇 차례 속행하여 의견서를 수정했지만 여전히 소부 대법관들의 동의를 얻는 데 실패했다. 재판연구관 토론과정에서 유일하게 파기환송 의견을 제시한 재판연구관을 불러 본인의 의견을 최대한 살려서 의견서를 작성해달라고 부탁했다. 재판연구관의 입장에서는 조심스러웠던지 일부 표현은 각주로 돌리고, 일부는 완곡한 표현을 사용했다. 각주에 기재한 표현이 오히려 보다 적확한 표현이어서 이를 본문으로 올리고, 완곡 표현을 단정 표현으로 고치는 등의 수정을 한 후에 소부 합의에 올렸더니 그제서야 소부 대법관들이 흔쾌히 동의해 주었다. 소부 합의도 만만치 않다. 판결 이유를 가다듬기 위해서만도 몇 차례 속행을 하기도 한다.

구 성폭력처벌법 제14조 제1항이 정한 '카메라이용촬영죄'의 보호법익은 인격체인 피해자의 성적 자유와 함부로 촬영당하지 아니할 자유를 보호하기 위한 것(대법원 2008. 9. 25. 선고 2008도7007 판결)으로서 여기서 '성적 자유'는 소극적으로 자기 의사에 반하여 성적 대상화가 되지 않을 자유를 의미한다. 피해자가 성적 자유를 침해당했을 때 느끼는 '성적 수치심'은 부끄럽고 창피한 감정으로만 나타나는 것이 아니라 분노·공포·무기력·모욕감 등 다양한 형태로 나타날 수 있다. 피해 감정의 다양한 층위와 구체적인 범행 상황에 놓인 피해자의 처지와 관점을 고려하여 성적 수치심이 유발되었는지 여부를 신중하게 판단하여야 한다.

"기분 더럽고, 어떻게 저런 사람이 있나, 왜 사나 하는 생각을 했다."라는 피해자 진술은 피해자의 성적 모멸감, 함부로 성적 욕망의 대상으로 이용당했다는 인격적 존재로서의 분노와 수치심의 표현으로서 성적 수치심이 유발되었다는 의미로 충분히 이해할 수 있다.

촬영 대상이 '성적 욕망 또는 수치심을 유발할 수 있는 다른 사람 신체'에 해당하는지 여부에 관한 판단기준은 객관적으로 피해자와 같은 성별, 연령대의 일반적이고 평균적인 사람의 관점에서 성적 욕망 또는 수치심을 유발할 수 있는 신체에 해당하는지 고려하여 피해자 옷차림, 노출 정도, 촬영자 의도와 촬영 경위, 촬영 장소와 촬영 각도 및 촬영 거리, 촬영된 원판의 이미지, 특정 신체 부위의 부각 여부 등을 종합적으로 고려하여 구체적·개별적·상대적으로 결정하여야 한다. '성적 욕망 또는 수치심을 유발할 수 있는 신체'에 해당하는지 여부는 … 반드시 노출된 부분으로 한정되지 않는다. 의복이 몸에 밀착하여 엉덩이와 허벅지 부분의 굴곡이 드러나는 경우에도 성적 욕망 또는 수치심을 유발할 수 있는 신체에 해당할 수 있다. 피해자가 공개된 장소에서 자신 의사에 의하여 드러낸 신체 부분이라도 본인 의사에 반하여 함부로 촬영 당하는 맥락에서는 성적 수치심을 유발할 가능성이 있다. 일반인 시야에 드러나도록 한 신체 부분은 일정한 시간 동안만 관찰되고, 관찰자 기억에 한계가 있으며, 기억을 그대로 전달하는 것은 불가능하나, 그 모습이 촬영되는 경우 고정성과 연속성, 확대 등 변형 가능성, 복제와 전파 가능성에 의하여 성적 욕망이나 수치심을 유발하고 인격권을 더욱 중대하게 침해할 가능성이 커진다. 사진에 비해 동영상이 촬영된 경우에는 더욱 그러하다.

② **국정원장 직권남용권리행사방해 형사사건 판결**(대법원 2021. 3. 11. 선고 2020도12583 판결)에서는 '가탁(假託)'이라는 한자 용어를 뉘앙스를 감안하여 사용했다. 한글로 표현한 판결에서는 직권남용죄는 공무원이 일반적 직무권한에 속하는 사항에 관하여 '직권을 행사하는 모습으로' 실질적, 구체적으로 위법·부당한 행위를 한 경우에 성립한다고 표현했다(대법원 2019. 8. 29. 선고 2018도13792 전원합의체 판결 등). 종전에는 '직권의 행사에 가탁하여'라고 표현했다. '가탁하다'의 사전적 의미는 '거짓으로 꾸며서 대다' '거짓 핑계를 대다'인데, 없는 권한을 마치 있는 것처럼 거짓 행사하는 경우에도 해당할 수 있다는 뉘앙스가 있다. 그런데 '행사하는 모습으로'라고 표현하면 위와 같은 뉘앙스가 사라지거나 약해진다.

대법원 판례는 공무원이 지위를 이용하여 일반적 직무권한에 속하지 않는 위법행위를 한 경우인 '지위를 이용한 불법행위'는 직권남용죄의 처벌 대상이 아니라고 보고 있다. '지위를 이용한 불법행위'를 '직권' 남용에 해당한다고 해석하는 것은 문언의 가능한 범위를 벗어나는 확장해석 또는 유추해석으로서 죄형법정주의에 위반되기 때문이라는 이유이다. 공무원이 직무권한 행사로 불이익 받을 것을 우려하는 사람을 상대로 직무권한을 넘어서는 위법·부당한 행위를 하여 의무 없는 일을 하게 하거나 권리행사를 방해하는 것은 자신에게 속하는 직무권한을 위법·부당하게 행사하는 것보다 더욱 더 국가기능의 공정한 행사에 대한 사회 일반의 신뢰를 떨어뜨리고 개인의 자유와 권리를 침해할 위험이 큰 측면이 있다. '지위를 이용한 불법행위'에 대하여 직권남용죄의 성립을 부정하고 무죄판결을 선고하는 경우에는 항상 보다 중한 죄인에게 면죄부를 주는 판결을 했다는 비판이 빗발쳤다. 별도의 입법이 없는 이상 현행법 해석만으로 공무원의 직무권한에 속하지 않는 행위를 직권남용죄로 처벌하기는 어렵다. 위 판결 초안에서 위와 같은 대법원 판례로 인해 공무원의 일부 위법행위에 대한 처벌의 공백이 우려된다는 점을 지적하면서 형법 제123조(직권남용)의 '공무원이 직권을 남용하여 사람으로 하여금 의무 없는 일을 하게 하거나 사람의 권리행사를 방해한 때에는 5년 이하 징역, 10년 이하 자격정지 또는 1천만원 이하 벌금에 처한다.' 규정 중 '직권을 남용하여' 부분을 '지위를 이용하거나 직권을 남용하여'라고 개정하는 법률 개정안을 제시했으나, 다른 대법관들의 반대로 이 부분 설시를 살리지 못했다.

③ **대법원 2021. 4. 29. 선고 2020수6304 판결**은 공직선거법 제53조 제4항의 정당한 해석이 문제된 사건이다. 공직선거법 제53조(공무원 등의 입후보) 제4항은 "제1항부터 제3항까지의 규정을 적용하는 경우 그 소속기관의 장 또는 소속위원회에 사직원이 접수된 때에 그 직을 그만 둔 것으로 본다."라고 규정하고 있다. 위 판결은 기왕의 선례와 중앙선거관리위원회의 해석에 따라 '공무원이 공직선거의 후보자가 되기 위하여 공직선거법 제53조 제1항에서 정한 기한(선거일 전 90일까지) 내에 소속기관의 장 또는 소속위원회에 사직원을 제출하였다면 공직선거법 제53조 제4항에 따라 그 수리 여부와 관계없이 사직원 접수 시점에 그 직을 그만둔 것으로 간주되므로, 그 이후로는 공무원이 해당 공직선거와 관련하여 정당의 추천을 받기 위하여 정당에 가입하거나 후보자등록을 할 수 있고, 후보자등록 당시까지 사직원이 수리되지 않았더라도 그 후보자등록에 공직선거법 제52조 제1항 제5호, 제9호 또는 제10호를 위반한 등록무효사유가 있다고는 볼 수 없다'고 판단했다.

그런데 제22대 국회의원 총선을 앞두고 현직검사가 사직서를 제출했지만 아직 수리되지 않은 상태에서 출마하겠다고 하자, 그러한 행태가 매우 부적절하지만 황운하 판례로 인해 막을 길이 없다면서 비판의 화살을 위 판결로 돌렸다.[226] 그러나 현직

---

226 서울신문, "'총선 직행' 현직 검사 문제 없을까…'황운하 판례'로 막을 길 없어"(2023. 12. 31.), <https://www.seoul.co.kr/news/newsView.php?id=20231231500057>.

공무원이 사직원이 접수만 되고 아직 수리되지 않은 상태에서 출마할 수 있는 것은 '황운하 판례' 때문이 아니라 '황운하 법률조항' 때문이다. 공직선거법 제53조 제4항을 그대로 두고 달리 해석할 여지가 없다. 만약에 현재의 행태들이 바람직하지 못해 제한하고자 한다면 위 법률조항을 개정해야 한다. 다만 위 조항을 '소속기관의 장이 사직원을 수리한 때 그 직을 그만둔 것으로 본다'라고 개정할 경우 공직피선거권이라는 중대한 정치적 기본권을 소속기관의 장의 사직원 수리라고 하는 우연적이고도 일방적인 처분에 의존하도록 하는 것은 정치적 기본권을 본질적으로 침해하여 위헌이라고 판단될 가능성이 매우 높다. 위헌 판단을 받지 않도록 세심하게 개정할 필요가 있다. 한편 위 판결을 전원합의체 판결로 하지 않고 소부 판결로 선고한 것을 지적하는 견해도 있다.[227] 그러나 위 사건은 판례를 변경하는 사안이 아니고, 문언해석상 다른 해석의 여지가 없는 명백한 사안이었으며, 전원합의체 판결로 소수의견을 쓰겠다고 이의제기를 하는 대법관이 한 사람도 없었다. 그렇기 때문에 전원합의체 판결로 해야 할 이유나 필요성이 전혀 없었다.

---

227 노컷뉴스, "현직검사들 잇따른 총선출마, 막을 방법 없을까?[권영철의 Why뉴스]"(2024. 1. 10.), <https://www.nocutnews.co.kr/news/6077055>.

④ **대법원 2024. 4. 16. 선고 2020도3050 판결**은 수사기관이 전자정보 압수·수색 과정에서 우연히 발견한 무관정보의 증거능력이 문제된 '대검 D-NET' 보관 증거의 증거능력을 부정하는 취지로 파기환송 판결을 선고했다. "수사기관이 유관정보를 선별하여 압수한 후에도 무관정보를 삭제·폐기·반환하지 않은 채 그대로 보관하고 있다면 무관정보 부분에 대하여는 압수의 대상이 되는 전자정보의 범위를 넘어서는 전자정보를 영장 없이 압수·수색하여 취득한 것이어서 위법하고, 사후에 법원으로부터 압수·수색영장이 발부되었다거나 피고인이나 변호인이 이를 증거로 함에 동의하였다고 하여 그 위법성이 치유된다고 볼 수 없다. 수사기관이 새로운 범죄혐의의 수사를 위하여 무관정보가 남아 있는 복제본을 열람하는 것은 압수·수색영장으로 압수되지 않은 전자정보를 영장 없이 수색하는 것과 다르지 않다. 따라서 복제본은 더 이상 수사기관의 탐색, 복제 또는 출력 대상이 될 수 없으며, 수사기관은 새로운 범죄혐의의 수사를 위하여 필요한 경우에도 기존 압수·수색 과정에서 출력하거나 복제한 유관정보의 결과물을 열람할 수 있을 뿐이다. 사후에 법원으로부터 복제본을 대상으로 압수·수색영장을 발부받아 집행하였다고 하더라도, 이는 압수·수색절차가 종료됨에 따라 당연히 삭제·폐기되었어야 할 전자정보를 대상으로 한 것으로 위법하다." 언론은 수사기관이 휴대폰을 압수수색한 뒤 대검찰청 서버에 해당 사건과 무관한 정보를 계속

보관하면서 별건 수사에 영장 없이 활용한 것은 위법수집증거로 증거능력이 없다는 대법원 판단이 재확인했다고 보도했다.[228]

⑤ 퇴임을 1년 앞두고 재판연구실에 퇴임하기 전에 꼭 선고하고 싶다고 의견을 전하여 신속한 보고를 받아 전원합의체에 회부했다가 소부 판결로 선고한 두 건이 있다. 동성 동반자의 국민건강보험법상 피부양자 자격 인정 사건을 포함하여 세 건을 선정했는데, 그 중에 마지만 사건은 전원합의체 판결로 선고했고, 두 건은 전원합의체에서 토론하고 표결까지 했으나 소부 판결로 선고했다.

첫째, 대법원 2024. 4. 4. 선고 2022두56661 판결은 전남대학교 법학전문대학원이 재림교 신자인 원고에게 안식일인 토요일에 면접시험 일정을 지정해주고 면접에 불응했다고 불합격처분을 하여 그 취소를 구하는 사건이다. 원심인 광주고등법원[229]이 2022. 8. 25. 원고 승소판결을 선고했다(2021누12649). 전원합의체 합의기일에 표결한 결과 상고기각 의견이 다수의견이 되었고, 전원이 동의하여 소부 판결로 선고하게 되었다. 관련 법리로

---

228 법률신문, "[판결] 휴대폰 압색 후 대검 서버에 무관 정보 보관하며 다른 사건 수사에 영장 없이 활용… 대법 '위법수집증거' 재확인"(2024. 4. 26.), <https://www.lawtimes.co.kr/news/197843>.

229 판사 김성주(재판장) 박혜선 김영훈.

"국립대학교 총장인 피고는 공권력을 행사하는 주체이자 기본권의 수범자로서의 지위를 갖는다. 그 결과 사적 단체 또는 사인의 경우 차별처우가 사회공동체의 건전한 상식과 법감정에 비추어 볼 때 도저히 용인될 수 있는 한계를 벗어난 경우에 한해 사회질서에 위반되는 행위로서 위법한 행위로 평가되는 것과 달리, 피고는 헌법상 평등원칙의 직접적인 구속을 받고, 국민의 기본권을 보호 내지 실현할 책임과 의무를 부담하므로(헌법재판소 2006. 2. 23. 선고 2004헌바50 전원재판부 결정 참조), 그 차별처우의 위법성이 보다 폭넓게 인정된다." "법학전문대학원 입시 과정에서 재림교 신자들이 종교적 신념을 이유로 결과적으로 불이익을 받게 되는 경우, 이를 해소하기 위한 조치가 공익이나 제3자의 이익을 다소 제한한다고 하더라도, 그 제한의 정도가 재림교 신자들이 받는 불이익에 비해 현저히 적다고 인정된다면, 헌법이 보장하는 실질적 평등을 실현할 의무와 책무를 부담하는 피고로서는 재림교 신자들의 신청에 따라 그들이 받는 불이익을 해소하기 위한 적극적인 조치를 취할 의무가 있다."고 판시했다.

둘째, 대법원 2024. 5. 30. 선고 2023도5885 판결은 지구환경보전운동 활동가 2명이 기업 상징 조형물(대리석 위에 설치한 철제 조형물)에 녹색 수성스프레이를 분사하고 그 위에서 구호를 외친 행위를 재물손괴죄와 집시법위반죄로 기소한 사안이다. 원심은 모두 유죄로 판결했다(수원지방법원 2023. 4. 12. 선고 2022

노716 판결). 위 사건에 대해서는 지구법적 관점에서 검토하여 재물손괴죄와 집시법위반죄 모두 정당행위에 해당하여 무죄라는 취지로 검토 방향을 정하고 의견서 초안까지 작성했다. 그러나 전원합의체에서 표결 결과 내 의견이 다수의견이 되지 못했다. 그러자 재물손괴죄 부분만 구성요건 해당성을 부정하여 무죄 취지로 소부 판결로 파기환송하자는 대안이 제시되었다. 나로서는 강력한 소수의견을 쓸 것인가 아니면 부족하지만 파기환송 판결을 선고할 것인가 결단을 해야만 했다. 주심인 내가 전원합의체 판결로 소수의견으로 내 견해를 쓰겠다고 하면 그렇게 할 수밖에 없다. 고민하다가 소부 구성 대법관들과 상의하여 소부 판결로 파기환송 판결을 선고하기로 했다. 재물손괴죄 부분의 무죄 이유는 피고인들이 조형물에 수성 스프레이를 분사한 행위로 조형물의 효용을 해하였다는 점에 관하여 합리적인 의심의 여지가 없을 정도로 증명이 이루어졌다고 보기 어렵다는 것이다. 더불어 피고인들은 기후위기를 알리는 표현의 수단으로 조형물에 수성 스프레이를 분사한 직후 바로 세척하는 행위를 하였는데, 여기에 형법상 재물손괴죄를 쉽게 인정한다면 표현의 자유를 억누르게 될 위험이 있으므로, 민사상 손해배상으로 해결하는 것이 바람직하고(이 사건에서 회사는 스프레이 잔존물 등으로 인한 미관상 이유로 조형물을 교체하였다고 주장하면서, 피고인들을 상대로 불법행위에 기한 손해배상청구의 소를 제기하여 조형물 교체비용 상당 금원의 지급을 구하였으나, 수원지방법원 성남지원은 2023. 5. 3. 조형물의 수리 또는 원상회복이 불가능하거나 그 비용이 과다한 경우임을 인정할 증거가 없다는 이유로 회사의 청구를 기각하는 판결을 선고하였고, 위 판결은 그대로 확정되었다), 재물손괴죄를 쉽게 인정할 것이 아니라고 설시했다.

다. 재임기간 중 선고된 노동사건 전원합의체 판결

① **대법원 2019. 4. 18. 선고 2016다2451 전원합의체 판결**은 2008. 3. 21. 개정된 최저임금법 제6조 제5항의 시행에 따라 정액사납금 제하에서 생산고에 따른 임금을 제외한 고정급이 최저임금에 미달하는 것을 회피할 의도로 실제 근무형태나 운행시간의 변경 없이 소정근로시간만 단축하는 단체협약 또는 취업규칙의 효력과 그러한 경우 적용될 소정근로시간은 어떻게 되는가 하는 점이 쟁점이다. 9 대 2 대 1 대 1로 의견이 갈렸는데, 다수의견은 그러한 단체협약과 취업규칙 부분은 무효이고 그러한 경우 종전 규정에 의한 소정근로시간을 적용하여야 한다는 견해이다. 나는 다수의견에 가담했고, 주심인 박정화 대법관과 박상옥 대법관과 함께 다수의견에 대한 보충의견을 집필했다.

② **대법원 2019. 8. 22. 선고 2016다48785 전원합의체 판결**은 위에서 살펴본 내가 주심인 사건으로 4명 반대의견을 집필했다.

③ **대법원 2020. 1. 22. 선고 2015다73067 전원합의체 판결**은 근로기준법이 정한 기준근로시간을 초과하는 약정근로시간에 대한 임금으로서 월급 또는 일급 형태로 지급되는 고정수당을 시간급 통상임금으로 환산하는 경우, 시간급 통상임금 산정기준이 되는 총근로시간 수에 포함되는 약정근로시간 수의 산정방법 및 가산수당 산정 위한 '가산율'을 고려할 것인지 여부가 쟁점이다. 11 대 1의 의견분포였고, 다수의견은 판례를 변경하여 원칙적으로 가산율을 포함하지 않는다 견해를 채택했다. 나는 다수의견에 가담했고, 주심인 민유숙 대법관과 박상옥 대법관과 함께 다수의견에 대한 보충의견을 집필했다.

④ **대법원 2020. 2. 20. 선고 2019두52386 전원합의체 판결**은 근로자가 부당해고구제신청을 하여 해고의 효력을 다투던 중 정년에 이르거나 근로계약기간 만료 등의 사유로 원직복직이 불가능하게 되었으나 해고기간 중 임금 상당액을 지급받을 필요 있는 경우, 구제신청을 기각한 중앙노동위원회 재심판정을 다툴 소의 이익 있는지 여부가 쟁점이다. 전원일치 의견으로 판례를 변경하여 소의 이익을 긍정했다. 이 사건 주심인 조희대 대법관이 2020.

3. 3. 퇴임 예정이었는데, 퇴임을 앞두고 전원일치 의견으로 주심 대법관의 뜻에 따라 판결했다.

⑤ **대법원 2020. 8. 27. 선고 2016다248998 전원합의체 판결**은 업무상 재해로 조합원이 사망한 경우에 직계가족 등 1인을 특별채용 하도록 규정한 단체협약의 이른바 '산재 유족 특별채용 조항'이 민법 제103조에 의하여 무효인지 여부가 쟁점인 사건으로 위의 공개변론 부분에서 설명했다.

⑥ **대법원 2020. 9. 3. 선고 2016두32992 전원합의체 판결**은 고용노동부장관의 전국교직원노동조합에 대한 법외노조통보처분의 적법성 여부 및 노동조합 및 노동관계조정법 시행령 제9조 제2항의 무효 여부가 쟁점이다. 나는 변호사 시절에 전교조를 대리하여 대법원에 상고이유서도 제출했으므로 이 사건 재판에는 회피하여 관여하지 않았다. 8 대 1 대 1 대 2의 의견분포로 치열한 법리논쟁이 벌어졌다. 다수의견이 무효라고 판단한 법외노조통보처분의 근거가 된 노조법 시행령 제9조가 2021. 6. 29. 삭제됨으로써 제도적으로 해결되었다.

⑦ **대법원 2021. 3. 18. 선고 2018두47264 전원합의체 판결**은 구 고용보험법 제70조 제2항에서 정한 육아휴직급여 청구권 권리

행사기간의 법적 성격과 위 규정의 규범적 의미가 쟁점이다. 8 대 5의 의견분포로 강행규정이고 제척기간이라는 견해가 다수의견이 되었다. 나는 박상옥, 박정화, 민유숙(주심), 이흥구 대법관 등과 함께 절차적 규정에 불과하다는 반대의견을 밝혔다. 김명수 대법원장은 고등법원에 근무할 때 소수의견과 같은 의견으로 판결을 선고한 바 있지만, 대법관들 사이에 7 대 5로 다수의견이 형성되자 다수의견에 가담했다.

⑧ **대법원 2021. 9. 9. 선고 2017두45933 전원합의체 판결**은 2007년 개정으로 신설된 구 산업재해보상보험법 제37조 제1항(근로자가 다음 각 호의 어느 하나에 해당하는 사유로 부상·질병 또는 장해가 발생하거나 사망하면 업무상의 재해로 본다. 다만, 업무와 재해 사이에 상당인과관계가 없는 경우에는 그러하지 아니하다.)을 산재보험법상 '업무상의 재해'를 인정하기 위한 업무와 재해 사이의 상당인과관계에 관한 증명책임을 근로복지공단에 분배하거나 전환하는 규정으로 볼 수 있는지 여부가 쟁점이다. 9 대 4의 의견분포로 다수의견은 부정설의 견해를 채택했는데, 2021년 걸림돌 판결로 선정되었다.[230] 나는 반대의견인 증명책임 전환 긍정설의 견해에 가담했고, 이흥구 대법관과 함께 반대의견에 대한 보충의견을 작성했다. 국가인권위원회는 2012년 업무상 증명

---

230 민주사회를 위한 변호사모임(주 223).

책임 문제를 개선하라고 권고한 바 있고(2012. 6. 13. '산업재해보상보험제도 개선 권고'), 국제연합(UN) 인권특별보고관의 2016년 한국방문 보고서도 한국의 산재보험제도가 근로자들에게 과도한 증명책임을 지우고 있다고 우려했다.[231] 본문과 단서로 나누어 규정한 취지에 비추어 보면 단서 부분은 사업주가 상당인과관계가 없음을 증명하라는 취지로 충분히 해석할 수 있는데, 전원합의체 판결로 해결하는 것은 일단 실패했다. 조속히 법률을 개정하여 해결할 수밖에 없다. 단서를 "다만, 업무와 재해 사이에 상당인과관계가 없다고 사업주가 증명하는 경우에는 그러하지 아니하다."라고 개정하면 말끔하게 정리될 것이다.

⑨ **대법원 2022. 3. 24. 선고 2021다241618 전원합의체 판결**은 전원일치 의견으로 산재보험법에 따라 보험급여를 받은 재해근로자가 제3자를 상대로 손해배상청구 할 때 재해근로자 과실이 경합된 경우, 재해근로자의 손해배상청구액 산정 방식은 보험급여와 같은 성질의 손해액에서 보험급여 공제 후 과실상계하는 방법에 의하고, 근로복지공단이 재해근로자의 제3자에 대한 손해배상청구권을 대위할 수 있는 범위는 보험급여에서 재해근로자 과실비율 상당액을 공제한 다음 재해근로자가 배상받을 손해액 중

---

231 노동법실무연구회, 제2판 근로기준법 주해 Ⅲ, 박영사(2020), 609.

사업주 과실비율 상당액을 공제한 차액이라는 공제 후 과실상계 방식을 채택했다. 과실상계 후 공제 방식을 취한 대법원 2002. 3. 21. 선고 2000다62322 전원합의체 판결을 변경했다.

⑩ **대법원 2023. 5. 11. 선고 2017다35588, 35595 전원합의체 판결**은 사용자가 취업규칙을 근로자에게 불리하게 변경하면서 근로자의 집단적 의사결정방법에 따른 동의를 받지 못한 경우, 해당 취업규칙 변경에 사회통념상 합리성 있다는 이유만으로 유효성을 인정할 것인지 여부, 즉 사회통념상 합리성 법리를 채택한 판례를 변경할 것인지 여부가 쟁점이다. 7 대 6의 의견분포로 판례 변경 의견이 다수의견이 되었다. 노동법학계에서 오랜 기간 줄기차게 비판해왔던 대법원의 확고한 판례 법리를 변경하여 대법관 재직 중 가장 보람찼던 순간에 속한다.

나는 대법관들 사이에 의견이 6 대 6으로 팽팽하게 맞섰을 때 판례를 변경하는 의견에 흔쾌히 가담해주는 대법원장(김명수)과 함께 근무한 것을 행운으로 생각한다. 대법원장에 따라서는 대법관들 사이에 이미 7(판례 변경) 대 5(판례 유지)로 다수의견이 결정된 경우에도 개인적 소신에 따라 판례 유지 의견에 가담하여 7 대 6의 의견으로 판례를 변경하는 판결을 선고한 경우도 있었다. 대법원 1998. 4. 23. 선고 95다36466 전원합의체 판결은 어음면상 발행지 기재 없는 경우 국내 어음으로서 효력을 인정할 것인지 여부가 쟁점이었는데, 윤관 대법원장은 7 대 6의 소수의견(판례 유지)에 가담했다. 대법원 2005. 7. 21. 선고 2002다1178 전원합의체 판결은 여성의 종중원 자격을 인정하지 않는 관습법의 무효 여부가 쟁점인데, 최종영 대법원장은 7 대 6의 소수의견(판례 유지)에 가담했다. 대법원장이 개인적으로는 판례 변경에 동의하는 의견이지만 대법관들의 의견 분포가 6 대 6으로 팽팽하게 맞선다면 대법원장 개인의 판단에 따라 판례를 변경하는 것보다는 대법관들 사이에 판례 변경 의견이 보다 다수가 될 때까지 기다리는 것이 맞다고 보고 개인적 소신과 달리 판례 유지 의견에 가담하여 결국 7 대 6 의견 분포로 판례를 유지한 경우도 있었다. 대법원 2015. 9. 15. 선고 2013므568 전원합의체 판결은 유책배우자의 이혼청구를 허용할 것인지 여부와 관련하여 판례를 변경해 파탄주의를 채택할 것인지 여부가 쟁점이었는데, 양승태 대법원장이 6 대 6의 상황에서 판례 유지 견해를 채택하여 판례 변경 노력이 실패로 돌아갔다.

⑪ **대법원 2023. 9. 21. 선고 2016다255941 전원합의체 판결**은 국가가 공무원 아닌 무기계약직 국도관리원에게 같거나 유사업무를 담당하는 공무원에게 지급하는 성과상여금과 가족수당을 지급하지 않은 것이 근로기준법 제6조를 위반한 차별적 처우 해당하여 불법행위를 구성하는지 여부가 쟁점이다. 7 대 1 대 5로

의견이 갈렸는데, 다수의견은 무기계약직 지위는 공무원과의 관계에서 사회적 신분에 해당하지 않고, 공무원은 비교대상 근로자에 해당하지는 않는다는 견해를 채택했다. 나는 민유숙, 노정희(주심), 이흥구, 오경미 대법관과 함께 5명 반대의견에 가담했다. 이 사건에서 다수의견을 만들지 못한 것이 대법관 재직 중 가장 아쉬웠던 순간에 해당한다. 다수의견은 민변·경향신문이 선정한 2023년 최악의 걸림돌 판결이 되었다.[232] 가장 보람찬 전원합의체 판결을 선고한 2023. 5.과 가장 아쉬운 전원합의체 판결을 선고한 2023. 9.이라는 5개월 사이에 무슨 일이 있어서 이런 결과가 발생했는가? 그 사이에 2명의 대법관이 교체되었는데, 확실하게 같은 의견을 취해 주었던 박정화 대법관의 역할을 해줄 만한 후임자가 없었기 때문이다.

노동사건을 담당하는 후배 법관들이 참고해주기를 바라는 마음으로 반대의견에 대한 보충의견을 울분을 담아 강력한 톤으로 작성했다. 보충의견에서는 공자의 인식보다도 못한 다수의견을 비판했다. 공자(孔子)는 "불환과 환불균(不患寡 患不均)", 즉 '절대적 빈곤을 걱정할 것이 아니라 (상대적) 불평등을 걱정하여야 한다.'(論語 季氏篇)라고 했고,[233] 또한 "주급불계부(周急不繼富)",

---

232 경향신문, "올해 최고 디딤돌 판결은 '동성커플 건강보험 자격 최초 인정' 판결" (2023. 12. 4.), <https://www.khan.co.kr/article/202312040600011>.

233 신동준(주 11), 642~646.

즉 '절박하고 어려운 사람을 도울 것이지 부자에게 부를 더 보태줄 것은 아니다.'(論語 雍也篇)라고 했다.[234] 공무원 신분이 아니라는 이유로 인간으로서의 존엄과 가치를 훼손하고 국가와 사회 구성원으로서의 지위마저 인정하지 않는 보수체계를 사법적으로 용인하는 것은 2,500년 전의 시대를 살았던 공자의 인식에도 미치지 못하는 것이 아닌가 한탄했다.

라. 전원합의체 판결의 보충의견과 별개의견, 용어의 문제 등

1) 나는 전원합의체 사건 합의에서 다른 대법관들을 설득하기 위해 마지막 발언을 정리하여 최종변론을 하듯이 진술하기도 했다. 전원합의체에 회부될 정도의 사건이라면 법리의 측면에서는 각각의 견해가 모두 일리 있으므로 다른 대법관을 설득하기 위해서는 법리만으로는 부족하고 다른 관점에서 호소해야 한다. 판결의 의의와 사회적 평가, 정책적 고려 등에 관하여 설명하고, 특히 사회적 약자와 소수자 보호라는 사법의 본질적 역할에 호소했다. 경우에 따라서는 각 대법관이 인사청문회에서 인사말이나 질의응답을 통해 소수자 보호 역할에 충실하겠다고 발언한 내용을 기록한 회의록을 제시하면서 그에 걸맞은 판단을 해달라고 호소

234 신동준(주 11, 226~228.

하기도 했다.

보충의견은 본 의견의 범위 안에서 법리 등을 보완하거나 상대의견의 지적에 대해 해명하고 상대의견의 문제점을 지적하기도 한다. 또한 엄격하게 법리에 얽매이지 않고 사회에 전달한 메시지를 쓰기도 하고, 후배법관들이 읽어주길 바라면서 작성하기도 한다. **대법원 2023. 9. 21. 선고 2016다255941 전원합의체 판결**(국도관리원 차별임금 사건)에서는 노동사건을 담당하는 후배법관들이 읽어주기를 바라면서 보충의견[235]을 집필했다.

2) **긴급조치 제9호 위반 국가배상사건 전원합의체 판결(대법원 2022. 8. 30. 선고 2018다212610 전원합의체 판결)**에서는 오경미 대법관과 함께 후배법관이나 법조인이 되고자 하는 로스쿨생, 대학생이나 중고등학교 학생들이 읽어주기를 바라면서 법관의 막강한 권한과 막중한 책임에 관하여 별개의견을 썼다.

「영장주의에 반하여 불법체포·구금된 피고인에 대하여 인신보호조치를 취해야 하는 법관의 주의의무는 민주주의와 법치주의에 기반한 사회공동체의 구성원들이 기대하는 수준의 최소한을 설정한 '평균적 법관'의 규범적 주의의무로서 요구되는 것이다. 이를 들어 '이상적 법관상' 또는 '지사(志士)형 법관상'을 전제로 법관에게 지나치게 높은 기준의 주의의무를 요구하는 것이라고 볼 수 없다. … 법관은 통치권자

235 이 보충의견은 뒤에 관련 자료 부분에 수록했다.

나 지배권력이 위헌·위법한 국가권력 행사를 위해 동원할 수 있는 도구로 전락되어서는 결코 아니 되고, 헌법에 의하여 부여받은 권한과 책임을 다하여 위헌·위법한 국가권력 행사를 견제하여야 한다. 국가권력이라는 거대한 톱니바퀴가 회전하고 있다고 가정할 때 법관은 바퀴에 달린 톱니 하나에 불과하여 외부적 요인으로 톱니바퀴의 회전이 멈추지 않는 한 톱니바퀴와 함께 회전할 수밖에 없는 존재인가? 아니면 톱니바퀴의 외부에 존재하는 제동장치로서 필요한 경우에는 톱니바퀴의 회전을 멈출 수 있는 존재인가? 법관이 톱니바퀴의 외부에 존재하는 제동장치 역할을 제대로 수행할 수 있을 때 비로소 자유민주주의 체제가 정상적으로 작동하고 있다고 말할 수 있는 것 아닌가? 긴급조치 사건에 관한 법관의 재판상 직무행위에 대하여 국가배상책임을 인정하는 것은 뼈를 깎는 고통과 반성을 동반하는 것이다. 이는 단순히 과거에 대한 법적 평가의 문제가 아니며 새로운 시대가 요구하는 사법부상이나 법관상은 어떤 모습인지, 민주주의와 법치주의의 미래를 위하여 법관에게 요구되는 헌법적 책무는 무엇인지 고민하는 과정이기도 하다. 오늘날의 시점에서 사법부와 법관의 위와 같이 중차대하고 막중한 권한과 책임을 재확인하고 다짐하는 차원에서 이 별개의견을 밝힌다.」

3) **양심적 병역거부 형사사건 전원합의체 판결(대법원 2018. 11. 1. 선고 2016도10912 전원합의체 판결)**에서는 박정화·노정희 대법관과 함께 국제인권규약에 조화되도록 해석할 사법부의 책무를 강조하는 다수의견에 대한 보충의견을 집필했다.

「양심적 병역거부가 병역법 제88조 제1항의 '정당한 사유'에 해당한다는 다수의견을 우리나라가 가입한 국제인권규약인 자유권규약의 관점에서 보충하고자 한다. … 자유권규약과 같은 국제인권규약의 경우, 법원은 헌법상 기본권을 해석할 때는 물론 법률을 해석할 때도 규약에 부합하도록 노력하여야 한다. 국제인권규약에 조화되도록 법률을 해석하는 것은 보편적 인권의 관점에서 사법부가 지켜야 할 책무이다. 특히 자유권규약의 경우 인권이 단순한 국내문제가 아니라 전세계적·보편적인 문제라는 당위성에서 만들어진 국제인권규약으로서, 대부분 개인에게 직접 권리를 부여하는 조항으로 규정되어 있다는 점에서 더욱 그러하다. … 인간의 존엄과 가치는 우리 헌법의 기본적 이념이지만 그 자유와 권리 중 일부는 국가와 사회가 처한 상황을 이유로 제한되어 왔고, 그러한 제한이 법원에 의해 정당화되기도 했다. 그러나 기본적 자유와 권리에 대한 제한은 필요 최소한에 그쳐야 하므로 사정이 변화되어 그 제한을 거둘 때가 되었다는 정당한 사회적 요청이 있다면, 법원은 신속하고 분명하게 그 자유와 권리를 확인해 주어야 할 책임이 있다. 법원의 막중한 책임을 상기하고, 우리나라가 국제사회에서 인권의 측면에서도 당당할 수 있기를 기대하며, 이상과 같은 이유로 다수의견에 대한 보충의견을 밝힌다.」

4) **트랜스젠더의 성별정정청구 사건 전원합의체 판결(대법원 2022. 11. 24. 자 2020스616 전원합의체 결정)**에서는 오경미 대법관과 함께 작성한 보충의견에서 조르조 아감벤(Giorgio Agamben)의 '호모 사케르(Homo Sacer)'를 인용했다.[236]

---

236 조르조 아감벤, 박진우 옮김, 호모 사케르-주권 권력과 벌거벗은 생명, 새물결(2008).

「다수자의 가치관을 반영한 사회적·제도적·문화적 구조는 생물학적인 성을 변동될 수 없는 절대적인 것으로 보아 성전환자들이 갖는 기본권의 행사를 제한하고, 그들에게 자신의 존재를 드러내지 말 것을 암묵적으로 강요하며, 나머지 사람들에게는 이러한 상황을 당연한 것으로 여기게끔 만든다. 하지만 이제는 이 사회의 동등한 구성원의 대우를 요구하는 그들의 절박한 외침을 더 이상 외면해서는 안 되며, 그들을 호모 사케르(Homo Sacer) 상태에 방치하여서도 안 된다. 성전환자들이 성정체성에 맞는 삶을 살기 위해서는 성별정정이 필수적임에도, 이를 거부하는 것은 그들의 인간 실존을 부인하고 벼랑 끝으로 내모는 일이며, 나아가 민주주의 사회가 추구하는 자유와 평등, 인간의 존엄성에 대한 존중이라는 가치의 핵심을 훼손하는 일이라는 것을 깊이 자각하여야 한다. 성별정정을 비롯하여 성전환자들이 이 사회 안에서 우리의 평범한 이웃으로 살아갈 수 있는 제도적 토대를 만들어야 하는 이유이다.」

5) **봉안당에 봉안된 유해의 인도를 구하는 제사주재자 결정 사건 전원합의체 판결(대법원 2023. 5. 11. 선고 2018다248626 전원합의체 판결)**에서는 원고와 피고 측 모친들을 조정실에 불러놓고 자녀들을 위해 합의로 사건을 매듭짓기를 호소하는 호소문을 작성한다는 자세로 보충의견[237]을 작성했다. 보충의견에서는 "한 사람에게 상처를 주는 것은 인류 전체에게 상처를 주는 것이고, 한 사람을 존중하는 것은 인류 전체를 존중하는 것과 같다."라는 아메리카

---

237 이 보충의견도 뒤에 관련자료 부분에 수록했다.

인디언 도덕률도 인용했다.[238]

6) 국정농단 사건 중 요구행위자가 상대방에게 직무상 또는 사실상 영향력 미칠 수 있는 **대통령, 경제수석비서관, 문체부 제2차관이 기업에 직접적으로 요구한 강요죄 형사사건 전원합의체 판결(대법원 2019. 8. 29. 선고 2018도13792 전원합의체 판결)**에서 박정화·민유숙 대법관과 함께 별개의견으로 협박에 관한 판단기준을 제시하는 부분에 평균적 사회인을 설명했다.

> 「묵시적 해악의 고지가 있었는지 판단할 때 그 기준은 평균적인 사회인의 관점에서 형성된 경험법칙이 되어야 한다. 자유심증주의의 한계로 기능하는 '경험법칙'이란 사회경험으로부터 귀납된 사물의 인과관계나 성상에 관한 지식 내지 인과관계에 관한 법칙을 말하는바, 여기서 '사회경험'은 평균적인 사회인의 관점에서 겪은 경험을 의미하는 것으로 보아야 한다. 또한 '평균적인 사회인'은 사회와 고립되어 홀로 섬에 갇힌 로빈슨 크루소도 아니고, 종교적 또는 철학적 신념이 확고하여 어떤 외부 압력이나 협박에도 굴하지 않는 강인한 의지를 가진 순교자나 초인도 아니며, 다른 사람들과 관계를 유지하면서 사회 속에서 생활하며 이성에 근거한 합리적인 판단능력과 함께 오욕칠정과 공포심을 가진 대다수의 보통 사람을 의미한다. 경험법칙의 원천인 사회

---

238 시애틀 추장 외, 류시화 엮음, 나는 왜 너가 아니고 나인가-인디언 연설문집, 더숲(2019), 856.

경험을 로빈슨 크루소나 종교적 순교자 또는 철학적 초인과 같이 사회와 단절되거나 극히 예외적인 개인의 관점에서 겪은 경험을 의미하는 것으로 보아서는 사회에서 수용할 수 있는 결론에 이를 수 없다. 사회에서 보편적으로 수용될 수 있는 법해석은 평균적인 사회인의 관점을 반영해야 가능한 것이다.」

7) **군형법상의 군인추행 형사사건 전원합의체 판결(대법원 2022. 4. 21. 선고 2019도3047 전원합의체 판결)**에서는 1인 별개의견을 작성하면서는 국어자문관의 자문을 받았다. 다수의견은 두 사람이 상호 합의하여 성적행위를 한 경우에도 형사처벌의 가능성을 열어놓았다. 그러나 합의에 의하여 성적 행위를 한 것은 그것이 동성 간에 행해졌든 군인 사이에 행해졌든 상관없이 애정행위에 해당할 뿐 추행행위에 해당하는 것으로 볼 수 없다. 현행 규정 문장의 통사(統辭)적 구조의 관점에서 '군인 등(행위 상대방)에 대하여 항문성교나 그 밖의 추행(구성요건적 행위)을 한 사람(행위자)은 2년 이하의 징역(처벌)에 처한다.'에서 '항문성교나 그 밖의 추행을 한'이 수식하는 성분은 '사람(행위자)'으로 현행 규정은 행위자(A)와 상대방(B)을 분명하게 구분하여 상대방은 처벌하지 않고 행위자만 처벌하는 것이다. 현행 규정을 행위자뿐 아니라 상대방까지 처벌하는 근거규정으로 해석하는 것은 가능한 문언해석의 범위를 벗어난 것으로서 죄형법정주의 원칙에 반한다. 조사 상당어 '에 대하여'는 상대방은 주어가 행하는

술어 행위의 영향력이 미치는 대상이 될 뿐, 행위의 일방향성이 부각되므로 주어와 대상의 상호작용성, 상호 합의라는 의미와 연관지어 해석할 수 없다. 조사 상당어 '에 대하여' 의미로부터 두 사람이 상호 합의하여 행위한 경우에도 적용할 수 있다는 해석을 이끌어 낼 수 없다. 법률 명칭이나 장 또는 조항 제목의 선행 조직자(advance organizers)의 역할은 새로운 정보를 인지 구조 내에 포함시키기 위한 발판을 마련하고자 추상성, 일반성, 포괄성 정도가 높은 입문(入門)적 자료를 미리 제시하는 역할을 한다. 법률 명칭 '군형법', 제15장 '강간과 추행의 죄', 제92조의6 '추행'이라는 명칭에 비추어 보면 추행죄에 관한 현행 규정은 군형법상 모든 범죄의 보호법익인 '군기 보호'에 장의 고유 보호법익인 '성적 자유' 또는 '성적 자기결정권'을 함께 보호법익으로 하는데, 상호 합의로 성적 행위를 한 경우 성적 자기결정권을 침해할 여지가 없다. 이 사건 공소사실은 피고인 갑은 을과('에 대하여'가 아니다) 키스, 구강성교 등을 하는 방법으로 추행했다는 것으로 피고인이 '(상대방)에 대하여' 이 사건 행위방법으로 추행했다는 내용을 포함하지 아니하므로 공소기각결정 사유인 "공소장에 기재된 사실이 진실하다 하더라도 범죄가 될 만한 사실이 포함되지 아니하는 때"(형사소송법 제328조 제1항 제4호)에 해당한다.

8) 용어가 문제로 된 판결도 있다. **피해자(남성)의 처와 교제하고 있는 피고인(남성)의 주거침입 형사사건 전원합의체 판결(대법원 2021. 9. 9 선고 2020도12630 전원합의체 판결)**에서 다수의견과 반대의견이 '내연(內緣)'과 '간통(姦通)'이라는 용어의 사용에 대하여 다른 태도를 취했다. '내연(內緣)'의 사전적 의미는 "1. 은밀하게 맺은 연고, 2. 「법률」 법적인 혼인 신고는 하지 않았으나 실질적으로 부부생활을 하고 있는 관계. 우리나라에서는 형식혼주의를 채택하고 있어 혼인 신고를 하지 않으면 법률상으로는 부부로 인정받지 못한다."이다(국립국어원 표준국어대사전 참조). '내연관계(內緣關係)'는 표준국어대사전에는 등재되어 있지 않다. 국립국어원의 참여형 국어사전인 '우리말샘'에 따르면 '내연관계'의 의미는 "「법률」 이미 동거생활을 한 무효혼이나 공개적으로 알려진 축첩관계"라고 설명되어 있다. 내연관계는 법률에서 사용하는 용어가 아니고, 최근 용례에서는 도덕적으로 비난하는 뉘앙스를 포함하는 의미로 사용되고 있다. 윤리적 평가개념으로 사용되고 도덕적으로 비난가능성이 있다고 암시되므로 사실인정과 법리판단을 할 뿐 윤리적 판단을 하지 않는 대법원 판결에서 사용하는 것은 적절하지 않다고 보아 다수의견은 '내연관계에 있는'이라는 표현 대신 '교제하고 있는'이라는 중립적인 표현을 사용했다. '간통'이라는 용어는 간통죄가 2016. 1. 6. 법률 제13719호로 개정된 형법에 의하여 폐지되었으므로 '혼외 성관계'라는 용어를

사용했다. 그런데 반대의견은 같은 판결문 안에서 굳이 '내연(內緣)'과 '간통(姦通)'이라는 용어를 그대로 사용했다.

마. 전원합의체 표결 후 소부 판결로 선고한 예

1) '양두구육(羊頭狗肉), 철면피(鐵面皮), 파렴치(破廉恥)' 표현의 모욕 해당 여부가 쟁점인 사건은 전원합의체에 보고되어 토론하고 표결까지 한 후에 소부 판결(대법원 2022. 8. 25. 선고 2020도16897 판결)로 선고되었다. 조지 오웰의 『1984』에서 묘사하는 빅브라더가 지배하는 '오세아니아'는 지배층이 '신어(New speak)'라는 이름으로 저항과 자유를 내포하는 단어를 사전에서 아예 삭제하고 그 사용을 금지하며, 순치적(馴致的) 의미의 새로운 단어를 만들어 사용하도록 강제했다.[239] '양두구육'은 양의 머리를 걸어 놓고 개고기를 판다는 뜻으로, 인물이나 집단이 겉모습은 훌륭하나 속은 그렇지 않을 때, 혹은 속셈은 다르면서 겉으

---

239 조지 오웰, 정회성 옮김, 1984, 민음사(2021), 414. 신어의 고안 목적은 영사의 신봉자들에게 걸맞은 세계관과 정신 습관에 대한 표현 수단을 제공함과 동시에 영사 이외의 다른 사상을 갖지 못하도록 하는 데 있다. 적어도 사상이 언어에게 의존하는 한, 신어가 일단 전면적으로 채택되고 구어가 잊히게 되면 이단적 사상, 즉 영사의 원칙에 위배되는 사상은 그야말로 설 자리게 없게 된다. 신어의 어휘는 당원이 적절히 표현하고자 하는 모든 의미를 정확하게, 그리고 종종 교묘하게 나타낼 수 있도록 만들어진 반면, 다른 모든 의미와 간접적인 방법의 의미 전달을 할 가능성은 배제해 버렸다. 이는 부분적으로 새로운 어휘를 창조한 탓도 있지만, 무엇보다 바람직하지 못하거나 비정통적인 의미를 지닌 낱말을 삭제하고 한 어휘의 2차적 의미를 제거함으로써 가능했다.

로는 다른 말을 하여 사람들을 속일 때 그러한 상황을 빗대어 우회적으로 표현하는 말이다. 양두구육은 중국 춘추시대(BC 770 ~ 403) 제나라 명재상 안영(晏嬰, ? ~ BC 500)의 언행을 모아 편찬한 책인 『안자춘추(晏子春秋)』에서 유래한다. 원래는 '우수마육(牛首馬肉, 소머리를 걸고 말고기를 판다)'이었는데, 송나라 때 『오등회원(五燈會元)』에서 '현양두매구육(懸羊頭賣狗肉)'이 되어 소머리가 양머리로, 말고기가 개고기로 바뀌었다는 설명이다. '철면피(鐵面皮)'는 쇠로 만든 낯가죽이라는 뜻으로, 체면을 차릴 줄 알며 부끄러움을 아는 마음이 없고 뻔뻔스러운 사람을 낮잡아 이르는 말이다. 중국 당나라 때 민간에 전하는 이야기를 오대(五代, 907년~997년)의 왕인유(王仁裕)가 엮은 『개원천보유사(開元天寶遺事)』와 송나라 손광헌(孫光憲)이 지은 『북몽쇄언(北夢瑣言)』에 나온다. '파렴치(破廉恥)'는 염치를 모르고 뻔뻔스러움을 뜻한다. '염치'는 중국 춘추시대 제나라 명재상 관중(管中, BC 725~BC 645)이 지은 『관자(管子)』 목민편(牧民篇)에서 유래한다. 관자 목민편에서 예의(禮義)와 함께 염치(廉恥)를 '사유(四維, 네 가지 그물코)'라고 하여 나라를 버티게 하는 4가지 덕목으로 꼽았다. 예란 절도를 넘어서지 않는 것이고, 의란 스스로 나아가지 않는 것이며, 염이란 잘못을 은폐하지 않는 것이고, 치란 그릇된 것을 따르지 않는 것이다. 네 가지 근본 중 한 줄이 끊어지면 기울고, 두 줄이 끊어지면 위태롭고, 세 줄이 끊어지면 엎어지며,

네 줄이 모두 끊어지면 멸망한다고 경고했다. 양두구육, 철면피, 파렴치 등의 용어는 수천 년 간 정치영역에서 관행적으로 활용되어 왔고, 국어사전에 등재되어 있는 표준어로 교훈적인 의미가 있는 고사성어다. 또한 일상생활에서 빈번히 사용되고, 특히 언론과 정치권에서 대상에 대하여 비판적 입장을 표명할 때 자주 사용되고 있다. 이러한 용어의 사용을 처벌대상으로 삼는 것은 정치적 공론의 장에서 이러한 용어를 퇴장시키는 것으로 조지 오웰의 『1984』에서의 신어정책과 같다. 이러한 표현을 사용했다고 해서 형사처벌의 대상으로 한다면 이는 정치적 표현의 자유를 지나치게 제한하는 것으로서 역사를 관중 이전으로 2,700년 이상 후퇴시키는 것이다. 결국 전원합의체에서 모욕에 해당하지 않는다는 의견이 다수가 되었고, 소부 판결로 유죄를 인정한 원심판결을 파기환송했다.

2) **검사의 공소권 남용 여부가 문제된 형사사건도 전원합의체에 보고되어 토론과 표결을 거친 후 소부 판결(대법원 2021. 10. 14. 선고 2016도14772 판결)**로 선고했다. 이 사건에서는 유형화의 함정과 오류가 문제로 되었다. 공소권 남용의 성립 여부를 판단하면서 공소권 남용의 유형을 ① 범죄혐의 없는 사건에 대한 공소제기, ② 소추재량을 일탈한 공소제기(이미 기소유예처분을 한 사건에 대하여 재차 공소 제기한 경우 등), ③ 차별적 공소제기, ④ 누락사건

추가기소, ⑤ 중대한 위법수사 후 공소제기한 경우로 구분하고는 위 유형 중 어느 유형에 속하는지를 먼저 확정하고, 그 유형에 성립하기 위한 요건을 충족하는지 따져 보아 각각의 유형을 충족하지 못한다고 평가되는 경우에는 공소권 남용에 해당하지 않는다는 결론을 내려는 견해가 있었다. 그러나 유형화는 해당 개념을 이해하기 위한 방편에 불과하므로 분류된 유형에 해당하지 않는 경우도 얼마든지 있을 수 있다. 그렇기 때문에 개별적 유형에 해당하지 않는다고 해서 바로 그 개념에 해당하지 않는다고 단정할 수 없다. 공소권 남용 여부를 판단할 때 유형화의 함정과 오류를 범하지 않도록 주의할 필요가 있다는 점을 강조했다. 이 사건을 총체적인 '악의적인 보복 기소' 관점에서 파악하지 않고 이미 기소유예처분 한 사건을 재기하여 기소한 유형 또는 누락사건의 추가기소 유형으로만 파악하게 되면 사안의 전모와 실질을 제대로 파악하지 못할 우려가 있다. 기소유예처분을 한 사건의 재기소 또는 누락사건 추가기소라는 측면은 '악의적인 보복기소'를 이루는 일부 요소에 불과하다. 이 사건을 전체적으로 보아 '악의적인 보복 기소'에 해당하는 것으로 평가할 수 있다면 공소권 남용에 해당한다고 볼 수 있는 것이다.

이와 유사한 예로 부당이득 사건에 관한 대법원 2021. 9. 9. 선고 2018다284233 전원합의체 판결을 들 수 있다. 일반적으로 부당이득을 침해부당이득과 급부부당이득으로 구분, 유형화하여 설명한다. 재산적 가치의 부당한 변동을 조정함에 있어 부당이득을 실질에 따라 유형화하여 부당이득의 성립 여부를 판단하는 것은 부당이득에 관련된 법률관계를 구체적이고 명확하게 파악하는 데 유용한 도구가 될 수 있다. 그러나 현실의 법률관계에서는 부당이득이 다양한 원인에 기초하여 여러 모습으로 나타날 수 있고, 그 중에는 부당이득의 일정한 유형에 포함되지 않거나 부당이득의 유형에 관한 판단기준을 그대로 적용하는 것이 적절하지 않은 경우도 있을 수 있다. 결국 구체적 사안에서 정의와 공평의 이념에 따라 부당이득의 성립 여부와 부당이득반환의 권리관계를 판단하여야 하는 것이지, 유형화된 부당이득의 틀 속에서만 부당이득에 관한 문제를 해결할 것은 아니라고 하여 유형화의 함정에 빠져서는 안 된다는 취지를 명확히 밝혔다.

IV. 대법원장·대법관 퇴임사 살펴보기

대법원장·대법관이 취임식에서 하는 취임사는 대개의 경우 간략한 인사와 다짐과 각오를 밝히는 것이므로 별 차이가 없다. 그러나 6년의 임기를 마치고 소회를 밝히는 퇴임사는 대법원장·대법관 직 수행에 대한 평가와 후배법관들에 대한 당부 등도 담고 있으며, 그를 통해 대법원의 역할에 대한 관점의 차이도 어느 정도 드러난다. 대법원장·대법관들 퇴임사의 일부를 살펴본다.

이일규 대법원장(1988. 7. 6.~1990. 12. 15.): "재판의 독립은 타인에 의해 보장되는 것이 아니라 법관 스스로가 정립해야 한다고 생각하며 현재 우리 법관들은 구체적 사건을 처리함에 있어 법원 내외의 간섭이나 압력을 받음이 없이 소신에 따라 재판하고 있다고 믿고 있습니다. 그러나 예산의 독립이나 법원과 관련한 법률안 제안 요청권은 아직 제도적으로 미흡한 실정이어서 이를 보완키 위한 법원조직법 개정안을 성사시키지 못하고 떠나 아쉽습니다.[240] … 법원을 자기 자신과 같이 아끼고 사랑하고 가꾸어서 국민이 믿어 주는 성스로운 곳이 되도록 힘써주실 것을 당부하면서 개운하고 홀가분한 마음으로 이 자리를 떠나고자 합니다.[241]"

윤관 대법원장(1993. 9. 25.~1999. 9. 24.): "대법원장으로 재직한 지난 6년간은 우리 사법의 역사에 새로운 이정표를 세우는 전환의 시기였습니다. 그동안 방대한 사법개혁 작업들이 별다른

---

240 중앙일보, "법관들 스스로 사법권 정립해야/이 대법원장 퇴임사"(1990. 12. 15.), <https://www.joongang.co.kr/article/2520891>.

241 한국일보, "이일규 대법원장 퇴임"(1990. 12. 16.), <https://www.hankookilbo.com/News/Read/199012160073794120>.

시행착오 없이 정착돼가는 것을 지켜보면서 자부심을 가졌고, 결국 전환기의 우리 사법에 새로운 장을 여는 역사적 과업으로 평가받고 있습니다. … 미처 계획하지 못했거나 계획했던 일들을 제대로 이루지 못한 채 떠나게 된 것을 안타깝게 생각하며, 특히 우리 법관이 존경받는 풍토를 가꾸지 못한 점이 큰 미련입니다. 그러나 사법개혁은 끊임없이 추진돼야 하며 지금까지 이룩한 개혁의 성과 위에서 미래를 위한 새로운 개혁작업을 서둘러야 합니다."[242]

이돈희 대법관(1994. 7.~2000. 7.): 이돈희, 김형선, 지창권, 신성택, 이용훈, 이임수 대법관 등 6명이 같은 날 퇴임하면서 이돈희 대법관이 대표로 퇴임사를 했다. "국민의 이름으로 라면 무엇이든 할 수 있는 듯이 급조된 국민여론을 내세워 법의 권위를 짓밟는 사회현상에 대해 냉철한 판단으로 대응할 때가 됐습니다. 아무리 사회현상이 급변하더라도 그를 다스릴 법의 변화가 없는 이상 사법부가 급변하는 사회현상에 그냥 발맞추어 버린다면 법은 존재하지 않고 사회현상만이 존재할 뿐입니다. 사회가 변하는데도 법이 전혀 움직이지 않는다면 법은 또 사회현상으로부터 커다란 괴리가 생겨 법의 선언은 공허한 메아리가 되고 말 것입니다. 급변하는 사회현상 가운데서도 법과 현실의 괴리를 극복하는

---

242 한국일보, "[윤관 대법원장 퇴임] '사법개혁 잘 마무리되길'"(1999. 9. 23.), <https://www.hankookilbo.com/News/Read/199909230049161253>.

길은 그 가운데서 변하지 않는 공통된 진리로서의 보편타당한 원리를 발견하는 것입니다. 사법부는 먼저 국민이 만든 법을 그대로 실현하고, 그 법의 괴리가 심화됐을 때는 판례를 통해 괴리를 메워 줄 입법절차를 촉구할 의무를 지닙니다."[243]

이돈희 대법관은 판사로 근무하다가 1973년에 변호사로 개업했다. 인권변호사로서 시국사건 변론도 했고, 민변 창립멤버로 참여했다. 대법관에 임명될 때 민변 부회장 직책에 있었다. 대법관에 제청된 후 '사법부가 개혁되고 있음을 실감한다'며 '재야와 재조의 시각을 조화시키는데 최선을 다하겠다'고 다짐했다. 대법원의 올바른 역할로 깊이 있는 판례를 많이 만들어내는 것과 정치·시국사건에도 흔들리지 않고 원칙을 지키겠다는 두 가지를 제시했다.[244] 다만 판결 성향에서는 주류적인 대법관들과 별 차이를 보이지 않았다는 평가다.

조무제 대법관(1998. 8.~2004. 8.): '청빈 대법관의 대명사'로 불렸다. "이해관계에 얽힌 주위로부터 초연하며 보편성을 띤 사색을 이어나가는 데에는 고독함이 따르게 마련이고, 법관은 고독

---

243 문화일보, "대법관 6명 공동퇴임사, '여론 내세운 법유린 대응할 때'"(2000. 7. 11.), <https://www.munhwa.com/article/10252524>.

244 서울신문, "민초들의 인권지키기 20년 / 대법관 내정 이돈희 변호사의 인생역정"(1994. 7. 6.), <https://www.seoul.co.kr/news/1994/07/06/19940706023001>.

함을 두려워해서는 안 됩니다. 일단 어두움 속에 들어가 익숙해지고 나면 … 평소에는 미처 볼 수 없었던 은밀한 사물의 존재까지도 알아보는 능력을 얻을 수도 있습니다." "당사자로부터 승복받는 재판의 공통점은 심리와 판단에서 법관의 정성이 드러났던 경우 … 정성이 깃든 재판에서는 승패의 결론에 나아가기에 앞서 사건의 심리, 판정에 이르는 모든 과정을 중시합니다."[245]

변재승 대법관(1999. 2.~2005. 2.)(법원행정처장 1999. 9. ~ 2001. 11.): "사법권 독립과 법의 지배는 우리 모두의 소망입니다. 이 소망을 이루고자 하는 사법부 노력에 대하여 반드시 우호적이지만은 않은 주위 시선이 느껴질 때도 있습니다. 그러한 시선의 근저에는 정의와 공정을 추구하는 사법의 본질에 대한 몰이해, 사법현상에 대한 왜곡이나 와전 또는 편향된 사고에 근거한 오해가 자리 잡고 있음을 확인할 때도 있습니다."[246]

최종영 대법원장(1999. 9. 25.~2005. 9. 23.): "최근 여론이나 단체의 이름을 내세워 재판의 권위에 도전하여 이를 폄하하려는

---

245 리걸타임즈, "법관은 고독해야 하고, 재판엔 정성 깃들여야"(2004. 8. 21.), <https://www.legaltimes.co.kr/news/articleView.html?idxno=800>.

246 문화일보, "사법권 독립 노력에 비우호적 시선 있다"(2005. 2. 26.), <https://n.news.naver.com/mnews/article/021/0000098595?sid=100>.

행동이 자주 생겨나고 있는 것은 참으로 유감스러운 일이 아닐 수 없습니다. 정당한 사법절차 이외의 방법으로 재판에 영향을 미치려고 하는 왜곡된 의식구조는, 법과 판결에 대한 신뢰를 떨어뜨려 사법부의 존엄을 해하고, 결국에는 국가기능을 저하시키는 악순환을 되풀이함으로써 법치주의의 근간을 위태롭게 만들고 말 것입니다. 법치주의가 확립되기 위해서는, 무엇보다 국민 한 사람 한 사람이 분쟁을 해결하는 사법작용을 올바로 이해하고 정당한 법 절차와 사법적 판단을 존중하는 자세가 필요합니다. … 법관 스스로 부당한 외부의 영향력으로부터 자유롭지 못하거나 혹은 법관 자신의 자의적, 주관적 가치관과 사상을 맹종하면서 그 속에 갇혀 내적인 독립을 이루지 못한다면, 이 또한 사법권의 독립을 해치게 되는 요인이 될 수 있다는 점을 법관 개개인은 겸허히 되새겨 보아야 할 것입니다. … 재판의 주재자인 법관 여러분들은 어느 때나 어떠한 경우이든, 한 때의 시류에 영합하지 말고 장기적인 안목과 소신을 가지고 치우침이 없이 시대 전체를 꿰뚫는 법의 정신을 발견하고자 하는 진지한 노력을 다하여 주시기 바랍니다."[247]

유지담 대법관(1999. 10.~2005. 10.): 같은 날 퇴임하는 이용우,

---

247 오마이뉴스, "떠나는 최종영 대법원장 '여론 내세워 재판 권위 도전'"(2005. 9. 23.), <https://www.ohmynews.com/NWS_Web/View/at_pg.aspx?CNTN_CD=A0000282317>.

윤재식 대법관을 대표해서 퇴임식장에서는 혼자 퇴임사를 했다. "당사자가 주장하는 말을 자세히 듣거나 써낸 글을 끝까지 읽는 것을 가지고도 마치 시혜적인 일을 하는 것으로 착각하기도 했고 … '판사는 판결로 말한다'는 말의 의미를 제 나름대로 해석한 나머지 판결의 결론에 이르는 과정의 중요성을 망각하기도 하고 사건 당사자들의 편의를 배려하는 데도 소홀했습니다. … 35년을 몸담았던 법원을 떠나면서 제가 무엇보다도 부끄럽게 생각하는 것은 권력에 맞서 사법부 독립을 진정코 외쳤어야 할 독재와 권위주의 시대에는 침묵하면서, 정작 사법부에 대한 경청할 만한 비평을 겸허히 받아들여야 할 때 이를 외면한 채 사법권 독립이라든지 재판의 권위라는 등의 명분으로 사법부의 집단이익을 꾀하려는 것으로 비쳐질 우려가 있는 움직임에도 그냥 동조하고 싶어 했습니다."[248]

유지담 대법관의 위 퇴임사에 대해 서울행정법원 신동승 부장판사는 법률신문에 '반성합니다' 제목의 비판 글을 게재했다.[249]

> *"대법관마저 준비서면도 제대로 읽지 않고 사건 파악도 소홀히 한 채 대충 재판을 하였다고 하면, 일반인들이 하급심 법원의 재판을 어떻게*

---

248 프레시안, "교만으로 시작해 후회로 35년간 법관 생활 마감"(2005. 10. 10.), <https://n.news.naver.com/mnews/article/002/0000021458?sid=102>.

249 신동승, "반성합니다", 법률신문(2005. 11. 7.), <https://www.lawtimes.co.kr/opinion/17531>.

생각할까 걱정되었습니다. 기록도 제대로 보지 않고 주장도 흘려들으며 각종 로비를 받아 대충 판결한다고 생각했던 것이 사실이라고 믿지는 않을까요. … 법관들이 제멋대로 대충 재판을 하여 왔다는 주장은 도저히 받아들일 수 없습니다. … 평소 그런 소신을 가지고 계셨다면 차라리 재직 중에 사임하면서 그런 소신을 밝혔으면 보기 좋지 않았을까요."

이용우 대법관(1999. 10.~2005. 10.): 퇴임식장에서는 유지담 대법관이 대표로 퇴임사를 했고, 이용우 대법관은 별도로 퇴임사를 작성하여 법원 내부통신망에 올렸다. "저는 우리 헌법상 체제인 자유민주주의를 너무나 사랑합니다. 아무리 통일이 우리 염원이라도 자유민주주의 없는 통일에는 동의하지 않습니다. … 저는 자본주의와 시장경제를 지지합니다. … 저는 이러한 기본생각을 가지고 재판을 했습니다.[250] 대법관들의 퇴임사 중에서 자신의 이념적 성향을 가장 노골적으로 드러낸 퇴임사라고 할 수 있다.

강신욱 대법관(2000. 7.~2006. 7.): 같은 날 퇴임하는 이규홍, 이강국, 손지열, 박재윤 대법관을 대표해서 퇴임사를 했다. "사회 일각에서 일부 집단이나 개인들이 공정한 재판을 위해(危害)하려는 언동을 서슴없이 하고 있어 참으로 안타깝고 유감스러운

---

250 머니투데이, "이 전대법관 '이념추구보다 현실발전 중요"(2005. 10. 19.), <https://news.mt.co.kr/mtview.php?no=2005101910061404301&outlink=1&ref=https%3A%2F%2Fsearch.naver.com>.

마음을 금할 수 없습니다. … 선고된 판결에 대해 자신들의 생각과 다르다고 하여 보수니 진보니, 걸림돌이니 디딤돌이니 하면서 승복하지 않으려 하고, 나아가 건전한 비판의 정도를 넘는 원색적이고 과격한 언동으로 비난하고 있습니다."[251]

손지열 대법관(2000. 7.~2006. 7.)(법원행정처장 2003. 9. ~ 2005. 10.): 퇴임식장에서는 강신욱 대법관이 대표로 퇴임사를 했고, 손지열 대법관은 퇴임사를 작성하여 법원 내부통신망에 올렸다. "법관들은 올곧은 자세로 나라와 공동체를 지탱해오던 선비정신을 되살려내야 합니다. … 훌륭한 재판을 하기 위해서는 지식과 강직함만으로는 부족하고, 인생에 대한 깊은 통찰과 인간에 대한 사랑이 밑받침되어야 합니다."[252]

김황식 대법관(2005. 11.~2008. 7.): "감사원장의 직에 나아가기 위해 대법관의 임기도 마치지 못하고 떠나려 하니 제 마음은 한없이 허전하고 안타깝습니다. … 평생을 두고 봉직해 온 일이라 조금은 익숙해 상대적으로 쉽고 편한 법관의 길을 벗어나 어렵

---

251 경향신문, "퇴임 강신욱 '유전무죄 관행이 사법불신 불렀다"(2006. 7. 10.), <https://www.khan.co.kr/article/200607101831581>.

252 오마이뉴스, "손지열 전대법관, '깨끗 · 꼿꼿 '선비정신' 되살려야"(2006. 7. 11.), <https://www.ohmynews.com/NWS_Web/View/at_pg.aspx?CNTN_CD=A0000345117>.

고 힘든 감사원장의 길로 나아가기로 결심했습니다."[253] 김황식 대법관은 대법관 재직 중 임기를 마치기 전에 다른 자리로 옮긴 유일한 사례이다.

고현철 대법관(2003. 2.~2009. 2.): "홍수처럼 밀려오는 사건 속에서 오로지 사명감으로 수도승과 같은 길을 걷는 대법관들 … 자기주장만 내세우고 상대방을 무조건 배격하는 풍조 만연 … 민주국가로 더 도약하기 위해선 법치주의 확립 필요 … 우리 사회가 다양화되면서 자기에게 유리하면 법을 내세우고 불리하면 법을 무시하는 모습을 곳곳에서 보게 됩니다."[254]

김용담 대법관(2003. 9.~2009. 9.)(법원행정처장 2008. 1. ~2009. 8.): "아직, 국민들의 재판의 공정과 독립에 대한 요청, 그리고 소송의 신속과 경제에 대한 기대에는 미치지 못하는 점이 있는 것 또한 사실입니다. … 우리도 또한, 우리 사법에 개혁 개선하여야 할 점이 많이 있다는 것을 자각하고 있습니다."[255]

---

253 리걸타임즈, "가벼운 시대조류 양심 둔갑 경계해야"(2008. 8. 1.), <https://www.legaltimes.co.kr/news/articleView.html?idxno=8171>.

254 한겨레신문, "고현철 대법관 퇴임…'수도승 같았다'"(2009. 2. 17.), <https://www.hani.co.kr/arti/society/society_general/339318.html>.

255 오마이뉴스, "퇴임 김용담 대법관 '사법개혁 할 게 많다'"(2009. 9. 11.), <https://www.ohmynews.com/NWS_Web/View/at_pg.aspx?CNTN_CD=A0001215067>.

김영란 대법관(2004. 8.~2010. 8.): 우리나라 최초의 여성대법관이다. "제가 경험한 대법관 자리는 출세의 자리도 아니었고 법관들의 승진자리도 아니었습니다. 우리 사회의 다양한 목소리를 반영하고 거기에서 바람직한 최선의 길을 찾는 고뇌의 자리였습니다. … 상대적으로 젊은 나이에 최초의 여성대법관으로서 출발하는 것은 그리 쉬운 일이 아니었습니다. 몹시 불편하고 두려운 가운데 업무에 임해야 했고 좋은 대법관이 되는 것만이 모든 어려움을 이겨내는 길이라고 생각했고 최선을 다하고자 했습니다."[256]

김영란 대법관은 퇴임 이후에도 제3대 국가권익위원회 위원장(2011. 1.~2012. 11.), 제7, 8기 양형위원회 위원장(2019. 4. ~2023. 4.) 등을 역임했다. 국가권익위원회 위원장 시절에 공직자·교육·언론 분야 종사자의 부정부패 방지를 목적으로 제안하여 2016. 9. 28. 시행된「부정청탁 및 금품 등 수수의 금지에 관한 법률」을 제안자의 이름을 따 '김영란법'이라 부른다.

이홍훈 대법관(2006. 7.~2011. 5.): "가슴 벅찬 기억으로 남아 있는 것이 있다면, 그것이 비록 부족했다 할지라도, 그 어떤 한 인생이 던지는 절박한 호소 앞에서 법이 진정 추구하는 바에 다가

---

256 세계일보, "판사라는 무거운 칼 놓고 세상으로 나갑니다"(2010. 8. 24.), <https://www.segye.com/print/20100824004043>.

가고자 노력했던 것이며, 또한 우리 사회의 굴곡진 역사과정의 한 가운데서 의미 있는 변화와 함께하고자 한 것이었습니다. 그리고 아쉬움이 남아 있다면 그들의 목소리를 충분히 담아두지 못했었고, 사회의 흐름을 큰 눈으로 굽어보지 못했던 것입니다." 퇴임사의 말미를 '법관 이홍훈'으로 끝맺었다.[257]

이홍훈 대법관은 조영래 변호사와 고등학교와 대학교 동창이다. 조영래 변호사의 추모행사를 할 때마다 빠지지 않고 참석했다. 조영래 변호사 25주기 추모집을 만들 때에도 기꺼이 인터뷰이가 되어 주었다.[258]

이용훈 대법원장(2005. 9. 26.~2011. 9. 24.): "국민의 사법에 대한 신뢰도는 아직도 만족할 만한 수준이 아닙니다. … 사법부가 국민의 기대와 눈높이에 맞는 변화와 혁신을 이루어 내지 못한다면, 우리 사회에 정의를 바로 세우는 제 역할을 감당하기는 커녕, 자칫 국민으로부터 외면당하는 조직이 될 수도 있습니다. … 우리나라가 민주화를 제대로 이룩했다고 하지만, 아직도 사법부의 독립을 위협하는 요소는 도처에 산재해 있습니다. … 법관

---

257 법률신문, "이홍훈 대법관 정년퇴임식"(2011. 6. 1.), <https://www.lawtimes.co.kr/news/57817>.

258 이홍훈, "인간에 대한 애정의 깊이", 조영래 그 삶을 이야기하다, 서울지방변호사회(2015), 119~134.

여러분은 우리 사회의 소수자의 자유와 권리를 보호하는 데에도 소홀함이 있어서는 안 됩니다. 다수결의 원리가 지배하는 민주주의 사회에서 자칫 소외되거나 외면당할 수 있는 소수자를 보호하는 것은 사법부에 부과된 기본 책무 중의 하나입니다. 사법부는 자신의 억울함을 어디에도 호소할 데가 없는 이들이 기댈 수 있는 편안한 언덕이 되어야 합니다."[259]

박시환 대법관(2005. 11.~2011. 11.): 같은 날 김지형 대법관과 함께 퇴임했는데, 이때부터는 퇴임하는 대법관 모두가 각각 퇴임사를 했다. "법원은 그 시대의 고민과 아픔을 모두 품어 안아 최대 다수의 최대 행복을 우려내는 기관이어야 합니다. 그러기 위해서 다수의 이익과 행복을 좇아 결론 내리는 것은 어쩔 수 없는 일이겠지만, 그 과정에서 소수자, 소외된 자, 약자의 행복이 그 대가로 지불되도록 해서는 안 된다는 점을 꼭 기억해 주시기 바랍니다. … 최고법원을 구성하는 대법관은 반드시 다양한 가치와 입장을 대변하는 분들로 다양하게 구성되어야 합니다. … 법원이 다수의 뜻에 순치된 법관들로만 구성되는 경우에는 그 사회는 사법부가 존재하지 않는 비극적인 사회로 전락되고 말 것입니다."[260]

---

259 법률신문, "이용훈 대법원장 퇴임식(퇴임사 전문)"(2011. 9. 23.), <https://www.lawtimes.co.kr/news/59442>.

260 뉴스토마토, "박시환 대법관 퇴임사 전문"(2011. 11. 18.), <https://www.newstomato.com/ReadNews.aspx?no=201385>.

박시환 대법관이 논문을 통해 매 합의기일마다 주심별 합의 건수가 평균 90~100건에 이르고, 주심 대법관 이외의 대법관들은 합의할 사건의 내용을 모르는 상태에서 합의에 들어가 주심 대법관의 짧은 설명(평균 1분 30초 길어야 3~4분) 후 10여 초 정도 침묵 상태의 대기시간이 지나면 주심 대법관 의견대로 심리불속행 기각판결을 한다고 설명한 부분[261]이 오해를 샀다. 박시환 대법관은 상고허가제도 도입의 필요성을 설명하기 위해 위와 같은 설명을 했으나, 언론은 '10초 재판'이라고 과장되게 선정적으로 보도하여 불신을 더욱 촉진했다.[262] 그러나 현재 심리불속행 사건이라도 주심대법관은 본인 주심 사건을 적어도 3회 이상 검토한다(재판연구관으로부터 보고받은 직후 한 번, 합의목록을 작성하면서 한번, 합의기일 직전에 다른 대법관들에 대한 설명을 준비하기 위하여 한 번). 합의기일 전에 합의목록과 주요 사건의 재판연구관 보고서를 미리 회람하여 소부 구성 대법관들은 본인 주심사건이 아니라도 합의사건을 미리 파악하고 합의기일에 참석한다. 합의기일에 주심 대법관이 사건 개요와 쟁점, 하급심 판결의 요지, 상고이유와 검토의견 등에 대하여 설명하고 소부 구성 대법관 모두가 동의하

---

261 박시환, "대법원 상고사건 처리의 실제 모습과 문제점", 민주법학 62호, 민주주의법학연구회(2016), 305~308.

262 한겨레신문, "우리가 미처 몰랐던 대법원 '10초 재판'의 비밀"(2018. 10. 16.), <https://www.hani.co.kr/arti/society/society_general/865977.html>.

여야 비로소 심리불속행 상고기각판결로 처리할 수 있다.[263]

김지형 대법관(2005. 11.~2011. 11.): "제가 법관으로서 도달하려고 했던 목표는 한가지였습니다. 고통 받는 이에게 조금이라도 위로가 되는 것이었습니다. … 사회가 법관에게 자신의 생각과 같거나 유리한 판단만이 정의라고 내세우는 사적(私的) 정의를 요구하지 않을 때 법관과 법원에 대한 그 사회의 믿음은 굳건해질 것입니다. … 법관의 진정한 독립은 법관이 외로이 법과 정의를 제대로 선언하는 책무를 다할 때 지켜낼 수 있다는 생각도 잊지 말아야 합니다."[264]

김지형 대법관은 1989. 7.부터 1년간 독일 괴팅겐대학에 유학하면서 본격적으로 노동법에 관심을 갖기 시작했고, 노동재판에 관한 연구를 진전시켜 『노동법해설』 제목의 저서를 출판했다. 1998. 3.부터 3년간 사법연수원 교수로 재직하면서 사법연수원 전문과목으로 설강된 노동법 강의를 맡았다. 강의교재로 『해고와 임금』, 『노동조합 및 노동관계조정법』 등을 새로 편찬하거나 증보했다. 김지형 대법관은 법관들 중심으로 조직된 노동법분야 전문연구회에 창립회원으로 참여했고 그 회장직을 맡았다. 김지형

---

263 김선수(주 179), 487.

264 로이슈, "대법원 떠나는 김지형 대법관 퇴임사 전문"(2011. 11. 18.), <https://www.lawissue.co.kr/view.php?ud=201111181400420011875_12>.

대법관은 2005. 7. 22. 노동법실무연구회를 창립했고, 2005. 11. 대법관에 임명된 이후 2006. 4.에 노동법실무연구회를 대법원 산하 연구회로 출범시켰으며, 2011. 11. 퇴임할 때까지 노동법실무연구회 회장을 맡았다. 김지형 대법관은 '법원'이라는 척박한 땅에서 방치되어 있던 '노동법'이라는 나무를 잘 가꾸어 몇 아름드리의 거목으로 키운 개척자라고 할 수 있다.[265]

안대희 대법관(2006. 7.~2012. 7.): "검사로서 쌓아온 경륜과 가치관으로 법원의 신뢰를 높이는 데 기여할 수 있다는 생각으로 취임했습니다. … 옳고 그름에 대한 판단이 어려운 세상에서, 국민들은 법관이 마땅히 분쟁의 최후의 심판자 역할을 해야 한다고 기대하고 있습니다. 이러한 때에 법관의 가장 큰 덕목은 한없이 자신을 낮추어 작은 목소리도 하찮게 여기지 않는 자세입니다. … 법관은 한없이 낮은 자세를 유지하여야만 올바른 판단을 할 수 있고, 한없이 높은 도덕성과 인격을 유지하여야만 국민들로부터 신뢰받을 수 있을 것입니다."[266]

전수안 대법관(2006. 7.~2012. 7.): "34년간 잘한 것 못한 것

---

265 김선수(주 103), 46~47.

266 리걸타임즈, "안대희 대법관 퇴임사 전문"(2012. 7. 12.), <https://www.legaltimes.co.kr/news/articleView.html?idxno=15988>.

모두 제 책임입니다. 피할 수 없는 역사적 평가와 비판은 제 몫이지만, 상처받은 분께는 용서를 구합니다. 역부족, 중과부적(衆寡不敵)이 변명이 될 수 없음을 잘 압니다. … 여성법관들에게 당부합니다. 언젠가 여러분이 전체 법관의 다수가 되고 남성법관이 소수가 되더라도, 여성대법관만으로 대법원을 구성하는 일은 없기를 바랍니다. 전체 법관의 비율과 상관없이 양성평등하게 성비(性比)의 균형을 갖추어야 하는 이유는, 대법원은 대한민국 사법부의 상징이자 심장이기 때문입니다. 헌법기관은 그 구성만으로도 헌법적 가치와 원칙이 구현되어야 합니다."[267]

전수안 대법관은 퇴임 이후에 대형로펌 등에 취업하지 않고 비영리단체의 고문이나 대표, 서울대학교 이사(2018. 1.~2020. 1.), 국립대학법인 서울대학교 이사장(2019. 2.~2020. 2.) 등을 맡았다. 변호사로서 법원에 누를 끼치는 활동을 하지 않았다.

김능환 대법관(2006. 7.~2012. 7.): "대법원이 최종적인 판단을 하여 재판이 확정되더라도 만족하거나 승복하지 않은 채 다른 불복의 길을 찾으려는 심사 만연 … 헌법재판소가 가지는 여러 권한 중 법률의 위헌 여부의 심사권과 법원의 법률해석권한을 하나의

---

267 리걸타임즈, "전수안 대법관 퇴임사 전문"(2012. 7. 12.), <https://www.legaltimes.co.kr/news/articleView.html?idxno=15987>.

기관으로 통합시켜서 관장하게 하는 편이 국민 전체의 이익에 더 유익하고, 사회적, 경제적 비용을 최소화하는 방법이 아닐까요? … 사회의 지도자에 해당하는 분들이 고소·고발을 남발하는 행태도 지양되어야만 합니다."[268]

김능환 대법관은 이른바 독수리 5남매 중 이홍훈 대법관과 함께 구체적인 사건에 따라 보수와 진보를 오가며 서로 바꾸어서 견해를 취하기도 했는데, 언론은 두 대법관을 미국 연방대법원의 샌드라 데이 오코너 전 대법관처럼 '스윙보터(swing voter·균형추)'로서의 역할을 했다고 평가했다.[269]

박일환 대법관(2006. 7.~2012. 7.)(법원행정처장 2009. 6.~2011. 10.): "제자들이 공자의 포부를 묻습니다. 공자께서 '선배에게 편안함을 주고 동료에게 믿음을 주고 후배에게 본보기가 되는 것이다'라고 말씀 … 법관으로 사건을 심리할 때 선배법조인이 믿음직하게 생각하고 동료들이 의견을 존중해주고 후배들이 따른다면 얼마나 좋겠습니까?"[270]

---

268 리걸타임즈, "김능환 대법관 퇴임사 전문"(2012. 7. 11.), <https://www.legaltimes.co.kr/news/articleView.html?idxno=15985>.

269 동아일보, "[이용훈 사법부 6년 평가] 의견 갈린 쟁점 81건"(2011. 9. 23.), <https://www.donga.com/news/article/all/20110922/40536700/1>.

270 법률신문, "박일환 대법관 퇴임사"(2012. 7. 11.), <https://www.lawtimes.co.kr/news/65584>.

차한성 대법관(2008. 3.~2014. 3.)(법원행정처장 2011. 10.~2014. 2.): "마땅히 굳세어야 할 것에 대한 굳셈은 군자의 굳셈이고, 굳세지 말아야 할 것에 대한 굳셈은 강제의 굳셈, 법관에게는 강자가 아닌 군자의 굳셈이 필요합니다. … 법관의 판결도 당연히 비판받을 수 있고 때론 따끔한 지적도 필요합니다. 국민의 법감정도 중요하지만, 결론에 대한 호·불호만으로 판단의 근거가 된 사실과 이유에 대한 충분한 검토 없이 감정적으로 비난하거나 논란의 중심으로 끌어들이는 것은 법관들을 지나치게 힘들게 하고 향후 올바른 판단에 장애를 줄 수 있어, 민주주의나 법치주의의 발전에 장애가 될 수 있다는 점을 함께 이해해 주었으면 합니다."[271]

양창수(2008. 9.~2014. 9.): "대법원이 제도적 차원에서 시급히 해결돼야 할 과제로 무엇보다도 두 가지를 들고 싶습니다. 첫째가 헌법재판소와의 관계이고, 둘째는 상고사건 부담의 경감입니다. … 대법관이 갖춰야 할 중요한 덕목의 하나는 개별사건 중에서 일반적인 의미가 있는 것을 알아차리는 능력이라고 생각합니다. … 저는 오래 대학교수로 있었습니다. 저는 교수로서 이루려고 했던 바는 모두 결국은 법 실천의 현장으로 연결돼 '현재

---

271 머니투데이, "차한성 대법관 퇴임 '법원의 가장 중요한 업무는 재판'"(2014. 3. 3.), <https://news.mt.co.kr/mtview.php?no=2014030312018228007>.

있는 법'이 되는 것을 지향하는 것이었습니다. 그것을 부족하나마 성취할 기회가 주어지고 또 상고심법원을 경험할 수 있었던 것은 제게 매우 큰 축복이라고 할 수 있겠습니다."[272]

양창수 대법관은 판사로 근무하다가 퇴직 후 오랜 기간 민법 교수로 근무하다가 대법관에 임명되었다. 최초의 교수 출신 대법관이다.[273] 양승태 대법원장이 취임(2011. 9. 27.)한 이후 전반기 3년간 이뤄진 대법원 전원합의체 판결을 분석하면 양창수 대법관이 양승태 대법원장과 의견일치도가 가장 높았다. 61건의 전원합의체 판결 중 57건(93.4%)에서 의견을 같이했다. 양승태 대법원장은 1건을 제외하고 나머지 사건에서 모두 다수의견에 가담했으므로, 양창수 대법관이 가장 많이 다수의견에 가담했다고 볼 수 있다.[274]

신영철 대법관(2009. 2~2015. 2.): "우리 사회에 법치주의가 고양되면서 법원의 기능과 역할에 대한 관심과 기대와 함께 비판

---

272 뉴시스, "[전문] 양창수 대법관 퇴임사"(2014. 9. 5.), <https://www.newsis.com/view/NISX20140905_0013154207>.

273 중앙일보, "첫 학계 출신 대법관…'법조' 벽 깨진다"(2008. 8. 3.), <https://www.joongang.co.kr/article/3246159>.

274 동아일보, "[대법원 '양승태 체제 3년' 분석] 서울대-수도권 요직 거친 '엘리트코스 7인' 다수의견 이끌어"(2014. 9. 29.), <https://www.donga.com/news/article/all/20140929/66795966/1>.

도 눈에 띄게 증가했고, 재판이 국민의 기대에 어긋난다는 이유로 법원의 신뢰가 손상을 받는 경우도 생기고 있습니다."[275]

신영철 대법관은 서울중앙지방법원장 재직 시 2008년 촛불 집회 참가자들의 형사사건을 특정 재판부에 배당한 것이 문제로 되어 대법관 임명을 위한 인사청문회에서 문제로 되었고, 대법원장으로부터 경고도 받았고 소장 법관들의 집단적인 의사표현이 있었지만 무사히 임기를 마쳤다.

민일영 대법관(2009. 9.~2015. 9.): "지난 1월 1일 새벽 대법원장님을 모시고 법원산악회에서 대관령 능경봉으로 신년 일출산행을 한 적이 있습니다. … 현재 국회에 계류 중인 '상고법원안'만이라도 하루빨리 통과되어야 할 것입니다. 일부에서 제기하듯이 직역이기주의를 내세워 반대할 때가 아니라고 할 것 … 기회가 있을 때마다 후배 법조인들에게 취미생활을 할 것을 권해 왔습니다."[276]

이인복 대법관(2010. 9.~2016. 9.): "사람이 법을 위해 존재하는 것이 아니라 법이 사람을 위해 존재하는 것 … 법정에서는

---

275 머니투데이, "[전문] 신영철 대법관 퇴임사"(2015. 2. 17.), <https://news.mt.co.kr/mtview.php?no=2015021713508211484>.

276 로이슈, "민일영 대법관 32년 법관생활 마무리…퇴임사 전문"(2015. 9. 16.), <https://www.lawissue.co.kr/view.php?ud=201509161427330023493_12>.

누구나 평등하고 하고 싶은 말을 다할 수 있으며 법관은 이를 경청할 의무가 있다는 생각으로 재판 … 건전한 상식과 구체적 정의에 부합하는 결론을 내기 위해 노력했습니다. … 법원 구성원 모두가 서로를 존중하고 신뢰해 인간미가 흐르는 따뜻한 법원을 만들어 주길 바랍니다."[277]

이상훈 대법관(2011. 2.~2017. 2.): "다른 것은 다를 뿐 틀린 것이 아닙니다. 자기와 생각이 다르다 하여 등을 돌린다든지, 그렇게까지는 아니더라도 배려하는 마음을 갖지 않는다면 옳지 못합니다. … 국고가 빌 것 같다는 걱정을 법관이 앞세울 필요는 없습니다. 국가경제와 기업의 안위를 도외시해서는 안 되겠으나 그것이 법원칙을 압도할 판단기준이 될 수 없습니다. … 형평을 이루기 위해선 허약한 쪽에 힘을 실어줘야 한다. 단순한 기계적 균형은 형평이 아닐 것입니다. … 법관이 법기술자가 되어서는 안 됩니다. 항상 삼가고 어려워해야 합니다."[278]

박병대 대법관(2011. 6.~2017. 6.)(법원행정처장 2014. 2.~2016. 2.): "사법권 독립과 법관 독립을 굳건히 하려는 논의가 자칫 자기

---

277 뉴스토마토, "이인복 대법관 퇴임…'소신껏 재판했고 책임은 내게 있다'"(2016. 9. 1.), <https://www.newstomato.com/ReadNews.aspx?no=686339>.

278 로이슈, "이상훈 대법관, 재벌총수 사건 등 재판 임하는 '법관 자세' 강조"(2017. 2. 28.), <https://www.lawissue.co.kr/print.php?ud=2017022810483579673730l_12>.

중심적 이기주의로 비치지 않도록 스스로 살펴야 하고, 그렇게 오해될 수 있는 것조차 경계해야 합니다. 사법권 독립과 법관 독립은 오로지 국민권익을 위한 것이라는 대의가 명경지수처럼 투명해야 합니다. 자신의 생각과 소신이 객관성과 중립성에서 용인될 수 있는 한계를 벗어남이 없는지, 그리고 그 주장이 주권자인 국민의 이익에 부응하는 것인지를 거듭거듭 살펴야 합니다."[279]

양승태 대법원장(2011. 9. 25.~2017. 9. 24.): "안타깝게도 오늘날 우리 사회는 상충하는 가치관 사이의 대립과 갈등이 갈수록 격화되어 거의 위험 수준에 이르고 있음을 봅니다. 모든 사람을 우리 편 아니면 상대편으로 일률적으로 줄 세워 재단하는 이분법적인 사고가 만연하고, 자신의 주장만 일방적으로 강변하면서 다른 쪽의 논리는 들으려고도 하지 않는 진영논리의 병폐가 사회 곳곳을 물들이고 있습니다. 이러한 그릇된 풍조로 인하여, 재판 결과가 자신이 원하는 방향과 다르기만 하면 극언을 마다 않는 도를 넘은 비난이 다반사로 일고 있고 폭력에 가까운 집단적인 공격조차 빈발하고 있습니다. … 오랜 역사적 교훈을 통해 이룩한 사법체계의 근간이 흔들리거나 정치적인 세력 등의 부당한 영향력이

---

279 리걸타임즈, "박병대 대법관 퇴임사 전문"(2017. 6. 5.), <https://www.legaltimes.co.kr/news/articleView.html?idxno=32993>.

침투할 틈이 조금이라도 허용되는 순간 어렵사리 이루어낸 사법부 독립은 무너지고 민주주의는 후퇴하고 말 것입니다."[280]

김용덕 대법관(2012. 1.~2018. 1.): "대법관들은 높고 끝이 날카로운 첨탑 위에 얹혀 있는 얇은 유리판 위에 서 있다고 생각합니다. 그 유리판은 사법에 대한 신뢰를 지탱하고 있기에 균형을 유지하고 있어야 합니다. 유리판이 균형을 잃어 기울거나 양극단으로 치달아 그 무게를 감당하지 못하고 깨진다면 대법원은 설 자리를 잃게 되고 사법의 신뢰는 나락으로 떨어져 우리 사회에 치유하기 힘든 상처를 주게 될 것이기 때문입니다. … 상고이유서를 상고장 제출 후 상당한 기간 내에 원심법원에 제출하도록 하고 위와 같은 본안 전의 심사 절차를 원심법원에서 처리하도록 한 후, 본안 심리에 적합한 상고사건만 기록을 대법원에 송부하도록 한다면, 대법원은 사건을 송부 받는 즉시 바로 본안 심리를 할 수 있습니다."[281]

---

280 동아일보, "양승태 '정치세력 침투할 경우, 사법부 독립 무너져'[퇴임사 전문]"(2017. 9. 22.), <https://www.donga.com/news/Politics/article/all/20170922/86457319/1>.

281 서울경제신문, "[퇴임사 전문] 김용덕 대법관 '상고재판 구조 · 절차 개선 도모할 필요 있어"(2017. 12. 29.), <https://www.sedaily.com/NewsView/1OP1KRBM5V>.

박보영 대법관(2012. 1.~2018. 1.): “변호사 생활을 통하여 국민의 법원에 대한 믿음, 고민과 한숨을 잘 알고 있는 저로서는 사건 하나하나를 가볍게 대할 수 없었습니다. 성심성의를 다해 당사자의 목소리를 들으려 노력했고, 당사자의 억울함이 있는지를 살펴보았습니다. 그 과정에서 여러 성취도 있었다고 생각하지만, 숙고할 시간이 부족한 점이 늘 아쉬웠습니다. … 최고법원인 대법원은 최종적으로 무엇이 정의인지를 밝히는 것을 주된 책무로 하지만 밀려드는 사건으로 대법원이 그 책무를 제대로 수행하기 어려울 정도가 됐습니다. 대법관, 재판연구관의 희생과 사명감에 기대기에는 이제는 감당할 수 있는 한계를 벗어난 것이 아닌가 라고 생각합니다.”[282]

박보영 대법관은 대법관 퇴임 후 2018. 9.부터 2025. 2. 21.까지 광주지방법원 순천지원 여수시법원 판사로 근무했다. 전직 대법관이 미국 등에서 운영되고 있는 ‘시니어 법관(Senior Judge)’과 비슷한 원로법관으로 법원에 재임용돼 1심 사건을 담당하는 것은 사법사상 처음이었다.[283]

---

282 뉴스토마토, “첫 여성변호사 출신 박보영 대법관 퇴임…‘대법원 사건 부담 한계 넘어’”(2017. 12. 30.), <https://www.newstomato.com/readNews.aspx?no=797501>.

283 법률신문, “박보영 전 대법관, 시 · 군판사로 마감한 ‘재판의 길’”(2025. 2. 21.), <https://www.lawtimes.co.kr/news/205827>.

김신 대법관(2012. 8.~2018. 2.): "재임 기간 내내 사람들과의 만남을 최소화하고 밤을 낮처럼 휴일을 평일처럼 여기며 일했습니다. … 최근 대법원 재판이 거래의 대상이 되었다는 의혹이 제기되고 국민들에게 큰 실망과 충격을 드리게 되어 참담한 마음을 말로 다 표현할 수 없습니다. 대한민국 대법관들이 무슨 거래를 위해 법과 양심에 어긋나는 재판을 하지 않았다는 점은 분명히 확인되기를 바랍니다."[284]

고영한 대법관(2012. 8.~2018. 8.)(법원행정처장 2016. 2.~2017. 5.): "바람직한 법관직은 모름지기 '반은 성직자, 반은 교수'이어야 하므로, 법관은 훌륭한 인품과 풍부한 법률지식을 추구하고 세속적인 즐거움과는 다소 거리를 유지하며 살아야 합니다. … 사법의 권위는 국가경영의 두 영역 중 이른바 '위엄의 영역'에서 필수적입니다. 사법의 권위가 무너진 곳에서는 법관들이 재판업무를 제대로 수행하기 어렵습니다."[285]

김창석 대법관(2012. 8.~2018. 8.): "법관이 스스로 옳다고 생각하는 정의의 관점에만 집착하면 자신도 의식하지 못하는 사이

---

284 한국법률일보, "김신 대법관 퇴임사 전문"(2018. 8. 1.), <https://www.lawfact.co.kr/news_view.jsp?ncd=1745>.

285 한국법률신문, "고영한 퇴임사 대법관 전문"(2018. 8. 1.), <https://www.lawfact.co.kr/news_view.jsp?ncd=1743>.

에 자유민주주의와 법치국가의 가치에서 멀어져 갑니다. … 헌법적 가치의 실현이 대법원을 비롯한 우리 사법부가 수행하여야 할 너무나 중대한 책무이기에 … 새삼스럽게 합헌적 해석의 의미를 되새겨봅니다. … 진정으로 국민과 나라를 위해서라면 사법작용 자체에 대한 신뢰마저 무분별하게 훼손되는 것만은 막아야 합니다. 이 나라가 기반으로 삼고 있는 법치주의에 대한 믿음이 무너져서는 안 되기 때문입니다."[286]

김소영 대법관(2012. 11.~2018. 11.)(법원행정처장 2017. 7.~2018. 1.): "현재 우리 사법부는, 이전에는 경험해 보지 못한 매우 어렵고 힘든 상황에 직면해 있습니다. 이 어려움을 극복하여 국민으로부터 신뢰를 되찾기 위해서는 법원 가족 서로간의 믿음과 화합이 가장 필요하다고 생각합니다."[287]

권순일 대법관(2014. 9.~2020. 9.): 코로나19로 인해 퇴임식을 생략했다. "판사는 판결로 말할 뿐"이라는 평소 지론에 따라 퇴임사를 별도로 작성하지 않았다.

---

286 한국법률신문, "김창석 퇴임사 대법관 전문"(2018. 8. 1.), <https://www.lawfact.co.kr/news_view.jsp?ncd=1744>.

287 로리더, "김소영 대법관 퇴임 '사법부 힘든 상황…후임 대법관 조속히 임명'"(2018. 11. 1.), <https://www.lawleader.co.kr/news/articleView.html?idxno=1460>.

박상옥 대법관(2015. 5.~2021. 5.): "저는 대법관 업무를 시작하면서, 다양한 법조 경험을 토대로 사법발전에 기여하겠다는 다짐을 했습니다. 또한 열린 마음과 경청의 태도로 사회 통합에 힘을 보태겠다는 말씀도 드렸습니다. … 우리 사회의 작은 목소리와 드러나지 않은 귀중한 이야기를 놓치지 않기 위하여 성심을 다하여 노력했지만 미처 살피지 못한 부분도 있었다는 아쉬움 또한 남습니다."[288]

박상옥 대법관은 검사 출신이지만 노동사건 전원합의체 판결에서는 대부분 나와 같은 견해를 취했고 보충의견도 함께 작성해 주었다. 함께 보충의견까지 작성해준 전원합의체 판결들로는 도시일용노동자 가동일수 사건, 고정수당 시간급 환산 위한 총근로시간 수 산정방법 사건, 택시노동자 최저임금 사건 등이 있고, 같은 의견을 취한 사건으로는 복지포인트 통상임금 사건, 산재 사망 유족 특별채용 단체협약 사건, 육아휴직급여청구권 권리행사기간 법적 성격 사건 등이 있으며, 내가 회피한 전교조 법외노조통보처분취소 사건에서도 다수의견을 취해주었다. 박상옥 대법관의 위와 같은 행보를 근거로 박상옥 대법관을 '한국의 해리

288 리걸타임즈, "박상옥 대법관 퇴임사 전문"(2021. 5. 8.), <https://www.legaltimes.co.kr/news/articleView.html?idxno=60249>.

블랙먼[289]'이라고 평가하는 견해도 있다.[290] 다만 박상옥 대법관은 형사사건이나 정치적 사건에서는 보수적인 견해를 취했다.

이기택 대법관(2015. 9.~2021. 9.): 코로나19로 퇴임식을 생략했다. "'새롭게 법의 본질을 찾아가는 즐거운 항해'는 이제 닻을 내립니다."

김재형 대법관(2016. 9.~2022. 9.): "우리 사회는 대법원 구성의 다양화에 많은 관심을 갖고 있습니다. 그러나 대법관을 보수 혹은 진보로 분류하여 어느 한쪽에 가두어 두려는 것은 바람직하지 않습니다. 법관이 보수와 진보를 의식하게 되면 법이 무엇이고 정의는 무엇인지를 선언하는 데 부정적 영향을 끼칠 수 있습니다. … 저는 보수도 아니고 진보도 아닙니다. 그렇다고 그 중간도 아닙니다. 사법적극주의와 사법소극주의 가운데 어느 한쪽을 선택하고자 하지 않았습니다. 저는 여전히 법적 이성에 대한 믿음을 가지고 있습니다."[291]

---

289 해리 블랙먼은 보수파로 연방대법관에 지명되었지만 치열한 변신을 거쳐 진보의 맏형이 된 미국 연방대법관이다. 해리 블랙먼에 대하여는 린다 그린하우스, 안기순 옮김, 블랙먼, 판사가 되다, 청림출판(2005).

290 이영창, "[36.5℃]어느 대법관의 4년", 한국일보(2019. 3. 21.), <https://www.hankookilbo.com/News/Read/201903211311064141>.

291 리걸타임즈, "김재형 대법관 퇴임사 전문"(2022. 9. 4.), <https://www.legaltimes.co.kr/news/articleView.html?idxno=68497>.

김재형 대법관은 대법관 중에서 주심사건을 가장 많이 전원합의체 판결로 선고했고(27건), 12 대 1의 소수의견 4건, 의견이 셋 이상으로 갈린 사건까지 포함하면 1인 소수의견 11건으로 1인 소수의견을 가장 많이 집필했다. 김재형 대법관이 주심인 과거사 사건에서는 나도 같은 의견으로 다수의견을 형성하여 잘 정리할 수 있었다. 노동사건에서는 민법적 법리와 다양한 해석론을 활용하여 독특한 1인 소수의견을 개진하기도 했다.

조재연 대법관(2017. 7.~2023. 7.)(법원행정처장 2019. 2.~2021. 5.): "대법원이 내리는 판결은 실정법률과 마찬가지로 국민들의 일상생활에서 행동 규범과 지침의 역할을 합니다. 그러므로 대법원 판례의 변경은 매우 신중하게 이루어져야 합니다. 그렇지 않으면 법적 안정성과 예측 가능성이 크게 흔들리게 됩니다."[292] 조재연 대법관은 제사주재자 사건의 주심으로서 판례 변경을 주도했다(대법원 2023. 5. 11. 선고 2018다248626 전원합의체 판결).

박정화 대법관(2017. 7.~2023. 7.): "대법원은 재판의 최종심으로서 구체적 사건에서 판결을 통하여 사법정의를 실현합니다. 대법원에는 우리 사회에서 일어나는 다양한 사건이 올라옵니다.

---

292 리걸타임즈, "조재연 대법관 퇴임사 전문"(2023. 7. 18.), <https://www.legaltimes.co.kr/news/articleView.html?idxno=73909>.

그러기에 다양한 성장환경과 경험, 가치관을 가진 대법관들이 서로 다른 시각과 관점에서, 사람과 삶을 향한 깊은 애정과 통찰로 사건의 본질을 파악할 수 있어야, 비로소 그 사건에 맞는 결론에 이를 수 있습니다. 그러므로 헌법기관인 대법원 구성의 다양화야말로 공정하고 정의로운 판결을 위한 첫걸음이라고 할 것입니다. 6년 전, 비서울대이며 여성인 제가 대법관이 된 것도, 대법원 구성을 다양화하여 사회적 약자와 소수자의 권리보호에 충실할 수 있는 대법원이 되기를 바라는, 국민의 바람 때문이었다고 기억합니다. 그때의 기대를 저버리지 않으려고 노력했습니다."[293]

김명수 대법원장(2017. 9. 25.~2023. 9. 24.): "새로운 사법의 길은 그 길을 찾아가는 절차와 방식에서부터 이전과는 다른 것이어야 합니다. 저는 재임 기간 내내 우리 사법부가 과거의 수직적이고 관료적인 의사 결정 구조를 지양하고, 투명하고 민주적인 수평적 구조로 전환해야 함을 강조했습니다. 우리 구성원은 매일의 재판 현장에서 경청과 소통, 합의의 미덕을 경험하며 체득하고 있습니다. … 제가 모든 사법부 활동의 중심을 '재판'에 두고 사법행정은 오로지 '재판'을 뒷받침하는 역할에 충실해야 함을 누차 강조해 온 것도, 지난날 사법행정이 저지른 과오가 우리 사법의 역사

293 법률신문, "대법원 구성의 다양화야말로 공정하고 정의로운 판결을 위한 첫걸음"(2023. 7. 18.), <https://www.lawtimes.co.kr/news/189442>.

에서 다시는 되풀이되지 않도록 하여야 한다는 굳은 의지의 표현이었습니다. 그 결과 사법 행정의 재판에 대한 우위 현상은 사법부의 어디에서도 찾아 볼 수 없게 되었고, 법관의 내부적 독립도 더 한층 공고해졌습니다. … 이제 사법부의 독립된 법관들은 단호한 의지와 불굴의 용기를 가지고 자신의 재판과 사법부의 독립을 수호하는 데 앞장서야 합니다. 항상 시대정신에 깨어 있으면서 정의를 발견하고 선언하는 일에는 그것이 홀로 서는 일일지라도 결코 주저함이 없어야 하겠습니다. 획일화된 기준을 경계하고 다양한 사회적 가치를 수용하면서 소수자와 약자를 보호하는 최후 보루로서의 역할과 사명에 혼신을 다해야 합니다."[294]

안철상(2018. 1.~2024. 1.)(법원행정처장 2018. 1.~2019. 1.): "사법부의 판단은 최종적인 것으로서 분쟁을 종식시키는 것이 되어야 마땅함에도, 우리 사회의 대립과 반목이 심화되면서 사법부의 판단이 새로운 갈등의 불씨가 되기도 하는 안타까운 상황이 발생할 때도 있습니다. 법관은 부단한 성찰을 통하여 중립성을 유지하면서 보편타당하고 공정한 판단을 하여야 하고, 주관적 가치관이 지나치게 재판에 투영되는 것을 늘 경계할 필요가 있

294 법률신문, "'좋은 재판'은 국민이 체감하고 인정할 때 완성'…김명수 대법원장 퇴임"(2023. 9. 22.), <https://www.lawtimes.co.kr/news/191561>.

습니다."[295] 안철상 대법관은 손실보상금 증액 청구사건의 주심으로서 압류추심명령으로 당자자적격을 상실한다는 종전 판례를 변경하는데 주도적인 역할을 했다(대법원 2022. 11. 24. 선고 2018두67 전원합의체 판결).

민유숙 대법관(2018. 1.~2024. 1.): "저는 6년 전 여성법관으로서의 정체성으로 대법관의 새로운 소명을 받아 직무를 시작한 이래 젠더 이슈를 비롯하여 사회적 약자에 관한 사건에서 적극적으로 의견을 표명했습니다. 사회의 분쟁과 갈등이 종국적으로 판단되는 대법원, 특히 전원합의체에서 다루어지는 사건에서는 다원적 견해와 가치관에 입각한 의견들이 풍성한 논의와 토론을 거침으로써 대법원이 쟁점을 더 세밀하고 정확하게 판단할 수 있고 다양한 가치와 대립하는 이해관계 사이의 비교형량이 가능해집니다. 이렇게 도출된 결론은 궁극적으로 우리 사회가 지향하는 통합과 화합의 방향을 제시하게 됩니다. 제가 그동안 대법원에서 수행한 역할로써 대법관 구성의 다양화가 갖는 의미와 중요성이 실제적으로 확인되었기를 바랍니다. 또한 저의 후임 대법관을 포함하여 앞으로 성별과 나이, 경력에서 다양한 삶의 환경과 궤적을

---

295 법률신문, "안철상 · 민유숙 대법관, 6년 임기 마치고 퇴임"(2023. 12. 29.), 〈https://www.lawtimes.co.kr/news/194544〉.

가진 대법관들이 상고심을 구성함으로써 대법원이 시대의 흐름을 판결에 반영하고 사회적 약자와 소수자를 보호하는 최후의 보루로 더욱 확고하게 자리 잡기를 소망합니다."[296]

민유숙 대법관은 워낙 법리를 꼼꼼하고 철저하게 따졌기 때문에 어떠한 쟁점이든 민유숙 대법관의 심사를 통과하면 안심하고 판결을 선고할 수 있었다. 노동사건에 대해서는 사안에 따라 나와 다른 견해를 취하기도 했는데, 어느 시점 이후에는 여성 대법관 4명이 같은 의견을 취해주어 도움을 많이 받았다.

김선수 대법관(2018. 8.~2024. 8.): "저는 대법원 구성의 다양화라는 시대적, 사회적 요구에 부응하는 차원에서 대법관으로 임명되었다는 점을 항상 자각하며, 그에 걸맞은 역할은 무엇인가에 대해 고민하면서 재판에 임했습니다. '대법원 구성의 다양화'라는 가치와 방향은 여전히 중요합니다. … 한 사람의 법관은 민주주의를 수호하기 위해 또는 사회 구성원 한 사람의 인권 보장을 위해 필요하다면 국가권력 전체와 맞설 수 있는 용기와 지혜가 필요합니다. … 대법관은 시대 변화의 흐름을 읽을 수 있는 안목을 가져야 합니다. 나아가 필요할 때는 담대(膽大)하게 선례를 변경

---

296 법률신문(주 295).

하는 결단을 내릴 수 있어야 합니다."[297]

언론은 나를 1980년 이후 제청된 대법관 중 '1호 재야' 대법관이라면서 순혈주의를 깼다고 평가했다. 대법관 퇴임을 앞두고 '제2의 김선수 나올 수 있을까' 기대했으나, 후임 대법관으로 현직 판사 3명이 최종 임명 제청되자, 재야 출신 대법관의 명맥을 잇지 못하고 곧바로 끊겼다며, 어렵게 첫발을 내디딘 순혈주의 타파 시도가 6년 만에 다시 원점으로 돌아가 아쉬움이 크다고 평가했다.[298]

이동원 대법관(2018. 8.~2024. 8.): "법원이 법해석을 통하여 무엇이 법인지 선언하고 이를 기초로 사회질서가 형성된 후에, 새로운 해석을 통하여 종전에 선언했던 법의 내용을 그와 달리 말하기 위해서는 최대한 신중을 기하여야 합니다."[299] 이동원 대법관은 주심으로서 동기설을 채택한 선례를 변경하고(대법원 2022. 12. 22. 선고 2020도16420 전원합의체 판결), 백색실선이 '통행금지 안전표지'에 해당한다는 선례를 변경하는데(대법원 2024. 6. 20. 선고 2022도12175 전원합의체 판결) 주도적인 역할을 했다.

---

297 법률신문, "김선수·이동원·노정희 대법관, 6년 임기 마무리"(2024. 8. 1.), <https://www.lawtimes.co.kr/news/200260>.

298 노컷뉴스, "'제2의 김선수' 나올 수 있을까[기자수첩]"(2024. 6. 30.), <https://www.nocutnews.co.kr/news/6169360>.

299 법률신문(주 297).

노정희 대법관(2018. 8.~2024. 8.): "저는 대한민국 법원이 사법주권을 회복한 후 70여년의 역사에서 역대 148번째 대법관이자 7번째 여성 대법관으로 취임했습니다. 대법관으로 재직하는 동안 다양한 사회 구성원, 특히 여성과 아동, 장애인 등 사회적 소수자, 약자의 절절한 목소리가 우리 사회에 들려질 수 있도록 노력했으나 저의 부족함을 절감하기도 했습니다. 법의 길 위에는 다양한 사람들이 있고, 사법부는 그 다양한 사람들의 삶을 다룹니다. 사법부는 사회적 약자와 소수자 보호를 위한 헌법 정신을 사법부의 모든 업무 수행에 반영하기 위해 노력할 책무가 있습니다. 그리고 이를 위해 사법부의 구성 자체에도 다양성의 가치를 구현할 필요가 있습니다."[300]

동아일보와 서울대학교 빅데이터연구원 한규섭 교수가 2006. 3.~2023. 7. 대법원 전원합의체 판결에 참여한 50명의 대법관(대법원장 포함)을 대상으로 325건의 전원합의체 재판을 분석한 결과 노정희 대법관이 김명수 대법원장과의 의견 일치율이 84%로 가장 높았다.[301] 김명수 대법원장은 모든 전원합의체 판결에서 다수의견에 가담했으므로, 다수의견에 서려면 노정희 대법관을 설득해야만 했다.

---

300 법률신문(주 297).

301 동아일보(주 177).

김상환 대법관(2018. 12.~2024. 12.)(2021. 5. ~ 2024. 1. 법원행정처장): "법정에서, 갈등의 파고에 힘겨워 하면서도 억울함, 애증과 애환의 감정을 가슴속 깊이 묻어 둔 우리의 이웃들을, 소외와 배제가 아닌 공감과 공존을 절박하게 호소하는 사람들을 만났고 그들의 목소리를 편견이나 선입견 없이 귀담아 들었습니다. 제가 하는 재판권한이 주권자인 국민 바로 그들에게서 나왔음을 새겼습니다. 법관이 참으로 성심을 다하여 증거와 법리에 따라 판단했더라도 그것이 당사자가 온전히 경험하고 기억하는 진실과 동떨어질 수 있고 그로 인하여 저의 재판이 당사자에게 상처가 될 수도 있음을 알고 난 후 겸허함을 잃지 않으려 했습니다. … 법정은 헌법과 헌법정신이 지배하는 곳입니다. … 지금의 헌법이 탄생하기까지 국민들의 눈물겨운 희생과 헌신이 있었고, 헌법의 기본권 규정 하나 하나에 국민들의 간절한 바람이 담겨 있다는 사실을 기억하고 있는 저로서는 재판을 통하여 그 귀중한 헌법의 의미와 정신이 국민들의 일상적 삶에 녹아들어 빛나게 구현될 수 있도록 동료 법관들과 지혜와 경험을 나누고 실천하려고 애썼습니다."[302]

내가 김상환 대법관을 접한 것은 김상환 대법관이 서울고등법원 부장판사로 근무할 때이다. 먼저 형사부 부장판사로 있을

---

302 법률신문, "김상환 대법관 퇴임…'국민 기본권 지키는 것이 법원 임무'"(2024. 12. 27.), <https://www.lawtimes.co.kr/news/204175>.

때 철도노동조합의 2013년 파업과 관련하여 노동조합 간부들이 업무방해죄로 기소된 사건이다. 제1심인 서울서부지방법원 합의부에서 전부 무죄판결을 선고[303]하여 검찰이 항소한 상태였다. 검찰 측에서는 검사가 5명씩이나 출석하면서 어떻게든 1심 판결을 뒤집어 보려고 안간힘을 썼다. 나는 공동변호인 중의 한 사람으로서 검찰이 이 사건에 이렇게 많은 검사를 투입하여 부질없는 노력을 하는 대신 보다 중요한 다른 사건들이나 열심히 수사하고 재판을 진행하라고 질책하기도 했었다. 결국 그 사건에 대해 검사의 항소를 기각하고 무죄를 유지해주었고,[304] 결국 대법원에서도 검사의 상고가 기각되어 확정되었다.[305] 철도노조는 그동안 수많은 파업을 하면서 많은 간부들이 형사처벌을 받았는데, 최장기 파업을 한 2013년 파업을 주도한 집행부가 제1심부터 제3심까지 무죄판결을 받음으로써 철도노조도 드디어 형사면책을 받는 파업의 길이 열렸다.[306] 이 항소심 판결은 2016. 4.에 서울지방변호사회와 이데일리가 뽑은 '이달의 판결'에 선정되었고, 나는 공동

---

303 서울서부지방법원 2014. 12. 22. 선고 2014고단51 판결[판사 오성우(재판장), 박사랑, 엄철].

304 서울고등법원 2016. 1. 15. 선고 2015노191 판결[판사 김상환(재판장), 김성수, 김상우].

305 대법원 2017. 2. 3. 선고 2016도1690 판결[대법관 조희대(재판장), 이상훈(주심), 김창석, 박상옥].

306 김선수, "철도파업과 형사면책 범위 확대의 역사", 공익과 인권 통권 18호, 서울대학교 법학전문대학원 인권법학회 · 서울대학교 공익인권법센터(2018), 130.

변호인과 함께 그해 8. 25. 서울지방변호사회와 이데일리가 수여하는 '이달의 明변호사상'을 받았다.[307] 이 상은 변호사에게 주는 것보다는 그러한 판결을 한 법관에게 주는 것이 더 의미 있지 않을까 생각한다. 다음으로 민사 노동전담부 부장판사로 근무할 때이다. 1심에서 패소[308]한 후 항소심에서 나에게 의뢰한 의뢰인이 법원에 대한 불신이 지나쳐서 법정에 출석하여 대리인 옆에 앉아 지나치게 격하게 불신감이 드러나도록 발언하여 내가 자제하라고 주의를 주는데도 이를 무시하고 계속 과하게 발언했다. 그런데도 재판장인 김상환 대법관은 온화한 태도를 유지하면서 그 말을 다 들어주고 원만하게 재판진행을 해주었다. 의뢰인의 지나친 발언 등에 비추어 의뢰인에게 좋은 판결을 하기 어려울 것이라고 예상했는데, 의뢰인에게 승소판결을 선고해 주었다.[309] 대법원에서 심리불속행 기각으로 확정되었다.[310]

김상환 대법관은 법원행정처장을 맡은 2년 8개월 동안 재판

---

307 이데일리, "약자 목소리 대변한 24명의 변호사, 세상을 바꾸다...제2회 明변호사상"(2016. 8. 25.), <https://www.edaily.co.kr/News/Read?newsId=04139366612750928>.

308 인천지방법원 2016. 2. 18. 선고 2015가합2375 판결[판사 박범석(재판장), 윤양지, 김배현].

309 서울고등법원 2016. 12. 23. 선고 2016나4688 판결[판사 김상환(재판장), 이영창, 조찬영].

310 대법원 2017. 5. 12. 자 2017다3369 판결[대법관 박보영(재판장), 박병대, 권순일, 김재형(주심)].

에 관여하지 못했다. 그로 인해 한 표로 법정의견이 갈리는 사건에서는 김상환 대법관의 공백이 결정적이었다. 2023. 9. 21. 선고된 전원합의체 판결에서 소수의견에 머문 국도관리원 차별임금 청구사건이 대표적이다.

참고자료

단행본

- 고규홍, 알면서도 모르는 나무이야기, 사계절출판사(2006).
- 고미숙, 열하일기-웃음과 역설의 유쾌한 시공간, 그린비(2007)
- 권석천, 대법원 이의 있습니다, 창비(2017).
- 김석진, 대산 주역(1), 한길사(2012).
- 김선수, 사법개혁리포트, 박영사(2008).
- _____, 노동을 변호하다, 오월의봄(2014).
- _____, 변호사 김선수의 헌법재판 변론기-헌법의 현장에서, 오월의봄(2018).
- 金善洙, 山口恵美子·金玉染 譯, 在間秀和·金容洙 解說, 辯護士 金善洙の勞働辯論記-勞働を辯護する, 耕文社(2017).
- 김선수 대표집필, 통합진보당 해산 결정, 무엇이 문제인가, 도서출판말(2015).
- 김영훈 역해, 중용을 읽고 길을 찾자(중용 완해), 한비CO(2022)
- 노동법실무연구회, 제2판 근로기준법 주해 III, 박영사(2020).
- _____________, 권순일 대법관 퇴임기념 노동법실무연구 제3권, 사법발전재단(2021).
- _____________, 김선수 대법관 재임기념 노동법실무연구 제4권, 사법발전재단(2024).
- _____________, 노동법실무연구 제5권, 사법발전재단(2025).
- 누마타 이네지로(沼佃稻次郎) 외, 勞働法事典, 勞働旬報社(1979).

- 리어 키스, 김희정 옮김, 채식의 배신, 부키(2013).
- 린다 그린하우스, 안기순 옮김, 블랙먼, 판사가 되다, 청림출판(2005).
- 마이클 샌델, 김명철 번역, 마이클 샌델 정의란 무엇인가, 와이즈베리(2014).
- 맹자, 박경환 옮김, 맹자, 홍익출판사(2018).
- 민주노총법률원·오준호, 노동자의 변호사들-대한민국을 뒤흔든 노동사건 10장면, 미지북스(2013).
- 박노해, 그러니 그대 사라지지 말아라, 느린걸음(2010).
- 박상진, 궁궐의 우리 나무, 눌와(2001).
- 박원순, 한국인권변론사-역사가 이들을 무죄로 하리라, 두레(2003).
- 밥 우드우드·스콧 암스트롱, 안경환 옮김, 지혜의 아홉 기둥, 라이프맵(2008).
- 사마천, 김원중 옮김, 사기열전 2, 민음사(2018),
- 사법개혁위원회, 사법개혁위원회 자료집 I.II.III(2004).
- ____________, 사법개혁을 위한 건의문(2004).
- ____________, 사법개혁위원회 자료집 IV.V.VI.VII(2005).
- 사법발전재단, 역사 속의 사법부: 대한민국 사법부 1948~2008(2009).
- __________, 김선수 대법관 재임기념 인간의 존엄과 행복을 향한 재판(2024).
- 사법제도개혁추진위원회, 사법 선진화를 위한 개혁 1권~15권(2007).
- 세기 히로시, 박현석 옮김, 절망의 재판소, 사과나무(2014).
- 셰익스피어, 김정환 옮김, 헨리 6세 제2부, 아침이슬(2012).
- 손석춘, 아름다운 집, 들녘(2001).
- 시애틀 추장 외, 류시화 엮음, 나는 왜 너가 아니고 나인가-인디언 연설문집, 더숲(2019).
- 신동준, 교양인의 논어-인류의 스승 공자의 모든 것, 미다스북스(2020).

- 신영복, 강의 나의 동양고전 독법, 돌베개(2004).
- 야마모토 유지, 김용찬 옮김, 일본 최고재판소 이야기, 법률문화원(2005).
- 앨런 M. 더쇼비츠, 변용란 옮김, 앨런 M. 더쇼비츠의 최고의 변론, 이미지박스(2006).
- ______________, 심현근 번역, 미래의 법률가에게, 미래인(2008).
- 열어구, 김명식 옮김, 열자, 지식을만드는지식(2010).
- 오철수.김선수, 산과 시, 역사넷(2013).
- 우종영, 게으른 산행, 한겨레신문사(2004).
- _____, 나무처럼 살고 싶다, 메이븐(2021).
- 위화, 김태성 옮김, 위와, 열 개의 단어로 중국을 말하다-사람의 목소리는 빛보다 멀리 간다, 문학동네(2012).
- 이상옥 역해, 신완역 육도삼략, 명문당(2009).
- 이철수 편역, 노동법事典: 노동법해설, 법문출판사(1991).
- 임성민, 국민참여재판의 현황 및 활성화 방안에 관한 연구-실시요건 개선을 중심으로, 사법정책연구원(2024).
- 제레미 리프킨, 신현승 옮김, 육식의 종말, 시공사(2002).
- 제인 구달·게리 매커보이·게일 허드슨, 김은영 옮김, 희망의 밥상, 사이언스북스(2006).
- 조르조 아감벤, 박진우 옮김, 호모 사케르-주권 권력과 벌거벗은 생명, 새물결(2008).
- 조식, 유두류록(遊頭流錄), 경상대학교 남명학연구소 옮김, 남명집, 한길사(2008).
- 조영래, 전태일 평전: 어느 청년 노동자의 삶과 죽음, 돌베개(1991).

- 조영래변호사를 추모하는 모임, 진실을 영원히 감옥에 가두어 둘 수는 없습니다, 창비(1991).
- ______________________, 조영래 변호사 변론 선집-그 인권변론의 발자취, 까치(1992).
- 조지 오웰, 정회성 옮김, 1984, 민음사(2021).
- 좌구명, 신동준 역, 국어, 인간사랑(2017).
- 주진우, 주기자의 사법활극, 푸른숲(2015).
- 주희, 최석기 옮김, 대학(大學), 한길사(2014).
- 최강욱, 김의겸·금태섭·이정렬·김선수 대담, 권력과 검찰-괴물의 탄생과 진화, 창비(2018).
- 파울루 프레이리, 남경태 옮김, 페다고지, 그린비(2011).
- 프레드 로델, 이승훈 옮김, 저주 받으리라, 너희 법률가들이여, 후마니타스(2014).
- 한기욱 편역, 이야기로 풀어쓴 병법 삼십육계 4, 고려원(1996).
- 한승헌, 한 변호사의 고백과 증언, 한겨레출판사(2009).
- 한인섭, 가인 김병로, 박영사(2017).
- 헌법개정특별위원회 자문위원회 제1소위원회 기본권·총강분과, 활동 백서(2018).
- 홍성우, 대담 한인섭, 홍성우 변호사의 증언 –인권변론 한 시대, 경인문화사(2011).

논문 등

- 강성태, "사용사업주가 파견근로자를 직접고용하는 경우 근로계약의 기간-대법원 2022. 1. 27. 선고 2018다207847 판결의 의의를 중심으로", 노동법실무연구회, 노동법실무연구 4권, 사법발전재단(2024).
- ______, "2024년 노동법 판례 동향", 노동법실무연구회, 노동법실무연구 5권, 사빕빌전재단(2025).
- 강희원, "대법원 노동판례에 나타난 용어사용의 문제 – 쟁의해위의 '정당성' 또는 '정당한' 쟁의행위라는 용어를 중심으로", 노동법학 제8호, 한국노동법학회(1998. 12.).
- 권창영, "사용자의 보호의무 위반에 따른 손해배상청구권의 소멸시효(대법원 2021. 8. 19. 선고 2018다270876 판결)", 노동법실무연구회, 노동법실무연구 4권, 사법발전재단(2024).
- 김민기, "사내하청을 규율하는 판례 법리의 성과와 과제(대상판결 1: 대법원 2020. 4. 9. 선고 2019다267013 판결, 대상판결 2: 대법원 2021. 7. 8. 선고 2018다243935, 243942 판결)", 노동법실무연구회, 노동법실무연구 4권, 사법발전재단(2024).
- 김선수, "사시수석 특별기고-접어둔 페이지", 고시계(1986년 1월호).
- ______, "여한 없는 20개월이었다", 86년판 다시 태어난다 해도 이 길을, 고시연구(1986).
- ______, "사법연수원 연수과정 중에 답변을 요하는 질문들", 법문학 2호, 사법연수원 법문학연구회(1988).
- ______, "교원의 노동기본권: 금지규정의 위헌성에 대하여", 노동법 연구 1권 1호(1991).
- ______, "철도기관사 파업", 노동법 연구 2권 1호(1992).

- _____, "정리해고 요건으로서의 긴박한 경영상의 필요성", 노동법 연구 3호(1993).
- _____, "단체협약상 해고동의(협의)조항에 대한 판결례의 검토", 노동법 연구 4호(1994).
- _____, "최근 노동판례의 경향과 대책", 민주사회를 위한 변론 4호, 민주사회를 위한 변호사모임(1994).
- _____, "한국에서의 외국인노동자 인권문제", 법조춘추 143호, 서울지방변호사회(1995).
- _____, "유엔 '교원 노조 허용하라' 권고", 시사저널(1995. 6. 1.), <https://www.sisajournal.com/news/articleView.html?idxno=86222>.
- _____, "1년을 초과하는 근로계약기간을 정한 근로계약의 효력", 노동법 연구 6호(1997).
- _____, "교수 재임용거부에 대한 판결례의 검토", 노동법 연구 7호(1998).
- _____, "노사갈등의 현황과 쟁점", 노동법학 8호, 한국노동법학회(1998).
- _____, "채용내정자의 법적 지위", 노동법 연구 8호(1999).
- _____, "국제연합 인권(자유권)위원회의 한국 정부 제2차 보고서 검토회의 참관보고서", 인권과 정의 280호, 대한변호사협회(1999. 12.)
- _____, "비정규근로자 보호를 위한 법개정안", 노동사회 제47호, 한국노동사회연구소(2000).
- _____, "단체협약의 이행확보방안에 대한 검토", 노동법학 10호(2000).
- _____, "사회권 홀대로 망신살 뻗네", 한겨레21(2001. 5. 8.), <https://h21.hani.co.kr/arti/special/special_general/2416.html>.
- _____, "공권력의 노동사건에 대한 법집행의 평가와 문제", 노동법학 15호(2002).

- _____, "쟁의행위의 절차적 정당성", 노동법 연구 12호(2002).
- _____, "비정규근로자 권리보장을 위한 법제도 개선방향", 노동변론 7호, 민주사회를 위한 변호사모임(2003).
- _____, "한국에서의 노동분쟁처리기구로서의 법원의 구조 및 운영실태, 노동법원의 도입방향", 노동과 법 4호, 전국금속산업연맹법률원(2004).
- _____, "노동위원회의 역할과 과제: 심판기능을 중심으로", 노동법학 29호(2009).
- _____, "전교조 법외노조 통보처분 취소소송의 쟁점", 노동법 연구 37호(2014).
- _____, "전교조 법외노조 통보처분취소소송의 쟁점: 대상판결 서울행정법원 2014. 6. 19. 선고 2013구합26309 판결", 노동법 연구 37호(2015).
- _____, "매주 산에 가면 내 몸에 어떤 변화가", 한겨레신문(2015. 10. 23.), <https://h21.hani.co.kr/arti/culture/culture_general/40532.html>>.
- _____, "누구라도 그 앞에선 특별한 존재가 된다", 조영래 그의 삶을 이야기하다, 서울지방변호사회(2015).
- _____, "시장만능주의에 대한 대항이념으로서의 인본주의 회복과 노동법의 재정립", 복지사회를 위한 노동사회법과 노사관계: 덕유 이광택 교수 정년기념논문집, 중앙경제사(2015).
- _____, "조준희 변호사님 영전에…'퇴행의 역사 멈추는 그때까지 지켜봐 주십시오.'", 경향신문(2015. 11. 19.), <https://www.khan.co.kr/article/201511192141085>.
- _____, "화가를 고문한 그들, 몽타주를 남기다", 시사인 431호(2015. 12. 23.), <https://www.sisain.co.kr/news/articleView.html?idxno=24980>.

• ______, "발 밑 땅 보기에 급급한 우리", 한겨레21 1095호(2016. 1. 13.), <https://h21.hani.co.kr/arti/culture/culture_general/41036.html>.
• ______, "김창국 변호사님을 추모하며", 서울지방변호사회보 542호, 서울지방변호사회(2016. 5.), <http://news.seoulbar.or.kr/news/articleView.html?idxno=482>.
• ______, "외주화와 경영해고 요건으로서의 '긴박한 경영상 필요성'", 노동판례비평: 대법원 노동사건 판례 경향 분석 및 주요 판례 평석 20호, 민주사회를 위한 변호사모임(2016).
• ______, "노동존중 사회를 향한 노동헌법 개정 방향", 노동사회 200호, 한국노동사회연구(2018).
• ______, "철도파업과 형사면책 범위 확대의 역사", 공익과 인권 통권 18호, 서울대학교 법학전문대학원 인권법학회·서울대학교 공익인권법센터(2018).
• ______, "[추모글] 윤성근 형 영전에", 법원 사람들(2022. 2. 7.), <https://www.scourt.go.kr/portal/gongbo/PeoplePopupView.work?gubun=33&seqNum=2830>.
• ______, "노동판례의 변화와 전망-60년 간 대법원 전원합의체 판결을 중심으로", 노동법실무연구 제5권, 사법발전재단(2025).
• ______, "대법원의 조직과 재판 유형에 관한 일고찰", 사법 72호, 사법발전재단(2025).
• 김선화, "법해석론의 관점에서 본 전교조 법외노조 통보처분 취소 판결-대법원 2016두32992 전원합의체 판결을 중심으로", 사법 55호, 사법발전재단(2021)

- 김진, "인물탐구: 지극히 주관적인 그 선수 탐구생활-김선수 변호사", 민주사회를 위한 변론 109호, 민주사회를 위한 변호사모임(2017년 상반기).
- 김태욱, "파견법에 따른 직접고용 시 적용할 근로조건[대법원 2024. 3. 12. 선고 2019다223303, 2019다223310(병합) 판결]", 노동법실무연구회, 노동법실무연구 4권, 사법발전재단(2024).
- 김홍영, "휴일로 정하였는지의 판단기준 및 휴일근로수당의 지급 여부(대법원 2019. 8. 14. 선고 2016다9704, 9711 판결), 노동법실무연구회, 노동법실무연구 4권, 사법발전재단(2024).
- 김희수, "영업 전부의 양도 전 해고된 근로자의 근로관계 승계(대법원 2020. 11. 5. 선고 2018두54705 판결), 노동법실무연구회, 노동법실무연구 4권, 사법발전재단(2024).
- 도재형, "노동판례의 최근 경향 및 노동법원 논의에서의 시사점", 노동법학 제21호, 한국노동법학회(2005. 12.).
- 문재인, "대우조선 파업", 민주사회를 위한 변론 창간호, 민주사회를 위한 변호사모임(1993).
- 박시환, "대법원 상고사건 처리의 실제 모습과 문제점", 민주법학 62호, 민주주의법학연구회(2016).
- 박제성, "사회적 형평화, 사회적 양극화 그리고 사회적 연대", 노동법연구 제20호, 서울대학교노동법연구회(2006 상반기).
- 서영수, "어떤 문언주의인가?: 김신 대법관의 문언주의적 법해석론-조희대 대법관과의 비교를 중심으로", 기초법학연구 창간호, 기초법학연구회(2022).
- 신동승, "반성합니다", 법률신문(2005. 11. 7.), <https://www.lawtimes.co.kr/opinion/17531>.

- 여연심, "경영상 이유에 의한 해고와 우선 재고용의무(대상판결: 대법원 2020. 11. 16. 선고 2016다13437 판결), 노동법실무연구회, 노동법실무연구 4권, 사법발전재단(2024).
- 오정후, "민사소송법학의 관점에서 본 '고등법원 상고부 도입을 위한 법원조직법 등 관련 법률의 개정안'", 한국민사소송법학회지 19권 2호, 한국사법행정학회(2005).
- 이다혜, "노동법의 갱신 –노동의 미래와 노동법의 근본목적에 대한 재확인", 이철수 교수 정년기념논문집 K-노동법과 그의 꿈, 관악사(2024).
- 이영진, "재해를 당한 선원에게 지급될 일시보상금 등 산정의 기초가 되는 승성평균임금의 산정방법과 조정 및 전부 지급의사로 지급된 일시보상금이 실제로는 일부 지급인 경우 요양·상해·장해보상금 청구의 가능 여부(대법원 2020. 7. 29. 선고 2018다268811, 268828 판결)", 노동법실무연구회, 노동법실무연구 4권, 사법발전재단(2024).
- 이영창, "[36.5°C]어느 대법관의 4년", 한국일보(2019. 3. 21.), <https://www.hankookilbo.com/News/Read/201903211311064141>.
- 이홍훈, "인간에 대한 애정의 깊이", 조영래 그 삶을 이야기하다, 서울지방변호사회(2015)
- 이흥재, "민주헌정 이후 노동판례 경향의 특징", 노동법학 제15호, 한국노동법학회(2002).
- 정인섭, "근로삼권의 규범론과 정책론", 노동법학 제17호, 한국노동법학회(2003. 12.).
- 조경배, "국제노동기준에 비춰본 한국 근로자의 노동기본권 보장 실태", 전국민주노동조합총연맹.한국노동조합총연맹.국제노동기구 국제정책세미나 자료집(2012. 9. 17.).

- 최정은, "교원의 성과상여금 재분배 행위에 대한 징계처분의 당부(대법원 2023. 6. 29. 선고 2023두31782 판결), 노동법실무연구회, 노동법실무연구 4권, 사법발전재단(2024)
- 황승흠, "한국에서 노동변호사의 성장", 법과 사회 14호, 법과 사회 이론연구회(1997).
- 宮里邦雄, "書評 『労働を辯護する』", 季刊 勞働者の權利 Vol. 320, 日本勞働辯護團(2017).

인터넷, 언론보도 등

- 경향신문, "연판장 사태 '사법파동' 조짐"(2003. 8. 13.), <https://www.khan.co.kr/national/court-law/article/ 200308132213401>.
- ______, "퇴임 강신욱 '유전무죄 관행이 사법불신 불렀다"(2006. 7. 10.), <https://www.khan.co.kr/article/200607101831581>.
- ______, "금융권 생리휴가 소송 '수당 지급하라' 판결 잇따라"(2008. 1. 29), <https://www.khan.co.kr/article/200801291021402>.
- ______, "민변·경향신문 선정 '2019 디딤돌·걸림돌 판결'"(2019. 12. 9.), <https://www.khan.co.kr/article/201912082206005>.
- ______, "올해 최고 디딤돌 판결은 '불법파견→기간제는 위법' 대법 판결"(2022. 12. 6.), <https://www.khan.co.kr/article/202212050600011>.
- ______, "올해 최고 디딤돌 판결은 '동성커플 건강보험 자격 최초 인정' 판결"(2023. 12. 4.), <https://www.khan.co.kr/article/202312040600011>.

- ______, "대법서 확정된 '동성부부 건강보험 피부양자 자격', 올해 최고 디딤돌 판결"(2024. 12. 9.), <https://www.khan.co.kr/article/202412090600101>.
- 내일신문, "금융권 생리휴가수당 '폭풍의 핵'"(2006. 9. 8.), <https://n.news.naver.com/mnews/article/086/0000044337?sid=101>.
- 노컷뉴스, "현직검사들 잇따른 총선출마, 막을 방법 없을까?[권영철의 Why 뉴스]"(2024. 1. 10.), <https://www.nocutnews.co.kr/news/6077055>.
- ______, "'제2의 김선수' 나올 수 있을까[기자수첩]"(2024. 6. 30.), <https://www.nocutnews.co.kr/news/6169360>.
- 뉴데일리, "조영남 '화투 갖고 놀면 패가망신한다고 했는데...' 눈물"(2020. 5. 28.), <https://www.newdaily.co.kr/site/data/html/2020/05/28/2020052800307.html>.
- 뉴스토마토, "박시환 대법관 퇴임사 전문"(2011. 11. 18.), <https://www.newstomato.com/ReadNews.aspx?no =201385>.
- ________, "이인복 대법관 퇴임...'소신껏 재판했고 책임은 내게 있다'"(2016. 9. 1.), <https://www.newstomato.com/ReadNews.aspx?no=686339>.
- ________, "첫 여성변호사 출신 박보영 대법관 퇴임...'대법원 사건 부담 한계 넘어'"(2017. 12. 30.), <https://www.newstomato.com/readNews.aspx?no=797501>.
- 뉴시스, "[전문] 양창수 대법관 퇴임사"(2014. 9. 5.), <https://www.newsis.com/view/NISX20140905_0013154207>.
- _____, "문재인 대통령 임명 대법관 '과반'...사법부 변화 시작되나"(2018. 8. 2.), <https://www.newsis.com/view/NISX20180801_0000380233>.

- 동아일보, "서울지방변호사회 '연내 법관평가 시작'"(2008. 11. 25.), <https://www.donga.com/news/article/all/20081125/8662322/1>.
- ______, "[이용훈 사법부 6년 평가] 의견 갈린 쟁점 81건"(2011. 9. 23.), <https://www.donga.com/news/article/all/20110922/40536700/1>.
- ______, "[대법원 '양승태 체제 3년' 분석] 서울대-수도권 요직 거친 '엘리트 코스 7인' 다수의견 이끌어"(2014. 9. 29.), <https://www.donga.com/news/article/all/20140929/66795966/1>.
- ______, "양승태 '정치세력 침투할 경우, 사법부 독립 무너져'[퇴임사 전문]"(2017. 9. 22.), <https://www.donga.com/news/Politics/article/all/20170922/86457319/1>.
- ______, "'60세 이후에도 일하는 시대' 전원합의체 12명 모두 상향 동의"(2019. 2. 22.), <https://www.donga.com/news/article/all/20190222/94234069/1>.
- ______, "대법 '통상임금 세미나'에 재계 우려 시선"(2019. 6. 19.), <https://www.donga.com/news/article/all/20190619/ 96057142/1>.
- ______, "문 대통령 임명 진보 대법관 5명, 판결 38건 중 27건서 같은 의견"(2020. 9. 23.), <https://www.donga.com/news/article/all/20200923/103060252/1>
- ______, "김명수 제청 대법관 3명, '진보성향 톱 10'에"(2023. 10. 4.), <https://www.donga.com/news/Society/article/all/ 20231004/121487523/1>.
- 로리더, "김소영 대법관 퇴임 '사법부 힘든 상황...후임 대법관 조속히 임명'"(2018. 11. 1.), <https://www.lawleader.co.kr/news/articleView.html?idxno=1460>.

- 로이슈, "대법원 떠나는 김지형 대법관 퇴임사 전문"(2011. 11. 18.), <https://www.lawissue.co.kr/view.php?ud=201111181400420011875_12>.
- _____, "민일영 대법관 32년 법관생활 마무리...퇴임사 전문"(2015. 9. 16.), <https://www.lawissue.co.kr/view.php?ud=20150916 1427330023493_12>.
- _______, "이상훈 대법관, 재벌총수 사건 등 재판 임하는 '법관 자세' 강조"(2017. 2. 28.), <https://www.lawissue.co.kr/print.php?ud= 20170228104835796737301_12>.
- 리걸타임즈, "법관은 고독해야 하고, 재판엔 정성 깃들여야"(2004. 8. 21.), <https://www.legaltimes.co.kr/news/articleView.html?idxno=800>.
- ________, "가벼운 시대조류 양심 둔갑 경계해야"(2008. 8. 1.), <https://www.legaltimes.co.kr/news/articleView.html?idxno=8171>.
- ________, "안대희 대법관 퇴임사 전문"(2012. 7. 12.), <https://www.legaltimes.co.kr/news/articleView.html?idxno=15988>.
- ________, "전수안 대법관 퇴임사 전문"(2012. 7. 12.), <https://www.legaltimes.co.kr/news/articleView.html?idxno=15987>.
- ________, "김능환 대법관 퇴임사 전문"(2012. 7. 11.), <https://www.legaltimes.co.kr/news/articleView.html?idxno=15985>.
- ________, "박병대 대법관 퇴임사 전문"(2017. 6. 5.), <https://www.legaltimes.co.kr/news/articleView.html?idxno=32993>.
- ________, "박상옥 대법관 퇴임사 전문"(2021. 5. 8.), <https://www.legaltimes.co.kr/news/articleView.html?idxno=60249>.
- ________, "김재형 대법관 퇴임사 전문"(2022. 9. 4.), <https://www.legaltimes.co.kr/news/articleView.html?idxno=68497>.

- ________, "조재연 대법관 퇴임사 전문"(2023. 7. 18.), < https://www.legaltimes.co.kr/news/articleView.html?idxno=73909>.
- 머니투데이, "부장판사도 가세…'사법파동 조짐'"(2003. 8. 14.), <https://n.news.naver.com/mnews/article/008/0000311277?sid=101>.
- ________, "이 전대법관 '이념추구보다 현실발전 중요"(2005. 10. 19.), <https://news.mt.co.kr/mtview.php?no=2005101910061404301&outlink=1&ref=https%3A%2F%2Fsearch.naver.com>.
- ________, "차한성 대법관 퇴임 '법원의 가장 중요한 업무는 재판'"(2014. 3. 3.), <https://news.mt.co.kr/mtview.php?no=2014030312018228007>.
- ________, "[전문] 신영철 대법관 퇴임사"(2015. 2. 17.), <https://news.mt.co.kr/mtview.php?no=2015021713 508211484>.
- 문화일보, "대법관 6명 공동퇴임사, '여론 내세운 법유린 대응할 때'"(2000. 7. 11.), <https://www.munhwa.com/article/10252524>.
- ______, "사법권 독립 노력에 비우호적 시선 있다"(2005. 2. 26.), <https://n.news.naver.com/mnews/article/021/0000098595?sid=100>.
- 민주사회를 위한 변호사모임, "[회원전용/23차총회특집] 김선수 회장 후보 정견 발표회 보고"(2010. 5. 19.), <https://www.minbyun.or.kr/?p=11662>.
- ____________________, "[회원 인터뷰] 산, 노동, 여민, 김선수 변호사를 만나다"(2015. 1. 13.), <https://www.minbyun.or.kr/?p=27510&paged=0&search_type=integrated_search>

- ______________________, "[2021 한국인권보고대회] 올해의 디딤돌 걸림돌 판결 발표"(2021. 12. 10.), <https://www.minbyun.or.kr/?p=50529>.
- 법률신문, "이홍훈 대법관 정년퇴임식"(2011. 6. 1.), <https://www.lawtimes.co.kr/news/57817>.
- ______, "이용훈 대법원장 퇴임식(퇴임사 전문)"(2011. 9. 23.), <https://www.lawtimes.co.kr/news/59442>.
- ______, "박일환 대법관 퇴임사"(2012. 7. 11.), <https://www.lawtimes.co.kr/news/65584>.
- ______, "김선수·이동원·노정희 대법관 취임…'국민 신회 회복'"(2018. 8. 2.), <https://www.lawtimes.co.kr/news/145291?serial=145291&page=1>.
- ______, "대법원 구성의 다양화야말로 공정하고 정의로운 판결을 위한 첫걸음"(2023. 7. 18.), <https://www.lawtimes.co.kr/news/189442>.
- ______, "'좋은 재판'은 국민이 체감하고 인정할 때 완성'…김명수 대법원장 퇴임"(2023. 9. 22.), <https://www.lawtimes.co.kr/news/191561>.
- ______, "안철상·민유숙 대법관, 6년 임기 마치고 퇴임"(2023. 12. 29.), <https://www.lawtimes.co.kr/news/194544>.
- ______, "[판결] 휴대폰 압색 후 대검 서버에 무관 정보 보관하며 다른 사건 수사에 영장 없이 활용… 대법 '위법수집증거' 재확인"(2024. 4. 26.), <https://www.lawtimes.co.kr/news/197843>.
- ______, "김선수·이동원·노정희 대법관, 6년 임기 마무리"(2024. 8. 1.), <https://www.lawtimes.co.kr/news/200260>.

- ______, "2024년 10대 판결·결정"(2024. 12. 25.), <https://www.lawtimes.co.kr/news/204125>.
- ______, "김상환 대법관 퇴임…'국민 기본권 지키는 것이 법원 임무'"(2024. 12. 27.), <https://www.lawtimes.co.kr/news/204175>.
- ______, "박보영 전 대법관, 시·군판사로 마감한 '재판의 길'"(2025. 2. 21.), <https://www.lawtimes.co.kr/news/205827>.
- 법원도서관, 홍보영상 <https://tv.scourt.go.kr/videocontent/video_detail/7145205>
- 사단법인 유엔인권정책센터, "[사회권] 1차 사회권위원회 최종견해(1995)"(1995. 6. 1.), <https://kocun.org/db/?bmode=view&idx=14339461>.
- ____________________, "[자유권] 2차 자유권위원회 최종견해(1999)"(1999. 11. 1.), <https://kocun.org/db/?bmode=view&idx=14339457>.
- ____________________, "[사회권] 2차 사회권위원회 최종견해(2001))"(2001. 5. 1.), <https://kocun.org/db/?bmode=view&idx=14339462>.
- 서울경제신문, "[퇴임사 전문] 김용덕 대법관 '상고재판 구조·절차 개선 도모할 필요 있어"(2017. 12. 29.), <https://www.sedaily.com/NewsView/1OP1KRBM5V>.
- 서울신문, "민초들의 인권지키기 20년 / 대법관 내정 이돈희 변호사의 인생역정"(1994. 7. 6.), <https://www.seoul.co.kr/news/1994/07/06/19940706023001>.
- ______, "[생각나눔] 산재 유족 특채…세습인가 배려인가"(2020. 6. 17.), <https://www.seoul.co.kr/news/newsView.php?id=20200618011017&wlog_tag3=naver>.

- _______, "'총선 직행' 현직 검사 문제없을까…'황운하 판례'로 막을 길 없어"(2023. 12. 31.), <https://www.seoul.co.kr/news/newsView.php?id=20231231500057>.
- 세계일보, "판사라는 무거운 칼 놓고 세상으로 나갑니다"(2010. 8. 24.), <https://www.segye.com/print/20100824004043>.
- _______, "전수안 '김선수처럼 살지 못해 늘 미안…이런 삶 존중하고 귀히 여겨야'"(2018. 7. 3.), <https://www.segye.com/newsView/20180703003917?OutUrl=naver>.
- _______, "'진보' 변호사 오래 해서…'진보' 판결 못 내놓는 김선수 대법관"(2020. 9. 3.), <https://www.segye.com/newsView/20200903523216?OutUrl=daum>.
- MBC, "김기현 '노정희, 대법관 자격 없어..파업 손배 엉터리'"(2023. 6. 16.), <https://imnews.imbc.com/news/2023/politics/article/6494288_36119.html>.
- 오마이뉴스, "대법원장 '사법부 독립 절대 훼손될 수 없어"(2003. 8. 19.), <https://n.news.naver.com/mnews/article/047/0000035062?sid=102>.
- _______, "떠나는 최종영 대법원장 '여론 내세워 재판 권위 도전'"(2005. 9. 23.), <https://www.ohmynews.com/NWS_Web/View/at_pg.aspx?CNTN_CD=A0000282317>.
- _______, "손지열 전대법관, '깨끗·꼿꼿 '선비정신' 되살려야"(2006. 7. 11.), <https://www.ohmynews.com/NWS_Web/View/at_pg.aspx?CNTN_CD=A0000345117>.
- _______, "퇴임 김용담 대법관 '사법개혁 할 게 많다'"(2009. 9. 11.), <https://www.ohmynews.com/NWS_Web/View/at_pg.aspx?CNTN_CD=A0001215067>.

- 이데일리, "약자 목소리 대변한 24명의 변호사, 세상을 바꾸다...제2회 明변호사상"(2016. 8. 25.), <https://www.edaily.co.kr/News/Read?newsId=04139366612750928>.
- 인권운동사랑방 자료실, "[한글] 유엔 '사회권위원회'가 확정한 한국 사회권 상황에 대한 최종견해"(2001. 5. 16.), <https://www.sarangbang.or.kr/writing/3390>.
- 중앙일보, "법관들 스스로 사법권 정립해야/이 대법원장 퇴임사"(1990. 12. 15.), <https://www.joongang.co.kr/article/2520891>.
- ______, "첫 학계 출신 대법관…'법조' 벽 깨진다"(2008. 8. 3.), <https://www.joongang.co.kr/article/3246159>.
- ______, "조영남 최후진술 '화투 갖고 놀면 패가망신…너무 놀았나 보다"(2020. 5. 28.), <https://www.joongang.co.kr/article/23788372>
- ______, "'산재 유족 특채보다 재벌2세 채용이 특혜 아닌가' 물은 대법관"(2020. 6. 17.), <https://www.joongang.co.kr/article/23804095>.
- ______, "'알박기 판결' 비판 커지자…대법, 판결 나흘 만에 또 해명"(2023. 6. 20.), <https://www.joongang.co.kr/article/25171037>.
- 지표누리 국가발전지표, <https://www.index.go.kr/unify/idx-info.do?idxCd=4220>.
- 프레시안, "교만으로 시작해 후회로 35년간 법관 생활 마감"(2005. 10. 10.), <https://n.news.naver.com/mnews/article/002/0000021458?sid=102>.
- 한겨레신문, "소장판사 집단서명 나서…대법관 후보 추천에 반발"(2003. 8. 13.), <https://n.news.naver.com/mnews/article/028/0000022340?sid=110>.

• ________, "고현철 대법관 퇴임…'수도승 같았다'"(2009. 2. 17.), <https://www.hani.co.kr/arti/society/society_general/339318.html>.
• ________, "노동이 있는 곳에, 그도 있었다"(2014. 10. 30.), <https://www.hani.co.kr/arti/culture/book/662259.html>.
• ________, "혼돈의 야당…'영래형, 우린 어디로 가야합니까'"(2015. 12. 11.), <https://www.hani.co.kr/arti/society/society_general/721530.html>.
• ________, "우리가 미처 몰랐던 대법원 '10초 재판'의 비밀"(2018. 10. 16.), <https://www.hani.co.kr/arti/society/society_general/865977.html>.
• ________, "'노동 전문' 김선수 대법관, 김앤장 노동사건 못 맡는 이유"(2018. 12. 23.), <https://www.hani.co.kr/arti/society/society_general/875494.html>.
• ________, "'레깅스 불법촬영 무죄' 법원, 판결문에 피해 여성 사진 실었다"(2019. 11. 4.), <https://www.hani.co.kr/arti/society/women/915593.html>.
• ________, "'산재 유족 특별채용보다 경영권 세습이 특혜 아닌가' 기아차 꼬집은 대법관"(2020. 6. 19.), <https://n.news.naver.com/article/028/0002501808>.
• ________, "'타협하지 않는 변호사' 한승헌 기리는 산민상, 첫 수상자 '직장갑질 119'"(2025. 4. 20.), < https://www.hani.co.kr/arti/society/society_general/1193329.html>.
• 한국경제, "법원, 공해공장 가동중지처분…주민가처분 신청 첫수용"(1989. 7. 19.), <https://www.hankyung.com/article/1989071901551>.

- 한국법률일보, “김신 대법관 퇴임사 전문”(2018. 8. 1.), <https://www.lawfact.co.kr/news_view.jsp?ncd=1745>.
- __________, “고영한 퇴임사 대법관 전문”(2018. 8. 1.), <https://www.lawfact.co.kr/news_view.jsp?ncd=1743>.
- __________, “김창석 퇴임사 대법관 전문”(2018. 8. 1.), <https://www.lawfact.co.kr/news_view.jsp?ncd=1744>.
- 한국일보, “이일규 대법원장 퇴임”(1990. 12. 16.), <https://www.hankookilbo.com/News/Read/199012160073794120>.
- _______, “[윤관 대법원장 퇴임] ‘사법개혁 잘 마무리되길’”(1999. 9. 23.), <https://www.hankookilbo.com/News/Read/199909230049161253>.
- 헤럴드경제, “‘지×’ ‘시×××’ 민희진, 기자회견서 비속어 남발…네티즌 여론 엇갈려”(2024. 4. 25.), <https://biz.heraldcorp.com/article/3377832>.
- YTN 라디오 인터뷰, “법관 평가제, 공정한 재판절차를 위한 것-하창우 서울지방변호사회장”(2008. 11. 19.), <https://radio.ytn.co.kr/program/index.php?f=2&id=2055&s_mcd=0214&s_hcd=01>.

구체적인 한국사회에 있어서 법조인의 위치와 역할은 무엇이며, 또 법조인의 현실은 무엇인가? 이념상의 요청인 사법부의 독립은 우리나라에 있어서 현실적으로 어떻게 유지되어 왔는가? 또한 최근에 발생한 재판 거부 사건, 법관 인사 파동, 대법원장 탄핵안 제출 사건 등은 어떻게 이해하여만 할까?

제
2
부

자료들

제2부 자료들

제 1.

제27회 사법시험 수석합격기

一. 접어둔 페이지(고시계 합격기)

Ⅰ.

사법시험!

도대체 이것이 무엇이길래 사람들이 이것을 뭐 그리 대단한 것이나 되는 것처럼 여기는 것일까? 대관절 이것이 무엇이길래 대한민국의 수재라고 자타가 공언하는 수많은 젊은이들이 청춘을 담보잡히고 이에 매달리고, '다시 태어나도 이 길을' 가겠다고 장담하는 것일까? 또 길게는 10년, 20년씩 포기하지 못하고 집착하는 것일까?

이것이 무엇이길래 "공부를 잘하면 법대에 가야하고, 법대에 갔으면 사법시험을 보아야 하고, 시험을 보았으면 합격을 하여야 하며, 합격했으면, 판사나 검사로 임관을 받아야 한다"는 식의 사회통념이 형성되어 있는 것일까? 이러한 일상적인 사회통념은 어떠한 사회적 근거를 가지고 있으며, 어떠한 의미를 지니고 있는 것일까?

또한 이러한 일상적인 사회통념은 아무런 의문의 여지없이 그대로 무비판적으로 수용되어야 할까? 맹목적으로 이를 수용하는 자세는 사회의 대부분의 사람들이 그렇게 생각하고 있다고 해서 그대로 정당화될 수 있을까? 주체적인 진정한 자아를 확립하기 위해서는 일상적인 사회통념 자체에 대한 근본적인 의문들을 제기하고 고민하며 철저한 자기부정의 과정을 거쳐야 하는 것은 아닐까?

한 사회의 대다수의 사람들에 의하여 공유되고 있는 일상적인 사회통념은 어떻게 해서 형성되었으며, 그 사회적 배경과 근거는 무엇이며, 어떠한 기능을 수행하고 있으며, 또한 과연 이것은 항상 타당하다고 할 수 있는가?

법대에 들어온 많은 학생들이 "왜 법대를 지망하게 되었는가?" 라는 질문을 받거나 자기 자신에게 자문했을 때 대개의 경우 일반적으로 오르내리는 추상적인 용어들을 나열하다가 결국에는 "공부 잘한 죄밖에 없습니다."라고 대답할 수밖에 없는 것은, 고등학교까지의 교육이 인간의 잠재능력의 계발과 주체적이고 비판적인 사고를 통한 가치관의 형성에 주안을 둔 전인간적 교육이라기보다는 선다형 시험에서 좋은 성적을 얻는데 주안을 둔 입시위주의 교육이었기 때문은 아닐까?

"법대에 들어온 이상 사법시험을 보아야겠다는 생각을 했습니다."라는 식의, 일단 시험에 합격해 놓고 보자는 식의 논리가 더 이상 용납될 수 있을까? "연애에 실패한 후 공허한 마음을 달래고자 시험공부에 몰두했습니다."라는 것은 시험공부에 몰두할 수 있었던 하나의 동기는 될지언정, 사법시험을 보게 된 데 대한 타당성 있는 근거가 되지 못하는 것은 아닐까?

사법시험공부라는 것을 현실도피의 수단으로 전락시키는 것은 사법시험에 대한 모독이 아닐까? 대학에 들어와서 3, 4학년이 다 지나도록 해 놓은 것도 하나도 없으니까 사법시험이라도 합격해 놓자는 심산으로 사법시험 공부를 시작하는 것은 자기의 인생에 대한 성실한 고민이 결여된 자세가 아닐까?

또한 한국사회에 있어서 핵심적이고 중심적인 활동이 따로 존재하고 있음에도 불구하고, 자기의 성격과 기질 및 역량 등을 구체적으로 고려해 볼 때 자기 자신은 그러한 활동을 할 수 없기 때문에 일보 후퇴하여 사법시험을 본다는 식의 패배주의적 자세도 극복되어야 하지 않을까?

인간이 무슨 일을 하든지 간에 그것에 대해서 나름대로 명확한 입장이 정립되어 있어야 하듯이, 사법시험에 임함에 있어서도 한국

사회 속에서 사법시험이 차지하는 위치와 역할, 또 그것에 임하는 자신의 위치에 대한, 또한 앞으로의 법조인으로서의 생활에 대한 자기의 입장이 어느 정도 확립되어 있어야만 하는 것은 아닐까?

또 그래야만 시험공부할 때 당장 처하게 되는 어려움이나 흔들림을 극복할 수 있으며, 앞으로 법조인으로서 생활해 나아가는 데 있어서 소신을 굽히지 않고 역사에 부끄럽지 않은 삶을 살아가는 것이 가능하지 않을까?

Ⅱ.

사법시험을 보기로 결정한 사람들이 가슴 속 깊이 간직하고 있는 것은 아마도 "출세(出世)"나 "입신양명(立身揚名)"에의 욕구일 것이다. "호랑이는 죽어서 가죽을 남기고 사람은 죽어서 이름을 남긴다."는 속담대로 이름을 세상에 떨치기 위한 가장 가시적인 방도로서 고시에의 길이 선택되어 지는 것 같다.

또한 "입신양명이현부모(立身揚名以顯父母)", "양명영친(揚名榮親)"이라 하여 출세하는 것은 곧 효도에의 가장 큰 길로 여겨지고 있다. 결국 고시에 합격하는 것은 개인적으로 출세하는 것이요, 부모님께 효도하는 것이라는 사고방식이 만연하고 있는 실정인 거 같다.

또한 사법시험은 그 자격요건에 있어서 학력이나 성별, 연령, 사회적 신분등에 구애받지 않고 기회균등이 보장되고 있으므로, 사회적으로 열악한 지위에 있는 자에게 있어서는 개인적인 계층상승의 지름길로 여겨지고 있는 것도 사실인 것 같다. 이렇게 고시라는 것은 그 자격요건에 있어서 형식적인 기회균등을 보장함으로써, 사회적인 제 모순을 개인의 노력에 의하여 개인적인 차원에서 해결할 수 있는 통로를 제공하여 주고 있는 것 같다,

그렇다면 우리가 일반적으로 "출세했다", "성공했다"고 할 때, 그 판단기준은 무엇인가? 그것은 아마도 부, 명예, 권력 등과 같은 몇 가지의 가시적인 척도들이 아닐까? 고시에 합격하게 되면 어느 정도의 부, 명예, 권력, 즉 기득권이 보장되기 때문인 모양이다. 그렇다고 한다면 기득권의 인정은 과연 어떻게 가능할 수 있으며, 또한 그것은 무엇에 대한 대가로서 보장되는 것이며 우리는 그것을 자신의 노력에 대한 당연한 보상으로 아무런 문제제기 없이 받아들여도 좋을까? 결국 출세하고 성공한 현상적인 모습은 기존의 사회체제 내에서 상위층에 자기의 존재기반을 가지는 것이 아닐까?

그렇지만 개인적인 노력에 의하여 개인적으로 계층상승함으로써 개인의 차원에서 문제가 해결되었다고 하여도, 사회적인 문제는 의연히 잔재하고 있는 것이 아닐까? 자기 자신의 피나는 노력에 의하여 소위 "성공했다"고 하여 사회적으로 열악한 지위에

있는 사람들에게 "모든 사람에게 기회가 균등하게 보장되고 있는 이 사회 속에서 당신들이 그러한 위치를 벗어나지 못하고 있는 것은 당신들 자신이 게으르고 나태한 때문이므로 당신들 스스로가 그에 대한 책임을 져야 한다."라고 말할 수 있을까? 사회적인 문제들은 해결되지 않고 온존된 채, 개인적으로 계층상승하는 것에 대해서 과연 어떻게 정당화 할 것인가?

우리나라에 있어서 특히 출세의 이상형이 '관(官)'에의 진출로 일반적으로 받아들여지고 있는 것은, 전통적인 '관'우위의 사고방식이 아직까지도 강하게 작용하고 있고, 또한 해방 후의 우리 사회에 있어서 모든 일이 관주도로 행하여져 왔고, 경제에 대한 정치의 현상적인 우위가 지속되어 왔던 때문은 아닐까? 출세를 지향하는 인간의 모습은 현대산업사회의 경쟁적인 분위기 속에서 소외되고 원자화된 이기적인 인간의 모습이 아닐까? 현대산업사회에 있어서 인간들 사이의 인간적인 유대는 끊어지고 공동체적 의식 또한 자취를 감추어 버리고, 사회는 단지 이기적인 인간들의 경쟁의 각축장이 될 뿐이다. 여기에서 타인은 같은 공동체의 일원으로서 서로 협력하고 인간성의 실현을 위하여 함께 나아가야 할 상대가 아니라, 단지 자기가 출세하는 데 있어서 극복해야만 하는 장애물에 불과한 경쟁의 대상일 뿐인 것이다. 경쟁에서 승리한 자만이 생존하고 경쟁에서 패배한 자에게는 자연도태의 길 이외에는 남은 것이 없게 된다. 그 자체로서 목적이어야 할 인간은 단순한 수단으로 전락해 버렸고, 인생의 궁극적인 목적이어야 할 인간성의 완성은 소위 출세의 정도에 의하여 평가되기에 이른 것이다. 인간이 살아가는 데 있어서 부수적으로 필요한 것에 불과했던 부와 권력 등은 그 자체가 목적으로 되었으며 오히려 인간을 지배하기에 이른 것이다. 어떻게 보면 소위 출세의 가치척도로 여겨지는 부와 권력을 추구하는 인간의 모습은 인간의 본질로부터 가장 멀리 떨어지고 가장 철저하게 소외된 인간의 모습인지도 모르겠다.

그렇다면 현대산업사회에서 나타난 소외된 이기적인 인간이 인간 본연의 진정한 모습일까? 인간 본연의 진정한 모습은 무엇일까? 이를 회복하기 위하여 우리는 어떻게 해야 하는 것일까? 개별적인 인간은 거대한 산업사회의 일 구성분자에 불과하기 때문에, 개인적인 인간이 할 수 있는 것은 오로지 경쟁에서 승리할 방도나 찾는 것이 전부일까? 인간의 본성을 왜곡시키고 있는 현대산업사회 자체를 인간본성의 실현의 장으로 변혁시킨다는 것은 불가능한 일일까? 비록 현대산업사회가 거대하게 조직화되고 관료화되었다고 할지라도 결국은 인간들로써 이루어진 것이므로 인간들의 주체적인 실천에 의하여 이를 변혁하는 것도 가능하지 않을까?

남으로부터 인정을 받고자 하는 욕구는 어떻게 보면 인간의 본질적인 욕구일지도 모르겠다. 타인보다 우위에 서고 타인을 지배함으로써 선망의 대상으로서 인정받는 것보다는 인간성 실현의 동등한 동참자로서 인정받는 것이 아닐까? 타인보다 우위에 서고 타인을 지배함으로써 그들이 선망의 대상이 된다는 것은 결국 그들과의 인간적 유대를 끊어 버리고 점점 그들로부터 소외되어 간다는 것을 의미하는 것은 아닐까?

나뿐만이 아니라 타인도 역시 인정받고자 하는 욕구가 있으므로 일방적으로 인정해주기를 강요하는 것이 아니라 자발적인 상호인정이 이루어질 수 있어야 비로소 진정한 인간적 유대가 회복되는 것이 아닐까? 그렇기에 인정의 기준은 부와 권력의 소유 여부 및 그 소유 정도가 될 수 없지 않을까? 또한 타인으로부터 인정을 받아 이름을 떨치는 소위 입신양명의 진정한 길은 단순한 살아생전의 문제가 아니라 역사에 의하여 정당하게 평가받는 데 있는 것은 아닐까?

Ⅲ.

사법시험을 보는 사람들 중에서, 나는 출세하기 위해서 이 길을 택했다고 직접적으로 적나라하게 말하는 사람은 거의 없을 것이다. 출세에의 욕구가 가슴 속 깊이 간직되어 있는 것은 사실이지만, 이는 수식되고 위장되어 표현되어야 할 필요가 있는 것이다.

또한 적어도 사법시험을 보는 사람들 중에 "나 혼자 잘 먹고 잘 살자"는 생각을 가진 사람은 하나도 없을 것이다. 법대에 들어오고, 사법시험을 준비할 정도의 사람이면 주위로부터 수재라느니 뭐라느니 하는 말도 들었을 것이고 자신도 또한 진짜로 그런 것이 아닐까 하는 착각에도 빠져 보았을 것이며, 이 사회를 위해서 무엇인가를 해야겠다는 책임감도 느껴 보았을 것이다.

또한 기성세대의 부정부패와 부조리를 접하게 될 때면 내가 기성세대가 된다면 적어도 저러한 일은 없어야겠다고 젊은 가슴을 불태운 적도 있었을 것이며, 자기가 주관적으로 생각하기에 부당하고 억울하게 당하고 있다고 생각되는 사회적 약자들을 접하게 될 때면 그들을 위하여 활동해 보겠다고 다짐해 본 적도 있었을 것이며, 보다 나은 사회의 건설을 위하여 미미한 힘이나마 다해 보겠다고 스스로에게 다짐해 본 적도 있었을 것이다.

이러한 다짐들은 사회적으로 표현하면 정의의 실현을 위하여 몸 바쳐보겠다는 다짐이 될 것이며, 개인적으로 표현하면 소신을 굽히지 않고 양심을 지키는 생활을 하겠다는 다짐이 될 수 있을 것이다. 이러한 나름대로의 다짐들은 사법시험을 준비하는 사람들의 개인적인 양심을 형성할 것이다.

사법시험을 준비하는 사람들이 갖는 사회에 대한 책임감은 혹시나 엘리트 의식의 소산은 아닐까? 자기는 이 사회에 있어서 지도적 위치에 서서 이 사회를 이끌어가야 한다는 것을 전제로 깔고 있는 것은 아닐까? 또 이 사회에 있어서 어느 정도 영향력을 행사하고 부조리와 부정부패를 뿌리 뽑기 위해서는 일단 자기 자신이 먼저 일정한 부와 권력을 장악하고 일정한 지위에 올라가야 한다고 생각하고 있는 것은 아닐까? 기성세대가 말하는 소위 "먼저 열심히 공부하여 힘을 기른 다음에 행동하라"는 논리는 바로 이러한 의미가 아닐까?

그렇지만 이런 식의 논리는 인간의 사회적 구속성을 인식하지 못한 엘리트 의식의 소산이 아닐까? 자기의 뜻을 펼칠 수 있을 정도로 힘을 길렀다고 했을 때 그 힘의 근거는 어디에 있는가? 또한 자기 자신은 이미 그 힘의 지배를 받게 되고, 그 힘으로부터 자유롭지 못하게 되는 것은 아닐까?

다시 말하면 어느 정도 힘을 기른 후에 부조리와 부정부패를 뿌리 뽑기 위하여 부조리와 부정부패가 어디에 있는가를 찾아보았을 때, 뿌리 뽑아야 할 그 부조리와 부정부패 한가운데에 자기 자신이 서있는 것을 발견하게 되는 것은 아닐까?

또한 일정한 지위에 이르게 되면 자기의 소신대로 사회의 불의를 제거할 수 있지 않을까 하고 생각하는 것은 사회의 역관계를 이해하지 못하는 너무도 소박하고 낭만적인 발상이 아닐까? 만약에 법률을 통하여 모든 것을 할 수 있으리라고 생각하는 사람이 있다면, 그는 법률만능의 사고방식에 빠져 법률의 한계성을 인식하지 못하는 소이가 아닐까?

물론 사회에 대한 책임감이나 부조리·부정부패를 뿌리 뽑아 보겠다는 의욕이 소중한 것은 사실이지만, 이를 위한 방법론에 있어서 막연하게 힘을 기른 후에 무엇을 해 보겠다는 생각은 너무 안일한 생각이 아닐까? 이 사회에 대한 명확하고 과학적인 인식을 갖추고, 부조리·부정부패가 발생하는 배경과 그 원인, 그리고 사회 제 세력 간의 역관계에 대한 과학적인 인식을 갖추어야만 하지 않을까?

법의 목적은 일반적으로 정의의 구현이라 말하여지고, 사법시험을 준비하는 모든 사람들은 사회정의의 실현을 위하여 몸 바쳐보겠다고 한다. 그렇다면 과연 정의의 구체적인 내용이란 무엇인가? 평등한 것은 평등하게, 불평등한 것은 불평등하게 단지 형식적으로만 평등하게 취급하는 소위 배분적 정의는 어떠한 근거로 정당화될 수 있는가?

또한 이미 기성의 사회질서 자체가 어느 정도 불평등하게 구조 지워졌을 때에는 도대체 어떻게 하는 것이 정의의 실현일까? 그 불평등의 원인은 무엇이며 그 형성과정은 어떠한가, 이러한 어느 정도의 불평등이 존재하는 것은 인간사회인 이상 초역사적으로 상존하는 보편적인 현상인가 아니면 일정한 역사적 단계에 있어서 존재하는 특수한 현상인가? 기성의 사회체제는 고정적이고 절대적인 것이어서 그 변화라는 것은 생각할 수조차 없는 것인가?

사법부의 임무가 법의 공평한 적용이 라고 할 때 '법' 자체는 이미 항상 공평타당하며 정치적으로 중립적인 위치를 유지하는 것이 가능한가? '법' 자체는 아무런 문제도 제기될 수 없는 그러한 영역인가? 법과 정치적 권력 및 사회·경제적 토대와의 관계는 어떠하며, 만약에 일정한 관계가 인정된다고 한다면 법에 대해서 어떠한 태도로 임해야 할까?

또한 적용하고자 하는 법 자체가 악법일 가능성은 전혀 없는가? 만약 이미 악법이 존재하고 있다면, 이를 적용한 것에 대하여 법이 이미 존재하고 있었다는 이유만으로 면책될 수 있을까? 제2차 세계대전 후에 나찌 법률을 적용한 법관들이 전범으로서 처벌된 것은 어떻게 해석하여야 할까?

또한 사법시험 공부라는 것은 실정법의 해석에만 치중하여 실정법 자체의 제정 동기와 배경, 그 사회적 기능 및 한계 등에 대해서는 전연 도외시해 버리는 것은 아닐까? 그럼으로써 실정법 자체는 절대화되어 버리는 것이 아닐까? 진정한 법학공부가 되려면 법해석학에 매몰되어서는 안 되며, 법사회학과 법정책학 등도 병행되어야 하는 것은 아닐까?

우리가 사회적 약자 편에 서서 그들을 위해 활동하고자 사법시험을 본다고 할 때, 혹시 우리는 온정주의적 입장에 서있는 것은 아닌가? 소위 사회적 약자들이란 도움의 대상이 되는 그러한 불쌍한 사람들에 불과하고, 우리는 그들에게 도움을 일방적으로 베풀 수 있는 그러한 위치에 있는 사람들이란 말인가?

도대체 사회적 약자들이란 누구를 말하는 것이며, 그들은 어떻게 해서 생성되었으며, 그들을 진정으로 위하는 길은 무엇인가? 또한 온정주의적으로 개인적인 차원에서 그들을 도와준다고 해서 사회적 약자의 문제가 해결될 수 있을까? 오히려 그러한 것은 스스로 자비의 환상에 도취하기 위한 가지만족적인 행위로 끝나 버릴 우려는 없는 것일까?

또한 자기는 이미 막대한 기득권을 향유하고 있으면서 사회적 약자를 위해 일한다는 것이 과연 설득력을 가질 수 있을 것인가? 오히려 자기의 기득권을 지키기 위하여 편협하게 되어 버릴 가능성은 전혀 없는 것인가? 또한 자기의 기득권으로 인하여 오히려 그들로부터 멀어져 버리는 것은 아닐까? 그렇다면 진정으로 사회적 약자를 위한 길은 무엇일까? 그들로부터 스스로를 분리시키지 않고 그들과 동참하면서 그들의 권리의식 자체를 제고시키는 방향에서 찾아져야 하는 것은 아닐까?

개인적인 정의 감정을 말하는 양심을 거대한 관료조직 속에서 지켜 나가기 위해서는 어떻게 하여야 할까? 관료조직의 요구와 개인적 양심 사이에 충돌이 생길 경우에 어떻게 하면 개인적 양심을 굴절시키지 않을 수 있을까? 거대한 관료조직 앞에서 개개인은 미력한 존재에 불과하기에 우리가 개인으로서 머물러 있는 한 우리의 양심은 알게 모르게 관료조직의 요구 속에 용해되어 버리는 것은 아닐까?

IV.

인간은 본질적으로 사회적 존재이며, 타자와의 상호관계 속에서 자기를 실현하고 인격자로서 완성해 나아가는 존재인 것이다. 인간의 행위는 그 사회적 의미에 의하여 평가되며, 결국 역사가 최종적 판단자가 되는 것이다. 인간 개개인의 행위란 것이 사회 전체의 입장에서 보면 아주 보잘것없다 하더라도, 이 역시 사회적 의미와 역사에 의하여 가치평가의 대상이 될 수 있는 것이다.

사법시험을 본다는 것도 어떻게 보면 주로 개인적인 동기에 의하여 결정되는 것이 크겠지만, 그러나 이것 역시 사회적·역사적 가치평가의 대상이 되는 것이며, 사법시험을 준비하는 사람으로서는 적어도 나름대로 정당화의 논리를 가지고 있어야 하지 않을까?

물론 사법시험에 합격하자면 대단한 개인적 성실이 요구된다. 그렇지만 우리로서는 개인적 성실만으로써는 만족할 수 없으며, 다른 의미에 있어서의 사회적 성실도 생각해 볼 수 있지 않을까? 개인적으로 성실하다고 해서 항상 사회적으로도 성실하다고 말할 수 없으며 비록 개인적으로 성실하더라도 오히려 역사에 죄를 범하는 것도 가능하지 않을까?

사회적 성실은 저절로 자연스럽게 이루어지는 것이 절대로 아니고, 사회의 제 현상에 대한 심각한 고민과 해결의 모색과정에서 비로소 형성될 수 있고, 더 나아가 역사의 발전과 사회현실에 대한 과학적 인식이 갖추어져야만 비로소 가능한 것이 아닐까?

사법시험이란 것은 결국 법조인 선발을 위한 자격시험이다. 사법시험을 보겠다는 것은 다시 말하면 법조인으로 활동하겠다는 것을 뜻한다. 구체적인 한국사회에 있어서 법조인의 위치와 역할은 무엇이며, 또 법조인의 현실은 무엇인가? 이념상의 요청인 사법부의 독립은 우리나라에 있어서 현실적으로 어떻게 유지되어 왔는가? 또한 최근에 발생한 재판 거부 사건, 법관 인사 파동, 대법원장 탄핵안 제출 사건 등은 어떻게 이해하여만 할까?

(고시계 통권 347호, 1986년 1월호 296~302.)

二. 여한 없는 20개월이었다(고시연구 합격기)

I.

그 때는 1983년 11월 초순이었다. 그 때 나는 27개월 하고도 1주일간의 군대생활을 끝마치고 개구리복을 입고 전역신고를 하고 있었다. 그 얼마나 기다리고 기다리던 순간이던가?

군에 입대하여 제XXX보충대 위병소에 발을 들여 놓는 그 순간부터 이 날을 그려오지 않았던가? 중동부 전선에서 보병 소총수 생활을 하면서 남들이 고생하는 만큼 고생도 했다. G.O.P. 전선에서 맞는 전역의 이 순간에 산천(山川)이 울리도록 포효(咆哮)하고 이리저리 미쳐 날뛰고 싶었건만 이렇게 맥이 탁 풀리는 것은 또한 무엇 때문인가?

대대장님께 대한 신고가 끝난 후 대대장님이 물으셨다.

"김선수!"

"예."

"사법시험은 봐야지?"

"예."

"얼마면 되겠나?"

"2년이면 될 것 같습니다."

"그럼 2년 후에 신문을 보면 되겠나?"

"예."

그렇게 해서 20개월에 걸친 나의 사법시험 공부는 제대한 바로 그 다음날부터 시작되었던 것이다.

Ⅱ.

사법시험(司法試驗)!

도대체 이것이 무엇이길래 일반적인 사회통념은 뭐 그리 대단한 것이나 되는 것처럼 여기는 것일까? 청춘을 담보 잡히고 공부하고, '다시 태어나도 이 길을' 가겠다고 장담할 정도로 이것이 중요한 이유는 무엇이란 말인가?

아무래도 사법시험에 합격하면 여기에 들인 모든 노력을 상쇄하고도 남을 만큼 많은 것이 보장되는 모양이다. 그렇다면 그 보장되는 것들은 어디로부터 오는 것이며, 무엇에 대한 대가로서 주어지는 것인가? 사법시험에 임함에 있어서 우리는 사시에 대한 자기 나름대로의 명확한 주체적인 입장을 먼저 정립해야만 하리라고 생각한다.

머리가 좋으니까 법대에 가고, 법대에 왔으니까 사법시험을 보고, 일단 시험을 보았으니 붙어야 한다는 식의 일상적인 사회통념에 무비판적이고 맹목적으로 따라서 무작정 시험에 임하고 보자는 태도는 극복되어야 할 것이다.

일상적인 사회통념에 의할 것 같으면 고시에의 길은 입신양명의 지름길이요, 계층상승의 지름길로 여겨진다. 그러나 우리는 이러한 일상적인 사회통념 자체부터 근본적으로 회의해 보아야 한다. 과연 이러한 일상적인 사회통념은 어떠한 배경과 근거 하에서 형성되었으며, 현상적인 사회적 인식이 항상 보편타당한 것인가?

인간은 결국 사회적 존재일진대 개인적 차원의 행위나 그 동기는 사회적 근거를 가지는바, 우리는 맹목적으로 사회통념에 따를 것이 아니라 철저한 회의와 자기고민을 거쳐 주체적인 세계관과 가치관을 확립해야 할 것이다.

일반적으로 이야기되길 사법시험을 통해 법조에 나아가 정의의 실현을 위하여 일하겠다고 한다. 그렇다면 막연하고 추상적으로 이야기되는 정의의 구체적인 내용은 무엇인가? 평등한 것은 평등하게, 불평등한 것은 불평등하게 단지 형식적으로만 평등하게 취급하는 것이 과연 정의의 실현일까? 또한 사회가 이미 어느 정도 불평등한 상태에 있을 경우에는 어떻게 하는 것이 정의의 실현이라 할 수 있는가?

또한 이야기되길 약자의 편에 서서 그들을 위하여 일하겠다고 한다. 그러나 이렇게 말할 때의 우리의 자세는 어떠한가? 혹시나 약자는 항상 도움을 필요로 하는 불쌍한 사람들이고 우리는 자선을 베푸는 마음으로 그들을 도와주고 있는 것이라고 하는 온정주의적인 사고에 빠져 있는 것은 아닌가? 진정으로 약자의 편에서 일하는 자세는 그러한 온정주의적인 자세가 아니라, 그들의 권리의식 자체를 제고시키는 것이 아닐까?

사법시험을 보겠다는 것은 결국 한국 사회에서 법조인으로서 활동하겠다는 것을 의미한다. 그렇지만 우리는 법조인이 되기를 바라기에 앞서 한국 사회의 구성원인 것이다. 그렇다면 먼저 전체 한국 사회에 대한 총체적인 인식이 있어야만 하지 않을까? 법조인에게 상대적으로 많은 보상이 주어지는 것은 그만큼 사회가 요구하는 것도 많다는 것을 의미하는 것이 아닐까?

군대에 가기 전까지는 사법시험을 볼 것인가에 대하여 전혀 고려해 본 적이 없었으며 군대생활을 마무리지으면서 사법시험을 보기로 결정했으나, 위에서 제기한 물음에 대한 명확한 대답이 구해진 상태에서 출발한 것은 아니었으며 시험공부 기간 중에도 계속 제기되었고 또한 앞으로도 계속 제기될 것 같다.

Ⅲ.

제대한 후 그 다음 날부터 학교 도서관에 나가 민법총칙부터 시작했다. 법학 공부가 전혀 안된 상태이기 때문에 1차 시험을 볼 때까지는 기본3법이나 착실하게 보고 84년 3월부터 본격적으로

1차 준비에 들어가기로 작정했다. 그래서 83년 11월부터 84년 2월까지 기본3법을 각각 3회독할 수 있었다.

약 3년의 공백 기간이 있은 후에 다시 책을 잡고 공부를 하자니 여간 힘든 노릇이 아니었다. 책상위에 놓여 있는 책은 책대로, 의자에 앉아서 이를 보고 있는 나는 나대로 각자 따로 놀고 있었으며, 눈은 분명히 흰 종이 위에 쓰여 있는 글씨들을 읽어 내려가고 있었지만 속은 딴 생각으로 가득 차 있어 책 속의 내용들은 먼 나라의 이야기처럼 느껴졌다.

군대에 가기 전에는 그래도 어느 정도 총명했다고 생각했던 머리가 군대생활을 하면서 돌이 되어 버린 모양이었다. 그렇다고 해서 어떻게 하겠는가? 다시 책을 보는 것에 익숙해지기 위해서는 당연히 어느 정도의 진통기간이 필요하리라 생각했다. 그리하여 얼른 머리속으로 들어오지 않더라도 읽어 나갔던 것이다.

시험공부를 시작하면서 몇 가지 기본적인 자세를 확립했다.

첫째, "성자 천지도 성지자 인지도(誠者 天之道 誠之者 人之道)"라는 아주 평범한 진리이다. 성실하면 그에 상응한 결과가 주어지리란 것에 대한 나름대로의 확고한 믿음이다. 만약에 내가 시험에서 떨어진다면 이것은 나에게 잘못이 있기 때문이 아니라, 하늘의 이치가 오히려 잘못된 것이라는 자세로 공부했다. 뿌린 만큼 거둔다는 인과응보(因果應報)의 천리(天理)에 의해서 합격이 필연적인 결과였다고 보증될 수 있어야 한다는 자세로 임했다.

둘째, 시험공부라는 것은 오래 하면 할수록 인생에 있어서 소모전에 불과하다는 자세이다. 시험에의 합격은 결코 그것 자체가 목적이 될 수는 없으며, 단지 자기의 이상을 펼쳐가기 위한 초보적인 중간단계에 불과한 것이다. 이러한 초보단계는 가능한 한 짧은 시간 내에 넘을수록 좋다고 생각했다. 물론 과정 자체의 중요성도 인정되어야 하겠지만 그 결과에 의하여 과정은 평가될 수밖에 없으며, 또 시험공부를 오래 한다면 얻는 것보다는 잃는 것이 더 훨씬 많다고 생각했다.

셋째, 공부에는 특별한 방법이 없다는 자세이다. 조금이라도 편하게 공부하려고 이런 저런 기교를 부리는 것보다는 우직하게 정공으로 밀고 나가는 것이 최상책이라 생각했다. 이미 십수 년에 걸쳐 체득된 자기 나름대로의 공부방법이 있으므로 그 방식대로 밀고 나가는 것 이상의 다른 편한 방법은 없다고 생각했다.

그러나 생활이 단조로워지고 시험공부를 하기 위해 법학서들을 보면서 이런저런 문제점들이 노정되었다.

먼저, 공부한다는 것이 항상 즐겁고 재미있는 일은 아니라는 사실을 깨달았다. 그래도 고등학교 때나 군대에 가기 전에는 공부한다는 것이 꽤 흥미 있고 즐거운 일이어서 공부하는 것 자체에 대한 싫증은 없었는데, 제대 후 시험을 준비하기 위한 공부는 참기 힘든 인내를 강요했다. 이는 나 자신과의 치열한 내적 투쟁을 요구했던 것이다.

다음으로, 사회와 역사는 급격하게 변화하고 발전해 가고 있는데 나는 공부한답시고 도서관에 처박혀 있으니 이러다가 역사에 뒤쳐지는 것이 아닌가 하는 생각이 나를 괴롭혔다. 밖에서 학생들의 노랫소리가 들릴 때면 뛰는 가슴을 진정시키느라고 고생했다. 그럴 때 몇 가지 한문구절들을 써 보았다. "가치부전(假痴不癲)"『삼십육계(三十六計)』, "(지조장격 비비렴익 맹수장박 미이부복 성인장동 필유우색(鷙鳥將擊 卑飛斂翼 猛獸將搏 彌耳俯伏 聖人將動 必有愚色)"『육도삼략(六韜三略)』, "(잠룡물용 하위야 용덕이은자야 불역호세 불성호명 둔세무민 불현시이무민 낙이행지 우즉위지 확호기불가발 잠룡야(潛龍勿用 何謂也 龍德而隱者也 不易乎世 不成乎名 遯世无悶 不見是而无悶 樂而行之 憂則違之 確乎其不可拔 潛龍也)"『주역(周易)』. 즉 조급해할 필요가 전혀 없으며 장기적인 안목에서 기다릴 줄 아는 지혜도 필요하다고 생각했다.

다음으로 법서들을 보다 보니까 시험공부라는 것이 법해석학에만 치중하는 것이라서 실정법 자체를 절대화하고 그에 대한 비판적인 사고 자체를 봉쇄한다는 사실을 느꼈다. 어떤 실정법이 제정되어 존재할 때에는 그 나름대로의 입법취지와 사회적 배경이 있고, 또한 그 법의 내재적인 한계성과 문제점들이 존재함에도 불구하고 그러한 것들에 대한 근본적인 의문이 제기되는 것 자체가 허용되지 않았다. 사실 법학 공부가 제대로 되기 위해서는 이러한 근본적인 의문이 끊임없이 제기되고 나름대로의 고민을 통한 해결을 위한 시도들이 병행되어야 하는 것은 아닐까? 시험공부에 쫓기면서 실정법 해석에 매몰되는 것은 안타까운 일이 아닐 수 없었다.

Ⅳ.

시험공부 하는 방법에 대해서는 각자 나름대로 체득된 방법이 있기 때문에 나의 방법을 소개한다는 것 자체가 우스운 일일지는 모르겠지만, 이런 방법도 있을 수 있다는 하나의 가능성으로서 제시해보고자 한다.

공부장소는 학교 도서관을 선택했다. 나로서는 아직까지 그곳 이상의 장소를 발견하지 못했다. 도서관에서 공부를 하면 주위의 모든 사람들이 열심히 공부하기 때문에 혼자 공부할 때 빠지기 쉬운 나태함을 극복할 수 있다. 열심히 공부하는 사람들을 보면서 자기 자신의 이완된 생활을 반성하고 채찍질하면서 항상 긴장을 유지할 수 있는 것이 가능하다. 또한 동료들과 같이 공부하면서 서로의 공부 상황을 점검하고 시험에 관한 정보를 교환할 수 있었던 것도 매우 유익했다.

시험공부 하는 기간 중의 하루의 일과는 다음과 같았다. 생활은 가능한 한 단순화시켰으며, 특별한 사정이 없는 한 일상생활에 있어 10분 이상의 편차를 인정하지 않았고 일요일이나 공휴일도 인정하지 않았다. 그리고 항상 생활의 기본축은 학교 도서관이었으며 이를 중심으로 해서 생활이 이루어졌다.

우선 6시쯤에 기상하는데 무의식 내지 잠재의식에서 의식으로 넘어가는 바로 그 순간에 생에 대한 근본적인 회의로부터 무수한 상념들이 명멸했다. 30분 정도 준비하고 6시 30분에 집을 나서면 1시간 후에 학교에 도착하고 8시부터는 공부를 시작한다. 버스 타고 학교에 가는 도중에 신문을 보았다. 적어도 사회가 어떻게 돌아가고 있는가는 계속 체크를 해야겠다고 생각했기 때문이다.

한 번 자리에 앉아서 공부를 시작하면 한 나절은 꼼짝하지 않았다. 대변, 소변보는 것도 조절하여 식사 후에 하였다. 저녁식사 후에는 잔디밭에 누워서 관악산에 걸리는 태양을 보면서 감상에 빠져들곤 하였다.

저녁 10시쯤에 도서관을 나서는데, 도서관으로부터 버스 정류장까지 걸어가는 약 15분여의 시간은 나에게 있어 가장 소중한 시간이었다. 관악산의 밤공기는 참으로 신선하고 좋았다. 폐부 깊숙이 파고드는 이 우주의 호흡을 어찌 거역하겠는가?

하루 종일 책과 씨름하면서 머리속에 억지로 집어넣었던 지식 나부랭이는 밤공기가 한 번 스쳐 지나가면 깡그리 머리속에서 사라지는 것이다. 찌들고 지친 심신은 이를 통해 다시 충전될 수 있었다. 밤공기를 가슴속 깊이 호흡함으로써 관악산 정기를 흡수해 볼까 했었는데, 나중에 알고 보니까 관악산의 기(氣)는 화기(火氣)로서 양기(陽氣)이기 때문에 음기(陰氣)는 보충해 주지만 양기와는 배척적이라 하여 실망했으나, 여하튼 관악산의 밤공기는 나의 단순한 생활의 활력소임에는 틀림없었다. 어둠에 싸인 관악산을 보면서 나 자신도 아타(我他)의 구별이 없는 저 암흑 속에 용해시켜 인생지고사(人生之苦事)를 묻고 싶은 충동도 어쩔 수 없었다.

버스 타고 집에 가는 시간은 자유롭게 공상을 즐기는 하루 일과 중에서 가장 한가로운 시간이었다. 학교 도서관에서 공부하는 것이 오고 가는데 드는 시간 때문에 시간의 낭비라고 볼 수도 있었으나, 나로서는 오히려 계속적으로 규칙적인 생활을 가능하게 해주었고 또한 자신을 반성해 볼 수 있는 기회를 제공해 주었다. 집에 와서는 따로 공부하지 않았고 자정 정도에 취침에 들어갔다.

생활이 워낙 단순했기 때문에 시험 준비기간 중에는 1달에 쓰는 돈이 1만원도 채 못 되었다. 도시락을 두개 싸가지고 다녔기 때문에 식사비도 들지 않았고, 술과 담배도 끊었고, 또 군것질도 하지 않았으므로 교통비 외에는 돈들 일이 없었다.

시험공부 하는 데 있어서 계획은 너무 세세하게 세우지 않고 큰 줄거리만 머리속에서 구상했다. 년 계획, 월 계획을 세우고 하루하루의 공부 양도 정해 놓고 그대로 밀고 나가는 것이 어떨까도 생각해 보았으나 그것은 무리인 것 같았고 또 그렇게까지 해야만 할 필요성을 느끼지 못했다. 대충 어느 시기까지는 어느 과목을 보고 다음에는 어느 과목을 봐야겠다는 정도만 머릿속에서 구상했으나 그것도 제대로 되지 않아서 이를 수정하는 작업이 반복되었다.

독서방법은 때에 따라서 달리했다. 처음으로 읽을 때는 모르는 부분에 개의치 않고 통독해 나가면서 전체적인 흐름과 내용의 파악에 주안점을 둔 반면에, 2회독 들어가면서부터는 가능한 한 정독하려고 노력했으나 시간에 쫓겨 제대로 안 되기가 일쑤였다.

하루의 독서량도 때에 따라 달랐다. 평균 100페이지 정도였지만 컨디션이 좋은 날은 120-130 페이지 되는 날도 있고, 컨디션이 나쁜 날은 60-80 페이지 정도밖에 안 되는 날도 있었으며, 최악의 경우에는 하루 종일 앉아 있긴 했는데도 겨우 30 페이지밖에 못 본 경우도 있었다. 그런데 회독수를 더해 갈수록 읽는 속도는 오히려 늦어지는 경향이 있었다.

교재의 선택에 있어서는 각 과목별로 가장 적당하다고 생각되는 교과서나 문제집을 중심으로 하여 이에 부족한 부분에 대해서는 논문 등으로 보충하는 방식을 취했다. 많은 책을 보아 잡다한 내용을 방만하게 습득하여 자기의 것으로 체계화시키지 못하는 것보다는 기본서를 중심으로 해서 집중적으로 공부함으로써 정확하게 자기 나름대로 논리체계를 잡는 것이 보다 효과적이라고 생각했다. 그리하여 전 과목을 기본서를 중심으로 해서 단권화하고 이것을 나의 재산으로 만들려고 노력했다.

강의를 듣는 문제에 있어서는 작년에는 3학년 강의를 착실하게 들었으나 올해는 거의 출석하지 못했다. 그렇지만 강의를 듣게 되면 전체적인 시각을 획득할 수 있고, 또한 중간고사나 기말고사를 보기 위하여 정리했던 내용들은 오래도록 기억에 남는 것 같았다.

건강은 인간이 무슨 활동을 하든지 간에 가장 기본적인 요청이다. 인간은 육체를 지닌 물질적 존재라는 엄연한 사실을 인정한다면 건강의 문제는 가장 기본적인 전제조건임에 틀림없다. 그렇다고 해서 건강을 위해서 특별히 시간을 투자해야 할 필요성까지는 느끼지 못했으며, 약을 복용한다든가 건강식을 해 본 적도 없었으며 또 그럴만한 형편도 못되었다.

건강의 문제는 운명의 영역에 남겨 두었으나, 가끔 관악산에 오르내리락 하였고 저녁식사 후에 공놀이나 철봉, 평행봉을 조금씩 했다. 올해(1985년) 4월초와 5월 중순에 감기와 편도선염에 걸려 1주일 정도 병원에 다닌 적이 있었는데 그 때 병마가 내 몸속에 침투해 들어오는 것은 나 자신의 긴장이 해이되었기 때문이 아닌가 하는 생각이 들었다.

V.

여기서는 시기별의 공부내용과 시험장에서의 마음 자세 및 시험을 치르면서 느꼈던 감정들을 정리해 보기로 한다.

처음 시험공부를 시작했을 때인 83년 11월 초순의 나의 상태는 법학서적 한 권도 읽지 않은 그러한 상태였기 때문에 가장 급선무는 기본3법을 빨리 통독하는 일이었다. 그래서 84년 2월까지 기본3법을 3회독했다.

3월부터는 강의가 시작되었고 본격적으로 1차 준비에 들어갔다. 국사와 문화사 및 외국어 선택과목인 독어는 대입참고서를 중심으로 해서 보고 문제집을 보면서 정리했고, 기본3법은 이 기간 중에 객관식 문제집으로 정리했으며, 경제학은 박홍립 '경제학원론'을 기본서로 하고 홍종인 문제집과 이효구 문제집으로 정리했으며, 또 하나의 선택과목인 국제사법은 시간이 없어서 교과서는 보지 못하고 문제집으로 정리했다.

3월부터 시작해서 1차 시험 1주일 전까지 각 과목을 두 번씩 정리했다. 나머지 1주일에는 하루에 한 과목씩 정리하되 법과목은 법전을 통독하는 것으로 대신했다.

1차 시험은 워낙 잡다하고 지엽적이며 의외의 문제들이 많이 출제되는 경향이 있으므로 아는 것만큼은 다 맞추고 모르는 것이 나오면 할 수 없다는 자세로 임했다. 문제를 풀어가는 방법에 있어서는 쉬운 과목부터 했으며, 풀어 가면서 확실하다고 생각한 문제는 그대로 답안지에 옮겨 적고 미심쩍은 문제는 표시해 두고 넘어가 전체적으로 다 한 번 풀어본 후에 표시한 문제들을 다시 풀고 그래도 모르겠는 것은 다시 표시하여 최종적으로 다시 푸는 방법으로 세 번씩 보니까 오전, 오후 모두 시간이 빠듯했다.

첫 번째 풀면서 미심쩍어 표시한 문제 수를 보니까 66개였는데, 점수는 예상외로 잘 나왔다. 평균 90점이 나왔다. 각 과목별 점수는 헌법이 97.5, 민법과 형법이 각각 87.5, 경제학이 97.5, 국사 85, 문화사 90, 국제사법 95, 독어 80점이었다. 독어에서 결정적인 실수를 한 것은 시험보기 며칠 전 최종정리를 할 때에 숙어와 기타 중요한 문법들을 정리해야겠다고 생각했었다가 시간에 쫓겨 결국 이를 못한 상태에서 시험에 응했던 것이다.

1차가 끝나고 학교 기말시험이 끝난 후 비로소 2차 준비에 들어갔다. 기본3법 외의 과목은 아직 1회독도 안 된 상태이기 때문에 이를 전부 읽어본다는 것은 무리였으므로 각 과목당 9문제씩 찍어서 중요하다고 생각되는 부분만 읽었다. 이번에는 시험문제가 대충 어떤 식으로 출제되고 시험장의 분위기는 어떠하며 답안작성상 주의해야 할 점 등은 무엇인가를 알아보기 위하여 4일 모두 참석한다는 데 의미를 두었기 때문에 부담 없이 시험에 응할 수 있어 어떠한 문제가 나오더라도 당황하지 않고 건전한 상식에 기하여 답안을 작성할 수 있었다.

나중에 점수를 알아보니까 생각보다는 훨씬 잘 나왔다. 민법만 과락이 아니었다면 간신히 3차에서 합격할 수 있을 정도였다.

2차가 끝난 후부터 바로 내년을 위한 준비에 들어갔다. 7, 8월에는 주로 민사소송법과 행정법을 써 가면서 공부했다. 날씨가 무덥기 때문에 공부도 안 되고 해서 단순작업인 쓰는 일을 했다. 그렇지만 이 때 썼던 과목인 민소와 행정법은 어느 정도 자신이 생겼고 나름대로 고득점 과목으로 생각했다.

2학기와 겨울방학을 거치면서 전 과목을 2회독했다. 그리고 겨울방학 중에는 대충 단권화하면서 보기 시작했다. 85년 3월부터는 단권화 작업을 마무리지으면서 전 과목에 대하여 고시답안지에 세(細)목차를 정리하는 작업을 시작했다. 고시답안지에 정리한 목차는 작은 문제는 한 페이지에 두 문제, 큰 문제는 한 문제 정도로 하여 소타이틀까지 적었으며, 가능한 한 많은 문제유형을 정리하여 각 과목당 고시답안지 2·3매 정도의 분량이 되었다.

또 그 때부터는 법전을 유심히 보았다. 결국 시험장에서 의존할 수 있는 것은 법전뿐이므로 주어진 문제의 근거 조문을 찾는 것이 가장 중요하며, 일단 이것이 해결만 되면 그 내용은 다시 생각해 낼 수 있을 것이라 생각했다.

최종 정리할 때 24일 작전이니 16일 작전이니 8일 작전이니 하는 이야기들이 돌았지만 나로서는 도저히 불가능하였다. 어떻게 하다 보니까 최종 정리할 시간이 10일 정도밖에 안 남게 되었다. 그래서 고시답안지에 쓴 목차와 법전만 가지고 최종정리를 했다.

2차 시험에 임함에 있어서는 당락은 하늘에 맡기고 아는 데까지 최선을 다해서 쓴다는 자세로 임했다. 답안 작성에 있어서는 글씨보다는 내용에 신경을 썼지만 그래도 남이 알아볼 수 있을 정도의 글씨는 되어야겠다고 생각했음에도 불구하고 왜 그리 손이 떨리던지 지금도 이해가 안 간다. 줄 띄우는 문제에 있어서는 도식적으로 2~3줄 쓰고 한 칸 띄우고 하지 않고, 장이나 절이 끝나는 부분에서 한 칸 또는 두 칸씩 띄웠다.

4일간 시험을 보기 때문에 이는 체력전이라고도 할 수 있었다. 둘째 날 오전 시험이 끝날 무렵부터 머리가 빠개질 듯한 통증이 오고 속이 울렁거려 점심도 먹지 못한 상태에서 상법시험에 응하게 되어 시험을 치르면서도 오로지 빨리 쓰고 나가야겠다는 일념에 사로잡혀 결국 1번 문제의 중요한 논점들을 놓치고 말았기 때문에 과락 걱정을 하기도 했다.

점수는 예상한 것보다 잘 나온 것도 몇 과목 있지만 기대에 미치지 못한 과목도 조금 있었다. 점수를 보면 평균 59.29, 국민윤리 67.33, 헌법 53.66, 행정법 58.33, 상법 47.66, 민법 52.33, 민소 71, 형법 66, 형소 58점이다.

3차 시험인 면접에 임함에 있어서는 아무런 부담감 없이 가장 편한 마음자세에서 응하려고 했으나 막상 임하고 보니 당황되고 말이 떠듬거려지는 것을 어쩔 수 없었다. 그렇지만 가능한 한 내 입장을 명백히 하여 간단하게 대답하려고 노력했다.

VI.

어떻게 과락이나 면하고 합격이나 했으면 좋겠다고 생각하고 있었는데 결과는 수석 합격이었다. 수석합격 했다고 해서 그것이 그리 대단한 의미를 가지는 것은 아니며 단지 내가 하고자 했던 바를 할 수 있었다는 데 대한 확인의 의미가 있을 뿐이다.

이제부터 본격적인 시작인 것이다. 그 동안 시험공부 한다고 유보시켜 두었던 문제들에 대하여 다시 고민하고 근본적인 해결책을 찾아 나서야 하는 것이다. 인생의 과정은 결국 끊임없는 자기부정의 과정이 아닐까?

20개월에 걸친 시험공부 기간을 돌이켜 보면 지나친 외곬의 길이 아니었나 하는 생각도 든다. 시험공부 한다는 명분 아래 모든 것을 희생시키지 않았나 하는 생각도 든다. 그렇지만 결과적으로 생각해 보면 여한 없는 20개월이었다고 생각한다. 비록 그것이 초보적인 단계의 중간목표에 불과하다고 하더라도 하나의 목표를 위해 그만큼 몰두할 수 있었다는 자체도 커다란 의미가 있었다고 생각한다.

마지막으로 그 많은 어려움과 고통을 겪으시면서도 오로지 자식들 공부시켜야겠다는 일념으로 싫은 소리 한 마디 안하시고 뒷바라지해 주신 부모님과 나를 끝까지 굳게 믿어 주신 선생님과 친지들 그리고 각자 자기 영역에서 나름대로 열심히 살아가면서 나를 친구라고 철통같이 신뢰해 주었던 여러 친구들께 감사드린다.

약력: 전북 진안 산, 서울대 법대 졸, 사법연수원 17기

'86년판 다시 태어난다 해도 이 길을, 고시연구사(1986)

제 2.

사법연수원 연수과정 중에 답변을 요하는 질문들

사법시험에 합격하였을 때 이제 시험을 위한, 시험에 의하여 강요되는 그러한 공부는 끝이 난 줄로 알았다. 시험에 쫓기는 강박관념과 여유 없고 긴장된 생활도 끝인 줄로 생각했다.

이제부터는 하고 싶고, 필요한 공부를 자발적으로 심도 있게 해보고, 또한 많은 경험을 통하여 인간을, 사회를, 역사를 보다 풍부하게 이해할 수 있도록 하여야 하며, 특히 법조인으로서의 일차적인 관문을 통과했으므로 법조인으로 활동하는 데 필요한 기초적인 소양을 쌓아야 하리라고 생각했다. 그러한 의미에서 연수원의 2년 생활은 인생에 있어서 매우 중요한 시기라고 생각했다.

그런데 막상 사법연수원이라는 법조인을 양성하는 교육기관에 들어와 보니 사정은 전연 딴판이었다. 교육내용은 무미건조한 실무교육이 대부분이었고, 한편 시험이라는 장치와 성적 순위에 따라 임용 여부가 결정된다는 관례가 있어서 다시 한 번 각박한 경쟁의 분위기를 맛보아야 했고, 실무교육과 시험을 양대 축으로 하여 연수원 생활 전체는 잔인하게 유린당하였다.

연수원 과정을 법조인으로서의 생활을 위한 기초공사를 다지는 단계라고 한다면 적어도 다음과 같은 질문들에 대한 대답을 준비하여야 할 것이다. 독서와 체험과 고민과 진지한 대화 등등을 통하여 스스로의 입장을 정리하여야만 할 것이다. 즉,

우리가 살고 있는 이 땅, 이 사회를 추동하는 힘은 무엇이고, 이 땅은 어떠한 역사를 가지고 있으며, 이 땅의 현재의 모습을 규정하고 있는 요인들은 무엇인가. 이 땅은 어떠한 모순, 문제들을 가지고 있으며, 그 원인은 무엇인가. 나아가 그 해결방법은 무엇인가. 특히 이 민족의 예속적 현실은 어디에서 기인하며, 민족 자주화는 어떻게 달성될 수 있는가. 민족의 비극인 분단의 원인은 무엇이며 통일을 실현하는 길은 무엇인가. 이 땅에서 소외받고 고통받고 억압받는, 그러나 가장 이 땅의 민주화를 열망하고 또 실천의지를 지닌 민중들은 어떠한 삶을 영위하고 있으며, 또한 그들의 생활정서는 어떠한가.

한편 법의 본질은 무엇이며, 법이 사회에서 수행하는 역할은 무엇인가. 법은 누구의 이익을 주로 보호하며, 법의 보호로부터 사실상 소외된 사람들은 없는가. 법의 목적이라고 지칭되는

정의는 과연 무엇인가. 누구나가 다 정의를 말하는데 다 같은 정의인가. 그렇지 않다면 우리가 목적으로 삼아야 하는 정의의 내용은 무엇인가. 사회에서의 법조인의 위치 및 기능은 무엇이며, 법조인이 사회발전에 기여할 수 있는 길은 무엇인가. 군사독재정권 하에서 이 땅의 법조인들은 과연 그들에게 요구되는 역할을 제대로 수행했는가. 국민을 위한 법조이었는가. 아니면 정권을 위한 법조이었는가. 이 땅의 법조가 독재 권력의 시녀로 전락하였다고 비방받았던 이유는 무엇인가. 두 번 다시 그와 같은 우를 범하지 않기 위해서는 어떻게 하여야 할 것인가. 정권이나 가진 자만을 위한 법조인이 아니라 국민대중과 소외받는 자를 위한 법조인이 되려면 어떠한 자세와 용기가 필요한가. 과연 나는 그러한 자세와 용기를 견지할 수 있을 것인가. 구체적으로 나는 법조인으로서 어떠한 길을 선택하여 어떻게 살아갈 것인가.

연수과정 중에서 중요한 것은 실무교육이 아니라 위와 같은 본질적인 질문에 대한 대답을 준비하고 스스로의 입장을 정리하는 것이다. 실무능력이야 사법시험에 합격할 정도의 실력이면 실제 문제에 맞부딪힐 때 성실하게 노력한다면 충분히 길러지리라고 생각되며, 연수과정에서 그렇게 절박한 것은 아니라고 생각한다.

법조인으로서의 성패 여부는 임용을 받느냐 받지 못하느냐에 의하여 결정되는 것이 아니라, 얼마나 올바른 입장에 서서 얼마나 성실하게 활동하는가에 의하여 결정될 것이다. 임용을 받으면 받는 대로, 그렇지 않으면 그렇지 않은 대로 활동의 공간이 있는 것이기 때문에 임용 여부에 연연해 할 필요는 전혀 없다.

이렇게 생각한다면 연수원 생활을 짓밟고 있던 실무교육과 시험으로부터 자유로울 수 있을 것이며, 성공적인 법조인으로서의 자신의 인생을 설계할 수 있을 것이다.

(사법연수원 법문학연구회, 법문학 2호(1988. 8), 26~28.)

제 3.

21세기 노동변호사의 위상과 전망

노동변호사의 의미

노동변호사란 노동법률 사건을 노동자의 입장에서 전문적으로 담당하고 대변하는 변호사를 의미하는 것으로 일반적으로 이해되어 왔다. 노동법률 사건을 전문적으로 담당하는 변호사라 하더라도 주로 사용자의 입장을 대변하는 경우에는 노동변호사가 아니라 노무파트를 담당하는 기업변호사라고 하여야 한다고 이해되었다. 노동변호사의 의미를 위와 같이 이해하는 것이 고전적인 해석이라 할 수 있다. 물론 노동사건이 아닌 일반 민·형사나 행정사건 등에서 기업이나 사업주를 대변하는 것은 가능하고 이러한 것까지 막은 것은 아니다.

노동변호사의 등장

위와 같은 의미의 노동변호사는 1987~88년의 노동자대투쟁으로 민주노조운동이 성장하고 그에 대한 국가와 사용자의 탄압이 법률적 외양을 띠게 됨에 따라 노동진영으로부터 변호사에 대한 수요가 발생하게 되면서 우리 사회에 등장하였다. 과거 박정희나 전두환 군사독재정권 시대에는 노동기본권이 철저하게 유린되었고 노동운동에 대한 탄압도 법률적 외양을 완전히 무시한 채 폭력적인 형태로 이루어졌으며 노동운동 자체가 성장하지 못하였기 때문에 노동변호사에 대한 수요 자체가 거의 없었다. 결국 노동변호사는 노동운동의 발전의 산물이라고 할 수 있다.

노동변호사의 주요 업무

노동운동의 성장과 그에 대한 정부와 사용자의 탄압을 배경으로 등장한 노동변호사의 주된 업무는 정부와 사용자의 탄압으로 희생당한 노동자들에 대한 변론이었다. 국가에 의한 쟁의현장에 대한 경찰투입과 노조간부와 노동활동가들에 대한 구속과 노동조합의 조직과 활동에 대한 부당한 행정간섭, 사용자에 의한 부당해고와 부당노동행위 및 공세적인 법률적 공격에 대한 변론이 그동안의 노동변호사의 주된 업무였던 것이다.

이러한 상황이 단기간 내에 바뀔 것으로는 보이지 않는다. 산업현장의 민주화가 고도로 진전된다면 국가와 사용자에 의한 부당한 노동탄압은 없어지게 될 것이나, 우리 사회가 그러한 수준에 이르려면 아직도 요원한 것이 사실이다. 따라서 21세기에도 상당한 기간 동안 노동변호사의 주된 업무는 정부와 사용자의 탄압으로 희생당한 노동자들에 대한 변론이 될 것이다.

상황의 변화

그러나 현재 노동변호사를 둘러싼 주위상황이 급격하게 변화하고 있다.

첫째, 노동계 자체가 변화하고 있다. 노동진영이 기업별노조체제의 틀을 깨고 산별노조체제로 변화하고 있다. 산별노조로 되면 기본적으로 조직과 재정의 규모가 커지게 된다. 그에 따라 변호사를 노조 내로 끌어드릴 수 있는 여건을 마련할 수 있다. 실제로 그러한 예가 발생하고 있으며, 앞으로 더욱 확대될 것이다. 그동안 변호사는 노조의 외부에서 별도의 사무실을 유지하면서 노동법률 사건에 대한 변론 위주로 활동해 왔는데, 이러한 형태의 노동변호사 활동이 한계에 봉착하고 새로운 변화에 부응하여야 할 필요성이 증가하게 되었다.

둘째, 변호사 업계가 급격하게 변화하고 있다. 사법시험 합격자수의 증대로 변호사의 수가 급증하게 됨에 따라 변호사의 사무실 유지 자체가 쉽지 않은 일로 되었다. 특히 일정한 규모 이상의 사무실을 유지하기 위해서는 영업과 경영에 많은 신경을 써야만, 다시 말하면 안정적인 기업고객을 다수 유치하여야만 하게 되었다. 개인사무실은 여러 면에서 경쟁력을 상실하고 대형화와 전문화가 변호사 사무실의 주류적인 경향으로 되고 있다. 변호사 사무실이 대형화하게 되면 기업고객을 다수 유치하여야만 하고, 그러면 그럴수록 그 한도에서 사무실 내에서 노동변호사의 설 땅은 줄어들게 된다. 물론 사용자의 입장에서 노동관련 업무를 처리하는 것으로 아예 방향을 선회하게 되면 사정은 달라질 수도 있다. 그러나 고전적인 의미의 노동변호사의 입장을 고집하게 되면 일정 규모 이상의 사무실 내에서 노동변호사의 입지는 축소하게 될 수밖에 없을 것이다. 이러한 변호사업계의 상황 변화로 말미암아 노동변호사는 사무실 유지라는 최소한의 조건을 확보하기 위해서도 변화를 강요받고 있다.

셋째, 노동사건의 내용도 변화하고 있다. 예전에는 노동자와 사용자, 노조 내의 어용진영과 민주진영 등의 구분이 비교적 명쾌하여 노동변호사의 입장에서는 노동자, 민주진영의 입장을 변론하는 것에 큰 어려움이 없었다. 그러나 현재 그와 같은 구분이 반드시 분명한 것은 아니다. 예컨대, 10년 전에 해고노동자로서 변론을 해주었던 노동자가 현재는 중소기업의 사장이 되어 노동

문제에 대한 도움을 요청하는 경우에 과연 사용자의 입장이라는 이유만으로 변론을 담당하기를 거절하는 것이 능사인가? 규모가 큰 노조의 경우에는 노조 자체가 직원노조와의 관계에서 사용자의 지위에 서게 된다. 또 노노 갈등도 다양화·첨예화하고 있다. 어용진영과 민주진영의 구분이 불명확하고 조직 갈등의 양상을 띠는 경우도 많다. 이러한 경우 일정한 경향성을 유지하면서 사건을 선별하여 수임하는 것은 불가능하게 된다.

변화를 강요받는 노동변호사

위와 같은 변화된 상황으로 말미암아 노동변호사도 변화를 강요받고 있다. 고전적 의미의 노동변호사의 개념이 수정되어야 할지도 모르겠다. 반드시 노동자 측만을 대변할 것을 고집하는 것이 타당한가 하는 점에 의문이 제기되는 것도 사실이다.

노동변호사의 존재 내지 활동형태가 보다 다양화될 수밖에 없을 것으로 보인다. 경우에 따라서는 사용자측 입장을 대변하는 것도 마다하지 않는 쪽으로 가닥이 잡힐 가능성도 있다. 특히 노동조합의 내부로 들어가지 않고 별도의 사무실을 유지하는 노동변호사로서는 사무실 유지 자체를 위하여 이것저것 가릴 여유가 없을 수도 있다. 또 일정 규모 이상을 유지하는 사무실의 입장에서는 기업 고객을 확보하여야만 하고 그에 부수하여 자연히 노동

사건에서도 사용자 입장을 대변하여야만 하게 될 가능성이 많다.

사정이 위와 같음에도 불구하고 고전적 의미의 노동변호사 개념에 집착하여 사용자측 입장을 대변한다고 해서 노동변호사에서 배제하는 것은 타당하지 못하다고 할 것이다. 노동변호사의 다양화라는 관점에서 이해하여야 하지 않을까?

개인적 전망

그러나 개인적으로는 적어도 아직까지는 고전적인 의미의 노동변호사를 고집하고 싶다. 누군가가 쓴 글에서 디지털시대에 아나로그적 가치를 존중하는 변호사가 필요하다고 지적한 것을 본 기억이 나는데, 아주 적절한 지적으로서 아니로그적 가치를 고집하는 변호사로 머물고 싶다.

고전적 의미의 노동변호사를 유지하는 방법은 두 가지가 있다고 생각한다. 첫째는 노동조합의 내부로 들어가는 방법이고, 둘째는 사무실을 소규모로 하고 완전하게 전문화하는 방법이다.

노동조합이 보다 대형화·체계화되고 조합원들에 의한 조직적인 지원이 있게 되면 다수의 노동변호사가 노동조합 내에서 활동하는 것이 가능하게 될 것이다. 다수의 노동변호사가 노동조합 내에 조직되어 조합원들의 일반적인 소송도 담당하고, 노조의 정책과 기획업무까지도 담당하게 되면 변호사와 노조 모두에게 커다란 득이 될 것이다. 장기적으로는 노동변호사의 주류적인 흐름이 이러한 방향으로 가닥이 잡히지 않을까 예상한다. 이를 위해서는 노동조합도 많은 준비를 하여야 하고, 노동변호사도 많은 준비를 하여야 할 것이다.

한편 노동조합 내부로 들어가지 않고 독자적인 사무실을 유지하는 경우에는 사무실 규모를 줄이는 수밖에 없을 것으로 보인다. 규모가 커지면 사무실 유지 자체를 위해 너무 많은 노력을 경주하여야 하고, 고전적인 노동변호사의 역할만을 수행해서는 사무실 유지가 곤란할 것이기 때문이다. 그렇다면 고전적인 노동변호사의 역할을 고집하기 위해서는 결국 사무실 규모를 줄임으로써 경비부담을 감소시키고 노동사건으로 전문화함으로써 경쟁력을 키우는 방법밖에 없는 것이 아닌가 생각한다. 우리나라의 노조 조직률이 12~3% 정도에 머물고 있어 노동조합 외부에 위치한 위와 같은 사무실의 존재의의는 아직까지 충분히 있다고 할 수 있다.

우리 사회에서 노동자는 인구 구성의 측면에서 절대 다수이다. 부의 측면에서는 노동자가 상대적으로 적게 소유하고 있고, 빈부격차의 심화로 인해 더욱 열악해지고 있다고는 하지만, 그러나 우리 사회가 나아가야 할 길은 절대 다수인 노동자의 인간다운 삶이 보장되는 그러한 사회인 것이다. 노동변호사는 그러한 사회를 앞당기는 데 일선에서 최선을 다 하여야 할 것이다. 그 현장이 노동조합 내이든 아니면 독자적인 사무실이든.

(민주사회를 위한 변호사모임 노동위원회, 노동변론 창간호, 2001년 여름)

제 4.

제20대 국회 대법관후보자 인사청문위원회 인사말

(2018. 7. 23.)

존경하는 국회인사청문특별위원회 진영 위원장님, 그리고 위원님 여러분! 안녕하십니까. 대법관 후보자 김선수입니다. 국민의 대표기관인 국회에서 대법관 후보자로서 인사말씀을 드릴 수 있게 된 것을 큰 영광으로 생각합니다.

대법원에도 변호사로서 사법서비스의 수요자인 소송당사자와 호흡한 경험을 가진 대법관이 있어야 한다는 것은 시대적 요청입니다. 저는 1980년 이후 최초의 순수 변호사 출신 대법관 후보자로서 무거운 책임감을 느끼면서도 대법원의 다양성을 요구하는 국민의 기대에 부응하기 위하여 용기를 내어 이 자리에 섰습니다.

저를 이 영광스러운 자리에 설 수 있게 해주신 분들이 떠오릅니다. 먼저, 저의 부모님입니다. 전기조차 들어오지 않던 산간 마을에서 농사를 짓던 부모님께서는 자식 교육을 위해 낯선 도시로 삶의 터전을 옮기셨습니다. 부친은 하역 노동자로, 모친은 영세 공장의 노동자로 생계를 꾸리시면서 제게 학업에 정진할 기회를 주셨습니다. 38년간의 타향살이를 마치고 몇 년 전 낙향하신 부모님의 얼굴에서, 저는 우리 사회의 작지만 위대한 발전을 일구어낸 노동자의 삶을 읽습니다.

다음으로 고등학교 시절 담임 선생님이셨던 후백(後柏) 김창규 선생님이십니다. 저는 선생님께서 윤리 수업 시간에 가르쳐주신 중용(中庸)의 한 구절을 좌우명으로 삼고 있습니다. "성자 천지도 성지자 인지도(誠者 天之道 誠之者 人之道)", 즉 "말이 이루어지는 성, 그 자체는 하늘의 도이고, 성실하고자 노력하는 것은 사람의 도이다."라는 가르침대로 모든 일에 정성을 다하려고 노력했습니다. 선생님께서는 저에게 삶의 기본자세를 가르쳐 주셨습니다.

마지막으로 제가 변호사로서 첫걸음을 내딛은 1988년 같은 사무실에서 근무하셨던 고(故) 조영래 변호사님입니다. 고인은 시국사건 외에도 노동, 성차별, 환경, 망원동 수재 등 다양한 분야에서, 인권을 옹호하고 사회정의를 실현하는 변호사의 사명을 다하셨습니다. 저는 법정 밖에서는 가치 있는 사건을 발굴하고,

법정 안에서는 정교한 법리로 판사를 설득하셨던 고인을 법률가의 모범으로 삼고 있습니다.

진영 위원장님, 그리고 위원님 여러분. 저는 지난 30여 년을 노동법 전문 변호사로 일했습니다. 노동자들을 만나 그들의 이야기에 귀를 기울였습니다. 법률 전문가로서 법적 조언을 제공하고, 때로는 법정에 출석하여 그들을 위해 변론하였습니다. 그리고 그 과정에서 평범한 시민들의 입장에서 바람직한 소송제도와 법관의 모습이 무엇인지를 고민할 수 있었습니다. 노동법뿐만 아니라 형사법, 헌법 영역에서도 여러 선도적인 판결을 이끌어낸 적도 있습니다.

그러나 저는 이제 변호사 활동을 마치고 대법관의 직을 수행하고자 이 자리에 섰습니다. 제가 변호사로 일하는 동안 변호사 단체인 민변의 회원으로 활동한 점을 이유로 대법관으로서 공정성을 유지할 수 있을지를 우려하는 견해도 있다고 알고 있습니다. 저는 우리 사회의 민주화를 이루는 데 중요한 역할을 했던 민변의 회원이었던 것을 자랑스럽게 생각합니다. 하지만 대법관의 역할과 민변 회원의 역할은 분명히 다릅니다. 예컨대, 민변이 국가보안법 폐지를 요구하더라도 대법관은 현행 국가보안법을 전제로 판결할 수밖에 없습니다. 저의 대법관으로서의 삶은 민변과의 관계를 단절하는 데에서 출발해야만 할 것입니다. 이런 배경에서 저는 대법관으로 제청된 직후에 민변을 탈회했습니다.

위원장님, 그리고 위원님 여러분. 제가 사법개혁비서관으로 근무한 경력을 근거로 대법관 직무를 수행함에 있어 정치적 중립을 유지할 수 있을지 의심하는 분들이 있는 것으로 알고 있습니다. 저는 현실 정치와 거리를 두고 살아왔습니다. 정당에 가입한 적도 없고, 정당에 후원금을 낸 적도 없습니다. 선거 캠프에 관여한 적도 없습니다. 다만 저는 노동자의 삶을 개선하는 데 도움이 되는 노동법 개정과 노동정책의 실현을 위해 저의 전문성이 도움이 된다면, 누구의 요청에도 적극적으로 응했습니다. 노동에 관심 있는 여야 국회의원들로 구성된 국회의원들의 모임에 자문위원으로 참여했습니다. 2017년 국회 개헌특위 자문위원회에는 기본권분과 자문위원이 되어 노동권 조항 개정안 마련에 힘을 보탰습니다. 중앙노동위원회 심판담당 공익위원으로 5년간 활동하면서 제가 참여한 판정이 공정성에 문제가 있다고 논란이 된 적은 없었습니다.

저는 사법개혁비서관으로서 사법제도개혁추진위원회 기획추진단장을 겸임했는데, 정무적 업무는 전혀 담당하지 않고 오로지 사법개혁 업무만 수행했습니다. 청와대 안에는 제 자리도 없었습니다. 저는 실무책임자로서 공동위원장이신 한승헌 변호사님과 협의하여 위원회의 의결을 통해 개혁 법안을 확정했고, 결과적으로 3대 개혁과제였던 국민참여재판 제도 도입, 법학전문대학원 설립, 형사소송법 전면 개정을 성공적으로 이루어내는 데 기여했습니다. 그 과정에서 공직자의 기본자세를 가다듬고, 여러 기관과 단체의 이해관계를 조정하면서 정책목표를 달성하는 능력을 키울 수 있었으며, 사법제도 전반과 사법개혁의 구체적인 방안에 대해 고민하고 식견을 가질 수 있었습니다. 이러한 경험은 제가 대법관의 직무를 수행하는 데 큰 자양분이 될 수 있을 것으로 생각합니다.

위원장님, 위원님 여러분. 저는 변호사로서의 삶을 마감하고 대법관으로서의 삶을 시작하고자 이 자리에 섰습니다. 변호사로서 인권단체 활동을 하는 지위에서 가졌던 관점과 견해는 대법관 직무를 수행하면서 일정하게 변화될 수밖에 없을 것입니다. 이 자리에서 말씀드릴 수 있는 것은 제가 대법관으로서 직무를 수행하게 된다면, 사회적 약자와 소수자를 포함한 모든 구성원들이 인간의 존엄과 가치를 존중받고 행복하게 살 수 있는 사회, 다양성과 차이를 포용하고 관용하는 사회, 우리 사회의 노동자들이 정당하게 대우받는 사회를 위해서 최선을 다하겠다는 것입니다.

저는 아무도 앞서 걷지 않았던 전인미답의 길을 가고자 이 자리에 섰습니다. 솔직히 두렵습니다. 제가 걷는 걸음걸음은 뒤에 이 길을 걸을 사람들에게는 길잡이가 될 수도 있기 때문입니다.

바쁘신 가운데 청문회를 준비하신 진영 위원장님과 위원님 한 분 한 분께 진심으로 감사하다는 말씀을 드립니다. 국민의 이름으로 제게 주시는 질문에 대하여 성심성의껏 답변하겠습니다. 저에 대한 질책도 겸허하게 받아들여 경책(警策)으로 삼겠습니다. 오늘의 청문회를 제 자신을 되돌아보고 새롭게 거듭날 수 있는 기회로 삼겠습니다. 위원장님과 위원님 여러분 앞에서 성실하게 청문에 임하겠습니다.

감사합니다.

2018. 7. 23.

대법관 후보자 김 선 수

제 5.

대법관 취임사

(2018. 8. 2.)

존경하는 대법원장님, 대법관님, 그리고 선후배 법관과 직원 여러분!

바쁘신 가운데도 이 자리를 마련해 주시고 직접 참석해 주신 데 대하여 깊이 감사드립니다. 대법원 구성의 다양화를 바라는 국민들의 열망을 수용하여 저를 대법관으로 제청해주신 대법원장님과 저를 동료 대법관으로 받아들여주신 대법관님들, 그리고 법원 가족의 일원으로 맞아주신 선후배 법관과 직원 여러분께 감사의 말씀을 드립니다. 그리고 저를 이 자리까지 이끌어주신 부모님과 가족, 스승님과 여러 동료, 선·후배님들, 그리고 저를 믿고 지원해주신 국민 여러분께도 감사드립니다.

저는 오늘 30년에 걸친 변호사로서의 생활을 마감하고 대법관으로서 새로운 출발을 하게 되었습니다. 순수 변호사 출신 대법관이라는 국민 여러분의 관심에 무거운 책임감을 느낍니다. 우리 사회의 다양한 가치와 이익, 특히 사회적 약자와 소수자의 관점이 대법원의 논의에도 반영되어야 한다는 국민의 열망이 저를 이 자리에 서게 한 원동력이었다고 생각합니다. 저는 대법관으로서 사회적 약자와 소수자를 포함한 모든 구성원들이 인간으로서의 존엄과 가치를 존중받고 행복하게 살아갈 수 있는 사회, 다양성과 차이를 포용할 수 있는 사회를 만들기 위해 최선을 다하겠습니다.

저는 청문회 과정에서 그 동안의 저의 변호사 활동과 사법개혁 관련 경력들이 편향성이 있는 것으로 비칠 수 있고, 제가 대법관의 직무를 수행함에 있어 공정성과 중립성, 그리고 독립성을 지킬 수 있을 것인지에 대해 우려하는 국민들이 계시다는 사실도 알게 되었습니다. 대법관으로서 직무를 수행함에 있어 외부의 압력에 굴하지 않을 것임은 물론이고, 정치적 고려를 일절 하지 않겠습니다. 또한 저와 다른 견해에 대해서도 열린 자세로 경청하고, 진지한 토론을 통해 공정한 결론에 이르도록 모든 노력을 다하겠습니다.

소위 사법행정권 남용 사태로 법원이 어려운 시기에 있는바,

국민의 관점에서 접근함으로써 사법신뢰를 회복할 수 있는 전화위복의 계기로 삼기를 바랍니다. 사법서비스의 수요자인 국민의 관점이 반영되는 사법행정이 될 수 있도록 미약한 힘이나마 보태겠습니다.

앞으로 6년의 임기 동안 대법관으로서 맡은 바 임무에 혼신의 힘과 노력을 다할 것을 다시 한 번 엄숙히 다짐합니다. 바쁘신 가운데 이 자리에 함께 해주신 모든 분들께 깊은 존경과 감사의 말씀을 드리고, 가정에 건강과 행운이 항상 함께 하시기를 기원합니다.

감사합니다.

2018. 8. 2.

대법관 김 선 수

제 6.

대법관 퇴임사
(2024. 8. 1.)

Ⅰ.

존경하는 대법원장님과 대법관님들, 친애하고 존경하는 법원 구성원 여러분.

무더위가 기승을 부리지만 입추(立秋)를 엿새 앞두고 가을을 준비하는 여름의 절정기를 지나는 오늘, 저는 6년의 대법관 임기를 마치면서 이 자리에 섰습니다. 막중한 책임감과 일말의 불안감을 안고 대법관으로 취임한 후 너무도 느리게 흘러가는 시간 속에서 하나하나의 사건에 전념하다보니 오늘 이 자리에 이르렀습니다.

재조 경력이 전혀 없는 상태에서 임명된 최초의 대법관으로서 업무수행 역량에 대한 우려를 늘 염두에 두고 사법시험 공부를 할 때와 같은 집중력과 단순한 생활 방식으로 매 순간 온 힘을 기울였습니다. 최종심이라는 막중한 책임 앞에서 조금이라도 방심하면 일어날 수도 있는 작은 실수조차 용납되기 어렵기에 매순간 살얼음을 밟듯[如履薄氷], 칼날 위를 걷듯, 지뢰밭을 헤쳐 나가듯[欽欽] 초긴장 상태에서 집중해야만 했습니다. 올바른 결론을 내리고 동료 대법관들을 설득할 논리를 개발하고, 또 사회 구성원들이 수긍할 수 있는 판결을 작성하기 위해 고민하며 잠 못 이루던[不眠] 밤들이 주마등처럼 스쳐 지나갑니다.

저는 대법원 구성의 다양화라는 시대적, 사회적 요구에 부응하는 차원에서 대법관으로 임명되었다는 점을 항상 자각하며, 그에 걸맞은 역할은 무엇인가에 대해 고민하면서 재판에 임했습니다. 평생 법관으로 살며 법대 위에서 사회 현실을 간접적으로 체험한 동료 대법관들에게 법대 아래에서 전개되는 구체적인 사회 현실, 특히 사회적 약자와 소수자가 겪는 차별과 소외를 잘 전달하여(예컨대 산업재해 사망 근로자 유족의 우선채용을 규정한 단체협약 조항의 반사회질서 조항 해당 여부에 관한 전원합의체 사건의 공개변론) 올바른 판결을 하는 데 도움을 주는 것이 저의 중요한 역할 중 하나라고 생각했습니다. 이와 같은 역할을 해줄 수 있는 대법관이 각 부에 1명씩 있으면 좋겠다고 생각합니다. 제가 속했던 제1부는 제 임기 72개월 중 약 22개월 동안 남녀 동수의 대법관으로 구성되었는데, 그러한 구성이 균형 잡힌 토론과 결론을 도출하는 데 도움이 되었습니다. '대법원 구성의 다양화'라는 가치와 방향은 여전히 중요합니다.

Ⅱ

법관 한 사람 한 사람은 국가권력이라는 거대한 수레바퀴가 회전하고 있을 때 수레바퀴와 함께 회전할 수밖에 없는 하나의 톱니가 아니라 수레바퀴의 외부에 존재하는 제동장치로서, 필요할 때 수레바퀴의 회전 자체를 중단시킬 수도 있는 막강한 권한과 중차대한 책임이 있는 지위입니다(긴급조치 제9호 국가배상사건 전원합의체 판결의 별개의견 중). 한 사람의 법관은 민주주의를 수호하기 위해 또는 사회 구성원 한 사람의 인권보장을 위해 필요하다면 국가권력 전체와 맞설 수 있는 용기와 지혜가 필요합니다. 사회가 아무리 혼란스럽고 대립이 격화하는 상황이라도 모든 법관은 냉정하고 균형 잡힌 판단을 함으로써 사회의 중심을 잡아 주어야 합니다.

대법관은 시대 변화의 흐름을 읽을 수 있는 안목을 가져야 합니다. 대법관은 기존의 사회질서를 유지하는 데 필요한 식견을 가진 것만으로는 부족하고, 적어도 시대의 변화에 부응하는 정책적 판단을 할 수 있어야 합니다. 나아가 필요할 때는 담대(膽大)하게 선례를 변경하는 결단을 내릴 수 있어야 합니다.

사법부의 가장 본질적이고도 중요한 역할은 '다수결 원리'에 의해서는 자신의 권리와 이익을 제대로 보장받지 못하는 사회적 약자와 소수자의 권리와 이익을 보장하는 것입니다. 한 사회의 포용력 수준은 가장 취약한 계층에 속한 사람들이 받는 대우의 수준에 비례합니다. 그 수준을 높임으로써 사회의 포용력 수준을 높이는 것이 바로 법원의 핵심 역할입니다(국도관리원 차별임금 사건 전원합의체 판결의 보충의견). '다수결 원리'에 의해 작동되는 국회가 해결하기 어려운 부분을 법원이 법해석을 통해 보완한다면 우리 사회의 포용력 수준은 한층 더 올라갈 수 있을 것입니다. 2000년 '인사청문회' 제도가 도입된 이후에 취임한 모든 대법원장과 대법관은 인사청문회에서 한 분도 빠짐없이 사회적 약자와 소수자의 권익을 보호하는 것이 법원의 가장 중요한 역할이라는 점을 확인하고, 그 역할을 충실하게 수행하겠다고 다짐하였습니다. 인사청문회에서의 간절함과 다짐을 임기 내내 되새기면서 직무를 수행하는 것이 그 직무를 맡겨준 국민에 대한 도리일 것입니다.

Ⅲ.

저는 이제 앞으로 '전임 대법관'으로서의 삶을 살아갈 것입니다. 대법관직을 수행하기 전과는 다를 수밖에 없을 것이고, 사회에 전달하는 발언 내용도 달라질 수 있을 것입니다.

사회적 분쟁의 재판에 의한 사법적 해결방안은 최종적인

방안일 수는 있겠으나 가장 바람직한 방안이 아닐 수 있고, 더군다나 유일한 방안은 결코 아닙니다(제사주재자 사건 전원합의체 판결의 보충의견). 정치적, 입법적, 역사적, 사회적 해결 방안이 있을 수 있습니다. 아울러 당사자 사이에 판결과는 다른 내용의 합의를 통해 해결하는 것도 가능합니다. 그리고 재판이 끝난 후라도 다른 형태의 해결방안을 찾기 위해 사회가 전체적으로 노력할 필요가 있는 사안도 있을 것입니다.

현행법 해석의 한계상 불가피하게 대법원 판결이 사회의 요구를 충족하지 못하는 경우도 있을 수 있습니다. 그럴 때는 법률 개정 등 '입법적 해결'이 필요할 수 있습니다. 대표적인 예로 '직권남용죄'와 관련된 판결들을 들 수 있습니다. 그동안 대법원은 '직권남용죄'는 직무 권한이 인정되는 공무원이 그 권한을 남용하여 행사한 경우에 성립하는 범죄로서, 직무 권한이 없는 공무원이 그 지위를 이용하여 직무 권한이 있는 것처럼 거짓 행사한 경우에는 죄형법정주의 원칙상 직권남용죄의 성립을 인정할 수 없다고 판결해 왔습니다. 국민의 법감정과 부합하지 않는 측면이 있어 그러한 판결이 선고될 때마다 법원에 대한 비판이 빗발쳤습니다. 법원이 해석론의 한계를 명확하게 선언한 이후에는 국회가 법률을 개정함으로써 법원으로 하여금 국민들이 납득할 수 있는 해석론을 전개할 수 있도록 해주면 좋겠다고 생각합니다.

몇 가지 사항에 대하여 국회에 간곡히 요청드리고자 합니다.

먼저, 하급심 재판에 대한 당사자의 승복률은 담당 판사가 당해 사건에 들인 시간에 정비례합니다. 각 판사가 개별 사건에 들이는 시간은 담당하는 사건 수에 반비례하여 결정될 것입니다. 담당 사건에 충분한 시간을 할애하기에는 판사의 절대적인 수가 부족한 것이 현실입니다. 판사 증원에 대해 적극적으로 지원해 주시기 바랍니다. 또 신규 법관 임용트랙을 다양화할 필요가 있습니다. 신규 법관 임용 자격을 법조경력 10년 이상으로 하는 현행법상 법조일원화 제도는 1심 재판의 원칙적 단독화와 예외적 합의부의 대등 구성을 전제로 한 것이었습니다. 그러나 여전히 지방법원 합의부 사건의 비중이 높고, 중범죄 형사사건, 고액 민사사건, 국민적 관심사건의 경우는 합의부 재판에 대한 국민의 요구도 높습니다. 재판 지연에 대한 국민의 불만이 높아 신속한 재판을 위한 대책도 필요합니다. 지방법원의 모든 합의부를 대등부로 구성하는 것은 한계가 있을 뿐 아니라 신속한 재판에 부응하기 어려운 측면이 있어 합의부 배석판사 임용의 필요성은 여전히 존재합니다. 합의부 배석판사로 시작할 법관은 법조 경력 5년 이상인 사람 중에서 임용하는 방안을 유지하고, '전담법관제도'와 '원로법관(Senior Judge)제도'를 통해 장기간의 법조 경력자를 임용하는 방안을 병렬적으로 운영함으로써 법조일원화 제도의 취지를 살릴 수 있을 것입니다. 특정 분야 재판을 전담하는 전담법관제도는 자격 요건을 완화하고 더 증원할 필요가 있습니다. 또한 법원장 또는 대법관 등 고위 법관 출신자들을 정년과 정원의 제한을 받지 않는 풀타임 또는 파트타임 법관으로 활용하는 '원로법관제도'를 도입한다면 상당한 효과를 거둘 수도 있을 것입니다. 법원이 정상적으로 기능할 수 있도록 지혜를 모아 주시기 바랍니다.

사법부의 예산 편성과 운용에 대하여 대법원에 어느 정도의 자율권을 인정해 주시기 바랍니다. 사법부 예산은 국가 전체 예산에서 차지하는 비중이 미미한 편인데, 그마저도 법원이 중요하게 여기는 곳에 좀 더 많이 사용할 수 있는 재량조차도 인정되지 않으니 국민을 위한 재판에 꼭 필요한 일도 제대로 수행하지 못하고 있는 실정입니다.

다음 사항들을 입법해 주시면 법원이 제 역할을 하는 데 많은 도움이 될 것 같습니다. 우선 단기적으로는 ① 검사의 불기소처분에 대해 효과적인 통제 장치가 작동할 수 있도록 재정신청제도를 개선해 주시기 바랍니다. ② 모든 부담을 영장전담 판사에 전가하는 현행 구속영장 제도를 개선하여 영장 단계에서 조건부석방제도를 도입해 주시기 바랍니다. ③ 동료 시민에 의한 심판을 통해 형사1심 판결에 대한 승복 효과를 높일 수 있도록 '국민참여재판제도'를 개선하여 배심 재판이 활성화될 수 있도록 하여 주십시오. ④ 형사재판절차의 당사자주의적 성격을 보다 강화하기 위하여 형사 법정 구조를 개선해 주시기 바랍니다. ⑤ 증거가 사회적 강자인 일방당사자에게 편중되어 있어 다수의 약자가 소송을 진행하기 어려운 상황을 개선하기 위해 민사소송에서의 증거개시제도인 '한국형 디스커버리제도'를 도입해 주시기 바랍니다.

나아가 2006년 사법제도개혁추진위원회가 장기적 입법과제로 제시한 ① 악의적 불법행위에 대한 실효성 있는 대책으로서 '징벌배상제', ② 다수피해자의 효과적인 권리 구제를 위하여 대표당사자에 의한 '집단소송제도', ③ 수사단계부터 변호인의 도움을 받을 권리를 실효적으로 보장하기 위한 '공적변호인제도(Public Defender)', ④ '대체적 분쟁해결절차(Alternative Dispute Resolution, ADR)' 활성화, ⑤ 노동분쟁의 전문적이고 신속하며 공정한 해결을 위한 참심형 또는 준참심형 노동법원 도입(윤석열 대통령께서도 임기 중에 노동법원을 도입하겠다고 밝힌 바 있습니다)에 대해서도 관심을 가지고 필요한 입법을 하여 주시기를 바랍니다.

Ⅳ.

제가 6년 동안 대법관직을 수행할 수 있도록 도움을 주신 분들께 감사의 마음을 전하고자 합니다.

우리 대법원의 전원합의체 토론과 그 결과물인 전원합의체 판결은 세계 어디에 내놓아도 손색이 없는 최상의 수준이라고 자부합니다. 제가 지지하는 견해가 다수의견이 될 때는 뿌듯했고, 소수의견이 될 때는 아쉽기도 했지만, 치열하게 토론하되 상대방을 존중하고 그 결과를 완성도 높은 판결로 결실을 보았습니다. 저와 임기를 함께하며 전원합의체에서 치열하게 토론하고 판결한 두 분의 대법원장님과 스물한 분의 대법관님, 특히 제가 속한 제1부에서 많은 사건을 함께 합의하고 선고했던 일곱 분의 대법관님, 함께해서 영광이었습니다.

다음으로, 대법원이 그 많은 사건을 감당하면서도 차질 없이 재판업무를 수행하고 대법관들이 중요 사건에 집중할 수 있었던 것은 오로지 재판연구관들의 헌신과 희생 덕분이었습니다. 제가 속한 '타방' 대법관실에서 고락을 함께했던 전속연구관(9인)을 포함한 모든 대법원 재판연구관 여러분, 함께해서 행복했습니다.

그리고 대법원이 정상적으로 운영될 수 있는 것은 대법원 직원 여러분께서 재판 절차 진행에서 행정 처리와 지원 및 민원 대응, 그리고 보안관리와 청사 관리까지 주어진 직무를 묵묵히 수행해 주셨기에 가능했습니다. 특히 '타방' 대법관실에서 가족보다도 더 많은 시간을 함께한 비서관(3인), 주무관(10인) 그리고 임기 내내 운전업무를 담당해준 비서 등 '타방' 대법관실 직원들을 포함한 모든 대법원 직원 여러분, 함께했음에 감사드립니다.

아울러 법원에 연고가 없던 제가 법원에 들어와서 낯설었을 때 한 달에 한 번씩 산행을 같이 하면서 법원 구성원으로서의 정체성을 확인하고 임기 동안 체력을 유지할 수 있게 해준 법원산악회 여러분, 함께해서 즐거웠습니다.

마지막으로 재임기간 동안 노심초사(勞心焦思)하면서 옆에서 지켜보고 응원해 준 아내와 부모님, 아이들을 비롯한 우리 식구들, 미안하고 또 사랑합니다.

대법관직은 '인간관계를 끊어가는 자리' 같았습니다. 대법관실은 마치 기록의 성벽에 둘러싸인 수도원 또는 동안거 토굴(冬安居 土窟)과도 같아 보였습니다. 대법관실에서 퇴근하면 속세로 나왔지만, 법원 외부 사람들과 계속 교류하는 것은 조심스러웠습니다. 불필요한 오해를 피하고자 법원 외부 사람들에게 연락하는 것을 꺼리다 보니 어느 순간부터 외부와의 연락이 뜸해졌고, 그러다 보니 경조사도 제대로 챙기지 못했습니다. 제가 경조사를 챙기지 못한 분들께 사과드립니다.

V.

친애하고 존경하는 법원 구성원 여러분께 사랑과 감사의 마음을 다시 한 번 전하며, 저는 가벼운 마음으로 법원을 떠납니다. 국민에게 가까이 다가가는 법원(예컨대 시군법원의 활성화 등),

국민과 함께 결정하는 법원(예컨대 배심재판의 활성화, 사법행정에의 국민참여 등), 공정하고 엄정한 재판으로 법치를 확고히 세우는 법원(예컨대 위자료의 현실화 등)을 통해 국민에게 신뢰받는 법원, 나아가 국민에게 존중받는 법원을 향하여 한 걸음 한 걸음 나아가 주시길 바랍니다. 저는 앞으로도 법원 곁에서 미력하나마 온 힘을 다해 법원을 지원하고 응원하겠습니다. 오늘 이 자리에 함께 해주신 모든 분의 건강과 행복 그리고 가족의 평화를 기원합니다. 감사합니다.

2024. 8. 1.

대법관 김 선 수

제 7.

동성동반자의 국민건강보험법상 피부양자 자격 인정 사건 다수의견

(대법원 2024. 7. 18. 선고 2023두36800 전원합의체 판결)

1. 사안의 개요

원심판결 이유와 기록에 따르면 다음 사실을 알 수 있다.

가. 원고는 1991년생 남성이고 소외인은 1990년생 남성으로서, 두 사람은 2013년부터 교제를 시작하여 2017. 2. 경부터 서로를 동반자로 삼아 함께 생활하기로 합의하고 동거하던 중 2019. 5. 25. 양가 가족 등을 초대하여 결혼식을 올렸다.

나. 원고는 '국민건강보험법에 따른 건강보험'(이하 '건강보험'이라 한다)의 직장가입자였다가 직장을 그만두면서 2018. 12. 1. 건강보험 지역가입자가 되었다.

다. 소외인은 서울 마포구에 있는 '(사업장명 생략)'(이하 '이 사건 사업장'이라 한다)에 취업하여 2016. 3. 1. 자로 건강보험 직장가입자가 되었다. 소외인은 2020. 2. 10. 피고의 홈페이지를 통해 원고와 동성(同性) 부부임을 밝히고 원고의 피부양자 자격취득에 관하여 문의하였다.

라. 피고 소속 담당 직원은 2020. 2. 11. 소외인에게 '원고의 피부양자 자격취득이 가능하다.'고 답변하면서 관련 절차와 서류를 안내하였다.

마. 이에 소외인은 2020. 2. 26. '동성인 원고와 혼인의 의사로 부부공동생활을 유지하고 있다.'는 내용의 사실혼 관계 인우보증서를 첨부하여 이 사건 사업장을 통해 피고에게 원고의 피부양자 자격취득 신고(이하 '이 사건 신고'라 한다)를 하였다. 피고 소속 담당 직원은 위 신고를 수리하여 피고의 전산망에 원고가 2020. 2. 26. 소외인의 피부양자 자격을 취득한 것으로 등록하였다. 원고는 피고의 홈페이지를 통해 위 사실을 확인하고, 이후 지역가입자 보험료를 납부하지 않고 소외인의 피부양자 자격으로 보험급여를 받았다.

바. 원고가 소외인의 피부양자로 등록된 사실이 2020. 10. 23. 언론에 보도되자, 피고 소속 담당 직원은 같은 날 소외인에게 전화를 걸어 원고를 피부양자로 등록한 것이 '착오 처리'였다고 설명한 다음, 직권으로 원고의 피부양자 자격을 소급하여 상실시키

면서 원고가 2020. 3. 5. 지역가입자 자격을 취득한 것으로 변경하였다. 이후 피고는 2020. 10. 27. '피부양자 인정요건 미충족'을 이유로 이 사건 신고 시 접수된 서류를 이 사건 사업장으로 반송하였다.

사. 피고는 2020. 11. 23. 원고에게, 원고가 2020. 3. 5.부터 건강보험 지역가입자였음을 전제로 8개월(2020. 3. ~ 2020. 10.)분의 건강보험료 등 합계 115,560원을 납입할 것을 고지하였다(이하 '이 사건 처분'이라 한다).

2. 이 사건 처분에 사전통지절차 등을 거치지 않은 절차적 하자가 존재하는지 여부에 관한 판단

원심은 그 판시와 같은 이유로, 이 사건 처분은 피고의 자격변경 처리에 따라 원고의 피부양자 자격을 소급하여 박탈하는 내용을 포함하므로, 피고가 이 사건 처분에 앞서 원고에게 행정절차법 제21조 제1항에 따라 사전통지를 하거나 의견 제출의 기회를 주어야 함에도 이를 하지 않은 절차적 하자가 있다고 판단하였다.

이러한 원심의 판단에 상고이유 주장과 같이 행정처분의 절차적 하자 등에 관한 법리를 오해한 잘못이 없다.

3. 이 사건 처분에 헌법상 평등원칙 위반의 실체적 하자가 존재하는지 여부에 관한 판단

가. 건강보험제도와 피부양자제도의 의의, 취지와 연혁

1) 건강보험제도의 목적과 기능

국민건강보험법은 국민의 질병·부상에 대한 예방·진단·치료·재활과 출산·사망 및 건강증진에 대하여 보험급여를 실시함으로써 국민보건 향상과 사회보장 증진에 이바지함을 목적으로 한다(제1조). 건강보험제도는 보험가입자가 납부하는 보험료와 국고지원을 재원으로 하여, 국민에게 발생하는 질병·부상 등 사회적 위험을 보험의 방식으로 대처함으로써 국민의 건강과 소득을 보장하는 사회보험제도로서(사회보장기본법 제3조 제1호, 제2호), 국가가 헌법상 국민의 보건에 관한 보호의무를 실현하기 위하여 마련한 사회보장의 일환이다. 이는 국가공동체가 구성원인 국민에게 제공하는 가장 기본적인 사회안전망에 해당한다(대법원 2021. 2. 4. 선고 2020두41429 판결 참조).

건강보험제도는 사회보험으로서 소득재분배 기능도 수행한다. 국민건강보험법은 보험 가입을 강제하고, 보험사고 발생률이나 보험급여의 다과 등에 따라 개인별로 보험료에 차등을 두지 않고 보험가입자의 경제적 능력에 비례하여 보험료를 정하며, 보험가입자가 납부한 보험료에 비례하여 보험급여를 지급하지 않는다(대법원 2021. 3. 18. 선고 2018다287935 전원합의체 판결, 헌법재판소 2000. 6. 29. 선고 99헌마289 전원재판부 결정, 헌법재판소 2003. 10. 30. 선고 2000헌마801 전원재판부 결정 등 참조).

2) 피부양자제도의 의의, 취지와 피부양자의 범위에 관한 현행 규정

피부양자제도는 사회보험인 건강보험제도의 취지에 따른 것으로서 직장가입자에게 주로 생계를 의존하는 사람이 경제적 능력이 없어 스스로 보험료를 납부할 수 없더라도 직장가입자가 납부한 보험료에 기반하여 건강보험의 적용을 받을 수 있도록 하는 사회보장제도이다. 이러한 피부양자제도에 관한 현행 국민건강보험법 등 규정은 아래와 같다.

가) 국내에 거주하는 국민은 건강보험의 가입자 또는 피부양자가 되고, 건강보험 가입자는 직장가입자와 지역가입자로 구분된다(국민건강보험법 제5조 제1항 본문, 제6조 제1항). 건강보험의 피부양자는 직장가입자의 배우자(제5조 제2항 제1호, 이하 '이 사건 쟁점 규정'이라 한다), 직계존속(배우자의 직계존속을 포함한다)(제2호), 직계비속(배우자의 직계비속을 포함한다)과 그

배우자(제3호), 형제·자매(제4호) 중 직장가입자에게 주로 생계를 의존하는 사람으로서 소득 및 재산이 보건복지부령으로 정하는 기준 이하에 해당하는 사람을 말한다. 국민건강보험법 제5조 제3항의 위임을 받은 국민건강보험법 시행규칙 제2조 제1항 제1호 [별표 1]은 피부양자 자격의 인정기준 중 부양요건을, 제2호 [별표 1의2]는 소득 및 재산요건을 각각 정하고 있다. 위 [별표 1]은 생계를 같이 하지 않는 계부모, 생계를 같이 하지 않는 배우자의 부모, 법률상 부모·자녀가 아닌 친생부모·자녀, 배우자의 계부모에게도 부양요건을 인정하고 있다.

나) 건강보험사업은 보건복지부장관이 주관하되(국민건강보험법 제2조), 국민건강보험법 시행과 동시에 설립된 특수공익법인(제15조)인 피고가 건강보험의 보험자가 되어(제13조) 피부양자의 자격 관리 등의 업무를 관장한다(제14조 제1항 제1호).

3) 피부양자제도의 변천 과정

피부양자제도는 국가·지방자치단체의 재정 규모, 지출 항목과 범위의 변화, 국가 경제의 성장, 급격한 산업화·도시화 과정에서 이루어진 가족 구성의 변화, 가족 간 부양제도의 변천 등을 거치면서 여러 차례 바뀌어 왔다. 이러한 변화 과정에서 피부양자의 범위는 법률이 정한 '가족'과 '부양을 받을 사람'에 한정되지 않고 시대상황의 변화에 따라 탄력적으로 조정되어 왔다. 피부양자

제도의 구체적인 변천 과정은 아래와 같다.

가) 1963. 12. 16. 법률 제1623호로 제정된 최초의 의료보험법은 제1조에서 적용대상에 근로자 외에 그 부양가족을 포함하는 것으로 명시하였고, 제2조에서 '부양가족'이란 '남자 60세, 여자 55세 이상인 직계존속, 배우자(사실상 혼인관계에 있는 자를 포함) 및 미성년 자녀로서 주로 그 피보험자에 의하여 생계를 유지하는 자'라고 규정하였다.

나) 이후 1976. 12. 22. 법률 제2942호로 전부 개정되어 1977. 1. 1.부터 시행된 의료보험법에 따라 500인 이상 고용 사업장을 대상으로 직장의료보험제도가 시행되었다. 1977년 시행된 의료보험법은 '부양가족'이라는 표현 대신 '피부양자'라고 규정하면서 그 범위를 '피보험자의 배우자, 직계존속 및 직계비속으로서 주로 그 피보험자에 의하여 생계를 유지하는 자'라고 규정하였다(제3조). 다만 피부양자의 구체적인 인정기준에 관하여 규정하지 않은 상태에서 피부양자 범위에 관하여 분쟁이 발생하면 보험자의 판단 또는 정부의 유권해석에 따라 인정 여부를 조정하도록 한다는 지침만 있었고, 실제 인정기준은 보험자인 의료보험조합별로 만들어서 적용하였다.

다) 1981. 4. 4. 법률 제3415호로 개정된 의료보험법은 여성 근로자의 시부모를 피부양자로 추가하고, 1984. 12. 31. 법률 제3768호로 개정된 의료보험법은 남성 근로자의 장인, 장모를 피

부양자로 추가하였다(제3조 제5호).

라) 1987. 12. 4. 법률 제3986호로 개정된 의료보험법에 따라 모든 국민을 대상으로 의료보험 혜택이 확대되었다. 1987년 개정된 의료보험법은 형제·자매와 직계비속의 배우자를 피부양자로 추가하고(제3조 제5호), 그 위임을 받은 보건복지부 예규(1990. 1. 5. 개정 제89-568호)에 따라 동거하는 형제·자매는 소득요건만 확인되면 피부양자로 인정하고, 동거하지 않는 사람에 대한 부양요건 확인 기준을 완화하여 대상자가 독립적으로 생계를 유지할 수 없고 피보험자에 의하여 부양받고 있음이 확인되면 피부양자로 인정함으로써 피부양자 범위를 확대하였다.

마) 1994. 1. 7. 법률 제4728호로 전부 개정된 의료보험법 제4조 제3항은 피부양자는 피보험자(지역조합의 피보험자를 제외한다)의 배우자·직계존속(배우자의 직계존속을 포함한다)·직계비속·직계비속의 배우자 또는 형제·자매 중 주로 그 피보험자에 의하여 생계를 유지하는 자로서 보건사회부장관이 정하는 기준에 해당되는 자를 말한다고 정하였다.

그런데 행정청은 '의료보험 피부양자 인정 범위 확대지침(보정 65710-1018)'을 마련하여 1995. 12.경부터 위 법률 규정에 열거되지 않는 계부모, 계자녀, 친생부모, 친생자녀, 3촌 이내 방계혈족도 피부양자의 범위에 포함시켰다. 이후 1998년 공무원 등 의료보험조합, 직장의료보험조합과 지역의료보험조합을 통합하는 과정에서 보험재정의 압박으로 3촌 이내 방계혈족은 피부양자에서 제외하였다(보건복지부 고시 제2000-27호. 다만 앞서 본 바와 같이 현행 국민건강보험법 시행규칙 제2조 제1항 제1호 [별표 1]은 일정한 요건을 갖춘 계부모, 계자녀, 친생부모·자녀를 피부양자로 인정하고 있다).

바) 1999. 2. 8. 법률 제5854호로 제정된 국민건강보험법 제5조 제2항은 피부양자를 직장가입자의 배우자, 직계존속(배우자의 직계존속을 포함한다), 직계비속(배우자의 직계비속을 포함한다)과 그 배우자, 형제·자매 중 직장가입자에 의하여 주로 생계를 유지하는 자로서 보수 또는 소득이 없는 자라고 규정하였다. 2017. 4. 18. 법률 제14776호로 개정된 국민건강보험법 제5조 제2항은 '보수 또는 소득이 없는 자'를 '소득 및 재산이 보건복지부령으로 정하는 기준 이하에 해당하는 사람'으로 변경하였고, 현행 국민건강보험법도 그 내용을 유지하고 있다.

나. 피부양자인 배우자에 관한 행정해석과 그 인정 범위의 확대

1) 1963년 제정된 의료보험법 제2조는 부양가족인 '배우자'에 '사실상 혼인관계에 있는 자'를 포함한다는 규정을 두었다. 그러나 1976년 개정된 의료보험법 제3조에서 위와 같은 규정이 삭제된 이래 현행 국민건강보험법의 이 사건 쟁점 규정에 이르기까지

국민연금법 등 다른 사회보장 관계 법령들과 달리 피부양자인 '배우자'에 '사실상 혼인관계에 있는 자'를 포함한다는 규정을 두고 있지 않다.

2) 건강보험의 보험자인 피고는 '자격관리 업무지침'(이하 '이 사건 지침'이라 한다)을 마련하여 사실상 혼인관계에 있는 사람도 이 사건 쟁점 규정의 배우자에 준하여 피부양자로 인정하되 국민건강보험법 제5조 제2항 제2호의 '배우자의 직계존속', 제3호의 '배우자의 직계비속' 내지 '직계비속의 배우자'에는 포함시키지 아니하고 있다. 또한 사실상 혼인관계를 소명하기 위해 '사실혼 존재 확인의 소 판결문' 제출을 요구하는 다른 사회보장제도와 달리, 이 사건 지침에서는 직장가입자와 그 배우자가 혼인의 의사로 부부공동생활을 유지하고 있음을 확인하는 내용의 인우보증서 제출만으로 사실상 혼인관계가 소명된 것으로 보고 있다. 이와 같이 사실상 혼인관계에 있는 사람도 배우자에 준하여 피부양자로 인정하는 이 사건 지침의 행정해석은 최선순위의 사람에게만 유족연금 등을 지급하는 다른 사회보장제도와 달리 피부양자 자격이 있으면 인원수에 관계없이 피부양자로 인정되는 건강보험의 제도적 특성을 고려하여 피부양자의 인정 범위와 요건을 완화한 것이다.

3) 피고는 건강보험 혜택이 실질적으로 필요한 사람들을 보호하기 위해 국가인권위원회나 국민권익위원회의 권고 등을 수용하여 피부양자 인정 범위를 확대하기도 하였다.

가) 형제·자매 축소 운영 관련 국가인권위원회의 시정 권고

(1) 국가인권위원회는 2006. 8. 29. 피고가 이혼한 형제·자매를 건강보험 피부양자로 인정하지 않은 것과 관련하여 형제·자매의 피부양자 자격을 인정하는 데 혼인 여부를 기준으로 하는 것은 불합리한 차별이라는 이유로 관련 규정의 개정을 권고하였다. 피고는 2008년 '공단 자격관리 업무편람'을 개정하여 이혼한 형제·자매의 피부양자 자격을 인정하였다.

(2) 국가인권위원회는 2014. 7. 30. 피고가 배우자와 사별한 형제·자매를 건강보험 피부양자로 인정하지 않은 것은 불합리한 차별이라는 이유로 관련 규정의 개정을 권고하였다. 이에 따라 2018. 3. 6. 보건복지부령 제560호로 개정된 국민건강보험법 시행규칙 제2조 제1항 제1호 [별표 1]에서 피부양자 자격의 인정기준 중 부양요건을 개정하여 이혼 또는 사별한 형제·자매도 일정한 요건을 갖추면 피부양자로 인정하였다.

나) 사실혼 관계에 있는 사람 축소 운영 관련 국가인권위원회 등의 시정 권고

(1) 피고가 이 사건 지침에서 '이혼 후' 사실혼 관계에 있는 사람은 피부양자로 인정하지 않은 것과 관련하여 국가인권위원회는 2013. 4. 17. 평등권 침해의 차별행위에 해당한다는 이유로 시정 권고를 하였다. 이에 따라 피고는 이 사건 지침에서 그러한 내용을 삭제하였다.

(2) 피고는 2018. 1. 1.부터 사실상 혼인관계에 있는 사람은 '주민등록상 동거하는 경우'에 한해 피부양자로 인정하는 내용으로 이 사건 지침을 개정하였다. 이러한 개정 내용에 대해 국민권익위원회는 2018. 10. 8. 실질적인 제반 사정을 고려하지 않고 주민등록상 같은 주소지에 있지 않다는 이유만으로 피부양자로 인정하지 않은 것은 타당하지 않다며, 피고에게 제도개선을 요구하였다. 이에 따라 피고는 이 사건 지침에서 그러한 내용을 삭제하였다.

다. 관련 법리

1) 행정청의 내부준칙 및 행정행위와 헌법상 평등원칙

가) 헌법 제11조 제1항은 "모든 국민은 법 앞에 평등하다. 누구든지 성별·종교 또는 사회적 신분에 의하여 정치적·경제적·사회적·문화적 생활의 모든 영역에 있어서 차별을 받지 아니한다."

라고 규정하고 있다. 헌법상 평등원칙은 본질적으로 같은 것을 자의적으로 다르게 취급함을 금지하는 것으로서, 일체의 차별적 대우를 부정하는 형식적·절대적 평등을 뜻하는 것이 아니라 입법을 하고 법을 적용할 때에 합리적인 근거가 없는 차별을 하여서는 아니 된다는 실질적·상대적 평등을 뜻한다(대법원 2007. 10. 29. 선고 2005두14417 전원합의체 판결 등 참조). 행정기본법 제9조는 "행정청은 합리적 이유 없이 국민을 차별하여서는 아니 된다." 라고 규정하여, 행정청에 헌법상 평등원칙에 따라 합리적 이유가 없는 한 모든 국민을 동등하게 처우해야 할 의무를 부과하고 있다. 따라서 행정청이 내부준칙을 제정하여 그에 따라 장기간 일정한 방향으로 행정행위를 함으로써 행정관행이 확립된 경우, 그러한 내부준칙이나 확립된 행정관행을 통한 행정행위에 대해서도 헌법상 평등원칙이 적용된다.

나) 행정청의 행정행위가 합리적 이유 없는 차별대우에 해당하여 헌법상 평등원칙을 위반하였는지 여부를 확정하기 위해서는 먼저 행위의 근거가 된 법규의 의미와 목적을 통해 행정청이 본질적으로 같은 것을 다르게 대우했는지, 즉 다른 대우를 받아 비교되는 두 집단 사이에 본질적인 동일성이 존재하는지를 확정해야 한다. 다음으로 그러한 차별대우가 확인되면 비례의 원칙에 따라 행위의 정당성 여부를 심사하여 헌법상 평등원칙을 위반하였는지 여부를 판단하여야 한다(대법원 2019. 9. 9. 선고 2018두

48298 판결, 헌법재판소 1996. 12. 26. 선고 96헌가18 전원재판부 결정, 헌법재판소 2001. 11. 29. 선고 99헌마494 전원재판부 결정 등 취지 참조).

2) 피고의 평등원칙 준수의무

국가와 지방자치단체는 국가 발전수준에 부응하고 사회환경의 변화에 선제적으로 대응하며 지속가능한 사회보장제도를 확립하고 매년 이에 필요한 재원을 조달하여야 하고(사회보장기본법 제5조 제3항), 사회보장제도의 급여 수준과 비용 부담 등에서 형평성을 유지할 의무가 있다(제25조 제2항). 사회보장제도인 건강보험의 보험자로서 가입자와 피부양자의 자격 관리 등의 업무를 집행하는 특수공익법인인 피고는 공권력을 행사하는 주체이자 기본권 보장의 수범자로서의 지위를 갖는다. 그 결과 사적 단체 또는 사인의 경우 차별처우가 사회공동체의 건전한 상식과 법감정에 비추어 볼 때 도저히 용인될 수 없는 경우에 한해 사회질서에 위반되는 행위로서 위법한 행위로 평가되는 것과 달리, 피고는 평등원칙에 따라 국민의 기본권을 보호 내지 실현할 책임과 의무를 부담하므로, 그 차별처우의 위법성이 보다 폭넓게 인정될 수 있다(대법원 2024. 4. 4. 선고 2022두56661 판결 참조).

라. 이 사건에서의 판단

1) '사실상 혼인관계에 있는 사람'을 피부양자로 인정하는 피고의 이 사건 지침의 적법성

가) 피부양자제도는 애초 전통적인 부계가족 규범에 의해 적용대상자를 제한하는 방향으로 시행되다가, 성차별적 내용을 시정하는 방향으로 가족법 개정이 이루어지는 등 정치·사회적 민주화가 확산되는 과정에서 피부양자 인정기준 역시 불평등을 해소하는 방향으로 개선되어 왔다. 전통적인 가족 규범에 근거한 피부양자 인정기준은 변화하는 가족의 생활실태 및 부양의 현실과 상당한 괴리가 있었고 당시 법 규정에 부합하지 않는 것도 있었다. 제도가 현실을 따르지 못하는 상황에서 시행 초기부터 혼란과 민원 제기가 끊임없이 있었다. 이후 피부양자제도는 시대적 흐름 및 요구에 부응하며 정책적 판단에 의해서 유연하게 확대되어 왔다. 이는 한편으로는 가족의 해체와 재구성에 의한 다양한 형태의 가족이 속출하는 과정에서 그 당시의 가족실태 변화에 부응하고, 다른 한편으로는 여전히 제도권 밖에 있는 사람을 피부양자제도의 본질적인 목적에 따라 수혜자로 최대한 포함하기 위한 것이었다.

나) 건강보험과 관련하여 피부양자제도를 둔 목적과 취지는 직장가입자에게 주로 생계를 의존하여 본인의 근로나 재산에

의해 독립적으로 생활할 수 없고 경제적인 능력이 없어 보험료를 부담할 수 없는 사람이라도 건강보험을 적용하여 이들을 보호하기 위한 것이다. 이러한 건강보험의 사회보장 기능을 고려하면, 피부양자에 해당하는지 여부는 직장가입자에 대한 경제적인 의존도와 실질적 생활관계, 즉 대상자가 직장가입자와 경제적 생활공동체를 이루고 있는지 여부에 따라 정해진다. 통상적으로 그러한 공동체를 구성할 수 있는 범위로 국민건강보험법 제5조 제2항 각호의 피부양자를 규정한 것으로 볼 수 있다.

다) 피고는 건강보험제도의 취지와 목적, 재정상태 등 제반 사정을 고려하여 건강보험의 보험자로서 피부양자의 자격 관리 등 업무를 수행하면서 국민건강보험법 제5조 제2항 각호와 같은 법 시행규칙 제2조 제1항에서 정한 피부양자의 인정 범위, 부양요건, 소득 및 재산요건 등의 해석과 적용에 관하여 그 기준이 되는 내부준칙을 마련할 수 있다. 피고는 이러한 내부준칙을 개정하여 시대에 따라 변화하는 가족 구성, 부양제도 등의 현실에 맞게 직장가입자와의 관계를 고려하여 실질적으로 건강보험이 필요한 사람을 피부양자로 인정하여 왔다. 이는 건강보험제도를 운영함에 있어 국가 발전수준에 부응하고 사회환경의 변화에 선제적으로 대응하며, 건강보험제도의 급여 수준과 비용 부담 등에서 형평성을 유지할 의무를 이행하기 위한 것으로 이해할 수 있다.

라) 혼인신고 등 제도적인 결혼이 갖추어지지 않은 사회에서

는 두 사람의 결합을 선언하고 알림으로써 그 관계를 공표하게 되고, 혼인신고 등의 제도가 마련되어 있는 경우에는 혼인신고로 관계가 공인된다. 후자의 경우 법률혼 배우자와 사실상 혼인관계에 있는 사람 사이에는 혼인신고라는 형식을 갖추었는지 여부에 차이가 있을 뿐이고 피부양자로 인정할 필요성, 즉 실질적 생활공동체의 측면에서는 동일하다고 평가할 수 있다. 피고가 배우자를 피보험자로 정한 이 사건 쟁점 규정을 이 사건 지침에 따라 '사실상 혼인관계에 있는 사람'도 인우보증서를 제출할 것을 조건으로 피부양자에 포함하는 것으로 해석·적용하는 것은 적법하다. 이 사건 쟁점 규정의 배우자에서 사실상 혼인관계에 있는 사람을 배제한다면 평등원칙에 반하는 위헌적 결과가 발생할 수 있기 때문이다.

마) 대법원은, 사실상 혼인관계에 있는 경우 법률혼에 관한 민법 규정 중 혼인신고를 전제로 하는 규정은 유추적용할 수 없으나, 부부재산 청산의 의미를 갖는 재산분할에 관한 규정 등 부부의 생활공동체라는 실질에 비추어 인정되는 것은 사실혼관계에도 준용 또는 유추적용할 수 있다고 보았다(대법원 1995. 3. 28. 선고 94므1584 판결, 대법원 2016. 8. 30. 선고 2016두36864 판결, 대법원 2021. 5. 27. 선고 2020므15841 판결 등 참조). 특히 대법원 2019. 11. 14. 선고 2019두42112 판결은, 구 공무원연금법(2018. 3. 20. 법률 제15523호로 전부 개정되기 전의 것) 제41조의

2 제2항이 사망한 공무원의 '배우자'에게 사망조위금을 지급하도록 규정하고 있지만 사망조위금은 사회보장적 급여의 일종으로서 공무원의 사망으로 인한 정신적 고통 등의 정도가 혼인관계가 법률혼인지 사실혼인지에 따라 다르다고 보기 어려우므로, 구 공무원연금법상 사실상 혼인관계에 있던 사람을 사망조위금 수급권자에서 배제하는 명시적 규정이 없음에도 그를 배제하는 것으로 해석할 경우 합리적 이유 없이 사실상 혼인관계에 있던 사람에게 불이익을 주어 그를 법률상 혼인관계에 있던 사람과 자의적으로 차별하는 것이 되어 헌법상 평등원칙에 위배될 소지가 크다는 이유로 사망조위금 수급권자에 사실상 혼인관계에 있던 사람이 포함된다고 보았다. 피고가 이 사건 지침에 따라 '사실상 혼인관계에 있는 사람'을 피부양자로 인정하는 것은 위와 같은 판례 법리에 비추어 보더라도 타당하다.

2) 피부양자제도에서 직장가입자와 사실상 혼인관계 있는 사람 집단과 동성 동반자 집단이 본질적으로 동일한지 여부에 관한 판단

피고는 이 사건 처분을 통하여 사실상 혼인관계 있는 사람 집단에 대하여는 피부양자 자격을 인정하면서도, 동성 동반자 집단에 대해서는 피부양자 자격을 인정하지 않음으로써 두 집단을 달리 취급하고 있다. 이러한 취급은 성적 지향을 이유로 본질적으로 동일한 집단을 차별하는 행위에 해당한다. 구체적인 이유는 다음과 같다.

가) 동성 동반자는 직장가입자와 단순히 동거하는 관계를 뛰어넘어 동거·부양·협조·정조의무를 바탕으로 부부공동생활에 준할 정도의 경제적 생활공동체를 형성하고 있는 사람이다. 피고가 피부양자로 인정하는 '사실상 혼인관계에 있는 사람'도 직장가입자와 사이에 동거·부양·협조·정조의무를 바탕으로 경제적 생활공동체를 형성하고 있다는 점에서 차이가 없다.

나) 피고가 직장가입자의 '사실상 혼인관계에 있는 사람'에게 이 사건 쟁점 규정을 확대적용하여 피부양자로 인정하는 근본적인 이유도 그가 직장가입자의 인생의 동반자로서 생계를 함께하면서 공동생활을 영위하기 때문이다. 더욱이 이 사건 지침에 의하면 '사실상 혼인관계에 있는 사람'의 경우 피부양자로 인정받기 위해서는 인우보증서를 제출하여야 하는데, 이는 가족이나 직장 등 주변에 두 사람의 결합을 선언하고 알림으로써 그 관계를 공표하고 보증인 2명이 국가기관을 상대로 두 사람의 결합을 증명하는 의미를 가지는 것으로, 동성 동반자도 이러한 내용의 인우보증서를 제출할 수 있다는 점에서 차이가 없다.

다) 이처럼 피고가 사실상 혼인관계에 있는 사람을 피부양자로 인정하는 이유는 그가 직장가입자의 동반자로서 경제적 생활공동체를 형성하였기 때문이지 이성 동반자이기 때문이 아니다.

동성 동반자도 '동반자' 관계를 형성한 직장가입자에게 주로 생계를 의존하여 스스로 보험료를 납부할 자력이 없는 경우 사실상 혼인관계에 있는 사람과 마찬가지로 피부양자로 인정받을 필요가 있고, 그 요건도 달리 보아서는 안 된다.

라) 결국 피부양자제도와 관련하여 직장가입자의 동반자로서 경제적 생활공동체를 형성한 동성 동반자 집단과 사실상 혼인관계에 있는 이성 동반자 집단은 본질적으로 동일함에도 피고는 양자를 달리 취급하고 있다.

3) 피고가 직장가입자의 동성 동반자인 원고를 합리적인 이유 없이 차별한 것인지 여부에 관한 판단

앞서 본 건강보험제도와 피부양자제도의 의의, 취지와 연혁 등을 관련 법리와 기록에 비추어 살펴보면, 피고가 직장가입자와 사실상 혼인관계에 있는 사람, 즉 이성 동반자와 달리 동성 동반자인 원고를 피부양자로 인정하지 않고 이 사건 처분을 한 것은 합리적 이유 없이 원고에게 불이익을 주어 그를 사실상 혼인관계에 있는 사람과 차별하는 것으로 헌법상 평등원칙을 위반하여 위법하다. 구체적인 이유는 다음과 같다.

가) 건강보험의 보험자인 피고가 국민건강보험법령의 적용과 집행 그리고 피부양자 자격 관리 업무를 수행하는 과정에서 평등원칙과 비례원칙에 구속된다는 것은 당연한 원리이다. 헌법과

법률에 따른 평등원칙은 형식적·절대적 의미의 평등이 아니라 실질적·상대적 평등을 의미하므로, 피부양자 인정에 있어 차별적 처우는 피부양자제도의 취지와 목적에 비추어 본질적으로 동일한 집단에 속하는 사람을 합리적인 이유 없이 서로 다르게 취급한 경우에 성립할 수 있다.

나) 피부양자제도의 본질에 입각하면 '동성 동반자'를 사실상 혼인관계에 있는 사람과 달리 취급할 이유가 없다. 직장가입자가 자신의 동성 동반자를 피부양자로 등록하기 위해서도 '사실상 혼인관계에 있는 사람'과 동일하게 실질적인 건강보험의 필요성이 인정되고 소득 및 재산요건에 부합해야 할 뿐 아니라, 가족이나 직장 등 주변에 두 사람의 결합을 선언하고 보증인 2명이 두 사람의 결합을 증명하는 인우보증서를 제출해야 한다. 위와 같은 요건을 충족하는 경우 법령에 의하여 명시적으로 금지되지 않는 이상 피부양자로 인정되어야 한다.

다) 그럼에도 동성 동반자를 직장가입자와 동성이라는 이유만으로 피부양자에서 배제하는 것은 성적 지향에 따른 차별로, 그가 지역가입자로서 입게 되는 보험료 납부로 인한 경제적인 불이익을 차치하고서라도, 함께 생활하고 서로 부양하는 두 사람의 관계가 전통적인 가족법제가 아닌 기본적인 사회보장제도인 건강보험의 피부양자제도에서조차도 인정받지 못함을 의미하는 것으로서, 이는 인간의 존엄과 가치, 행복추구권, 사생활의 자유,

법 앞에 평등할 권리를 침해하는 차별행위이고, 그 침해의 정도도 중하다.

라) 동성 동반자를 사실상 혼인관계에 있는 사람에 준하여 피부양자로 인정한다고 하여 전통적인 의미의 혼인과 이에 기반한 가족제도를 해친다거나 법적 안정성 또는 제3자의 권리를 침해할 소지도 없다. 사실상 혼인관계에 있는 사람까지 보호 범위에 포함하는 사회보장 관계 법령들이 상당수 존재하나, 이 사건은 건강보험이라는 특수한 사회보장제도와 관련한 피부양자 인정에서의 형평성 유지에 관한 것으로 건강보험제도와 피부양자제도의 취지, 목적 등을 떠나 생각할 수 없고, 다른 사회보장제도의 경우 각 제도의 취지, 목적 등에 비추어 별도로 판단할 문제이다. 또한 동성 동반자에 대해 사실상 혼인관계에 있는 사람에 준하여 건강보험의 피부양자로 인정하는 문제와 민법 내지 가족법상 '배우자'의 범위를 해석·확정하는 문제는 충분히 다른 국면에서 논의할 수 있다.

마) 나아가 동성 동반자를 피부양자로 인정한다고 해서 피부양자의 숫자가 불합리하게 증가한다거나 건강보험의 재정건전성을 유의미하게 해친다고도 볼 수 없고, 특별히 고려하여야 할 공익도 상정하기 어렵다. 직장가입자의 피부양자에게 질병 등이 발생한 경우 근로소득에 영향을 받고 가족의 존속과 유지를 위태롭게 한다는 측면에서 소득 및 재산요건만 갖추었다면 직계존속과

직계비속의 연령과 인원수에 제한 없이 피부양자로 인정될 수 있기 때문에 부모와 자녀 등 다른 가족들 사이에 이해관계가 충돌할 염려도 없다. 결국 피고가 원고를 피부양자로 인정하지 않은 것은 성적 지향을 이유로 한 차별로, 이를 정당화할 만한 사유도 찾을 수 없다.

바) 건강보험의 피부양자제도는 저출생, 인구고령화 등과 더불어 더욱 다양하게 변화하는 가족 결합과 생활실태에 부응해야 할 필요성과 함께 경제구조의 확대 및 다각화에 따른 가계구조의 다양성과 소득요건의 중요성 등 새로운 도전에 직면해 있다. 지난 40여 년간 건강보험의 피부양자제도가 불평등을 해소하는 방향으로 시행되어 온 것과 마찬가지로, 소득요건과 부양요건이 동일한 상황에서 불평등을 해소하기 위해서는 오늘날 가족 결합의 변화하는 모습에 적극적으로 대응할 것이 요구되고, 이를 토대로 건강보험제도가 국민의 삶의 질과 건강수준을 향상시키고 나아가 사회보험으로서 사회통합에 크게 기여할 것이다.

사) 원심판결 이유를 위와 같은 법리와 기록에 비추어 살펴보면, 이 사건 처분이 헌법상 평등원칙을 위반하여 위법하다는 원심의 결론은 정당하고, 이를 다투는 피고의 이 부분 상고이유는 이유 없다.

4. 결론

그러므로 상고를 기각하고 상고비용은 패소자가 부담하도록 하여 주문과 같이 판결한다. 이 판결에는 이 사건 처분에 실체적 하자가 존재하는지 여부에 관한 대법관 이동원, 대법관 노태악, 대법관 오석준, 대법관 권영준의 별개의견이 있는 외에는 관여 법관의 의견이 일치하였고, 다수의견에 대한 대법관 김상환, 대법관 오경미의 보충의견이 있고, 별개의견에 대한 대법관 노태악의 보충의견, 대법관 권영준의 보충의견이 있다.

제 8.

유골 인도청구(제사주재자 결정) 사건 1인 보충의견

(대법원 2023. 5. 11. 선고 2018다248626 전원합의체 판결)

8. 별개의견에 대한 대법관 김선수의 보충의견

이 사건의 원만하고 바람직한 해결방안에 관하여 생각해 본다.

가. 광활하고 무한한 우주와 영겁의 시간이라는 관점에서 보면 이 지구라는 같은 공간에서 같은 시대를 함께 살아가는 것 자체가 특별한 인연이라 할 수 있다. 원고들과 피고 2 및 소외 2(이하 피고 2 및 소외 2를 통칭하여 '피고 2 등'이라 한다)는 소외 1을 매개로 맺어진 더욱 특별한 기적과 같은 관계에 있음을 부정할 수 없다. 원고들과 피고 2 등 사이의 이러한 특별한 관계를 아픔과

상처를 주는 방향으로만 끌어가는 것은 비극이다. 이들의 관계를 서로 존중하고 배려하는 방향으로 승화시키도록 하는 것이 자연의 섭리에 순응하는 것이라 할 수 있다.

나. 봉안당에 봉안된 소외 1의 유해는 '주검을 태우고 남은 뼛가루' 형태로서 유골함에 보관되어 있다. 소외 1의 유해를 보관·관리하는 데 어떤 재산적 이익이 있는 것도 아니고 오히려 관리비용을 지출해야 함에도, 원고들은 그 유해의 인도를 구하고 피고 2 등은 원고들의 청구에 불응하고 있다. 원고들이나 피고 2 등은 이 소송에서 일관되게 소외 1을 배우자로서 또는 아버지로서 기리고 추모하기 위하여 그 유해를 보관·관리하려 한다고 주장하고 있다. 이들이 진심으로 소외 1을 기리고자 하는 진정성에는 의문의 여지가 없어 보인다.

원고들과 피고 2 등이 소송을 계속 진행하고 있는 것은 제사주재자로서 소외 1을 기리고 추모할 수 있는 법적·사회적 지위가 자신에게 있음을 확인받고 인정받기 위한 것이다. 그러나 그러한 법적·사회적 지위가 반드시 어느 일방에게만 독점적·배타적으로 인정되어야만 하는 것일까? 소외 1을 기리고 추모하는 것은 원고들이나 피고 2 등 어느 한쪽에 독점되어야만 할 당위나 필요가 없고, 양쪽이 모두 기리고 추모한다고 해서 상대방에게 해를 가하거나 불이익을 강요하는 것도 아니다. 원고들과 피고 2 등이 각자의 방식으로 소외 1의 유해를 보관·관리하고 각각의 시간과 장소에서 원하는 방식으로 기리고 추모하는 것은 얼마든지 가능하다. '제사주재자는 특정한 1인으로 한정되어야만 하고 원고들과 피고 2 등 중 어느 한쪽에만 유해에 대한 권리가 인정되어야 한다.'는 경직된 도그마를 깨고 유연하게 접근하면 모두가 만족할 수 있는 적절한 해결책에 도달할 수 있을 것이다.

다. 봉안당에 봉안되어 있는 유해는 분할이 가능한 뼛가루 형태이므로, 원고들과 피고 2 등은 현재 보관되어 있는 소외 1의 유해를 절반씩 나누어 각각 보관·관리하면서 각자의 방식으로 소외 1을 기리고 추모하는 것이 가능하다. 인간은 주검을 수습하여 기리면서 죽음을 받아들이고 망인과 새로운 관계를 맺으며 스스로를 치유한다. 살아 있는 사람들은 이러한 의례를 통해 서로를 연결하고 유대를 두터이 한다. 이러한 측면에서 망인을 추모하는 사람들이 그 유골을 나누어 갖는 것은 그 사람들이 속한 크고 작은 공동체와의 관계 및 망인과의 관계에서 충분히 의미 있는 일이다. 불교계는 석가모니의 진신사리(眞身舍利)를 세계 여러 곳에 분산하여 모셔 신자들이 봉양할 수 있도록 함으로써 불교의 전파에 기여하였다. 예수의 몸과 피를 내 몸으로 맞아들이는 천주교의 영성체(領聖體) 의식도 같은 맥락에서 이해할 수 있다. 망인의 유골은 그 양이 아니라 망인과의 관계를 이어준다는 상징적인 의미가 중요하다. 망인과 좋은 인연을 맺었던 사람들이 망인의 의사에 반하지 않으면서 자발적으로 망인의 유골을 나누어 가지고 추모의 감정을 공유하는 것은 우리 사회가 받아들일 수 있는 추념의 방식으로 못 볼 바 아니다.

원고들과 피고 2 등은 각자 소외 1의 유해를 보관·관리하면서 소외 1과의 실질적인 연계를 유지하고 추모하는 것이 가능하다. 그렇게 한다고 해서 소외 1에 대한 추모의 마음이 훼손되는 것은 결코 아니며, 오히려 그렇게 하는 것이 진정성 있는 추모의 방법일 수 있다. 피고 2 등은 피고 재단법인 ○○과의 봉안당 사용계약에 따라 현재와 같이 소외 1을 기리고 추모할 수 있고, 원고들은 그 분할 받은 유해 일부를 원하는 방식으로 보관·관리하면서 소외 1을 기리고 추모할 수 있다. 이는 어느 한쪽이 유해를 독점하면서 상대편의 추모 기회를 박탈하는 불합리한 상황을 불식시킬 수 있는 좋은 해결책이 될 수 있다.

라. 이 사건은 원고들과 피고 2 등이 소외 1을 매개로 맺어진 특별한 관계가 선한 인연으로 승화될 것인가 아니면 악한 인연으로 전락될 것인가 결정하는 분수령이 될 수 있다. 특히 원고 2, 원고 3과 장남 소외 2는 소외 1의 자녀로 태어난 점이나 태어난 시기 또는 성별에 대하여 스스로 어떠한 결정도 한 바 없다. 그럼에도 소외 1을 추모할 법적 지위를 어느 일방에만 인정하는 것과 같은

일도양단(一刀兩斷)의 재판 결과는 패소한 당사자에게는 지나치게 가혹하여 결코 최선의 해결책이 될 수 없다. 아메리카 인디언 도덕률에 "한 사람에게 상처를 주는 것은 인류 전체에게 상처를 주는 것이고, 한 사람을 존중하는 것은 인류 전체를 존중하는 것과 같다."라는 말이 있다. 원고들과 피고 2 등 양측 모두를 존중하는 해결책이 있음에도 한쪽 당사자에게 상처를 주는 방안을 고집하는 것은 현명한 선택이라고 할 수 없다. 법적 논리에 근거한 판결은 사회질서를 유지하기 위하여 객관적이고 냉정한 판단기준을 제시할 수밖에 없지만, 그렇다고 해서 그러한 법적 판단이 항상 최선의 해결책을 제시하는 것은 아니다. 구체적 사안에서 최선의 해결책은 법적 판단에 근거한 재판이 아니라 당사자들의 공감과 배려에 근거한 화해에 의하여 도출될 수도 있는 것이다. 그렇기 때문에 변경대상판결인 2008년 전원합의체 판결과 이 사건의 다수의견 및 별개의견은 모두 동일하게 제사주재자를 공동상속인들 사이의 협의로 정하는 것을 가장 우선하는 것이기도 하다.

이 사건과 같이 망인의 유체·유해를 두고 가족들 간에 벌어지는 분쟁은 승패에 의해 판가름하는 게임과 같이 처리할 수 없고, 그 분쟁에서 패소하는 쪽 역시 망인에 대하여 법적으로 보호받을 만한 추모 감정을 가지고 있을 수 있음에도 망인의 유체·유해에 대한 권리를 완전히 박탈당하는 결론은 결코 바람직하지 않다. 특히 소외 1의 자녀들인 원고 2, 원고 3과 장남 소외 2는 맺어진 인연을 소중히 여기고 서로 의지하며 살아갈 수 있도록 해야지, 서로에 대한 적대감에서 벗어나지 못한 채 상대방을 원망하며 살아가게 한다는 것은 안타까운 일이 아닐 수 없다. 원고들과 피고 2 등의 의지에 따른 선택으로 양쪽의 관계를 선한 인연으로 승화시킬 수 있는 길이 앞에 놓여 있다. 이 길은 어느 누구도 당사자들에게 강요할 수 없고 오로지 당사자들의 자유의지에 의해 선택할 수 있을 뿐이다.

마. 이 사건에서 원고들과 피고 2 등이 모두 소외 1을 진정으로 추모할 수 있도록 원만하고 바람직하게 해결되기를 바라는 마음을 담아 이와 같이 보충의견을 밝힌다.

제 9.

국도관리원 차별임금 청구사건 1인 보충의견

(대법원 2023. 9. 21. 선고 2016다255941 전원합의체 판결)

9. 반대의견에 대한 대법관 김선수의 보충의견

일터에서 매월 월급을 받을 때마다 떠올릴 수밖에 없는 차별적 처우를 시정하고자 법원의 문을 두드린 원고(무기계약직 국도관리원)들의 처지와 노동법과 법원의 역할을 상기하며 우리 사회의 포용력을 제고하는 방안을 모색하는 관점에서 반대의견을 보충한다.

가. 근대 시민법이 상정하는 인간상(人間像)은 이성과 자유의지를 가진 추상적인 개인이다. 시민법은 이성과 자유의지에 따라 체결된 계약은 지켜져야 한다는 사적자치 원칙을 기본적인

명제로 한다. 그러나 현실 세계의 인간은 계층적이고 구조적인 한계로 언제나 이성과 자유의지에 입각하여 합리적인 판단을 하며 그에 근거하여 계약을 체결하는 것은 아니다. 사적자치 원칙을 예외 없이 관철할 경우에는 구조적인 한계로 말미암아 불평등과 불공정을 심화시키는 결과에 이를 수 있다.

노동법이 상정하는 인간상은 자본이나 생산수단 등의 소유 여부에 따른 불평등한 사회구조 때문에 종속적인 지위에서 노동을 제공해야만 생존을 유지할 수 있는 노동자와 그러한 노동자를 사용하는 우월한 지위의 사용자로 구분되는 구체적이고 현실적인 인간이다. 노동법에서는 불평등한 지위의 개인이 체결한 계약에 절대적인 구속력을 인정할 경우 공동선을 지향하는 공동체 유지가 위협받는 결과가 발생할 수 있으므로 이를 예방하기 위해 국가가 강행규정의 입법을 통해 사적자치 원칙을 수정한다. 노동법에 의한 사적자치 원칙의 수정은 시민사회의 공동체 유지를 위한 불가피한 최소한의 조치라고 할 수 있다.

노동법적 쟁점에 대해 올바르게 판단하기 위해서는 추상적인 개인이 아니라 구체적인 상황과 개개의 현실에서 살아가는 인간의 처지와 인식, 감정을 제대로 이해하고 공감해야만 한다. 이 사건에서 원고들은 공무원이 아니라 무기계약직 국도관리원이라는 이유만으로 중요한 근로조건에서 차별받고 있다. 이들이 매일매일 체험하고 느끼는 좌절감, 울분과 분노를 사상(捨象)시켜서는 정확하게 현실을 인식할 수 없고, 그에 대한 시정방안을 찾는 것도 불가능하다. 이 사건 쟁점에 관하여 올바른 해결방안을 찾기 위해서는 무기계약직 국도관리원인 원고들이 노동현장에서 늘상 체험하고 있는 구체적인 차별 상황과 그로 인한 감정을 정확하게 인식하고 이해하여야 한다.

나. 반대의견에서도 지적한 바와 같이 국도관리원과 비교대상 공무원인 운전직 및 과적단속직 공무원은 구체적으로 담당하는 업무에 의미 있는 차이가 있다고 보기 어렵고, 단지 '무기계약직 근로자', '공무원'이라는 다른 신분을 가진다는 차이만 있다. 이러한 상황에서 무기계약직 국도관리원은 같은 공간에서 같은 업무를 함께 수행하고 있는 운전직 및 과적단속직 공무원과 일상적으로 비교하면서 차별로 인한 좌절과 절망을 느끼며 생활할 수밖에 없다.

가족수당은 부양가족이 있기만 하면 실제 제공하는 근로(업무)의 내용 및 성격과 무관하게 모든 국가공무원에게 지급되고, 출산 장려의 목적이 그 지급액에 반영되어 있다. 같은 공간에서 함께 조를 이루어 같은 업무를 수행하고 있음에도 무기계약직 국도관리원에게는 가족수당을 지급하지 않는 것은 국도관리원의 가족을 있지만 없는 존재로 취급하는 것이다. 국도관리원들로서는 공무원의 가족만 인간으로서 인정받고 자신들의 가족은 인간으로도 인정받지 못하고, 자신들은 국가가 출산 장려를 요청하는 사회구성원 또는 국민의 지위조차도 인정받지 못하고 있다고 인식할 수밖에 없다. 이처럼 같은 공간에서 같은 업무를 수행하는 국도관리원에게 가족수당을 전혀 지급하지 않는 것은 인간의 존엄과 가치를 무너뜨리는 것일 뿐만 아니라 국민 또는 사회구성원으로서 마땅히 받아야 할 대우를 하지 않는 것이다.

한편 무기계약직 국도관리원이 성실히 업무에 임하여 상당한 성과와 실적을 올리기를 기대하면서도 공무원과 달리 성과상여금을 지급하지 않는 것은 인간 본성에 대한 이해가 부족한 것이다. 근로자에게 직장은 단순한 돈벌이의 장이 아니라 노동을 통해 자아를 성취하는 장이기도 하다. 근로자가 직장에서 열심히 근무해서 실적을 올린 것에 대한 정당한 평가를 받고 그에 상응한 보상을 받는 것은 자아실현 욕구를 충족하는 데에 중요한 요소이다. 따라서 국도관리원을 성과상여금 지급 대상에서 배제하는 것은 국도관리원으로 하여금 열심히 근무하여 훌륭한 성과를 올리고 인정을 받음으로써 긍지와 보람을 느낄 기회를 얻지 못한 채, 성과에 대한 보상을 받을 자격이 있는 구성원에서 배제되었다는 소외감을 가지게 함으로써 인간의 존엄까지 잃게 한다는 사실을 놓치지 말아야 한다.

다. 소수자의 권익 보호를 사명으로 하는 법원으로서는 소수

근로자가 받고 있는 불합리한 차별을 해소하기 위한 법리를 제시하여야 한다. 법원이 고민이 부족하거나 현실에 대한 인식이 부족하여, 또는 적절한 해결방안을 찾는 능력이 부족하여 부정의하고 불합리한 차별을 방치한다면 소수자와 사회적 약자의 권익 보호를 제1의 사명으로 하는 법원의 책무를 방기하는 것이다. 법원이 이 사건에서 원고들의 청구를 일부 받아들여 불합리한 차별을 시정하기 위한 법리를 제시한다면 사회는 이를 수용하여 적절한 방안으로 제도를 설계하고 대처하는 것이 얼마든지 가능할 것이다. 그러나 법원이 원고들의 청구를 단순하게 배척하면서 아무런 해결 방안을 제시하지 않는다면 우리 사회의 정책 입안자들은 차별을 시정하고자 하는 유인을 갖지 못할 것이다. 유감스럽게도 다수의견은 소수자의 권익보호라는 법원의 사명을 방기하여, 우리 사회에 불합리한 차별을 시정할 기회를 제공하지 못하였다. 법원이 차별을 시정하고자 법원의 문을 두드린 무기계약직 국도관리원들을 외면하여 그들에게 좌절감과 울분과 분노를 재차 안겨준 것은 아닌가.

라. 높이에 차이가 있는 벽으로 둘러싸인 물통에 물을 채울 경우 가장 낮은 벽 부분으로 물이 흘러넘칠 것이기 때문에 그 물통으로 담을 수 있는 물의 양은 가장 낮은 벽 부분의 높이에 의해 결정된다. 그 물통이 담을 수 있는 물의 양을 증가시키기 위해서

는 가장 낮은 벽 부분을 높여야 하며, 가장 낮은 부분을 그대로 둔 채 높은 부분을 아무리 더 높게 해보았자 그 물통이 저장할 수 있는 물의 양은 하나도 증가하지 않는다. 우리 사회에서 가장 낮은 벽 부분을 높이는 역할을 하는 것이 바로 노동법이다.

마찬가지로 한 사회의 포용력은 그 사회의 가장 취약한 계층의 사람들이 받는 대우와 존중의 수준에 의해 결정된다. 어떤 사회의 포용력의 수준을 높이기 위해서는 취약 계층의 대우를 개선해야만 하며, 부유하고 강한 지위에 있는 사람들의 대우 수준을 높이는 것은 사회의 포용력 수준을 높이는 데 영향을 미치지 않는다. 오히려 취약 계층의 대우 수준은 그대로 둔 채 부유하고 강한 계층의 대우만 향상할 경우 계층 간의 격차를 늘려 상대적 불평등만을 심화시킴으로써 사회의 불안정성을 더욱 증대시킬 따름이다. 다수결 원리에 의해 스스로를 보호하지 못하는 사회적 약자와 소수자의 권익을 보장함으로써 사회 전체의 포용력 수준을 끌어올리는 것이 바로 헌법으로부터 사법권을 부여받은 법원의 가장 중요한 역할 중 하나이다.

일찍이 공자(孔子)는 "불환과 환불균(不患寡 患不均)", 즉 '절대적 빈곤을 걱정할 것이 아니라 (상대적) 불평등을 걱정하여야 한다.'(論語 季氏篇)라고 했고, 또한 "주급불계부(周急不繼富)", 즉 '절박하고 어려운 사람을 도울 것이지 부자에게 부를 더 보태줄 것은 아니다.'(論語 雍也篇)라고 했다. 공무원 신분이 아니라는 이유로 인간으로서의 존엄과 가치를 훼손하고 국가와 사회 구성원으로서의 지위마저 인정하지 않는 보수체계를 사법적으로 용인하는 것은 2,500년 전의 시대를 살았던 공자의 인식에도 미치지 못하는 것이 아닌가 하는 안타까움이 있다. 다수의견은 21세기 대한민국에서 비(非)공무원들로서는 감히 비교대상으로도 삼을 수 없는 공무원이라는 노동법을 초월하는 특권적인 선민 신분(選民 身分)을 새로이 창설하였다. 다수의견과 별개의견이 공무원 지위의 특수성에 관하여 설명하면서 내세운 논거들은 모두 공무원관계에 관한 이른바 '특별권력관계론'의 견해가 제시하는 논거들과 동일하다. 다수의견과 별개의견의 공무원관계에 관한 인식은 이미 오래 전에 극복된 '특별권력관계론'을 되살린 것으로서 시대에 부합하지 않는다는 지적을 피하기 어려워 보인다.

마. 사회 분쟁과 갈등을 해결하는 방법으로는 사법적 해결방안만 있는 것은 아니다. 사법적 해결방안이 최종적인 성격을 갖는다고 하여 유일한 해결방안은 아니다. 입법을 통한 해결방안이나 정부가 정책 마련을 통해 해결하는 방안도 있으며, 특히 노동분쟁의 경우에는 산업현장에서 노사합의로 해결하는 방안도 있다.

국도관리원에게 가족수당과 성과상여금을 지급하지 않음으로써 인간으로서의 존엄과 가치를 심각하게 훼손하고 공동체의 구성원의 지위마저 부정하는 것은 우리 사회 전체의 수준을 현격히

떨어뜨리는 것이다. 비록 이 사건을 통해 사법적 해결방안을 제시하지는 못하게 되었지만, 여기에서 머물지 않고 국가가 좋은 사용자의 모범을 보임으로써 다양한 차원에서 해결책이 마련되기를 바라는 마음을 담아 이 보충의견을 쓴다.

이상과 같이 반대의견에 대한 보충의견을 개진한다.

제가 대학에 다니던 1970년대 말 또는 1980년 초에 대학생 중에서 가장 열심히 사는 사람들은 학생운동을 하고, 나아가 노동현장에 들어가 노동운동을 하는 사람들이었습니다. 저는 직접 노동현장에 들어가는 대신에 변호사로서 노동운동의 발전에 기여해야겠다는 생각이었습니다.

제
3
부

인터뷰 등

제3부 인터뷰 등

제 1.

대법관 취임 전

一. 재야법조계의 '재야' 김선수 민변 회장

– 법률신문 2012. 3. 5. [법조라운지] –

< 재야법조계의 '在野' 김선수 민변 회장 >

항상 '소수'로 살아온 삶… 자연스럽게 '소수'를 위해 활동

학교 수업이 끝나면 동네 친구들과 함께 산으로 나무하러 가던 산골 소년. 이해력과 암기력이 뛰어난 소년을 보면서 부모는 아무리 가정 형편이 어려워도 소년의 공부만큼은 제대로 뒷바라지 해야겠다고 생각했다. 소년은 부모의 기대를 저버리지 않았다. 서울로 유학온 소년은 서울대 법대에 합격하고, 사법시험도 당당히 통과했다. 하지만 소년은 대대로 이어진 가난의 끈을 끊는 대신 주변의 소수의 삶에 눈을 돌렸다. 그렇게 김선수 변호사는 '민주사회를 위한 변호사 모임'과의 인연의 끈을 잡았다. 동장군이 한창 맹위를 떨치던 지난달 1일 김 변호사를 그의 사무실에서 만났다.

서울 올림픽을 앞둔 1988년 5월 경기도 포천 베어스타운에 고(故) 조영래씨 등 변호사 51명이 모였다. '민주사회를 위한 변호사 모임(민변)'이 탄생하는 역사적인 순간이었다. 고(故) 노무현 전 대통령과 이돈희 전 대법관 등 '정의실현 법조인회' 회원들과 이석태, 김형태 변호사 등 '청년 변호사회' 회원들 사이에 이제 갓 사법연수원을 수료한 앳된 청년이 있었다. 27세의 김선수(현 민변 회장·사법연수원 17기) 변호사였다. "5공화국 말기 인권변호사들이 우리 사회의 민주화를 위해 치열한 활동을 하던 시절이었는데 저도 당연히 거기에 참여해야 한다고 생각했습니다. 그렇게 저와 민변의 인연이 시작됐습니다."

김 변호사는 자신이 항상 소수와 비주류의 삶을 살았기에 변호사가 된 뒤에도 자연스럽게 소수를 위한 활동을 하게 됐다고 한다. 전라북도 진안의 한 시골 마을에서 나고 자란 그는 여느 시골 아이들처럼 집안일을 도우며 공부를 해야 했다. "시골에서는 초등학교 3~4학년 되면 지게를 지고 나무를 하는 등 집안일의 상당 부분을 해야 했어요. 공부에만 집중할 수 있는 환경이 아니었죠." 다행히 그는 자녀 교육에 열의를 가진 부모 덕분에 또래들보다 공부를 할 기회가 많았다. "당시 제가 제대로 할 수 있는 것이 공부밖에 없었어요. 가정형편이 어려운 친구들은 공부할 시간을 내는 것도 어려웠지만, 제 부모님은 자식들이 공부하겠다면 그

시간만큼은 빼앗지 않으셨죠. 나무를 하러 가는 일도 공부를 한다는 핑계로 빠질 수 있었습니다. 어린 마음에 무엇을 위해 공부를 하겠다는 생각이 따로 있었던 것이 아니라 그나마 일하는 대신 할 수 있는 것이었기에 공부에 집중했던 것 같아요."

시골학교에서 공부를 곧잘 했던 김 변호사는 서울 우신고등학교에 진학하면서 타향 생활을 시작했다. 처음에는 혼자 상경해

친척집에서 살았지만 곧바로 온 가족 모두가 서울로 올라왔다. 하지만 어려웠던 가정환경 때문인지 김 변호사는 공부 외의 학교 생활에는 잘 적응하지 못했다고 한다. "다른 사람들과 어울리는 데에는 많이 서툴렀어요. 과연 제가 사회에 적응하면서 살아갈 수 있을 것인가 하는 것이 항상 걱정일 정도였죠. 어린 마음에 출가도 생각해 봤지만 자신이 없어서 실행에 옮길 수 없었습니다."

공부를 위한 공부만을 해오던 그가 본격적으로 사회 문제에 관심을 갖게 된 것은 고등학교 시절 은사가 들려준 중국 고전에 매료되면서부터였다. "고 1 담임 선생님이 수업시간에 중국 고전을 자주 인용하셨어요. 그때부터 고전에 관심을 가졌고 대학에 들어가서도 '고전연구회'라는 동아리에 가입하게 됐죠." 대학 시절 그는 후배들에게 맹자를 강독할 정도로 고전 연구에 열의를 보였다. "논어에서는 좋은 사회를 만들기 위해 치열하게 노력하고 고뇌하는 인간 공자의 모습을 가슴이 찡하게 느낄 수 있고, 노자와 장자는 찌든 현세의 고난을 대범하게 대할 수 있는 지혜를 줍니다. 반면에 육도삼략, 손자, 오자 등 병서는 가장 치열한 삶의 현장인 전쟁의 장에서 역경을 만났을 때 헤쳐 나갈 지혜를 주지요. 전쟁과 같은 사회생활에서 어려운 결정을 해야 할 때마다 고전은 지침이 됐습니다."

후일 노동 전문 변호사가 된 그가 노동 문제에 관심을 가지게 된 것은 학생운동을 하다가 군대에 징집된 때부터다. 1981년 5월 전두환 정권은 '광주민주화 운동' 추모 열기를 꺾기 위해 관제행사인 '전국 대학생 민속, 국학 큰잔치(국풍81)'를 준비하지만 학생들의 저조한 참여로 실패하고 만다. 이에 정부는 행사 참여 방해를 주모한 대학생들을 색출해 강제로 군 징집을 했고, 그 과정에서 김 변호사도 군대에 끌려가게 된 것이다. "군 제대 후 진로를 고민하다가 학생운동으로 제적된 후 노동 현장에서 활동하는 선배들이 변호사로서도 노동운동에 기여할 수 있는 길이 있을 것이라는 조언을 듣고 사법시험을 준비하기 시작했어요. 학교 도서관에 자리를 하나 잡고 아침 8시부터 밤 10시까지 끼니 때 두 번 정도만 자리에서 일어나고 계속 자리에 앉아서 공부만 했죠." 사법연수생 시절에는 서울대 김유성 교수를 중심으로 교수와 대학원생, 사법연수생 등으로 구성된 노동법 공부 모임을 만들기도 했다. 이 모임은 1988년에 출범한 '서울대학교 노동법연구회'의 모체가 됐다. "저희가 대학에 다니던 1970년대 말 또는 1980년 초에 대학생 중에서 가장 열심히 사는 사람들은 학생운동을 하고, 나아가 노동현장에 들어가 노동운동을 하는 사람들이었습니다. 저는 직접 노동현장에 들어가는 대신에 변호사로서 노동운동의 발전에 기여해야겠다는 생각이었습니다."

민변 창립 후 15년이 지나 노무현 정권 출범 초기인 2003년 8월 김 변호사는 인생의 새로운 전환점을 맞게 된다. 정부와 사법부가 시민사회의 요구를 받아들여 설치한 사법개혁위원회에 참여하게 된 것이다. "당시 노사정위원회 실무위원과 중앙노동위원회 공익위원을 맡고 있던 제가 노동계를 대표해 사법개혁위원회에 참여하게 됐습니다. 대한변협을 대표로 참여한 김갑배 변호사와 매주 토요일에 만나 논의를 한 후에 위원회에 참석하곤 했지요. 우리의 요구를 반영하기 위해 많은 발언을 하며 노력했던 시절이었습니다."

사법개혁위원회는 약 1년 3개월 간 활동한 후 사법개혁방안을 대법원에 제출했고, 이를 넘겨받은 정부는 대통령 산하에 사법제도개혁추진위회(사개추위)를 설치하게 된다. 김 변호사는 대통령비서실의 권유로 기획추진단장으로 사개추위에도 참여했다. 사개추위는 법학전문대학원과 국민참여재판제도를 도입하고, 공판중심주의 강화를 위한 형사소송법을 전면 개정했다. 법조일원화, 법조윤리 강화 방안, 대법관추천위원회, 재판 기록의 공개 등에서도 가시적인 성과를 냈으며 법무담당관제도, 집단소송제, 징벌배상제, 법률구조제도 개선, 노동법원 도입 등의 논의의 단초를 제공했다는 평가를 받았다. "우리 역사상 사법개혁을 위해 판사, 검사, 변호사, 교수, 관련 부처의 공무원이 같은 사무실에 근무하면서 치열하게 준비하고 논쟁을 거쳐 개혁 방안을 마련한 것은 처음이었습니다. 이런 기회가 또 있을지 모르겠어요. 2년 간 참으로 많은 주제를 다뤘고 치열한 논쟁의 과정을 거쳤습니다. 노 대통령의 사법개혁 의지가 많은 도움이 됐다고 생각해요. 사법개혁위원회에서 만든 건의안을 주무 부처인 법무부에 보내 입법을 추진하라고 했으면 아마 실패했을 겁니다."

사개추위 활동을 마친 후 7년이 지난 현재 김 변호사는 사법개혁이 어느 정도 성공적이었다고 평가한다. 그는 특히 법원의 개혁에 대해서 상당히 긍정적인 평가를 내놓았다. "공판중심주의 강화로 인해 형사재판의 모습이 많이 바뀌었고, 이명박 정부 들어 검찰이 무리하게 기소한 사건들에 대해 법원이 무죄를 선고한 데에는 공판중심주의를 강화하는 방향으로 형사소송법이 개정된 것에도 주요 이유 가운데 하나라고 생각합니다. 법조일원화, 국민참여재판제도도 긍정적인 방향으로 정착돼 가는 것으로 보입니다. 다만 법학전문대학원에 대해서는 여러 평가가 있지만 여러 문제점들을 개선하면서 정착시키는 것이 필요하다고 봅니다."

<글=임순현 기자·사진=박지연·홍세미 기자>

임순현 기자 / 2012.03.05. 14:33

二. 시사인

- 2015. 11. 18. 자 -

노동권 보호는 노동법원에서부터

노동권을 보호해야 한다는 사회적 목소리가 높다. 2005년 사법 개혁의 일환으로 노동법원의 밑그림을 그렸던 김선수 변호사는 이제 논의의 방향이 참심형 노동법원으로 모아져야 한다고 말한다.

〈특집 - 유럽의 노동법원을 가다〉

한국에 노동법원이 필요한 이유
유럽에서는 흔한 노동법원
노동권 보호는 노동법원에서부터

김선수 변호사(법무법인 시민)는 1985년 제27회 사법시험에 수석 합격했다. 1988년 사법연수원을 수료한 뒤 판검사 길을 걷지 않았다. 〈전태일 평전〉을 쓴 조영래 변호사가 만든 '남대문합동법률사무소'에서 변호사로서 첫발을 뗐다. 그때부터 주로 노동사건을 변론했다.

김 변호사는 2005년 사법제도개혁추진위원회 기획추진단장을 맡아 국민참여재판, 법학전문대학원 도입 등 사법 개혁을 주도하기도 했다. 하급심 강화 차원에서 노동법원 도입의 설계를 맡았던 주인공이다.

Q. 2005년 사법개혁위원회에서 참심형 노동법원 도입을 준비했다. 계기가 있었나?

A. 노동위원회가 제대로 기능하지 못했고, 노동 사건을 처리하는 법원의 판결에 대한 개선 목소리가 높았다. 전문 법원으로서 노동법원의 필요성은 1987년 노동자 대투쟁 이후 처음 제기되었다. 당시 한국노총에서 1심과 2심 노동법원을 도입하자고 했다. 그땐 직업판사들로만 이뤄진 전문 법원을 두자는 제안이었다. 민주노총 전신인 전노협 등 민주노조 진영에서는 노동법원이 설립되면 사용자 쪽 로비가 집중되어 더 나쁜 판결이 이뤄진다고 우려했다. 차라리 노동사건 처리 특례법을 만드는 걸 대안으로 내놓았다. 그런 논쟁 과정에서 노동법원이 구체화하지 못하고 1989년 노동위원회에 부당해고 구제 신청 사건에 대한 심판 기능까지 주었다. 미국·일본·한국이 노동위원회 제도를 두고 있는데 다른 나라에서 부여하지 않는 사법적인 기능까지 노동위원회에 준 것이다. 그러면서 행정 구제 절차와 민사 구제 절차가 중복되는 문제가 발생했다. 참여정부 들어 사법 개혁 차원에서 노사 참심원(명예판사)이 참여하는 노동법원 설립 방안이 합리적이라고 의견이 모아졌다.

김선수 변호사(위)는 2005년 사법제도개혁추진위원회에 참여해 노동법원 도입의 설계를 맡았다. © 시사IN 이명익

Q. 도입되지 못한 이유는?

A. 그때 법원이 노동법원을 설립하는 데 적극적이지 않았다. 직업판사뿐 아니라 노사를 대표한 참심원(명예판사)이 판결에 참여하는 것에 대해 부담스러워했다. 노동부는 노동위원회 기능이 약화된다고 보았기에 반대했고, 경영계는 '노동' 문구가 들어가는 특별법원이 생기면 노동계에만 유리한 것 아니냐면서 반대했다. 한국노총과 민주노총 등 노동계는 찬성했다. 그래서 장기 과제로 남겼다.

Q. 노사 당사자가 판결에 참여할 경우 이해관계가 더 대립하지 않을까?

A. 법원 판사들 말을 빌리면 개별 사건에 대해 시간을 좀 더 할애해 당사자 의견을 들어주고 사건을 처리하면 불복률이 눈에 띄게 낮아진다고 한다. 사건은 많고 시간적 여유가 없이 판결하다 보니 불복률이 높다는 것인데, 참심형 노동법원이 도입되면 노동자·사용자 쪽 명예판사가 참여한다. 노사 명예판사와 직업판사가 서로 충분히 의견을 나누고 결론이 나왔다고 여기면 그 판결에 대해 신뢰할 것이다. 재판 과정에서 조정률이 높아지는 효과도 있을 것이다.

Q. 공익·노동자·사용자 위원이 참여하는 기존 노동위원회와 유사한데, 기능이 겹치지 않나?

A. 노동위원회 고유 업무는 조정이다. 그 부분은 그대로 남겨두고 전문성을 더 강화해주면 된다. 또 노동조합 설립 신고를 행정관청에 하는데, 이것도 노동위원회에 맡기면 된다. 노동법원이 설립되어도 영국처럼 법원에 오기 전에 노동위원회 조정을 거치게 하면 된다. 이렇게 조정 기능을 더 활성화해주는 게 노동위원회 설립 취지에 맞다. 노동법원이 설립되어도 처리할 사건이 적지 않으냐고 우려하는데 노동 관련 민사소송, 산재 관련 소송, 행정처분에 관한 소송 등을 노동법원이 관할하면 사건이 적은 게 아니라 넘쳐서 문제가 될 수도 있다.

현재 법원에 노동 전담 재판부가 있기는 하다. 전담 재판부가 있지만 판사들이 2~3년에 한 번꼴로 순환근무를 하니까, 법관 전문화가 이뤄지기 어렵다. 노동 사건을 알 만하면 떠난다. 순환근무제다 보니 노동전담부에 오는 것을 꺼려하는 판사도 있다.

Q. 노동 사건을 알 만하면 떠난다는 게 어떤 의미인가?

A. 노동법은 기본적으로 입법 취지가 노동자의 권익을 보호하기 위한 법률이다. 이런 특수성을 이해하지 못하고 민법상 계약 법리로만 판단하려 한다. 법정에서 변호인들과 치열하게 논쟁을 거듭하면서 사건을 처리하다 노동법을 이해할 만하면 다른 재판부로 이동한다. 실제로 노동 전담 재판부에 배속되었던 어떤 판사는 초기에 노동자들에게 워낙 불리한 판결을 많이 했는데, 나중에는 균형감을 갖추는 판결을 했다. 그렇다면 그런 균형감을 가지기 전에 내린 판결은 뭐가 되는가? 물론 법원 내에 노동법 연구모임이 있어서 노동법에 관심이 있는 판사들은 나름 전문성을 키운다. 하지만 그 수가 많지 않고 지금의 전국적인 판사 인사 시스템으로는 전담 재판부가 제 기능을 하지 못한다.

Q. 제안 당시에도 법원이 반대했는데 판사들이 적극적으로 지원을 할까?

A. 노동법원이 설립될 경우 본인이 원하면 10년 이상 근무하게 해야 한다. 전문성을 높여야 한다. 노동법에 관심이 없는 판사들은 지원하지 않으면 된다. 법조 일원화 차원에서 변호사 가운데 판사 지원을 받으면 된다. 지원자가 적지 않을 것으로 본다. 일부에서는 직업판사만으로 노동법원을 만들자고 하는데, 그러면 노동법원을 도입할 이유가 없다. 특별법원으로서 참심형 노동법원이 지니는 긍정적인 기능을 살려야 한다. 전문성을 갖춘 직업판사와 함께 노사 참심원이 판결에 참여해, 보완관계를 이뤄야 한다. 사법 민주화라는 측면에서 배심원이나 참심원을 확대하는 것이 선진화나 시대적 흐름에 맞다.

Q. 2005년에 비하면 노동법원 설치에 대한 공감대가 확대되었다고 보는가?

A. 도입에 필요한 법률안은 상당히 성숙되었다고 본다. 현재 국회에 계류 중인 최원식 의원 법안 정도면 도입하기에 충분하다. 사회적으로도 노동권 보호를 강화하자는 논의는 무르익었는데, 다만 그럴 때마다 노동법원 필요성으로 모아지지 못하고 기존 노동위원회 기능을 강화하는 쪽으로 흘러갔다. 예를 들면 2006년에도 노동위원회에 기간제나 단시간 근로자, 파견근로자의 차별 시정 신청 사건에 대한 심판 기능을 주었다.

새로운 쟁점이 있을 때마다 노동위원회 권한만 강화해주고 있다. 그러면 노동위원회가 제대로 기능을 하고 있느냐? 전혀 그렇지 못하다. 노동계도 노동위원회를 불신하고 있다. 이제는 논의 방향을 참심형 노동법원으로 모아야 한다. 노동법원 현실화는 의지의 문제다. 밑그림과 관련 법 등 설계는 이미 끝난 상태다.

고제규·김은지 기자 /
입력 2015.11.18. 03:50 호수 426

三. 경향신문

- 2018. 7. 30. 인터뷰 -

< 내달 2일 취임 앞둔 김선수 신임 대법관 인터뷰 >

"노동사건 판례 전체적으로 재검토"

김선수 신임 대법관(사진)이 "노동사건 판례들을 전체적으로 재검토하겠다"고 밝혔다. 김 신임 대법관은 "언론노동자 근로조건에 공정방송이 포함되는지, 교육노동자에게는 그 조건이 어디까지인지 등이 재검토되어야 한다"면서 "(노동 관련 사건 가운데) 시급히 개선이 필요하다고 생각되는 것부터 훑어볼 예정"이라고 했다.

김 대법관은 국회 임명동의가 통과된 다음날인 지난 27일 경향신문과 만나 이 같은 포부를 밝혔다. 그는 "모두의 기대에 부응해 제 역할을 할 수 있을지 걱정하느라 잠을 못 이루고 있다"고 부담감도 토로했다. 그러면서도 30년 재야 변호사와 6년 대법관의 입장은 같을 수 없다고 선을 그었다.

그는 "민변 시절에는 앞장서서 모든 형태로 주장하고 요구했다. 하지만 대법관은 그런 입장이 아니다. 실정법의 테두리에서 판단해야 한다"며 최고법원 법관으로서의 역할을 명확히 했다. 낡고 오래된 판례에 문제를 제기하겠지만, 사법부 특유의 소극적·보수적 성격은 지키겠다는 뜻이다.

김선수 신임 대법관이 지난 27일 경향신문과 인터뷰를 마치고 포즈를 취하고 있다. 인터뷰는 김 대법관이 대표변호사로 있던 서울 서초동 법무법인 시민 사무실에서 했다. 뒤로 보이는 책들 중 상당수는 사법개혁에 관한 것이다. © 이범준 사법전문기자

김 대법관은 지난 30년 수많은 사건을 맡아 판례를 바꾸고 법률을 개정시켰다. 골프장 캐디 등 특수고용노동자, 서울대병

원 법정수당 사건 등 통상임금, 대학 교수의 부당한 재임용 탈락, 콜트·콜텍의 정리해고, 공무원노조 문제 등이 그의 손을 거쳤다. 피의자가 변호인을 만나지 못했다면 검사 조서는 무효라는 대법원 판결도 이끌어냈다. 김 대법관은 다음달 2일 취임한다.

"인권 감수성 바탕, 의미 있는 사건에 정확한 논리 내겠다"

김선수 신임 대법관이 다음달 2일 6년 임기를 시작한다. 법조계 일각에서는 판검사를 거치지 않은 변호사 출신에 의미를 둔다. 이런 형식적인 규정으로는 '김선수의 대법원 진입'을 모두 설명하지 못한다. 그의 등장은 민법의 특별법인 노동법을 현장에서 다뤄본 첫 대법관이라는 의미가 있다. 시민법으로도 불리는 민법은 당사자의 자유로운 계약에 따라 이상적인 사회가 실현된다는 아이디어를 담았다. 노동법에는 자본가와 노동자의 계약은 불평등하기 마련이므로 제도적으로 조정해야 한다는 생각이 들어 있다.

김 대법관은 저서 <노동을 변호하다>(오월의봄)에서 이렇게 밝혔다. "시민법에 기초한 근대 사법은 현실에서 강자에게는 명령의 자유, 약자에게는 복종의 자유로 양극화되면서 '법적 몽상'임이 증명되었다. (중략) 노동법은 시민법을 이러한 모순에서 구했다. 노동법은 개별적 차원의 형식적, 사적 자치를 집단적 차원의 사적 자치로 전환할 수 있게 해서 자기 함정에 빠진 시민법을 구원한다.” 민법의 영향이 압도적인 대법원에 그가 어떠한 영향을 끼칠지 법조계는 주목한다.

국회 임명동의안이 통과된 다음날인 지난 27일 김 대법관을 서울 서초동 사무실에서 만났다. 사무실 벽 책장에는 지난 30년간 수행한 사건 파일이 가득 꽂혀 있고, 바닥에는 변호사 생활을 정리하기 위한 상자들이 놓여 있었다. 김 대법관은 100분간 인터뷰에서 기존 대법관들이 좀처럼 사용하지 않는 용어를 썼다. ‘사회적 약자’ ‘인권 감수성’ 같은 말이 계속 등장했다.

변호사단체 등이 이명박·박근혜 정권에서도 김선수 변호사를 거듭 대법관으로 추천한 이유는 그가 진보적이어서가 아니다. 실력과 경험, 도덕성을 갖춘 사람을 그 말고는 찾기 어려웠기 때문이다. 보수 성향 하창우 전 대한변협 회장은 ‘박근혜 대통령-양승태 대법원장’ 시절 “김선수라면 대법관 역할을 충분히 할 수 있다. 그래서 추천하는 것”이라고 기자에게 말했다.

김선수 대법관 약력

1961	전북 진안 출생	2002	민주사회를위한변호사모임(민변) 사무총장
1979	우신고(서울) 졸업	2003	노사정위원회 상무위원
1985	제27회 사법시험 합격 (연수원 17기)	2003	사법개혁위원회 위원
1986	서울대 법대 졸업	2005	사법제도개혁추진위원회 기획추진단장
1988	법무법인 시민종합법률사무소 변호사	2007	법무법인 시민 대표변호사
1997	숭실대 노사대학원 겸임교수	2010	민변 회장
2000	중앙노동위 심판담당 공익위원	2014	대한변호사협회 징계위원 간사
2001	여민합동법률사무소 변호사	2017	국회 헌법개정특별위원회 자문위원

윤리와 실력을 겸비한 대법관의 탄생은 번민의 시절로 거슬러 올라간다. "스물세 살에 사법시험 준비를 죄의식과 자책감을 가지고 시작했다. 당시 친구들은 우리 사회를 바꿔보자며 변혁운동의 장으로, 노동 현장으로 향하고 있었다"고 회고했다. 노동변호사가 되겠다는 다짐으로 시험공부를 시작해 2년 만인 1985년 수석 합격했다. 1988년 연수원을 수료한 뒤 판사 임용과 대형로펌을 마다하고 〈전태일 평전〉 저자이자 불세출의 인권변호사 고 조영래 변호사 사무실에 취직했다. 지난 30년간 수많은 사건을 맡아 판례를 바꾸고 법률을 개정시켰다. 재야 생활을 마감하고 사법부 심장으로 들어가는 그의 생각을 전한다.

Q. 대법관 김선수가 성공하길 응원하는 법조인들이 많다. 현역 판사들조차 새바람을 넣어주길 기대한다. 어떤 조언을 많이 들었나.

A. "어깨가 무겁고 부담이 크다. 응원하시는 분마다 다양한 역할을 기대하는 것 같다. 대법원에 들어가서 대법관들의 잠재력을 끌어올리는 메기 역할을 하라고도 하고, 대법원의 풍토를 개선하고 법리도 다른 각도에서 만들어내라고도 한다. 오랜 기간 공부하고 현장에서 닦은 경험을 활용해 기존 판례를 극복하고 대법원을 바꾸라고도 한다. 자칫 기존 논리에 동화되는 것 아니냐는 걱정도 한다. 모두의 기대에 부응해 제 역할을 할 수 있을지 걱정하느라 잠을 못 이루고 있다."

Q. 변호사단체가 대법관 후보로 추천해온 이유는 노동법 전문가여서가 아니다. 기존 대법관들과 논쟁이 가능한 이론적 배경을 갖추고 있고, 그들은 잘 모르는 사회현실을 파악하고 있기 때문이다.

A. "변호사 출신과 법관 출신 사이에 견해차가 있을 수 있다. 토론을 통해 더 좋은 결론이 나오리라 믿는다. 결국 국민 관점에서 생각해야 한다. 무엇보다 대법관은 일방 당사자가 아니다. 내가 2000년부터 중앙노동위원회 심판담당 공익위원으로 일했다. 이때도 한쪽을 대리하는 변호사로 주장할 때와는 다르게 사용자 얘기를 경청해 판단했다."

Q. 대법관 한 사람이 연간 3000건 넘게 처리한다. 사회도 조망해야 한다. 쟁쟁한 법관 출신 대법관들도 소득 없이 퇴임하는 경우가 많다.

A. "사회적 약자의 인권 관련 사건을 변론하면서 축적된 인권 감수성이 있다고 생각한다. 이에 바탕을 두고 의미 있는 사건을 선별하고 그 부분에서 정확한 논리를 개발해 정치하게 전개해야 하지 않겠나. 박시환 전 대법관께서 대법관의 업무가 무엇인지에 관해 매우 상세하게 적어두신 글이 있다. 찾아서 참고하려고 한다."

Q. 노무현 정부에서 임명된 진보 성향 대법관 5명을 '독수리 5형제'라고 부른다. 좋은 의견도 냈지만 소수의견에 그쳤다는 평가도 있다. 대법관들을 설득해 다수의견을 끌어낼 자신이 있나.

A. "어느 시대에나 흐름이 있다. 나 혼자만의 의견이 아니라 시대의 흐름인 의견이 있다. 그리고 최근 취임하신 대법관들 중에는 사회적 소수를 위해 좋은 판결을 하신 분들도 많다. 반면 균형을 고려해 되신 (보수적인) 분들도 있다고 한다. 개인적으로 이런저런 걱정이 되는 것도 사실이다. 하지만 대법원은 본래 다양하게 구성된다. 이런 바탕에서 토론하면 된다고 생각한다."

언론노동자의 근로조건에 공정방송이 포함되는지 등 개선 필요한 것들 훑어보려

Q. 대법관이 모든 사건에 집중할 수 없다. 교수 출신 양창수 전 대법관은 민법 분야, 검사 출신 안대희 전 대법관은 형사 분야에서 평소 문제의식을 풀었다. 염두에 둔 사건들이 있나.

A. "노동사건 판례들을 전체적으로 재검토해보려 한다. 시급히 개선이 필요하다고 생각되는 것들부터 훑어볼 예정이다. 가령 헌법 33조 1항은 '근로자는 근로조건의 향상을 위하여 자주적인 단결권·단체교섭권 및 단체행동권을 가진다'고 돼 있다. 여기에서 근로조건이 무엇을 말하는지는 법원이 정하고 있다. 언론노동자의 근로조건에 공정방송이 포함되는지, 교육노동자에게는 그 조건이 어디까지인지 등이 재검토되어야 한다."

Q. 통합진보당 정당해산 사건에서 기각의견을 냈다는 이유로 김이수 재판관은 헌법재판소장 동의가 부결됐다. 똑같이 기각의견을 주장한 김선수 변호사는 대법관이 됐다.

A. "그 사건을 수임했다고 의뢰인의 노선까지 동의하는 것은 아니다. 당사자를 위해 최선을 다하는 것이 변호사다. 의뢰인의 사회적 평판이 나쁘다는 이유로 수임을 거부해서는 안된다는 유엔 인권지침도 있다. 변호사는 법관을 설득해 의뢰인이 원하는 결론이 나오도록 해야 한다. 법관이 받아들이지 않을

수 있다고 변호사가 예단해 주장을 포기해서는 안된다. 결과적으로 우리 주장을 (김이수 재판관이) 소수의견으로 받아들였다."

Q. 김선수 변호사가 왜 통진당 사건을 수임했는지 의아하다는 얘기도 많았다. 내란음모 혐의 형사사건은 통진당과 가깝다는 변호사들이 수임했는데, 정당해산 심판만 그쪽에서 맡지 않았다.

A. "통진당에서 정당해산 심판을 대리해달라고 연락이 와서 고민을 많이 했다. 당시 해야 할 업무도 많았는데 그렇다고 평소 교류가 있던 것도 아니었다. (정당의 노선을 문제 삼는) 정당해산은 통진당과 무관한 사람에게 맡겨야 전략적으로 유리하다고 생각한 것 같다. 헌재가 변론기일을 2주마다 잡는 바람에 1년 동안 다른 일은 거의 못했다. 청구인인 법무부는 자료조사도 용역을 맡겼지만 우리는 사무실을 유지하면서 이 일정을 소화해야 했다."

법관 출신과 견해차 있다면 결국 국민 관점서 생각해야 나 혼자만의 의견이 아니라 시대의 흐름인 의견을 갖고 다른 대법관들과 토론할 것

Q. 지난해 시작된 사법행정권 남용 의혹이 재판거래 의혹으로 번진 상태다. 사법부가 자체 해결하기에는 어려운 단계라는 지적이 많다.

A. "재심은 요건이 정해져 있는데 여기에 해당하는지 의문이다. 따라서 사회가 전체적으로 노력해 해결하는 것이 바람직하다. 법원이 잘못했으니 법원이 알아서 해결하라고 할 문제는 아니다. 당장 KTX 해고승무원 재판 문제도 일단은 법원 밖에서 해결이 됐다. 특별법으로 재심을 가능하게 하는 방법을 말하는 사람도 있는데 이것도 국회가 움직여야 한다. 이런 의미에서 사회 전체가 노력해야 한다는 것이다."

Q. 대법관은 재판도 하지만 사법행정의 책임자이기도 하다. 대법관회의 구성원으로서 사법행정의 주요 사안을 결정해야 한다. 노무현 정부 시절 사법제도개혁추진위원회 기획추진단장도 지냈는데.

A. "법관 임용 방식이 바뀌어 이제는 법조경력이 10년인 사람만 판사가 된다(2013년부터 단계적으로 시행돼 2018년 현재는 경력 5년 이상). 이를 법조일원화라고 하는데 (미국, 독일 등 외국처럼) 판사 자신이 원하지 않으면 전보인사를 하지 않게 된다. 기존의 대법원장 인사권이 줄어들게 된다. 그러면 남는 문제는 법관 선발 부분이다. 과거와 같은 성적순 선발이 아니어서 공정성이 가장 중요한 문제다."

재판거래 의혹 관련 사건들 사회 전체가 노력해 풀어야
민변 땐 앞장서서 주장·요구 이젠 실정법 테두리서 판단

Q. 1988년부터 30년 동안 변호사로 활동하면서 소송은 물론이고 입법 촉구, 각종 성명까지 폭넓은 사회운동을 해왔다. 대법관의 역할은 상대적으로 줄어드는데.

A. "이제 대법원에 들어가면 활동영역도 축소된다. 각종 사회 부문 활동은 전혀 하지 않게 된다. 대법관으로서의 해석론에 관여하는 것이 나의 역할이다. 그나마도 (소극적으로) 바뀌어야 한다. 민변 시절에는 앞장서서 모든 형태로 주장하고 요구했다. 하지만 대법관은 그런 입장이 아니다. 실정법의 테두리에서 판단해야 한다. 실정법이 헌법 위반이라고 의심되어도 헌법재판소에 위헌제청을 할 뿐이다. 앞으로 6년 임기 동안 대법관으로서 역할에 최선을 다하겠다."

이범준 사법전문기자 seirots@kyunghyang.com /
입력 : 2018.07.30. 06:00:00 수정 : 2018.07.30. 06:00:09

四. 월간 노동법률 2018년 8월호 [vol.327]

김선수 변호사,
"노동법에는 인간에 대한 탐구와 배려가 담겨 있다"

– 피플 –

*이번 인터뷰는 대법관 후보 추천이 이뤄진 6월 20일 이전에 진행됐음을 밝힌다. 이번 김선수 변호사 인터뷰는 지난해 하경효 고려대 교수에 이어 월간 <노동법률> '노동계 원로를 만나다' 시리즈 2편으로 준비됐고, 진행 당시만 해도 노동 법률전문가로서 김선수 변호사가 걸어온 길을 조명하자는 취지였다. 인터뷰에 담긴 내용이 의도치 않은 방향으로 영향을 줄 것을 우려해, 김 변호사에 대한 청문회 종료 이후 기사를 소개함을 양해 부탁한다.

지난 6월 20일, 대법관후보추천위원회(위원장 박경서 대한적십자회 회장)는 8월 2일 임기가 종료하는 고영한, 김신, 김창석 대법관의 후임 대법관 후보를 김명수 대법원장에게 추천했다. 이날 추천된 대법관 후보에는 김선수(56-사법연수원 17기) 법무법인 시민 대표 변호사가 포함돼 있었다. 추천된 후보들 중 김선수 변호사만 법관 출신도 아니고 검찰을 거친 경력도 없다. 대법관 후보 추천 소식을 전달한 각종 매체는 그를 "노동 인권 변호사", "민주사회를 위한 변호사모임(민변) 회장 출신 변호사"로 간단하게 소개했지만 아마도 김선수 변호사는 현재 가장 영향력 있고 저명한 노동

전문가 중 한명이라고 봐도 무방할 것이다.

오랜 경력만큼 그의 손을 탄 사건만 나열해도, 우리 노동계에 꽤나 큰 영향일 미친 케이스들이 상당하다. 특고노동자의 노조법상 권리를 최초로 인정한 골프장 캐디 사건이 대표적이다. 이런 김선수 변호사의 유명한 저서 〈노동을 변호하다〉의 서문 마지막 문구는 다음과 같다.

"이 땅의 노동자들을 포함한 모든 사회구성원들이 인간으로서의 존엄과 가치를 존중받고 불안과 공포에서 벗어나 행복을 추구하며 살아갈 수 있는 공동체를 위해"

월간 〈노동법률〉이 김선수 변호사를 법무법인 시민 사무실에서 만나 봤다.

Q. 노동변호사를 하게 된 계기는?

A. 83년 군복무를 마치고 대학교 3학년으로 복학하면서 어떻게 살아가는 게 바람직할까 고민할 때였다. 동기와 선후배들로부터 "노동자들을 위해 법률가로서 활동할 수 있는 길이 있지 않겠냐"는 조언을 받았다. 선택할 수 있는 길이라고 생각해 사법시험을 준비했다. (노동자를 돕기 위해 사법시험을 준비했나?) 70년대 말에는 대학생들이 현장에 직접 들어가 노동운동을 하기도 했는데, 그런 활동을 하기에는 자신이 없었다(웃음). 우리

사회에서 노동자와 그 가족이 사회 구성원의 다수를 차지하는 기본적인 토대임에도, 제대로 대우 받지 못하는 현실이 안타까웠다.

Q. 85년에 사법시험을 합격하고 87년 대투쟁을 연수원에서 지켜본 셈인데, 어떤 심정이었나?

A. 87년 전까지 정부나 사용자는 노동운동에 탄압 일변도였다. 노동운동 자체가 많지도 않았고, 일어난다 해도 형사 탄압이나 해고로 정리되는 경우가 많아 제대로 성장하지 못했다. 그런데 87년을 거치면서 노동운동이 발전했다. 노동권 인식이 발달하면서 해고가 되면 그에 대응하는 해고 투쟁이 근로기준법 적용을 둘러싼 법적 분쟁으로 이어지면서, 소송을 통한 노동자 권리 확보가 중요해 졌다. 형사 재판과정에서도 노동자들이 권리를 주장하면서 사용자와 정부의 형사 탄압도 이전처럼 지속되기 어려워지면서, 사용자측의 대응도 법적 형태를 띠게 됐다. 그러면서 변호사가 할 수 있는 역할이 대폭 확대가 됐다.

Q. 그때에 비해 노동운동 환경이 많이 나아졌다고 볼 수 있을까?

A. 아직도 파업을 적법하게 하기가 참 어렵다. 목적의 정당성을 너무 협소하게 인정한다. 정리해고 반대 투쟁을 하면 정리해고는 '경영사항'이라면서 목적의 정당성을 부정한다. 그런데

노동자들 입장에서 보면, 일자리에 대한 위협만큼 중요한 근로조건 문제가 어디 있나. 그런 문제로 파업을 못하면 노조이기를 포기하라는 것 아닌가. 쟁의행위 목적 정당성과 관련해서 헌법의 "근로조건 향상을 위하여" 부분을 지나치게 협소하게 해석 하는 것 같다.

Q. 노동 헌법 관련해 개헌특위 자문위에 참여했는데 이 부분을 지적했나.

A. ILO나 UN, 서구 선진국 사례를 보면 "자기의 이익을 위하여" 단결할 자유를 가진다고 정하고 있다. 다소 광범위 하더라도, 방법을 평화적인 방법으로 제한하면 쟁의정당성을 부정해 형사처벌하거나 민사상 손해배상 책임을 묻거나 할 필요가 없다. 임금을 지급받지 않는 것이면 충분하지, 별도의 불법행위를 구성한다고 보는 것은 적절치 않다.

Q. 외국은 어떤가?

A. 임금을 지급하지 않을 뿐, 민사상 손해배상 청구까지 가지 않는다. 노동자들이 공격적으로 행동해 기물을 훼손했다면, 별도 손해배상 책임을 청구할 수 있다. 하지만 노무를 제공하지 않은 행위에 대해서는 임금을 지급하지 않는, 즉 대가관계에 있는 책임만 물으면 된다. 그런데 민사상 손해배상 책임까지 묻는 것은 노동자에게 '사업을 운영해서 이익을 내는데 협조해야 할 책임이나 의무'를 추가로 인정하는 것인데, 그럴 근거는

없다. 사업주가 이익을 냈을 때 노동자에게 그 이익에 대한 배당권을 준다면 몰라도, 그런 권리는 주지 않고 손실에 대한 책임만 묻는 것은 타당하지 않다. 이것은 단체행동권을 헌법상 기본권에 규정한 취지에 비춰서도 더 그렇다.

Q. 국회 개헌 특위에 참여했다. 얼마 전 나왔던 개헌안을 보면, 노동기본권 관련해서 법적으로 규정할 만한 부분을 굳이 헌법으로 규정했다는 지적이 있었는데.

A. 현재 상황에서 가장 바람직한 내용을 염두에 두고 만들었다. 개헌 기회는 마련됐지만 자문위 의결이 백퍼센트 관철된다는 보장도 없기 때문에, 최대한 바람직한 안을 마련하자는 차원에서 논의한 내용이다. 결국 대통령 발표 개헌안에서는 빠진 부분도 있다. 개헌위 안도 일부 비판을 받았다. 헌법에 경찰공무원을 명시해서 단체행동권 제한할 수 있는 근거 조항을 둔 게 특히 그랬다. 결국 대통령 개헌안에서는 경찰공무원이 빠졌다. 물론 현역 군인과 경찰공무원은 ILO 87호 협약이나 UN 사회권 협약에서 국내법에 따라 제한할 수 있다고 명시돼 있기 때문에, 헌법에 명시해도 국제규약 위반은 아니다. 다만 굳이 헌법에 명시할 필요는 있었느냐는 비판이 나온 것이고, 결과적으로 (대통령 안대로) '군인에 준하는'으로 포괄적으로 규정하는 게 현명했다고 본다(웃음).

Q. 최근 대법원이 재판 거래 관련한 의혹에 쌓였다.

A. 선고가 2015년인데 선고 전인 2014년에 선고 시기까지 검토하고 있었다는 점이나, 전교조 판결에 대한 효력 검토 등을 보면 일각에서 주장하는 것처럼 사후적으로 사례를 취합한 것으로 보기 어려운 부분도 있다. 물론 대법관들의 생각이 일치했을 수도 있지만 더 조사가 필요할 것 같다.

Q. 노동 정책이 급격하게 이뤄지고 있다는 평가가 있는데, 현 노동정국에 대한 평가는?

A. 이명박-박근혜 정부에서는 노동자의 희생을 강요하는 정책 위주로 일관해 왔다. 이제 어느 정도 균형을 맞추려면 친노동 쪽으로 더 강하게 나아가야 비로소 균형이 이뤄지지 않을까. 양대노총 폐기, 성과연봉제 폐지, 최저임금 대폭 인상까지 왔는데, 균형을 맞추겠다는 의지로 보인다. (최저임금 문제는 개정법으로 속도 조절이 됐는데) 산입범위를 너무 성급하게 손댄 것 아닐까 싶다. 통상임금 문제는 놔두고 최저임금만 법개정을 통해 조정했으니, 어떤 임금이 최저임금에는 들어가는데 통상임금에서는 제외될 수도 있다. 또 이번 개정법에 따르면 사용자들이 최저임금과 관련해 상당한 재량을 가지게 돼, 노동자들이 희생될 수 있는 상황이다. 그런 면을 고려하면 정책이 좀 더 과감하게 가도 괜찮을 것 같다.

Q. 이번에도 대법관 후보로 세간의 입에 오르내리고 있다. 매년 반복되는 상황이라 피곤할 법한데.

A. 언론에 이름이 오르내리니까 함부로 얘기도 못하겠다(웃음). 아직 순수 재야출신이 대법관이 된 적은 없다. 다만 법조 일원화가 제대로 되면 법관에 대한 인식이 바뀌지 않을까. 지금 법관에 대한 인식은 사법연수원을 우수한 성적으로 나와 계속 그 길을 걷는 엘리트의 인상이 강하다. 하지만 법조 일원화가 되면, 시민을 위해 대리하거나 활동했던 사람이 법원으로 들어갈 수 있다. 인권-민주주의를 시민적 관점에서 경험한 사람이 법관이 되면 엘리트 관료 법관들과 조금 다른 관점에서 법을 보거나 해석할 수 있지 않을까. 변협에서 나를 계속 추천했던 것도, 처음부터 변호사로 활동한 사람이 대법원에 가면 사법 전체를 보는 시각이 관료출신들과는 다를 것이고, 대법원에서의 토론이 훨씬 활성화 될 것을 고려했던 것 같다. 자꾸 세간에서 진보 진영의 음모라고 식으로 말하는데 아이고…(웃음)

Q. 최근 노동에서 어떤 영역에 가장 관심이 많나?

A. 노조 조직률이다. 기본적으로 노조 조직률이 30%정도, 단협적용률 50% 이상은 돼야 노동조합이 사회적인 파트너가 되면서, 양극화 해소가 가능하지 않을까. 북유럽은 조직률이 70%가 넘는다. 최소한 조직률이 20%정도고 협약적용률이 50% 정도는

되는 동유럽 정도는 가야 노동자들이 우리 사회에서 나름대로 파트너로서 대우를 받지 않을까. 박원순 시장이 대선 경선 때 조직률 30%, 협약적용률 50%를 제시한 적이 있는데, 이 정도까지 가기 위해서 정부가 노력을 해야 하지 않을까 (거기에 법률가로서 이바지 할 수 있는 길은 뭐가 있을까?) 글로 쓰고 설득하고 노동자를 위한 재판에서 많이 이겨야겠지. (웃음)

Q. 기억에 남는 노동사건은?

A. 2014년 대법원 선고된 조선호텔 정리해고 사건이다. 호텔 세탁업무, 객실정비 업무 등을 하다 정리해고 된 7명의 노동자를 대리한 사건이다. 그런데 지노위, 중노위는 물론 법원에서 매번 결론이 바뀌었다. 지노위에서 부당해고로 인정됐지만 중노위에서 기각됐고, 행정법원에서 이겼는데 고등법원에서 졌다. 그런데 고등법원에서 졌을 때, 상고 여부를 두고 고민이 많았다. 어렵게 다른 곳에 취직을 한 사람도 있었지만, 몸이 불편해서 쉬는 사람도 있는 상황이었다. 이런 상황에서 대법원에까지 올라갔다가 지면 상대방 변호사 비용까지 물어야 된다. 상고를 두고 고민을 정말 많이 했다. 변호사로서도 본인들 결정에 맡길 뿐 무슨 말을 더 하겠나. 그런데 노동자들이 뜻을 모아서 마지막까지 가보자고 했다. 결국은 대법원에서 뒤집어 승소했다. 결론이 네 번 바뀌고 장기간 소송이 이어지다 보니

힘들었다. 당사자만큼은 아니겠지만, 옆에서 지켜보는 변호사에게도 절망감이나 무력감이 바로 전달된다. 예전에 쌍용차 사건을 함께 맡았던 권영국 변호사는 사건이 대법원에서 뒤집어지는 것을 보고 절망감에 빠져 정치로 갔다. 물론 정치는 소질 있는 분이 하고, (나처럼) 끝까지 법조계에 남아 이런 역할을 할 사람도 필요하지 않겠나. (웃음)

Q. 노동법의 매력은 뭘까?

A. 인간을 구체적으로 본다는 점. 민법이나 형법 같은 시민법은 인간을 자유의지가 있고 평등한 주체로 본다. 그래서 기본적인 의지를 가진 주체가 한 계약은 지켜져야 한다고 보기 때문에, 사적 자치나 계약자치 원칙이 최우선이다. 하지만 노동법은 구체적 사실관계나 사회적 관계까지 아울러 본다는 데서 다르다. 노동자와 사용자의 관계가 종속적이고 힘의 차이가 있다고 보기 때문이다. 그래서 근로기준법이 최소한의 노동조건을 강제한다. 또 약한 지위의 노동자가 사용자와 대등한 지위를 갖게 하기 위해 단결하고 단체행동할 수 있는 권리를 헌법에서까지 인정하지 않나. 인간을 사회 속에서 구체적으로 바라본다는 점, 또 실질적인 평등을 지향하고 이를 위해 여러 배려 장치로 마련된 산물이라는 점, 불공정한 결과를 시정하는 역할도 한다는 점을 특징으로 말하고 싶다.

Q. 노동계에 몸담은 후배 전문가들에게 가장 필요한 능력은?

A. 기본적으로 공감하는 능력일 것이다. 노동법이 구체적인 인간을 바라 보며 더불어 사는 사회를 지향하기 때문이다. 늘 열린 자세를 갖기 바란다.

한편, 김선수 변호사는 대법관 후보자로 제청된 후 민변을 탈퇴하겠다고 밝혔다. 김 변호사는 지난 7월 23일 국회에서 열린 인사청문회에서 "현실정치와 거리를 두고 살아왔고, 정당에 가입한 적도 없고 정당에 후원금을 낸 적도 없다"며 "다만 노동자의 삶을 개선하는 데 도움이 되는 노동법 개정과 노동정책의 실현을 위해 저의 전문성이 도움이 된다면 누구의 요청에도 적극적으로 응했다"고 말했다.

등록 : 2018.07.26. 13:58:59 수정 : 2018.07.31. 13:35:04
곽용희 기자 kyh@elabor.co.kr

제 2.

대법관 퇴임 후

一. 법률신문 2024. 8. 3. 자

<김선수 전 대법관 퇴임 인터뷰>

"법원 와보니 다르더라, 법관 임용시 법조경력 완화 필요"

10년 주장했지만 5년이 바람직

위자료 현실 맞게 대폭 상향을

사회 모든 영역 사법과잉화 우려

법률신문은 지난 30일 퇴임을 앞둔 김선수 전 대법관과 퇴임 단독 인터뷰를 진행했다. 순수 재야 출신의 첫 대법관이 6년의 임기를 마무리하는 순간이었다. 김 전 대법관도 "법관이나 검사 등

재조 경험이 없다는 것 때문에 엄청나게 많은 사건을 담당하는데 실력 측면에서 문제가 있는 것 아니냐는 우려를 불식시키기 위해 사법시험 공부를 할 때의 단조로운 생활과 집중력으로 6년 임기 동안 혼신을 다했다"고 말했다.

다만 1일 함께 퇴임한 이동원·노정희 전 대법관은 법률신문의 인터뷰 요청에도 불구하고 완곡히 거절 의사를 밝혔다.

"수많은 변호사들이 자기 분야에서 사회적 약자와 소수자 그리고 국민들의 인권과 권익을 보장하기 위해 열심히 활동하고 있는데, 변호사로서의 활동을 인정받아 대법관에 임명되는 길도 있다는 모델을 제시하는 것이 중요한 의미가 있다고 생각했다"는 김 전 대법관의 인터뷰를 보도한다.

지난달 30일 서울 서초동 대법원 집무실에서 김선수 전 대법관이 법률신문과 인터뷰에서 말하고 있다.

"변호사 시절과 법원에 온 뒤 생각이 달라진 부분도 있다. 특히 경력법관 법조경력 완화 문제 등이다."

8월 1일 퇴임한 김선수(63·사법연수원 17기) 전 대법관이 지난달 30일 서울 서초동 대법원 집무실에서 가진 법률신문 인터뷰에서 이렇게 말했다. 그는 참여정부에서 청와대 사법개혁비서관과 사법제도개혁추진위원회 기획추진단장을 지내며 법조일원화를 추진했던 인물이다.

"과거 경력법관에게 10년 경력을 요구했던 이유는 법조 경력이 짧은 법관이 판결을 할 경우 국민의 신뢰에 영향을 미칠 수 있다는 이유 등에서였다. 이에 따라 1심 재판은 단독으로 하고 합의부는 대등부로 구성하는 방안을 떠올렸다. 그런데 현재와 같이 배석판사들의 헌신을 통해 재판이 진행되는 구조에서는 한계가 있다고 생각이 바뀌었다. 신규임용 트랙을 다원화할 필요가 있다고 생각한다"고 답했다.

퇴임식을 이틀 앞둔 시점에도 김선수 전 대법관의 집무실은 책으로 가득했다. 그는 9월부터 사법연수원 석좌교수로서 활동한다.

김선수는…법관·검사 경력 없는 첫 대법관

김선수 전 대법관은 전북 진안 출신으로 서울대 법대를 졸업한 뒤 제27회 사법시험에 합격해 1988년 사법연수원(17기)을 수료한 뒤 변호사의 길을 걸어왔다. 2015년부터 대법관 인선 때마다 후보로 거론됐다. 그는 최종 후보에 오른 지 세 번째 만에 대법관 후보로 임명 제청됐다. 법관이나 검사 경력이 전혀 없는 변호사로서 최초의 대법관이기도 하다. 대표적인 진보성향 법조인으로 꼽혀왔다. 참여정부 시절 사법제도개혁추진위원회 기획추진단장, 대통령비서실 사법개혁비서관, 민주사회를 위한 변호사모임 회장 등을 지냈다. 변호사로 활동할 당시 시국 사건과 노동사건을 변론하면서 사회적 약자와 노동자의 권익을 보호하는데 전력을 기울여 왔다. 그는 6년 전 대법관 취임사에서 "청문회 과정에서 그동안의 변호사 활동과 사법개혁 관련 경력들이 편향성이 있는 것으로 비칠 수 있고, 대법관의 직무를 수행함에 있어 공정성과 중립성, 독립성을 지킬 수 있을 것인지에 대해 우려하는 국민이 있다는 사실을 알게 됐다. 대법관으로서 직무를 수행함에 있어 외부의 압력에 굴하지 않을 것임은 물론, 정치적 고려를 일절 하지 않겠다"고 밝히기도 했다.

법조 경력 완화되어야

"'지연된 정의는 정의가 아니다'라는 말이 있다. 재판 결과에 대한 국민의 신뢰는 법관이 그 사건에 들인 시간 수에 비례한다고 할 수 있다. 내년부터 경력법관에게 요구되는 법조경력이 7년으로 상향되는데, 이렇게 되면 법관 지원자 수가 급감할 수 있을 것 같다. 현재 신속한 재판에 부응하려면 합의부 배석판사 임용의 필요성은 여전히 존재한다. 합의부 배석판사로 시작할 법관은 법조경력 5년 이상인 사람 중에서 임용하는 트랙을 유지하고, 전담법관 제도와 원로법관(Senior Judge) 제도를 통해 장기간의 법조경력자를 임용하는 트랙을 병렬적으로 운영함으로써 법조일원화 제도의 취지를 살릴 수 있을 것이다. 특정 분야 재판을 전담하는 전담법관 제도는 현재 법조경력 20년 이상인 사람 중에서 임용하고 있으나 15년 이상인 사람으로 자격요건을 완화하고 더 증원할 필요가 있다. 또 법원장 또는 대법관 등 고위법관 출신자들을 풀타임 또는 파트타임 법관으로 활용하는 원로법관 제도를 도입한다면 상당한 효과를 거둘 수도 있을 것이다."

김 전 대법관은 법원 밖에 있을 때와 안에 들어와 보니 생각이 바뀌었다는 점을 인정하며 웃음을 지어 보이기도 했다.

그가 과거 재야에서 추진했던 5대 개혁과제는 △상고제도 개선방안 △법학전문대학원 도입 방안 △법조일원화 도입 방안

△배심재판(국민참여 형사재판) 도입 △형사소송법의 전면적 개정(공판중심주의적 심리절차, 인신구속제도 개선, 양형제도 개선, 국선변호인 제도 개선 등) 등이다.

김 전 대법관은 사개위, 사개추위 경험을 살려 퇴임 후 현 시점의 사법개혁 과제들을 입법하는데 기여하고 싶다고도 밝혔다.

법조인 꿈꾼 이유는 '노동변호사' 되고자

김 전 대법관은 1985년 제27회 사법시험에 수석으로 합격했다. 어떤 이유로 법조인이라는 꿈을 가지게 됐는지 물었다.

"중학생 무렵이었으니 주택임대차보호법이 제정되기 전이었다. 전세보증금 반환채권이 이미 설정된 저당권의 피담보채권에 우선하지 못해 전세보증금을 한 푼도 반환받지 못하고 전셋집에서 쫓겨났었다. 어린 나이에도 대통령 앞으로 전세보증금을 모두 떼이게 되었으니 도와달라는 취지의 탄원서를 제출했다. 서소문의 어느 사무실에서 불려 갔고 당시의 법률상 달리 방법이 없다는 설명을 들었다. 이러한 경험이 법조인을 지향하는 막연한 계기가 되지 않았을까."

그는 사법시험에 도전한 이유가 '노동변호사'가 되기 위해서였다고 설명했다. "사법시험 공부를 해야겠다는 것이 먼저가 아니라 노동변호사로서 활동해야겠다는 생각이 먼저였다. 대학교에 들어가서 사회현실을 조금이나마 인식하면서 구성원 모두가 행복한 사회를 만들어야 그 속에서 살아가는 나도 온전하게 행복한 삶을 살아갈 수 있겠다는 생각을 하게 됐다. 이를 위해선 구성원의 절대 다수를 차지하는 노동자들이 행복하게 살아갈 수 있는 사회가 돼야만 한다고 깨달았다. 내가 가진 능력으로 그러한 사회를 만드는 데 기여할 수 있는 길은 노동변호사로서 활동하는 것이라는 결론에 이르렀다."

과거 변호사로 활동하며 '노동법의 대가'라는 호칭을 얻기도 했지만 막상 대법관을 지내며 큼직한 노동사건에서 회피한 수가 많은 편이다. 변호사로 오랜 기간 활동하면서 노동 및 소수자 관련 변론 등에 참여하는 등 과거 관여했던 사건에서는 판단에 참여할 수 없었기 때문이다. 그러나 김 전 대법관은 아쉬움이 없다고 했다. "전원합의체 재판은 대법원장과 12명의 대법관이 다수의견으로 판결한다. 따라서 내가 판결에 결정적인 영향이 있지는 않았고, 소부판결의 경우 관여하지 못한 경우도 있었으나 그로 인해 어떠한 문제가 있었다고는 생각하지 않는다."

모든 영역의 사법과잉화 우려

최근 유난히 '정치의 사법화'가 문제시되는 만큼, 사법부의 독립성·중립성을 지키기 위한 중요한 요소가 무엇이라고 생각하는

지 물었다. 김 전 대법관은 "정치만이 아니라 노동 등 사회 모든 영역의 과잉사법화가 우려할 만한 수준으로 이루어지고 있다는 것이 우리 사회의 현실"이라고 운을 뗐다.

"사회 각 영역의 자치적 해결능력이 감소한 데 원인의 일단이 있을 것이다. 법원으로서는 법원에 접수된 모든 사건에 관해 헌법과 법률, 양심에 따라 판결을 할 수밖에 없다. 정치의 영역, 노동의 영역에서 자치적 해결 능력을 제고하는 노력이 함께 이루어져야 할 필요가 있다. 이때 법원이나 법관은 정략적 이해관계에 따라 제기되는 판결에 대한 비난에 일희일비하지 않고 꿋꿋하게 자기 역할에 충실해야 한다."

김 전 대법관은 이어 사회 영역별로 자체적 해결 능력을 길러야 한다고도 강조했다. "정치는 정치 영역에서 해결해야 하는데, 전부 법원으로 가져와 판단을 기다리고, 각 입장에 따라 그 판단을 비난하고 있다. 노동도 그렇다. 자체적으로 해결해야 함에도 법원의 최종적 판결이 나올 때까지 기다리는 모양새다. '중재 제도' 등을 활성화하는 방안도 해답이 될 수 있다. 미국도 기본적인 노사문제는 중재인을 선정해서 중재제도를 적극적으로 활용한다. 노사 양쪽이 신뢰할 수 있는 중재인 풀을 구성할 수 있을 것이다."

큰 사건도 다수 주심을 맡아

퇴임 2주 전이던 지난달 18일 동성 동반자의 국민건강보험법상 피부양자 자격을 인정한 대법원 전원합의체의 주심도 김선수 대법관이었다. 그는 6년 동안 가장 기억에 남는 판결로 이를 포함한 3건을 꼽았다. △법학전문대학원 면접시험을 토요일에 실시하기 때문에 금요일 일몰부터 토요일 일몰까지를 안식일로 하는 재림교 교리로 말미암아 법학전문대학원 입학시험에서 불합격한 재림교 신자가 불합격처분 취소를 구한 사건과 △지구환경

보전운동 활동가들이 석탄화력발전사업을 하는 기업에 항의하고자 기업 상징 조형물에 녹색 수성스프레이를 뿌린 후 구호 등을 외치는 퍼포먼스를 하고 물로 스프레이를 세척하다가 연행되어 재물손괴죄 등으로 기소된 사건 등이다.

"앞 두 사건은 전원합의 논의까지 거친 후 최종적으로 소부에서 원하는 결론으로 판결을 선고할 수 있었고, 동성 동반자 피부양자 사건은 전원합의체에서 내가 취한 견해가 무난하게 다수의견이 되어 마지막 주심 전원합의체 판결로 선고할 수 있었다."

김 대법관은 공개변론이 지금보다 늘었으면 한다는 의견도 밝혔다. "전합 사건의 공개변론을 하는 과정에서 대법관이 판결문에 담기는 적절하지 않지만 사회에 전하고 싶은 메시지를 참고인 또는 대리인과의 질의응답을 통해서 전달할 수 있다고 생각한다. 특히 산업재해 사망 근로자 유족의 우선채용을 규정한 단체협약 조항에 대한 반사회질서 조항 해당 여부에 관한 전원합의체 사건의 공개변론이 떠오른다. 소부 사건의 경우 전원일치여야 하기 때문에 예단을 밝히면 안 되겠지만, 전합의 경우 공개변론에서 각 대법관이 자기 의견을 판결로 밝힐 것이어서 자신의 의견에 기해 메시지를 전달할 수 있다. 피해자가 받았을 좌절감에 대해 지적한 바 있는데, '대법관이 이러한 지적을 하는 데 참 오랜 시간이 걸렸다'는 언론 평가도 있었던 걸로 기억한다. 코로나19

이후 공개변론을 제대로 진행하지 못했는데, 가능하다면 1년에 두 건 정도는 공개변론을 하면 좋을 것 같다."

다만 아쉬웠던 경험도 언급했다. "국도관리원 차별임금 사건에서 근로자들의 차별임금청구를 인용하는 의견이 소수의견이 되었을 때는 자괴감과 한계를 절감했다. 또 취업규칙 불이익변경 시 사회통념상 합리성 법리를 변경하는 의견이 다수의견이 되었을 때는 보람을 느끼기도 했다."

대법관은 "선례 변경 결단할 수 있어야"

김 전 대법관은 대법관이 지녀야 할 덕목으로 시대 변화의 흐름을 읽을 수 있는 안목을 꼽았다. 그 과정에서 필요한 경우 선례 변경도 불사해야 한다고 강조했다.

"기존의 사회질서를 유지하는 안목은 하급심 법관의 덕목일 수 있지만 대법관은 그에 머물러서는 부족하고 시대에 앞서서 '시대의 변화'에 부응하는 정책적 판단을 할 수 있어야 한다. 또 필요할 때 선례 변경을 결단할 수 있어야 한다. 이야말로 인공지능(AI)이 대체할 수 없는, 인간만이 할 수 있는 사법의 고유 영역이다. 수많은 인권 쟁점들에 대해 대법원이 구체적인 사건에서 전향적인 판결을 하여 틈바구니를 열고 이를 받아 국회가 입법으로 결실을 맺으면 우리 사회가 선순환하면서 선진사회로 나아갈 것이다. 민주주의를 훼손하는 국가권력에 맞설 수 있는 용기, 인권을 침해당한 개인의 권리구제를 위해 국가권력의 작동을 멈출 수 있는 용기와 지혜를 가져야 한다."

김 전 대법관은 김명수 대법원장 시절 이전과 비교했을 때 전원합의체 판결에서 반대의견, 별개의견, 보충의견 등의 분포가 확대되는 양상을 띈 것에 대해 바람직하다는 의견을 밝히기도 했다. "사건에 따라 다를 수 있겠지만, 그래도 전합 판결까지 하는 마당이라면 다양한 의견이 개진되는 것이 바람직하다고 생각한다. 판례를 변경하는 것이 아닌데 대법관 전원의 의견이 일치하는 경우라면 굳이 전합 판결로 선고할 필요가 없고 소부 판결로 선고하는 것으로 충분하기 때문이다. 전원일치 의견의 전합 판결이 많다는 것은 그만큼 대법원 구성이 획일적으로 이루어졌다는 반증이고, 이는 곧 대법원 구성의 다양화라는 목표가 실패했음을 증명하는 것이다. 7대6 의견의 전합 판결이더라도 치열하게 논쟁을 거쳐 충분히 숙의한 것이므로 그 시점에는 다수의견으로 가는 것이 맞다고 생각한다. 일각에선 더 다수가 될 때까지 기다려야 한다고 볼 수도 있지만, 이는 지나치게 기존의 선례를 중시하는 태도여서 오히려 (7대6으로 선고하는 것이) 긍정적이라고 평가한다."

대법원 구성 다양화 필요성도

함께 퇴임한 이동원, 노정희 전 대법관 등 3명의 후임 후보자도 모두 법관 출신으로 채워졌다. 대법관 구성에 검찰이나 순수 재야 출신의 대법관은 당분간 전무하게 될 전망이다. 김 전 대법관은 '다양화'의 필요성에 대해서도 강조했다.

"법관 경력이 없는 법원 외부 출신 대법관이 각 부에 1명 정도씩은 있으면 한다. 법대 위에서만 사회와 세상을 경험한 동료 대법관들에게 법대 아래의 현실과 사회적 약자와 소수자의 소외와 아픔을 전달한다면 보다 올바른 판결을 하는 데 도움이 될 것이기 때문이다. 법대 위에서만 살아온 사람과 법대 밑을 경험한 사람 사이에는 알게 모르게 사건을 바라보는데 차이가 있을 수 있지 않나. 나의 경우 법대 아래의 구체적인 현실, 특히 사회적 약자와 소수자가 처한 상황과 그들의 애환과 아픔을 동료 대법관들에게 올바르게 전달해 대법원이 올바른 판결을 하는 데 미력하나마 힘을 보태야 하겠다는 생각으로 임했다."

김 전 대법관은 법원 외부 인사 중에서는 사회적 약자와 소수자의 인권보장을 위해 활동한 사람 중에서 역량 있는 사람이 적격자라고 표현했다. "사회적 강자와 다수자를 위해 활동함으로써 기득권을 향유하고 경제적 부도 누린 분이 대법관으로도 임명되면 사회적 약자와 소수자 보호라는 대법원의 중요한 역할, 책무와 어긋날 우려가 있다. 또 가능한 한 소부는 남녀 동수로 구성되는 것이 바람직하지 않을까 생각한다. 형사전문가가 필요하다면 검사 출신보다는 피의자와 피고인의 방어권 보장을 위해 활동한 국선전담변호사나 형사전문 변호사, 형사법 교수 중에서 임명하는 것이 좋을 것 같다. 검사의 시각은 형사재판을 수행한 법관 출신을 통해서도 얼마든지 반영될 수 있기 때문이다."

대폭적인 위자료 인상도 필요

김 전 대법관은 하급심 법관들에게 대폭적으로 위자료를 인정해 주기를 바란다고 밝히기도 했다. "△명백한 허위사실 보도로 명예살인을 하는 행위 등 악의적인 불법행위나 △해고무효확인 판결이 확정됐는데도 복직을 시키지 않는 행위 등 '판결을 무시하는 행위'에 대해서는 더 이상 그와 같은 행위를 반복하지 못할 정도로 많은 액수의 위자료를 인정할 필요가 있다. 판결을 무시하더라도 그에 대한 위자료 인정이 지나치게 소액이어서 그러한 행위를 하는 것이 경제적으로 이익이 될 경우에는 합리적 경제인이라면 이러한 행위를 반복하는 선택을 하게 될 것이기 때문이다. 위자료를 현실화한다면 3배수 징벌배상 등 특별법 제·개정을 통해 해결하고자 하는 많은 문제들을 현재의 단계에서도 해결할 수 있다."

박수연 기자 / 2024.08.03. 06:06

김선수 전 대법관이 퇴임사에서 입법을 당부한 사안

1	판사 증원
2	신규 법관 임용 트랙 다양화 - 합의부 배석판사로 시작할 법관은 법조 경력 5년 이상인 사람 중에서 임용하는 방안 유지 - '전담법관제도' 자격 요건 완화 및 증원 - 고위 법관 출신자들을 정년과 정원 제한 받지 않는 풀타임 또는 파트타임 법관으로 활용하는 원로법관(Senior Judge) 제도 활성화
3	사법부 예산 편성과 운용에 대해 대법원의 자율권 인정
4	검사의 불기소처분에 대해 효과적 통제 장치가 작동할 수 있도록 재정신청제도 개선
5	모든 부담을 영장전담 판사에 전가하는 현행 구속영장 제도를 개선해 영장 단계에서 조건부석방 제도 도입
6	형사 1심 판결에 대한 승복 효과를 높일 수 있도록 '국민참여재판제도'를 개선해 배심 재판 활성화
7	형사재판절차의 당사자주의적 성격을 보다 강화하기 위해 형사 법정 구조 개선
8	증거가 일방 당사자에게 편중돼 있어 다수의 약자가 소송을 진행하기 어려운 상황을 개선하기 위해 민사소송에서의 증거개시 제도인 '한국형 디스커버리제도'를 도입
9	악의적 불법행위에 대한 실효성 있는 대책으로서 '징벌배상제' 도입
10	다수 피해자의 효과적인 권리구제를 위하여 대표당사자에 의한 '집단소송제도' 도입
11	수사단계부터 변호인의 도움을 받을 권리를 실효적으로 보장하기 위한 '공적변호인제도(Public Defender)' 도입
12	'대체적 분쟁해결절차(Alternative Dispute Resolution, ADR)' 활성화
13	노동분쟁의 전문적이고 신속하며 공정한 해결을 위한 참심형 또는 준참심형 노동법원 도입

二. 경향신문

— 2024. 8. 14. 자 —

<박주연의 색다른 인터뷰>

"법관은 통치권자의 위법한 권력 행사를 견제할 책임이 있다"

재야 노동변호사 출신 김선수 전 대법관

"워낙 사건이 많고 업무 긴장도도 높다 보니, 거기서 풀려난 측면에선 속 시원합니다. 하하하…."

지난 8일 오후 인터뷰를 위해 만난 김선수 전 대법관(63·사법연수원 17기)은 환하게 웃으며 이야기보따리를 풀었다. 지난 1일 6년의 대법관 임기를 마치고 퇴임한 그는 1980년 이후 임명 제청된 대법관 중 첫 순수 재야 변호사 출신이다. 그는 판사나 검사를 거치지 않았다. 1988년부터 대법관으로 임명된 2018년까지 약 30년간 노동변호사로 활동하면서 우리나라 노동지형을 바꾸는 데 크게 기여했다.

대법관 재임 기간에도 전문성을 발휘해 친노동·친인권 판결을 주도했다. 성과평가 대상에서 누락된 공기업 산하기관 직원들에게 성과급을 지급하라는 판결, 택시 기사들이 회사를 상대로 낸 임금 소송에서 "노사 간 근로시간 단축 합의는 무효"라고 한 판결 등이다.

판사·검사 경력 없이 임명된 최초의 대법관으로 6년간의 임기를 마치고 지난 1일 퇴임한 김선수 전 대법관이 8일 경향신문과 인터뷰하기 전 사진촬영에 응하고 있다. 1985년 사법시험(27회)에 수석 합격했으면서도 판검사가 아닌 노동변호사의 길을 걸은 그는 오는 9월부터 사법연수원 석좌교수로 활동한다. 대법원장이나 대법관이 퇴임 후 대형 로펌에서 '전관예우'를 누리는 데 대한 비판이 끊이지 않는 가운데 그는 "6년 전 인사청문회에서 밝힌 대로 변호사 활동, 특히 영리적 목적의 송무활동을 하지 않겠다"고 확언했다. 김 전 대법관은 "현시점의 사법개혁 과제들을 입법하는 데 기여하고 싶다"고 했다.

© 서성일 선임기자

퇴임 2주 전이던 지난달 18일 동성 동반자의 국민건강보험법상 피부양자 자격을 인정한 대법원 전원합의체(전합)의 주심도 그였다. 모두 동료 대법관들과의 치열한 토론과 설득의 과정을 거쳐 나온 결과다.

대법관 생활은 어땠을까. 참여정부 때부터 힘써온 사법개혁을 비롯해 그가 대법관으로 지낸 지난 6년의 시간 동안 켜켜이 쌓인 생각은 무엇일까. 이런 궁금증을 안고 김 전 대법관과 인터뷰를 진행했다.

"동성 동반자 건보 피부양자 자격 인정, 포용 사회 시발점…전원합의체서 격론 땐 호소문 쓰기도"

"포스트 김병로 사법체계…사법 서비스의 수요자인 국민 위주의 사법 제도로 발전 필요"

Q. 직접 겪어 보니 대법관 삶이 어떻던가요.

A. "기록의 성벽에 쌓인 수도원이나 동안거 토굴 속 생활과 같은 삶이었어요. 화장실도 내실에 있어서 하루 중 제 방을 나올 일은 점심식사 때 한 번뿐이었죠. 저녁식사도 오후 4시쯤 직원이 간식으로 내주는 과일을 놔뒀다가 오후 5시30분쯤 떡 두어 개랑

같이 먹는 걸로 때웠거든요. 오전 8시10분에 사무실에 도착해 오후 8시30분에 퇴근할 때까지 방에서 재판 기록만 읽었어요. 정치적·사회적 표현에 제약이 있다 보니 대외활동을 삼가고, 불필요한 오해를 피하고자 인간관계를 거의 끊다시피 했죠."

Q. 모든 대법관이 그렇게 생활하나요.

A. "평생 법관으로 살아온 대법관들은 상대적으로 좀 융통성 있게 생활하는 것 같았어요. 연수원 동기 모임이나 대학 또는 고교 동창 모임에 나가고 휴가철에 외국여행을 다녀오기도 하더군요. 하지만 저는 임기 동안 최대한 조심스럽게 살자 다짐하고 외국여행도 공식적으로 다녀온 것을 제외하곤 하지 않았어요."

Q. 왜 그렇게까지 합니까.

A. "재조(판사 또는 검사) 경력이 전혀 없는 상태에서 임명된 최초의 대법관이다 보니, 엄청난 양의 재판 업무를 수행할 역량이 있는가에 대한 의문의 시선이 있었어요. 제가 기대에 부응하지 못하면 재조 경력 없는 유능한 인재들의 대법관 임명에 부정적 영향을 미칠 수도 있잖아요. 그래서 재판 업무 역량에 문제가 없음을 증명해야 했어요. 더구나 최종심이기에, 방심에 의한 작은 실수조차 일어나면 안 된다고 생각했어요. 사법시험 공

부를 할 때와 같은 집중력과 단순한 생활방식으로 매 순간 정말 초긴장 상태에서 온 힘을 기울였어요."

Q. 체력이 받쳐주던가요.

A. "복잡한 기록을 읽어서 사건을 파악하고, 하루 종일 전원합의체 합의를 하기 위해선 체력이 받쳐줘야 했어요. 그래서 대법관이 된 이후에도 일주일에 한 번 정도는 산행을 하려고 노력했죠(그는 변호사 시절부터 등산 마니아로 유명했다). 주말 중 하루는 산행, 하루는 출근하는 것을 원칙으로 삼았어요. 대법관 임용 직후에 법원산악회에 가입했는데, 산악회의 정기 산행은 한 달에 한 번이었어요. 나머지 주에는 혼자 산행하거나 아내와 함께 청계산에 올랐어요."

Q. 변호사 시절엔 주말 중 하루는 집에서 설거지 같은 가사노동을 했다고 했는데, 집안일을 도맡게 된 부인이 섭섭해 하지는 않던가요.

A. "아내가 이해해주고 전폭적으로 응원해줘 대법관 직무를 수행할 수 있었다고 해도 과언이 아니에요. 항상 아내에게 감사하는 마음으로 살아가고 있어요. 주례사를 할 때도 신랑에게 가정의 대소사를 결정할 때엔 본인의 의견을 개진하되 최종적인 결정은 아내의 뜻에 따르라고 늘 당부하고 있죠. 하하하…."

김선수 전 대법관이 8일 서울 정동 경향신문사에서 인터뷰를 하고 있다. © 서성일 선임기자

Q. 퇴임사에서 "한 사람의 법관은 민주주의를 수호하기 위해 또는 사회 구성원 한 사람의 인권 보장을 위해 필요하다면 국가권력 전체와 맞설 수 있는 용기와 지혜가 필요하다"고 말했어요. 꽤 의미심장하게 들리더군요.

A. "긴급조치 제9호 국가배상 사건 판결문에 오경미 대법관과 별개의견으로 쓴 내용이에요. 그 사건에서 '평균적인 법관상'에 대한 치열한 토론이 있었어요. 법관은 통치권자나 지배권력이 위헌·위법한 국가권력을 행사하려고 동원하는 도구로 전락해

선 안 되고, 헌법에 의해 부여받은 권한과 책임을 다해 위헌·위법한 국가권력 행사를 견제해야 한다는 게 제 취지죠. 법관이 국가권력이라는 수레바퀴의 제동장치 역할을 제대로 수행할 수 있어야 비로소 자유민주주의 체제가 정상적으로 작동한다고 말할 수 있는 것 아니겠어요?"

Q. 대법원조차 권력의 눈치를 보던 시절이 있었는데, 재임 중 권력의 압력을 느낀 적은 없습니까.

A. "없었어요. 또 현재 법관이 권력의 압력 때문에 양심에 반하는 재판을 하는 일은 없다고 생각해요. 다만 대법원이나 법원도 우리 사회의 일부분이기에 대법관이나 법관도 전체 사회의 정세와 세력 관계에 영향을 받을 수밖에 없는 측면이 있음은 부정할 수 없죠."

대법원의 재판은 극히 예외적인 일부를 제외하곤 주심대법관 1인의 단독재판이 아니라 소부 재판은 4명의 대법관이 전원일치 의견으로, 전원합의체 재판은 대법원장과 12명의 대법관이 다수결에 따라 재판을 한다. 그의 재임 기간 중 전합 판결로 선고한 노동 사건은 7건이었다. 그중 그가 다수의견에 가담한 게 5건이고 나머지 2건은 소수의견에 해당했다.

Q. 전합 판결로 선고된 가장 아쉬웠던 노동 사건은 뭐였나요.

A. "국도관리원 차별임금 사건(국토교통부 산하 무기계약직 국도관리원들이 운전직 및 과속단속직 공무원들과 비슷한 일을 함에도 각종 수당과 출장비를 받지 못한 것은 헌법상 평등원칙과 근로기준법을 위반한 차별적 처우라며 정부를 상대로 제기한 손해배상 청구)에서 원고들의 청구를 인용하는 의견이 7 대 5로 소수의견이 됐을 때 자괴감과 한계를 절감했어요."

Q. 진보성향 대법관이 문재인 정부 때는 다수파였다가 윤석열 정부 들어 소수파가 됐어요. 대법원 구성이 바뀌면서 노동이나 인권 사건과 관련해 소신을 관철하기가 쉽지 않았을 것 같은데, 그 와중에도 친노동·친인권 판결이 이어졌더군요.

A. "2000년 인사청문회 제도 도입 이후 취임한 모든 대법원장과 대법관은 한 분도 빠짐없이 청문회에서 사회적 약자와 소수자의 권익 보호가 법원의 가장 중요한 역할임을 확인하고, 그 역할을 충실히 수행하겠다고 다짐했어요. 대법관들이 정치적 성향에 어느 정도의 차이가 있을 순 있어도, 사회적 약자와 소수자 보호라는 사법부 본연의 직무를 제대로 수행해야 한다는 점에선 공감대가 형성돼 있을 거라 생각해요. 또한 노동과 인권 관련 쟁점은 대법원 판례가 어느 정도 축적돼 있어 그에 따라 판결할 수밖에 없는 측면이 있고, 이를 건건이 전합으로 변경하는 것도 쉽지는 않아요."

Q. 퇴임 2주 전, 동성 동반자의 국민건강보험법상 피부양자 자격을 처음으로 인정한 전합 판결의 주심이었지요. 다수의견 도출까지 과정은 순조로웠나요.

A. "퇴직을 1년 정도 남겨두고 남은 기간 의미 있는 판결을 선고하고 퇴직해야 하는 것 아닌가 해 주심으로 배당된 사건들을 주의 깊게 살펴봤어요. 그중 이 사건이 있었어요. 연구관의 검토보고서를 토대로 해외 사례들을 확인하는 한편, 원고들이 겪고 있는 차별이 단순히 경제적인 문제가 아니라 인간 존엄성 문제임을 확신했죠. 대법관들이 치열한 토론을 거쳐 표결한 결과 피부양자 자격을 인정해야 한다는 견해가 안정적 다수의견(9대 4)이 됐어요. 고등법원에서 피부양자 자격을 인정하는 판결을 한 게 안정적 다수의견 형성에 도움이 된 측면이 있었다고 생각해요. 대법원장님께서 다수의견에 가담해 주신 것도 큰 힘이 됐고요. 우리 사회가 좀 더 포용적인 사회로 나아가는 데 시발점이 될 것이라고 기대해요."

Q. 전합 판결을 앞두고 자신의 판단이 다수의견이 되게 하려면 동료 대법관들을 설득하는 것도 관건일 테죠. 가장 격렬했던 토론, 집요한 설득이 필요했던 사건은 뭐였습니까.

A. "노동사건 전합 판결은 거의 다 그랬고, 양심적 병역거부 사건, 군인 추행 사건, 긴급조치 제9호 국가배상 사건, 미성년 자녀를 둔 트랜스젠더의 성별 정정 사건, 제사 주재자 사건 등 하나

하나가 치열한 전합 토론이 있었어요. 그 과정에서 제가 깨달은 게 '스리 도', 이 3개의 부사를 자주 쓰면 다수의견이 되기 힘들다는 거였어요(웃음)."

Q. 스리 도요?

A. "도대체, 도무지, 도저히요. 특히 내가 소수의견일 것 같은 쟁점의 경우 상대방 견해를 세게 비판해서 좀 흔들어놓자는 마음으로 초기에 이런 강력한 부사를 동원했어요. 그런데 되레 상대방 견해를 더 굳건히 만드는 결과가 나오더라고요(웃음). 또 한편으로, 중요 쟁점의 전합 사건들은 법리상으론 어느 쪽이나 일리가 있어서 법리적으로만 주장해선 설득이 어려워요. 법리 이외의 뭔가를 지적해 호소해야 하죠. 그래서 늘 토론 후 표결 전에 마지막으로 호소하는 글을 A4용지 몇 장 분량으로 정리해 낭독했어요."

Q. 표결은 어떤 방식으로 하나요.

A. "연구관이 사건에 대한 기본적인 검토 보고서를 작성해 보고하면, 각 대법관별로 추가적으로 필요한 것을 연구관에게 지시해 받아본 다음 대법관 회의를 통해 토론을 벌이죠. 그런 다음 최종적으로 각자의 의견을 내고 표결 쟁점을 정한 뒤 표결을 해요. 방식은 후임 대법관부터 순서대로 상고 기각인지, 상고

인용(파기환송)인지를 구두로 밝히는 거예요. 선임이 먼저 하면 영향을 끼칠 수 있으니까요. 주문이 일치해도 특정 쟁점에 대해 의견이 갈리는 것은 별개의견으로 첨부하고요."

Q. 표결 결과가 선고 때까지 변함없이 쭉 이어집니까.

A. "꼭 그렇진 않아요. 보통 두 달 정도 후에 있는 선고 전까지만 어느 쪽인지 결정하면 되니까 표결이 끝난 후 견해를 바꾸는 분도 계세요. 그 과정에서 다수의견과 소수의견이 바뀌기도 하고 여러 우여곡절이 생겨요."

Q. 대법관들 간 격론이 오가고, 또 뜻이 관철되지 않으면 스트레스를 받지 않나요.

A. "전합 합의를 마치면 대법원장 관사에서 만찬을 해요. 그러면서 푸는 거죠. 참여정부 때 독수리 5형제 중 한두 분은 전합이 끝나고 한 달 정도는 얼굴도 보기 싫다며 같이 밥도 안 먹으려 했다는 이야기가 있잖아요. 제가 재임할 때는 그런 정도까지는 아니었어요(웃음)."

Q. 울산시장 선거 개입 사건으로 고발된 황운하 당시 치안감이 사표를 내고 총선에 출마한 데 대해 "사퇴 기한 내에 사표를 냈다면 수리되지 않아도 출마할 수 있다"고 판결했지요. 이후 이성윤 민주당 의원, 이규원 조국혁신당 대변인 등이 그 혜택을 누리면서 보수언론에선 수사나 재판을 받는 공직자들이 선거 출마를 도피처로 삼을 수 있는 발판을 김 전 대법관이 마련했다고 비판하더군요.

A. "황운하 사건 판결이 문제가 아니라 법률조항이 문제입니다. 공직선거법 제53조(공무원 등의 입후보) 제4항은 '제1항부터 제3항까지의 규정을 적용하는 경우 그 소속기관의 장 또는 소속위원회에 사직원이 접수된 때에 그 직을 그만둔 것으로 본다'고 규정하고 있어요. 이 규정이 있는 한 달리 해석하는 것은 문언해석에 반하므로 허용될 수 없죠. 또 전합이 아닌 소부 판결로 선고한 것을 지적하는 견해도 있던데, 이 사건은 판례 변경 사안이 아니고, 문언해석상 다른 해석의 여지도 없을뿐더러, 전합 판결로 소수의견을 쓰겠다고 이의를 제기하는 대법관도 없었어요."

김 전 대법관은 전북 진안에서 출생(1961년)해 국민(초등)학교 6학년 때 의정부로 올라왔고, 중학교 1학년 때 서울로 전학했다. 아버지는 대한통운 소속으로 서울역에서 하역노동에 종사했다. 1979년 서울대 법학과에 진학했다. 고전연구회에 들어가 〈논어〉 〈맹자〉 〈노자〉를 읽었다. 학생운동 중 검거돼 강제징집됐다. 제대 후 2년 만에 사법시험(27회)에 수석 합격했다. 연수원을 마친 후 곧장 인권변호사인 조영래 변호사 사무실에서 일을 시작했다. 30년간 수많은 노동·인권 사건을 맡아 판례를 바꾸고 법률을 개정시켰다. 서울대병원 법정수당 소송, 골프장 캐디 등 특수고용자의 노조 설립신고 소송, 콜트·콜텍의 정리해고 사건, 공무원노조 창립 등이 그의 손을 거쳤다.

Q. 윤석열 대통령과 서울대 법대 동기죠. 학생운동 전력 때문에 1985년 사법시험 3차 면접에서 떨어질지 모르는 상황에서 같은 해 사법시험의 2차 낙방생인 윤 대통령이 당시 권력 실세인 이종찬 민정당 의원(현 광복회장)의 집에 데리고 가 선처를 호소했다죠.

A. "저와 같이 강제징집 등 사정이 있었던 사람 몇명이 면접에서 불합격 처분을 받지 않을까 우려해 영향력 있는 사람들을 찾아가 부탁을 드렸어요. 서울대 법대 학장과 총장을 찾아갔고, 마지막으로 안기부에 근무한 후 민정당 사무총장으로 계시던 이종찬씨(현 광복회장)를 찾아가기로 했어요. 대학 동창인 이철우 (현 연세대) 교수의 아버님인데, 당시 철우가 입대했기 때문에 윤 대통령이 본인은 2차 시험에 불합격했지만 동창의 합격을 위해 우리 일행을 이종찬씨 집으로 안내해 준 거예요. 어떻게 보면 당시 윤 대통령에게 신세를 졌다고 할 수 있죠."

Q. 윤 대통령과 지금도 연락을 주고받습니까.

A. "이후 저는 변호사로서 민변 등의 활동에 전념하고, 윤 대통령은 검사로서의 삶에 전념하느라 서로 만날 기회가 없었어요. 대법관이 된 후에는 윤 대통령이 검찰총장에 취임한 후 대법관들에게 인사하기 위해 사무실을 들렀을 때, 그리고 부친상을 당했을 때 문상을 가 인사만 했어요."

Q. 대법원 전원합의체가 2018년 10월 징용 피해자에 대한 일본 기업의 배상 책임을 인정하는 판결을 내놓자, 윤석열 정부는 '제3자 변제' 해법을 내놓았어요. 어떤 생각이 들던가요.

A. "그건 노코멘트할 게요. 최종적으로 대법원에서 잘 처리할 것이라 믿어요. 하하하…."

Q. 이재명 전 민주당 대표와 친밀하다는 이야기도 있던데요.

A. "민변에서 같이 활동했고, 서울대학교 노동법연구회에서도 종종 만났어요. 이 전 대표가 검사 사칭 문제로 구속영장이 청구됐을 때 공동변호인 중 한 사람으로 변론에 참여했어요. 또 성남시장 시절 청년수당 등 복지정책을 위한 예산을 성남시의회가 의결한 것에 대해 경기도지사가 지방의회 의결 취소 소송을 제기했을 때에도 성남시장의 공동대리인 중 한 명으로 참여했고요. 그래서 이 전 대표의 선거 관련 대법원 사건에 대해선 회피신청을 한 거예요. 대법관이 된 이후엔 만난 적이 없어요."

Q. 대법원에 온 상고사건 접수 건수가 수만 건에 달하다 보니, 민사·행정 사건의 70%를 심리불속행 판결로 기각한다죠. 대법관이 되기 전엔 심리불속행 제도 폐지를 주장했던 것으로 알아요.

A. "생각이 달라졌어요. 현재의 상고심 제도를 그대로 둔 상태에선 그 많은 사건의 처리를 위해 불가피하게 심리불속행 제도를 유지할 수밖에 없어 보여요. 그리고 심리불속행 기각 사건은 마치

대법관이 기록도 제대로 보지 않은 채 처리하고 있는 것 아닌가 하는 의혹의 시선이 있는데, 전혀 그렇지 않아요. 심리불속행 기각 판결을 하는 사건도 주심대법관은 최소한 세 번 이상 기록을 읽어보고, 또한 4명의 대법관이 합의를 통해 최종 결정한다는 점을 분명히 하고 싶어요."

Q. 변호사 시절, 상고제도 개선 방안 중 대법관 증원 방안을 지지했는데 지금은 어떤가요.

A. "좀 바뀌었어요. 그동안 다양한 방안이 제시됐지만 결국 모두 입법에 모두 실패하면서 그 어느 방안도 정치역학관계상 실현되기 어렵겠다고 생각하게 됐어요. 그래서 사실상 포기하고 사실심을 강화해 상소율을 감소시키는 정도로 가고, 상고제도에 대해선 국회에서 입법을 해준다면 따라갈 용의가 있다는 정도로 생각을 정리했죠. 사실심 강화를 위해선 법관 증원이 필요해요. 국회가 법관 증원 법률개정안을 신속히 처리해 주면 좋겠어요. 그리고 신규 법관 임용 트랙을 다양화할 필요가 있다고 생각해요."

Q. 김 전 대법관 등의 후임으로 모두 판사들이 임명되면서 '법조 일원화' '대법원 구성의 다양화'가 다시 깨졌어요.

A. "사회적 약자와 소수자의 인권을 보호하기 위해 재야에서 활동한 대법관이 각 부에 1명씩 있으면 좋겠다고 생각해요. 제 후임

대법관으로 재조 경력 없는 훌륭한 분이 임명되기를 기대했는데, 이어지지 못한 것이 못내 아쉽죠. 칠레의 경우 대법원장을 포함한 21명의 대법관 가운데 5명은 법관이 아닌 사람 중에서 임명하도록 아예 헌법에서 규정하고 있어요. 칠레 대법원을 방문했을 때 칠레 대법원장께선 비법관 출신 대법관들이 법관 출신 대법관들과는 다른 관점을 제시해 심도 있는 토론과 올바른 결론을 내는 데 도움이 된다며 긍정적으로 평가하셨어요."

Q. 퇴임 후 현시점의 사법개혁 과제들을 입법하는 데 기여하고 싶다고요. 특히 꼭 이루고자 하는 입법과제는 뭔가요.

A. "재정신청 제도 개선과 영장 단계 조건부석방 제도, 민사소송에서의 디스커버리 제도 도입이 조속히 입법되길 바라고, 장기적 과제 중에선 노동법원 도입이 이뤄지면 좋겠어요. 또한 일반적 징벌배상 제도가 도입되면 좋겠지만, 어렵다면 하급심 법관들이 위자료를 대폭 인정해주면 좋겠어요. 특히 악의적인 불법행위(명백한 허위사실 보도로 명예살인을 하는 행위 등)나 판결을 무시하는 행위(해고무효확인 판결이 확정됐음에도 원직 복직시키지 않는 행위 등)에 대해선 더 이상 그런 행위를 반복하지 못할 정도로 많은 액수의 위자료를 인정할 필요가 있어요. 그리고 가인 김병로 초대 대법원장이 설계한 것에 기초한 우리나라의 사법제도와 체계도 변화가 필요해요."

Q. 어떻게요.

A. "사법 서비스의 공급자인 법관이 모든 분쟁의 해결책을 제시하는 법관 위주의 사법 제도가 기본 축을 형성하고 있는데, 포스트 김병로 사법체계, 즉 사법 서비스의 수요자인 국민 위주의 사법 제도로 발전하는 게 필요해요. 국민에게 가까이 다가가는 법원(시군법원의 활성화 등), 국민과 함께 결정하는 법원(배심재판의 활성화, 사법행정에의 국민 참여 등), 재판을 통해 법치를 확고히 세우는 법원(위자료의 현실화 등) 등이죠. 이를 통해 국민에게 신뢰받는 법원, 나아가 국민에게 존중받는 법원으로 나아가야 하지 않을까요?"

Q. 9월부터 사법연수원 석좌교수로 출강하는데, 향후 로펌으로 가거나 변호사 개업을 할 생각도 있습니까.

A. "이미 대법관 임명을 위한 인사청문회에서 대법관 퇴임 이후 변호사 활동, 특히 영리적 목적의 송무활동을 하지 않겠다고 공개적으로 밝혔어요."

Q. 그러면 국가를 위해 어떤 역할을 요청받는다면 어떻게 할 거냐고 물었다. 그는 이렇게 답했다.

A. "우리 사회 모든 구성원이 인간으로서 존엄과 가치를 존중받고 행복하게 살아갈 수 있는 사회를 만드는 데 조금이라도 기여할 기회가 있으면 최선을 다하는 게 제 소명이라고 생각합니다."

서성일 선임기자 centing@kyunghyang.com
수정 2024.08.14. 14:31 / 박주연 논설위원

三. 시사인 2024. 10. 2. 자

노동변호사 30년, 김선수 전 대법관이 말하는 사명

30년을 노동변호사로 살아온 김선수 전 대법관(사진)은 판검사 경력이 없는 최초의 대법관이었다. 최근 임기를 마친 그는 사회적 약자와 소수자 권익을 보장하는 것이 법원의 사명이라고 말한다.

판검사 경력 없이 임명된 최초의 대법관으로 6년간의 임기를 마치고 지난 8월1일 퇴임한 김선수 전 대법관. © 시사IN 이명익

1985년11월13일 수요일 2版

“貰房서 司試首席 났네”

——가난딛고 榮光안은 金善洙군

“오직 誠實”… 새벽6시 집나서 밤11時까지 “책”

아버지는 月30萬원 받는 荷役夫

가난의 역경을 헤치고 사법시험의 수석을 차지한 金善洙군。

공부방이 없어 도서관을 전전해야했던 한 법학도가 가난을 딛고 13일 최종 발표된 올해 제27회 사법시험에서 평점 59·29로 수석의 영예를 차지했다。金善洙군(24·서울대사법학과4년·서울구로구 개봉동126의38)은 수석합격 소식이 전해지자 「어려운 환경에서도 뒷바라지한 부모님에게 영광을 돌리고 싶다」고 되뇌었다。

이날 1교시 수강 과목인 朴世逸교수의 법과경제 수업이 끝나고 나와 주위의 축하인사를 받고서야 이번 사법시험에서 수석했음을 알았다는 金군은 「무엇보다도 그동안 성실히 공부해온데 대한 결과를 확인할수 있어서 기쁘다」고 말했다。

“부모님께 감사”

그러나 金군은 지난날의 생활이 金군이 믿어온 「誠者天之道 誠之者人之道」(성실한 것은 하늘의 도리요 성실하고자 하는 것은 사람의 도리)란는 좌우명만큼 간단한것은 아니었다。

전북鎭安에서 가난한 농부 金中鉉씨(52)의 4남매중 맏아들로 태어난 金군은 어려서부터 총명하다는 소리를 들어왔으나 가정 형편상 공부에만 전념할수는 없었다。

주위의 권유로 국민학교 6학년때 경기도 의정부 친척집으로 주거를 옮긴뒤 서울수송중과 우신고교를 다니면서 뛰어난 성적을 내긴했으나 역시 형편이 어려워 학업에 전념할수 없었던 사정은 마찬가지였다。

특히 중3년때는 전세로 들어간집이 집주인의 빚때문에 다른 사람에게 넘어가자 온식구가 거리로 쫓겨날수 밖에 없었던 일은 지금도 기억에 생생하다고 金군은 조용히 털어놓았다。

그러나 金군은 이러한 환경에서도 용기를 잃지 않고 꾸준히 공부, 우신고교 졸업시 전체석차 2등으로 졸업, 그해 대입학력고사에서 3백10점을 얻어 서울법대에 8등으로 진학했다。

줄곧 장학금받아

대학에 진학한 뒤로는 줄곧 장학금으로 학비를 보탰기 때문에 집안에 별다른 부담을 끼치지는 않았으나 자기때문에 고생하는 부모님들을 볼때마다 안스러운 마음을 금할수 없었다。

현재 대한통운 수송부에서 잡일을 하는 金군의 아버지 金中鉉씨의 한달수입은 고작 30만원 정도。거기다 어머니 金[illegible]씨(43)가 동네 봉제완구 공장에

“歷史에 부끄럽지 않은 法曹人될터”

김선수 전 대법관의 1985년 사법고시 수석 합격 소식이 실린 당시 신문 기사. ‘셋방서 사시수석 났네’라는 제목이 달렸다. © 네이버 뉴스 라이브러리

전북 진안의 “전기도 안 들어오는 ‘깡촌’”에서 태어난 김선수 전 대법관(63)은 1985년 사법시험에 수석 합격한 뒤 법률 잡지 〈고시계〉에 쓴 글에서 묻고 또 물었다. “(고시 합격에 따른 기득권을) 자신의 노력에 대한 당연한 보상으로서 아무런 문제 제기 없이 받아들여도 좋을까?” “사법부의 임무가 법의 공평한 적용이라고 할 때 ‘법’ 자체는 이미 항상 공평타당하며 정치적으로 중립적인 위치를 유지하는 것이 가능한가?” “우리가 사회적 약자 편에 서서 그들을 위해 활동하고자 사법시험을 본다고 할 때, 혹시 우리는 온정주의적 입장에 서 있는 것은 아닌가?”

〈전태일 평전〉을 쓴 조영래 변호사 사무실에서 1988년 변호사로 첫발을 뗀 김 전 대법관은 이후 30년을 노동변호사로 살았다. 새내기 변호사 때 ‘변호인과의 접견이 제한된 상태에서 얻어진 피의자의 자백은 배제해야 한다’는 대법원 판결을 이끌어냈다. 서울대병원 노동자 1000여 명을 대리한 법정수당 청구소송은 통상임금에 대한 대법원의 기본 공식을 정립한 판결로 이어졌고, 서울민사지방법원에 노동전담부가 설치되는 계기가 됐다. 그가 대리한 노동자 중에는 수년간 법정을 오가며 부당해고를 다투다 정년이 지나 회사로 돌아가지 못하거나, 스스로 목숨을 끊은 이도 있었다. 2018년 판검사 경력이 없는 최초의 대법관으로 임명된 그는 “업무수행 역량에 대한 우려를 늘 염두에 두고 사법시험 공부를 할 때와 같은 집중력과 단순한 생활 방식으로 매 순간 온 힘을 기울였다(퇴임사 중에서)". 지난 8월1일 6년 임기를 마치고 퇴임해 9월부터 사법연수원 석좌교수로 활동하는 김 전 대법관을 9월11일 경기 고양시 사법연수원 연구실에서 만났다.

Q. 노동변호사로 오래 일했다. 몸소 경험한 '변호인'과 '대법관'은 어떻게 달랐나?

A. 하루 일과는 큰 차이가 없었다. 아침 6시30분에 일어나 8시10분쯤 사무실에 도착하고, 저녁 8시30분쯤 마을버스로 퇴근하며, 주말 중 하루는 출근하는 일상이다. 노동 사건의 법리는 어느 정도 예측 가능하므로 업무 면에서도 별로 다르지는 않았다. 다만 변호사로서는 완전하지 않더라도 가능한 한 많은 주장을 해서 의뢰인에게 유리한 판결을 하나라도 더 끌어내는 게 목표라면, 대법원 판결은 유사한 사안에 원용될 수 있으니 그 효과까지 고려해서 정확하게 판단해야 하는 점이 다르다. 변호사 때는 담당 재판부의 법관들을 설득해야 했다면, 대법관으로 활동하면서는 동료 대법관들을 설득해 내가 원하는 결론에 함께하도록 최선을 다해야 했다.

Q. 삶 자체가 '설득'으로 요약되는 것 같다. 본인만의 노하우가 있나?

A. 법리만으로는 다른 사람의 마음을 움직이기 어렵다. 특히 전원

합의체에 회부된 사건들은 법리적으로 양쪽 견해가 모두 타당한 측면이 있다. 나는 내가 중요하다고 생각한 전원합의체 사건의 토론을 마치고 표결에 들어가기 직전에 몇 쪽 정도로 내 의견을 정리해서 최종변론을 하듯이 낭독했다. 이 사건의 판결이 사회적·역사적으로 어떻게 평가받을지, 당신들(대법관들)이 인사청문회에서 사회적 약자와 소수자의 인권을 보장하겠다고 약속했는데, 이 사건에서는 이런 결론을 내는 게 그 약속을 지키는 게 아닌지 호소했다. 처음에는 나와 다른 의견에 대해서 '도대체 말이 되느냐, 도무지 이해할 수 없다, 도저히 받아들일 수 없다'라고 강한 표현을 써서 상대 진영을 동요시키려 했는데, 그럴수록 오히려 소수의견이 되더라(웃음). 그래서 '쓰리 도(도대체·도무지·도저히)'는 가능한 한 쓰지 않기로 했다. 물론 대법관이 다른 대법관 주장 때문에 본인 의견을 바꾸는 일은 거의 없지만, 그래도 한 사람이라도 설득하기 위해 최선을 다하는 자세로 임했다.

Q. 대법관으로 6년 재임하면서 가장 보람 있었던 순간은?

A. 전원합의체 판결에서 내 의견이 다수의견이 됐을 때다. 두 사건이 특히 그렇다. 하나는 취업규칙 불이익 변경 관련 '사회통념상 합리성' 법리를 폐기한 전원합의체 판결이다. 한국 근로기준법은 취업규칙(노동자가 직장에서 적용받는 근로조건이나

복무규율)을 노동자에게 불리하게 변경할 때는 노동자 과반수의 동의를 얻어야 한다고 규정한다. 그동안 대법원은 노동자에게 불리한 취업규칙 개정이라 하더라도 그 개정이 사회통념상의 합리성이 있으면 유효하다고 판단해왔다(이에 따라 박근혜 정부는 정년 연장을 이유로 직전 몇 년의 임금을 깎는 임금피크제를 도입할 경우 이는 '사회통념상 합리성'이 있으므로 노동자 동의 없이 가능하다고 해석하겠다는 지침을 발표한 적이 있다). 그런데 취업규칙은 사용자가 일방적으로 정하는 거다. 적어도 자신에게 적용될 근로조건을 결정하는 과정에는 노동자가 참여할 절차적 권리를 보장하는 게 민주주의다. 전원합의체 판결은 (노동자들이 집단적 동의권을 남용했다고 볼 만한 특별한 사정이 없는 한) 사회통념상 합리성이 있다는 이유만으로 노동자 동의 없이 취업규칙을 바꿔선 안 된다고 판단했다. 사실 사용자가 일방적으로 정하는 취업규칙으로 근로조건을 결정하는 현행 취업규칙 제도 자체에 근본 문제가 있다. 궁극적으로는 근로조건을 노사가 공동 결정하는 방향으로 나아가야 한다.

Q. 보람 있었던 또 다른 사건은 무엇인가?

A. 동성 동반자의 건강보험 피부양자 자격을 인정한 전원합의체 판결이다. 내가 주심으로서 전원합의체에 회부하기로 하고

연구관들의 보고서를 토대로 해외 사례를 검토했다. 원고들이 겪고 있는 차별이 단순히 경제적 문제가 아니라 인간 존엄성의 문제라는 점, 사법부의 헌법적 책무 등을 토대로 대법관들이 치열한 토론을 거쳐 표결한 결과, 피부양자 자격을 인정하는 견해가 안정적인 다수의견이 됐다. 대법원장이 판결문을 낭독할 때 방청석 여기저기서 훌쩍거리는 소리가 들리더라. 나도 울컥하고 찡했다.

Q. 반대로 가장 아쉬웠던 순간은?

A. 국도관리원(도로보수원과 과적단속원으로 구성된 무기계약직) 차별임금 전원합의체 판결에서 소수의견이 되었을 때다. 원고인 국도관리원들은 운전직·과적단속직 공무원과 같은 부서에 소속되어 그들과 같거나 비슷한 업무를 담당했고, (도로보수원이 운전직 공무원을 대신해서 운전을 담당하는 등) 서로 대체해서 근무하기도 했는데 공무원 신분이 아니라는 이유로 급여에서 여러 차별을 받았다. 특히 국도관리원에게 가족수당을 지급하지 않은 것은 명백하고 뼈저린 차별이다. 액수가 많은 것도 아니고 배우자(4만원) 외 부양가족 한 명당 2만원인데, 그것도 못 주겠다는 건 국도관리원의 가족을 '있지만 없는 존재'로 취급한 것이다. 국도관리원으로서는 공무원의 가족만 인간으로서 인정받고 자신의 가족은 인간으로도 인정받지 못

하며, 국가가 출산 장려를 요청하는 사회 구성원 또는 국민의 지위조차 인정받지 못한다고 인식할 수밖에 없다.

국도관리원만 성과상여금 지급 대상에서 배제한 점도 마찬가지다. 노동자에게 직장은 단순한 돈벌이의 장이 아니라 노동을 통해 자아를 성취하는 장이다. 같거나 비슷한 일을 한다면 충분히 성과도 같이 평가해 보상할 수 있는데도, 국도관리원들의 경우에는 열심히 근무해서 훌륭한 성과를 인정받아 긍지와 보람을 느낄 기회조차 얻지 못하게 했다. 근로기준법 제6조는 '사용자는 (…) 사회적 신분을 이유로 근로조건에 대한 차별적 처우를 하지 못한다'고 규정한다. 적어도 가족수당과 성과상여금만은 동일하게 지급하는 것이 헌법상 평등 원칙과 근로기준법 6조의 균등대우 원칙에 부합한다고 할 수 있는데, 다수의견은 공무원의 이런저런 특수성을 들어 국도관리원들의 고용상 지위가 공무원과의 관계에서는 '사회적 신분'이 아니라고 봤다. 결국 7(다수의견) 대 1(별개의견) 대 5(소수의견)의 의견 분포로 내 의견은 소수의견이 되고 말았다. 너무너무 화가 났다. 울분을 담아 보충의견을 작성했다.

이 사건 전원합의체 판결문에서 반대의견을 낸 김선수 대법관의 '보충의견' 일부는 길지만 인용할 가치가 있다. 그는 이 보충의견을 "노동 사건을 담당하는 후배 법관들이 읽어줬으면 좋겠다는 마음으로" 썼다고 했다.

"높이에 차이가 있는 벽으로 둘러싸인 물통에 물을 채울 경우 가장 낮은 벽 부분으로 물이 흘러넘칠 것이기 때문에 그 물통으로 담을 수 있는 물의 양은 가장 낮은 벽 부분의 높이에 의해 결정된다. 그 물통이 담을 수 있는 물의 양을 증가시키기 위해서는 가장 낮은 벽 부분을 높여야 하며, 가장 낮은 부분을 그대로 둔 채 높은 부분을 아무리 더 높게 해보았자 그 물통이 저장할 수 있는 물의 양은 하나도 증가하지 않는다. 우리 사회에서 가장 낮은 벽 부분을 높이는 역할을 하는 것이 바로 노동법이다. (…) 마찬가지로 한 사회의 포용력은 그 사회의 가장 취약한 계층의 사람들이 받는 대우와 존중의 수준에 의해 결정된다. (…) 다수의견은 21세기 대한민국에서 비(非)공무원들로서는 감히 비교 대상으로도 삼을 수 없는 공무원이라는 노동법을 초월하는 특권적인 선민 신분(選民 身分)을 새로이 창설하였다."

정규직과 무기계약직·하청 노동자 사이의 임금 차별을 얘기하면 '비슷한 일을 하는 것 같아 보여도 우리가 훨씬 큰 책임과 의무를 진다'는 정규직 노동자들의 항변을 듣게 된다.

윤석열 대통령은 '동일노동 동일임금 원칙'이 자신의 소신이라고 밝혔다. 지난 21대 국회에서는 한국노총 출신 김형동 국민의힘 의원이, 차별금지 사유에 '고용 형태'를 추가하고 '동일가치노동 동일임금 원칙'을 명시하는 내용으로 근로기준법 제6조를 개정하자는 법률안을 대표 발의하기도 했다. 왜 그걸 더불어민주당에서 바로 받아서 입법하지 않았는지 모르겠다. 법원으로서는 그 정도 내용만 입법이 되어도 훨씬 더 적극적으로 법을 해석할 수 있다. 윤석열 대통령은 노동법원 설치를 준비한다고도 했는데, 임기 중에 정말로 도입한다면 최대 업적이 될 거다. 특히 부당해고를 다투는 노동자 입장에서 현재는 지방노동위원회-중앙노동위원회-행정법원-고등법원-대법원이라는 사실상 5심의 절차를 거쳐야 한다. 기존 노동위원회는 (재판 전) 조정 역할을 하도록 하고, 노동법원은 노동법에 전문성이 있는 법관들로 채워 임기를 10년간 보장하면 재판의 전문성과 공정성이 크게 높아질 것이다.

2016년 3월14일 서울 프레스센터에서 한국노동조합총연맹과 전국민주노동조합총연맹 주최로 열린 '20대 총선. 노동-민생 정책공약 비교평가 대토론회'에서 김선수 변호사가 발제를 하고있다. © 시사IN 신선영

공동 불법행위 사건에서 가담 정도에 따라 책임의 범위를 개별적으로 따지는 것은 많은 영역에서 일반적으로 채택된 법리다. 파업 등 쟁의행위 영역에 이러한 법리를 도입하는 데 아무런 문제가 없다. 해당 사건은 전원합의체 논의를 거쳐 모든 대법관들이 동의해 소부 판결로 선고했다. 그런데도 당시 주심 대법관에 대해 (우리법연구회 출신이라는 등의) 개인적 비난이 빗발쳤다. 매우 부적절하다. 기물 파손과 같은 명백한 불법행위로 발생한 손해가 아닌, 단순히 노무제공을 하지 않아서 발생한 영업손실 등에까지 손해배상 범위를 확대하면 헌법이 보장한 단결권을 근본적으로 침해할 소지가 있다. 노란봉투법은 내가 변호사로 활동하던 2000년대 초부터 주장해온 내용이다. 조속히 입법 문제가 정리되길 바란다.

Q. 파업에 대한 손해배상 문제는 대법원 판결로 어느 정도 입법 효과를 달성한 것 아닌가?

A. 대법원 판결은 언제라도 바뀔 수 있으므로, 법률로 근거를 명확히 해주는 게 바람직하다. 또한 소위 '간접 고용(기업이 노동자를 직접 고용하는 대신 하청업체 등 제3자를 통해 간접적으로 고용하는 형태)' 문제도 심각하다. 국회를 통과한 노란봉투법에는 '직접 근로계약을 체결하지 않았지만 근로조건을 실질적이고 구체적으로 지배·결정할 수 있는 지위에 있는 자도

> 사용자로 본다'는 내용의 '노동조합 및 노동관계조정법' 제2조 개정안이 포함돼 있다. 이와 관련된 (HD현대중공업·CJ대한통운) 사건들이 대법원에 넘어와 있는데, 이 문제도 입법적으로 같이 정리해주면 좋겠다. 간접고용을 하면 기업은 노동자 사용으로 인한 이득을 다 누리면서 책임은 하나도 안 지게 된다. 노동력 사용과 그에 따른 책임을 일치시켜가야 정의에 부합한다. 간접 고용의 심각성은 전 세계에 공통된 현안이다. 미국은 '공동 사용자(joint employer)' 개념을 활용해 이를 규율한다. 일본에도 (근로조건을 실질적으로 지배한다면 사용자로 봐야 한다는) '실질적 지배력설'을 인정한 판례가 있다. 사용자 범위 확대는 최소한의 출발점이라고 생각한다.

최근 〈법률신문〉 인터뷰에서 "대법관은 필요할 때 선례 변경을 결단할 수 있어야 한다. 이야말로 인공지능(AI)이 대체할 수 없는, 인간만이 할 수 있는 사법의 고유 영역이다"라고 말했다.

대법관은 기존 사회질서를 유지하는 데 필요한 식견을 가진 것만으로는 부족하다. 적어도 시대의 변화에 부응할 수 있어야 하고, 필요할 때는 담대하게 선례를 변경하는 결단을 내릴 수 있어야 한다. 법관 한 사람 한 사람은, 국가권력이라는 거대한 수레바퀴가 회전하고 있을 때 수레바퀴와 함께 회전할 수밖에 없는 하나의 톱니가 아니라, 수레바퀴의 외부에 존재하는 제동장치여야 한다.

▩ 司試首席 特別寄稿

접어둔 페이지

대관절 이것이 무엇이길래 大韓民國의 秀才라고 自他가 共言하는 수많은 젊은 이들이 靑春을 擔保잡히고… "다시 태어나도 이 길을" 가겠다고 장담하는 것일까?

金 善 洙

서울大 法大 4學年
第27回 司法試驗首席合格

I

司法試驗!

도대체 이것이 무엇이길래 사람들은 이것을 뭐 그리 대단한 것이나 되는 것처럼 여기는것일까? 대관절 이것이 무엇이길래 大韓民國의 秀才라고 自他가 共言하는 수많은 젊은이들이 靑春을 擔保잡히고 이에 매달리고, '다시 태어나도 이 길을' 가겠다고 장담하는 것일까? 또 길게는 10년, 20년씩 抛棄하지 못하고 집착하는것일까? 이것이 무엇이길래 "공부를 잘하면 法大에 가야 하고, 法大에 갔으면 司法試驗을 보아야 하고, 試驗을 보았으면 合格을 하여야 하며, 合格했으면 判事나 檢事로 任官을 받아야 한다"는 식의 社會通念이 형성되어 있는 것인까? 이러한 日常的인 社會通念은 어떠한 社會的 根據를 가지고 있으며, 어떠한 意味를 지니고 있는 것일까? 또한 이러한 日常的인 社會通念은 아무런 의문의 여지 없이 그대로 無批判的으로 受容되어야 할까? 盲目的으로 이를 受容하는 姿勢는 社會의 대부분의 사람들이 그렇게 생각하고 있다고 해서 그대로 正當化될 수 있을까? 主體的인 진정한 自我를 確立하기 위해서는 日常的인 社會通念 자체에 대하여 根本的인 疑問들을 제기하고 苦悶하며 철저한 自己否定의 過程을 거쳐야 하는 것은 아닐까? 한 社會의 大多數의 사람들에 의하여 共有되어지고 있는 日常的인 社會通念은 어떻게 해서 형성되었으며, 그 社會的 背景과 根據는 무엇이며, 어떠한 機能을 遂行하고 있으며, 또한 과연 이것은 항상 타당하다고 할

296 考試界 86/1

법률 잡지 〈고시계〉에 1985년 사법시험에 수석합격한 김선수 전 대법관의 글이 실렸다. © 〈고시계〉 1986년 1월호(통권 제347호) 갈무리

사법부의 가장 본질적이고 중요한 역할은, '다수결 원리'가 작동하는 국회와 정부를 통해서는 권익을 제대로 보장받지 못하는 사회적 약자와 소수자의 권익을 보장함으로써 사회 전체의 포용력 수준을 끌어올리는 것이다.

법원마저 강자와 다수의 편에 설 경우 사회가 한 쪽으로 경도되어 약자와 소수자의 희생이 강요될 우려가 있다. 법원이 확고한 자세로 균형을 유지해줘야만 공동체 모든 구성원의 평화와 행복이 가능하다. 이를 위해서라도 법대 아래의 구체적 현실을 이해하는, 판검사 경험이 없는 대법관이 적어도 부(部)에 한 명씩은 있었으면 한다. 되도록 소부는 남녀 동수로 구성하는 것도 필요하다. 전수안 전 대법관이 2012년 퇴임사에서 말하지 않았나. "언젠가 여성 법관이 다수가 되고 남성 법관이 소수가 되더라도 여성 대법관만으로 대법원을 구성하는 일은 없기를 바란다"라고.

Q. 각자도생의 시대에 사회 구성원의 행복이 왜 중요한가?

A. 사회 속에서 살아가고 있으니까. 단 한 명이라도 제대로 대우받지 못하고 차별받아서 불행한 사람이 있다면, 그런 사람이 존재하는 사회의 구성원 중 한 사람인 나 역시 불행한 거 아닌가. 그런 사람이 없도록 노력하는 수밖에 없다.

Q. 왜 노동법에 꽂혔나?

A. 우리 어머니 아버지가 노동을 하셨다. 아버지는 대한통운 소속으로 서울역에서 하역 작업을 했고, 어머니는 작은 동네 공장을 다녔다. 내가 대학을 다니던 1970년대 말에서 1980년대 초에는 노동자들을 조직해서 사회를 개혁해야 한다는 생각들

이 있었다. 아예 노동 현장으로 취업하는 학생도 많았다. 나는 직접 현장에 들어가진 못하지만, 변호사로서 노동자들의 권익 보장에 기여하는 활동을 해야 할 것 같았다. 그렇게 쭉 살다 보니 여기까지 왔다(웃음).

1988년 5월 김선수 전 대법관(뒷줄 왼쪽에서 세 번째)이 고 조영래 변호사(뒷줄 왼쪽에서 두 번째)가 대표로 있던 남대문합동법률사무소의 동료들과 야유회를 가서 찍은 사진. © 김선수 제공

전혜원 기자 / 입력 2024.10.02. 07:30

© 노동법률

四. 월간 노동법률 2024년 11월호

노동변호사에서 대법관까지,
김선수에게 듣는 '노동'의 본질

[인터뷰] 김선수 전 대법관

"판·검사 경력이 없는 노동변호사 출신의
'첫 순수 재야 출신 대법관'"

김선수 전 대법관에게 늘 따라붙는 타이틀이다. 김 전 대법관은 대법관 6년의 임기를 마치고 지난 8월 1일 퇴임했다.

김 전 대법관은 지난 2018년 대법관 임기 시작을 앞두고 진행한 노동법률과의 인터뷰에서 "노동법에는 인간에 대한 탐구와 배려가 담겨 있다"며 노동법에 대한 자신의 철학을 밝혔다. 그 생각은 지금도 변치 않았을까. 노동법률은 지난 10월 17일 경기도 일산시 사법연수원에서 김 전 대법관을 다시 만났다.

노동변호사와 대법관을 거쳐 현재 사법연수원 전임 교수로 새로운 시작을 앞둔 김 전 대법관에게 그간의 이야기, 앞으로의 이야기를 들어봤다.

Q. 퇴임 후 어떻게 지내고 있나. 퇴임 후 시간이 조금 지났지만 소감을 듣고 싶다.

A. 퇴임 후 한 달간 푹 쉬었다. 9월부터는 사법연수원에서 석좌교수로 근무하고 있다. 사법연수원에서 진행하고 있는 경력별 법관 연수, 신임 법관 연수 프로그램에서 특강을 하거나 국제회의에서 좌장을 맡는 등 주어진 역할을 수행하고 있다. 법학전문대학원이나 노동 판결에 관심 있는 기관 등으로부터 강연 요청을 받아 강연도 할 예정이다.

퇴임하고 처음으로 든 생각은 사건 처리의 중압감으로부터 해방됐다는 안도감이었다. 임기 내내 구체적인 법리를 구성하고 판결 이유를 작성하느라 잠을 못 자는 나날을 보냈다. 동료 대법관들을 설득하고 판결을 선고해야 한다는 부담감도 컸고, 절차나 사무적인 실수를 하지 않을까 매 순간 노심초사했다. 전원합의체 판결에서 소수의견에 머물렀던 몇몇 사건, 꼭 선고하고자 했으나 선고하지 못했던 사건, 다른 대법관들을 설득하지 못해 결국 내 의견과 달리 선고할 수밖에 없었던 사건 등등 여러 가지가 스쳐 지나간다. 특히 임명 당시 순수 재야 출신 최초 대법관이라는 점 때문에 큰 주목을 받지 않았나. 적어도 각 부에 나와 같은 대법관이 1명씩은 있었으면 좋겠다고 생각했는데, 퇴임 후 순수 재야 출신 대법관의 맥이 끊긴 것에 대한 아쉬움도 크게 남는다.

Q. 순수 재야 출신 대법관이 계속 있었으면 좋겠다고 했다. 이들이 사법부에 가져다줄 수 있는 것은 무엇인가.

A. 법관으로만 일한 경우 기록을 통해 현실을 보는 경향이 있다. 그래서 칠레에서는 일정 인원을 변호사 출신 대법관으로 임명하도록 하고 있다. 최근 칠레 대법원장을 만날 기회가 있어 변호사 출신 대법관들을 어떻게 평가하냐고 물어 봤더니 법원에 다양한 시각을 가져다준다고 긍정적으로 보더라. 일본에선 소부 재판관에게 변호사 자격을 요구하지 않는 경우도 있다. 교사, 공무원 출신 등 변호사가 아닌 다양한 경력의 재판관이 있는 거다. 대법원 구성 다양화가 이루어지면 다양한 각도로 사건을 바라보고 이해할 수 있어 사법부에 많은 것을 가져다줄 수 있다고 본다.

Q. 과거 노동변호사 시절에 본지와 인터뷰를 한 적이 있다. 당시 인터뷰에서 "노동법에는 인간에 대한 탐구와 배려가 담겨 있다"는 이야기를 했다. 대법관 임기를 마친 지금도 같은 생각인가.

A. 노동법에는 인간에 대한 탐구와 배려가 담겨 있다는 생각엔 변함이 없다. 노동법은 근대 시민법이 말하는 인간상과는 다른 인간상을 전제로 한다. 근대 시민법은 이성과 자유의지에 따라 체결된 계약은 지켜져야 한다는 사적자치 원칙을 기본적인 명제로 한다.

반면 노동법은 인간을 자본과 생산수단을 소유하지 못해 종속적인 지위에서 노동을 제공해야만 생존을 유지할 수 있는 '노동자'와 그러한 노동자를 사용하는 우월한 지위의 '사용자'로 구분해 보다 구체적이고 현실적인 인간상을 전제로 한다. 그렇기에 노동 사건에서는 당사자들이 늘상 체험하는 구체적인 차별과 그로 인한 절망, 분노를 정확하게 인식하고 이해해야 한다. 노동법 전문가라면 이러한 전제 위에서 인간으로서의 존엄과 가치 그리고 공동체 구성원으로서의 지위를 존중하는 해결 방안을 모색해야 한다.

Q. 변호사로 첫발을 딛던 당시의 이야기도 궁금하다. 변호사로 선택할 수 있는 분야가 많았을 텐데 왜 '노동'이었나.

A. 부모님이 빈농이자 노동자셨다. 그래서 가난한 어린 시절을 보냈다. 그러던 중 대학교 1학년 때 읽은 파울로 프레이리의

'페다고지(Pedagogy of the Oppressed)'를 통해 억압받는 사람들의 삶에 대해 생각해 보게 됐다. 이런 깨달음을 얻고 개인적인 출세만을 생각할 수는 없었다. 개인적인 출세만 바라보는 것은 사회구조는 그대로 둔 채 혼자만 계층상승을 한다는 것인데, 많은 사람들이 여전히 불행한 상태에 있다면 그런 사회의 일원으로 살아가는 것은 온전하게 행복한 삶일 수는 없다고 생각했다.

그래서 사회구성원 모두가 행복한 사회를 만드는 데 기여할 수 있는 길을 찾던 중 노동변호사의 길을 가야겠다고 결심했다. 당시 치열하게 살아가는 대학생 중에는 노동자들과 함께 우리 사회를 개혁하는 데 앞장서겠다며 노동 현장에 취업하는 사람도 많았다. 하지만 그럴 정도의 용기는 없었고 가장 잘할 수 있을 것 같았던 변호사로서 노동자들의 삶을 개선하는데 조금이나마 보탬이 되고자했다. 사법고시 합격 후 노동변호사를 선택한 것이 아니라 노동변호사가 되기 위해 사법고시를 선택했다.

Q. 노동변호사로 일하며 가장 기억에 남는 노동 사건은 무엇인가.

A. 서울대 병원 근로자 1000여 명이 9개 사건으로 나눠 제기한 임금 청구 사건이 기억에 남는다. 이 사건을 계기로 서울민사지방법원에 1989년 9월 1일자로 2개의 노동전담부가 만들어졌고,

대법원이 통상임금에 관한 법리를 처음으로 정립하는 계기가 됐다.

시그네틱스 해고 사건도 기억에 남는다. 회사가 2002년 초 조합원 31명을 징계해고했지만 24명이 소송에서 승소해 복직했다. 복직 후에 임금을 제대로 지급하지 않아 임금 청구 사건의 변호사로 사건을 대리했다. 2016년까지 법적 분쟁이 이어졌고 최종적으로 승소 판결을 받았다. 대법관에 임명된 후 그때 투쟁했던 조합원들을 대법원 사무실로 초청해 차 한잔 대접하고 구내식당에서 함께 밥을 먹었다. 오랜 기간 투쟁하면서 연대와 동지애로 견뎌 낸 그분들에 대한 존경을 조금이나마 전달할 수 있어서 기뻤다.

Q. 노동변호사로 지낸 약 30년 동안 쌓은 특기와 노하우가 있나. 이 특기와 노하우가 대법관 시절에 어떻게 도움이 됐는지도 궁금하다.

A. 변호사로 활동할 때는 의뢰인의 이익을 위해 최선을 다하는 것이 가장 중요했다. 의뢰인의 사정과 억울함을 토대로 관련 법리를 정성껏 글로 표현해 재판부를 설득해야 했다. 노동변호사로 쌓은 '설득의 기술'이 대법관 시절에도 똑같이 쓰였다. 대법원 재판은 극히 예외적인 경우를 제외하고는 다른 대법관을 설득해야 했다.

© 노동법률

법리적 근거를 보다 분명하고 설득력 있게 정리하는 것도 중요하지만, 그것만으로는 다른 대법관들의 마음을 움직이기 부족하다. 그래서 당해 판결의 의의와 그에 대한 사회·역사적 평가, 그리고 대법원의 역할과 책임에 부합하는 결론은 무엇인가에 초점을 맞춰 설득했다. 모든 대법관이 인사청문회에서 사회적 약자와 소수자의 인권을 보호하기 위해 최선을 다하겠다고 약속했기에 당해 사건에서 사회적 약자와 소수자의 인권을 보호하는 견해를 취해 약속을 지킬 것을 호소했다.

Q. 대법관으로 지낸 6년을 한마디로 표현한다면. 또, 변호사 시절과 비교하면 어떤 차이점이 있었나.

A. 대법관실은 마치 기록의 성벽에 둘러싸인 수도원과도 같았다. 퇴근하면 속세로 나왔지만, 법원 외부 사람들과 교류하는 것은 조심스러웠다. 법원 외부 사람들에게 연락하는 것을 꺼리다 보니 어느 순간부터 외부와의 연락이 뜸해졌다.
또한 법관 경력이 없는 상태에서 대법관에 취임하다 보니 살인적인 재판 업무를 감당할 실무 역량이 있을까 하는 의심의 눈초리로 지켜보는 사람들도 있었다. 기대에 부응하지 못하면 이후 법관 경력이 없는 유능한 인재들을 대법관에 임명하는 것에 부정적인 영향을 미칠 수도 있어 문제가 없음을 증명해야 했다. 그래서 사법 시험 공부를 할 때와 같은 집중력과 단순한 생활로 매 순간 온 힘을 기울였다.

Q. 대법관이 된 후에도 변함없이 노동사건에 관심이 많았을 것 같다. 하지만 대법관 재임 시절 생각보다 굵직한 노동사건 판결이 없었는데, 그럼에도 기억에 남는 노동 사건이 있다면 무엇인가. 아쉬움이 남는 판결도 궁금하다.

A. 취업규칙 불이익 변경 사건에서 사회 통념상 합리성 법리를 폐기한 판결이 기억에 남는다. 우리 근로기준법은 일본과 달리 취업규칙을 근로자에게 불리하게 변경할 때는 근로자 과반수의 동의를 얻도록 하고 있다. 그런데 그동안 대법원은 근로자에게 불이익한 취업규칙 개정이라도 사회 통념상 합리성이 인정되면 유효하다고 판단해 문언 해석에 반하는 측면이 있었다. 헌법이나 근로기준법은 인간의 존엄성을 보장하는 근로조건의 법정, 노사대등결정주의를 규정하고 있는 것이다. 사용자가 일방적으로 정하는 취업규칙에 의해 근로조건을 정하는 현행 취업규칙 제도에 근본적인 문제가 있다. 그래서 궁극적으로는 근로조건의 노사공동결정제도를 도입하는 방향으로 나아가야 한다. 위 판결이 그러한 방향으로 나아가는 데 시발점이 되기를 바란다.

아쉬움이 남는 판결로는 국도관리원 차별 임금 전원합의체 판결이 있다. 이 판결에서 소수의견이 돼 아쉽다. 원고인 국도관리원들은 공무원 신분은 아니지만 공무원들과 같은 부서에서 같은 업무를 했다. 그럼에도 국도관리원들에게는 가족수당과 성과상여금이 지급되지 않았는데 이건 인간 본성에 대한 이해가 부족한 것이라고 본다. 근로자에게 직장은 단순한 돈벌이의 장이 아니라 노동을 통해 자아를 성취하는 장이다. 긍지와 보람을 느낄 기회를 얻지 못한 채 성과에 대한 보상을 받을 자격이 있는 구성원에서 배제됐다는 소외감을 가지게 하는 것은 인간의 존엄까지 잃게 하는 것이다. 결국 이런 내 의견은 소수의견이 됐지만, 노동 사건을 담당하는 하급심 판사들이 읽어주기를 바라는 마음으로 울분을 담은 보충 의견을 강한 톤으로 남긴 기억이 있다.

Q. 대법관이 되면 "노동사건 판례들을 전체적으로 재검토해 보려 한다"는 포부를 밝힌 바 있다. 대법관으로 재임하며 이런 시간을 잘 보냈나.

A. 대법관으로 재임하면서 선례에 문제가 있다고 생각한 노동 사건은 주심이 아니더라도 가능한 한 전원합의체에 회부되도록 주의 깊게 신경을 썼다. 전원합의체에 회부되면 동료 대법관들을 설득하기 위해 최선을 다했으나 역부족인 경우도 있었다. 산재 사망 또는 직업병 인정 관련 증명 책임 전환이 쟁점이 된 사건에서는 판례 변경에 실패했다. 전원합의체에 회부하고 연구관 보고까지 이루어졌지만 합의에 이르지 못해 판결을 선고하지 못하고 퇴임해 아쉬운 사건들도 있었다.

Q. 아직 대법원 판결을 기다리는 굵직한 노동 사건이 많다. 재직자 조건이 붙은 정기상여금의 통상임금 여부를 다투는 세아베스틸 사건, 원청이 하청업체 소속 근로자들로 구성된 노동조합과 단체교섭을 할 의무가 있는지 다투는 현대중공업 사건이 대표적이다.

A. 두 사건 모두 대법관 재임 시절 주심을 맡지는 않았지만 임기 중에 선고할 수 있기를 기대하고 노력했던 사건이다. 다만 여러 가지 사정 때문에 선고하지 못하고 임기를 마치게 돼 너무 아쉽다. 현 대법관들이 사회적 약자와 소수자 인권 보호라는 대법원의 가장 핵심적인 책무에 부합하는 판결을 해줄 것으로 기대한다.

Q. 최근 노동 현안 중 관심을 두고 있는 게 있다면.

A. 윤석열 대통령이 추진하겠다고 밝힌 동일노동 동일임금 원칙, 근로기준법 5인 미만 사업장 적용, 노동법원 도입이 신속하게 이루어졌으면 하는 바람이다.

동일노동 동일임금 원칙은 21대 국회에서 김형동 국민의힘 의원이 발의했던 근로기준법 개정안이 있다. 여야가 조속히 협의해 22대 국회에서는 개정안이 통과됐으면 한다. 가장 대표적인 노동 약자인 5인 미만 사업장에 종사하는 노동자들에 대한 보호도 필요하다. 진정한 노동약자 보호의 출발점은 근로기준법에서 5인 미만 적용 제외 규정을 폐지하는 것이다. 특히 해고 제한을 제외하고 있는 것은 빨리 폐지됐으면 좋겠다. 노동 사건의 특성을 고려한 노동법원 설립도 필요한 과제다.

노조 활동이 기업별이 아닌 산업별로 전환되는 것도 필요하다. 또한 미조직 노동자들과 폭 넓게 연대해 나가야 한다. 이를 통해 우리나라도 단체협약 적용률을 크게 끌어올릴 필요가 있지 않나 싶다. 단체협약 적용률이 전체 노동자의 30% 이상은 됐으면 한다.

Q. 대법관 퇴임사를 통해 준참심형, 참심형 노동법원의 도입이 필요하다는 의견을 밝혔다. 변호사와 대법관을 모두 거친 노동 전문가로서 구체적으로 어떤 노동법원이 필요하다고 생각하나. 노동법원이 생기면 노동위원회와의 관계는 어떻게 꾸려가야 할까.

A. 2003년부터 참심형 노동법원의 도입을 강력하게 주장해 왔다. 유럽에서는 이미 노동법원을 도입하고 있다. 우리나라 노동위원회는 집단적 노사관계 사건뿐 아니라 부당해고 같은 개별적 분쟁 사건도 담당하고 있는데, 이런 사례는 우리나라가 유일하다. 개별적 분쟁 사건을 법률적으로 해결하는 것은 사법의 본질적 영역에 속하는 것으로 법원 고유의 업무영역이다. 그래서 노동위원회보다 노동법원이 결정하는 것이 맞다고 본다. 다만 노동 사건의 특수성과 전문성을 반영하기 위해 노사단체가 추천하거나 선출한 사람을 참심원으로 참여시키는 참심형 노동법원이 필요하다. 참심원들이 의결권을 행사하는 완전

참심제가 부담된다면 현재 노동위원회 제도와 같이 노사 참심원이 의견을 제시하는 정도의 준참심형 노동법원도 첫 단계로 충분히 고려해 볼 만하다.

노동법원 도입 시 노동위원회와의 관계 설정도 논의돼야 한다. 노동위원회의 역량과 경험을 활용하기 위해 노동 사건에 대해 조정전치제도 도입을 고려할 수 있다. 노동법원을 도입한 유럽의 국가들도 조정전치제도를 도입하고 있다. 독일의 경우 당해 심판담당부의 조정을 먼저 거치고 있고, 프랑스는 노동법원 안에 심판부와 조정부를 따로 설치해 조정부의 조정을 먼저 거치도록 하고 있으며, 영국도 노동법원 외부에 별도의 조정기구(Advisory, Conciliation and Arbitration Service)를 두고 그 기관의 조정을 먼저 거치도록 하고 있다. 우리나라 노동위원회를 영국의 ACAS와 같은 조정기구로 활용한다면 노동위원회의 역량과 경험을 살릴 수 있을 것이다.

다만 조정전치가 재판 지연의 빌미로 악용될 수 있다는 지적이 나올 수 있다. 이를 해결하기 위해 노동위원회 조정기간은 원칙적으로 2개월(1개월에 한해 1회 연장)로 한정하고 그사이에 조정이 이루어지지 못하면 노동법원으로 이관하도록 할 필요가 있다. 제1심 지방노동법원은 소장 접수 후 6개월, 노동위원회로부터 이관받은 후 3개월 안에 판결을 선고하되, 1회 또는 2회 3개월 연장할 수 있도록 하면 신속한 분쟁 해결에 기여할 수 있다.

Q. 퇴임사에서 대안적 분쟁해결절차(ADR) 활성화도 당부했다. ADR이 노동 사건에서 더 활성화되려면 어떤 법과 제도가 필요할까.

A. ADR 확대를 위해서는 노사 모두로부터 신뢰받는 중재인 풀이 형성돼야 한다. 노사가 단체협약을 체결하는 과정에서 중재 조항을 두는 것에 대해 함께 고민해 보면 어떨까 싶다. 중재인을 개인이 아닌 노동위원회 같은 기관으로 선정하도록 하는 방안도 있다. 노동위원회법이나 규정으로 노동위원회가 중재인이 되는 경우에 대한 처리절차 등을 규정한다면 단순한 조정보다 훨씬 효율적인 해결 절차가 될 수 있다.

Q. 우리나라 노동시장은 원하청 이중구조, 대기업과 중소기업의 격차 등으로 인해 양극화가 문제되고 있다. 노동시장 양극화를 완화하기 위해 어떤 법과 제도가 필요하다고 보나.

A. 원하청 이중구조는 근본적으로 '간접고용'의 문제다. 간접고용은 사용사업주가 노동자 사용으로 인한 이익은 온전히 취하면서 그로 인한 책임은 전혀 부담하지 않는 것으로 기본적 정의에 반하는 것이다. 하청노동자 근로조건 결정에 실질적 지배력을 행사하는 사용사업주를 노동법상의 사용자로 인정해 노동자 사용에 상응하는 책임을 부과해야 한다. 대기업과 중소기업, 원하청의 임금 격차는 동일노동 동일임금 원칙의 법제화가 그 출발점이 될 것이다. 직무급제의 도입과 관련해 미진한 부분이 있는 것이 사실이지만 그래도 동일노동 동일임금 원칙을

법제화하고 개별 사안에서 구체적인 법리와 적용 기준을 발전시켜 나갈 필요가 있다.

Q. 노동조합법 2·3조 개정안(노란봉투법) 입법에 대한 생각이 궁금하다.

A. 실질적 지배력설에 따른 판결로도 문제 해결이 가능할 수는 있지만 궁극적으로는 노란봉투법 입법이 필요하다고 본다. 노동조합법 제2조 사용자 정의를 개정해 근로조건에 대한 실질적인 지배력을 갖는 사업주를 사용자로 보고 단체교섭 상대방으로 인정해야 한다. 법률로 입법이 돼야 법관들이 실질적 지배력설 입장에서 판단하기 수월하다. 손배가압류 문제도 해결이 필요하다. 지금의 과도한 손배가압류는 헌법 정신에 위배된다. 무노동 무임금 원칙에 따라 파업 시 임금을 지급하지 않는 것으로 끝나야 한다. 그렇지 않고 지금처럼 과도한 손배가압류 문제가 계속되면 정당한 노동3권 행사가 어렵다.

Q. 노동 전문가의 길을 걷고 있는 후배들에게 당부할 말이 있다면?

A. 낙관적인 전망을 가지고 열심히 하라고 말하고 싶다. 모든 일에 정성을 다해서 하면 본인이 생각했던 것이 이루어진다. 그리고 모든 사건과 사람에 진정성을 가졌으면 좋겠다. 진정성이 배신당하는 경우도 분명 있다. 하지만 배신당했다고 진정성을 포기하지 않았으면 한다. 진정성을 가지고 묵묵히 자신의 길을 가다 보면 꿈에 다다르는 날이 분명히 있을 것이다.

Q. 사법연수원 석좌교수로 새 출발을 하게 됐다. 앞으로 사법연수원 석좌교수로, 노동 전문가로서 어떤 계획을 가지고 있나. 인간 김선수로서는 어떤 계획을 갖고 있는지도 궁금하다.

A. 앞으로 2년 정도 사법연수원 석좌교수로서 법관들, 법학전문대학원 학생들 그리고 노동 판결에 관심 있는 사람들을 대상으로 강연을 할 예정이다. 퇴임사에서 국회에 요청한 사법개혁 입법을 포함해 법원이 국민에게 가까이 다가가고 신뢰받는 법원이 될 수 있도록 관련 법안 입법에 힘을 보태고 싶다. 노동 관련 법안들의 입법과 바람직한 노동 판결 선고를 위해 필요한 역할도 모색해 볼 계획이다. 죽는 그날까지도 더 나은 노동 법안 입법을 보고 싶은데 그러지 못해 아쉽다고 말하며 눈을 감지 않을까 싶다. 우리 사회 모든 구성원이 인간으로서의 존엄과 가치를 존중받고 행복하게 살아가는 사회를 만드는 데 조금이라도 기여하며 최선을 다하는 것이 인간 김선수의 마지막까지의 소명이라고 생각한다.

이재헌 기자 jh59@elabor.co.k
등록 : 2024.11.07. 08:58:00 / 수정 : 2024.11.07. 15:10:16